México

hecho a mano

SUR

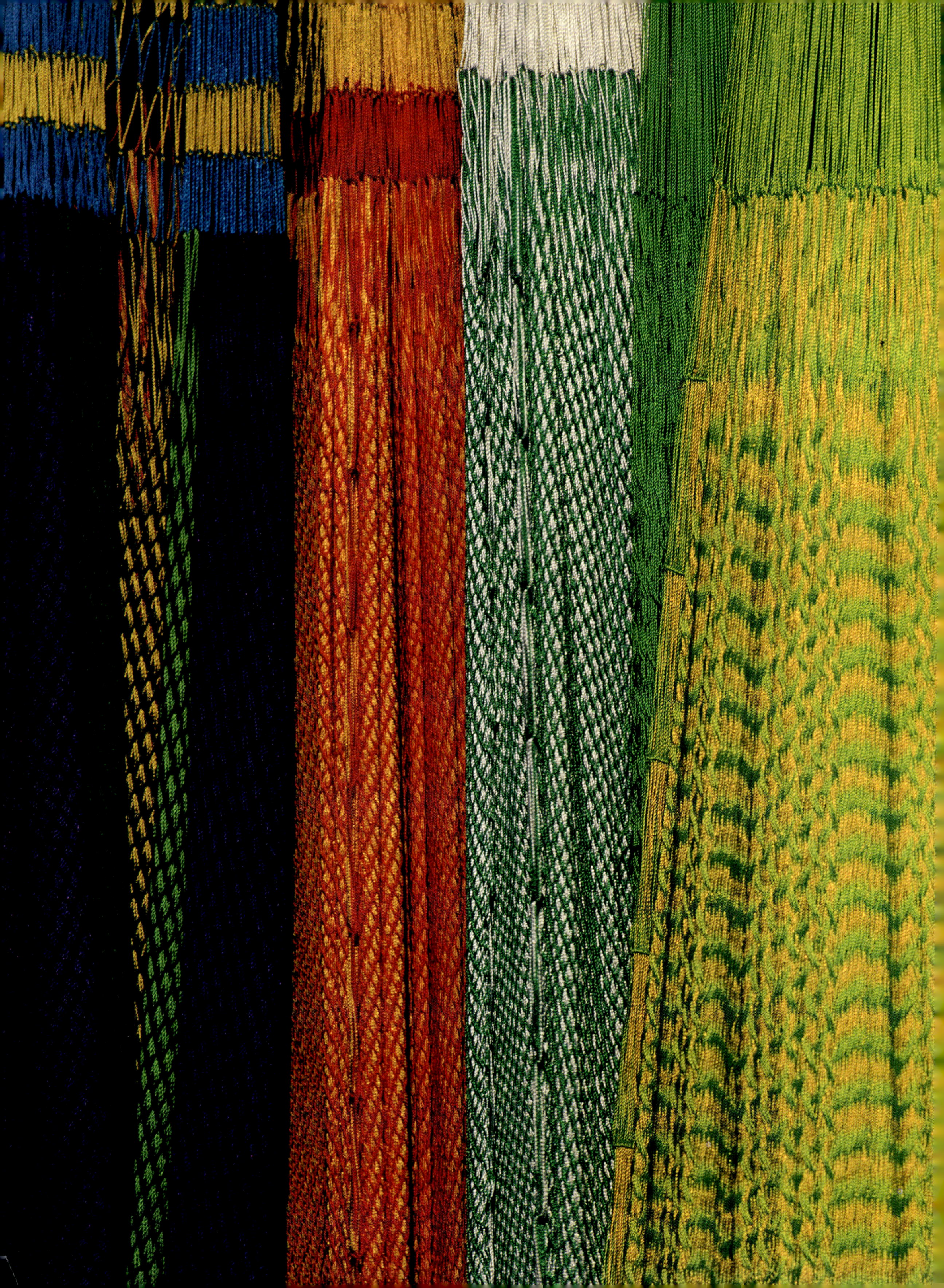

Mexico

handcrafted art

SOUTHERN REGION

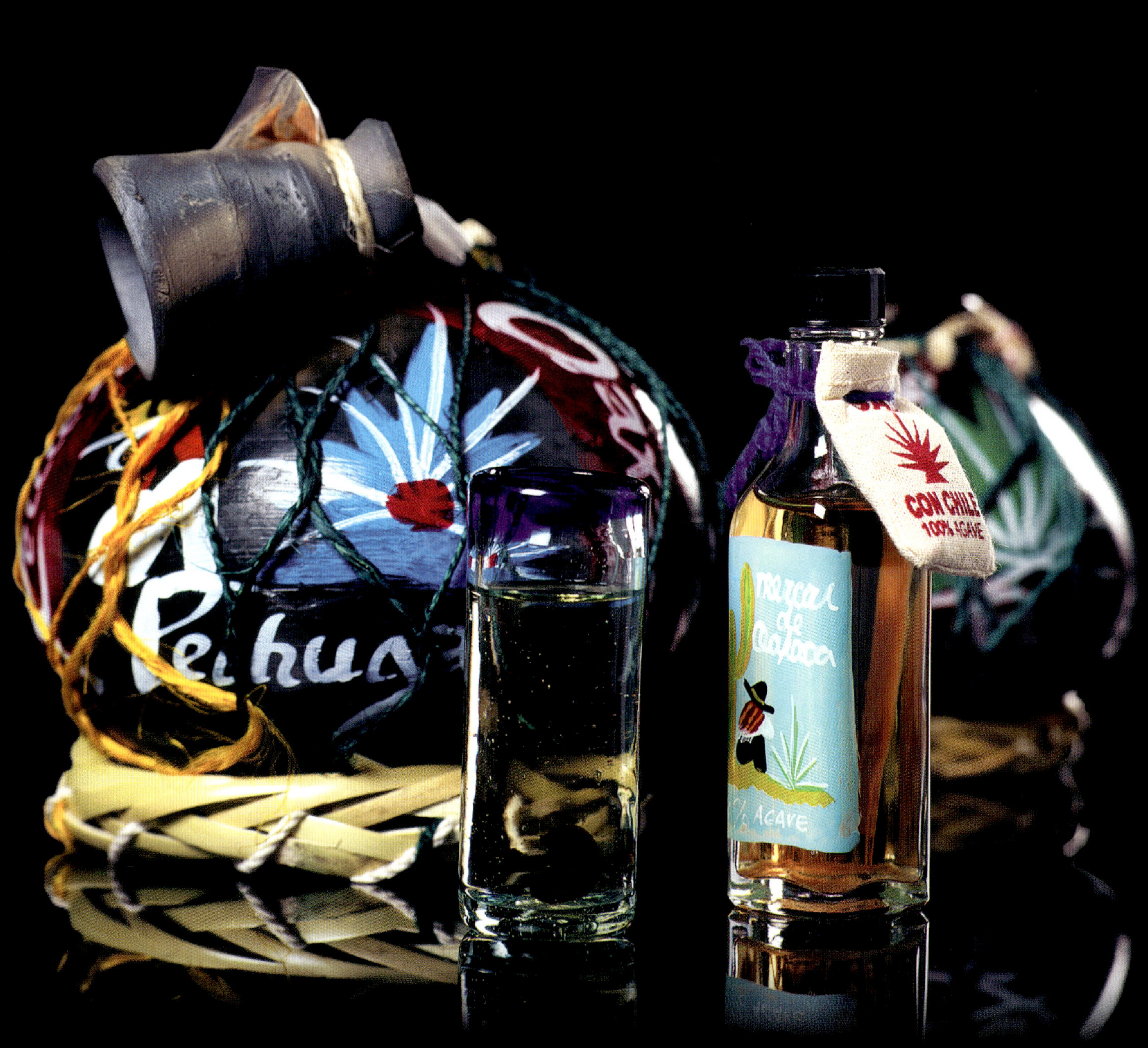
CON CHILE
100% AGAVE
mezcal de Oaxaca
AGAVE

autores *authors* Fernando de Haro & Omar Fuentes

diseño y producción editorial *editorial design & production* AM Editores S.A. de C.V.

dirección del proyecto *project managers* Valeria Degregorio V. & Tzacil Cervantes O.

coordinación *coordination* Edali Nuñez Daniel

texto original *original text* Abraham Orozco

traducción *translation* Louis Loizides

fotografía *photography* Carlos Hahn

México, hecho a mano - Sur / *Mexico, handcrafted art - Southern Region*

© 2008, Fernando de Haro & Omar Fuentes

1a. Edición / *1st. Edition*

ISBN español 978-607-437-007-2 *ISBN inglés 978-607-437-006-5*

AM Editores S.A. de C.V., Paseo de Tamarindos #400-B suite 102, Col. Bosques de las Lomas C.P. 05120, México D.F.,
Tel. 52(55) 5258-0279. Fax. 52(55) 5258-0556. E-mail: ame@ameditores.com **www.ameditores.com**

Ninguna parte de este libro puede ser reproducida, archivada o transmitida en forma alguna o mediante algún sistema, ya sea electrónico, mecánico o de fotorreproducción sin previa autorización de los editores.
All rights reserved. No part of this book may be reproduced or copied in any form or by any means - graphic, electronic, or mechanical, including scanning, photocopying, photographing, taping, or information storage and retrieval systems - known or unknown, without the explicit written permission of the publisher(s).

Impreso en China / *Printed in China.*

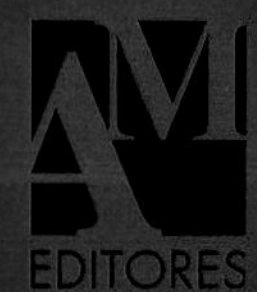

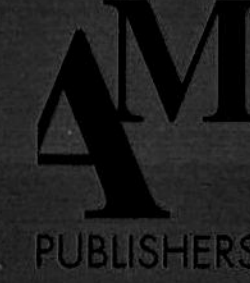

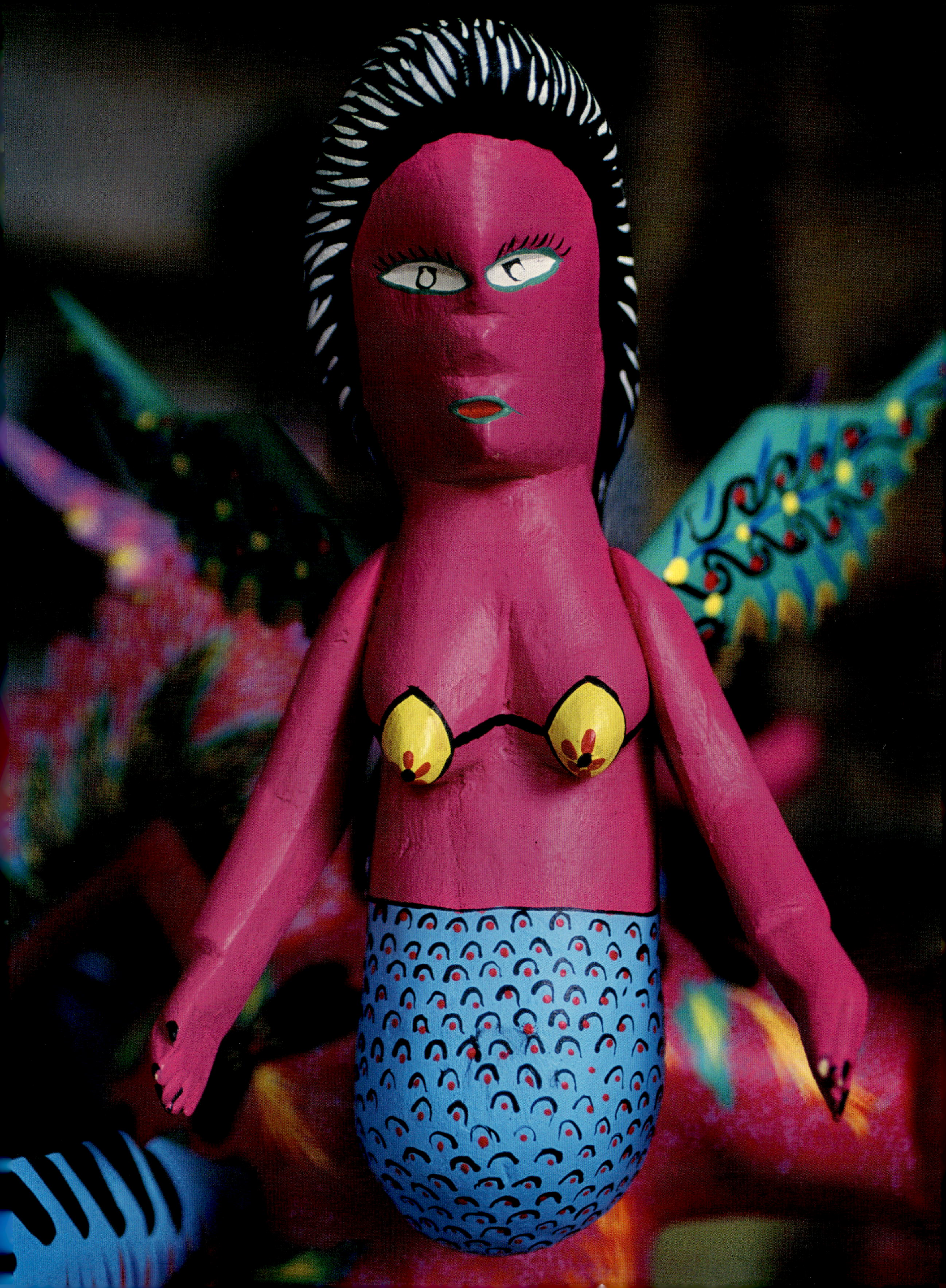

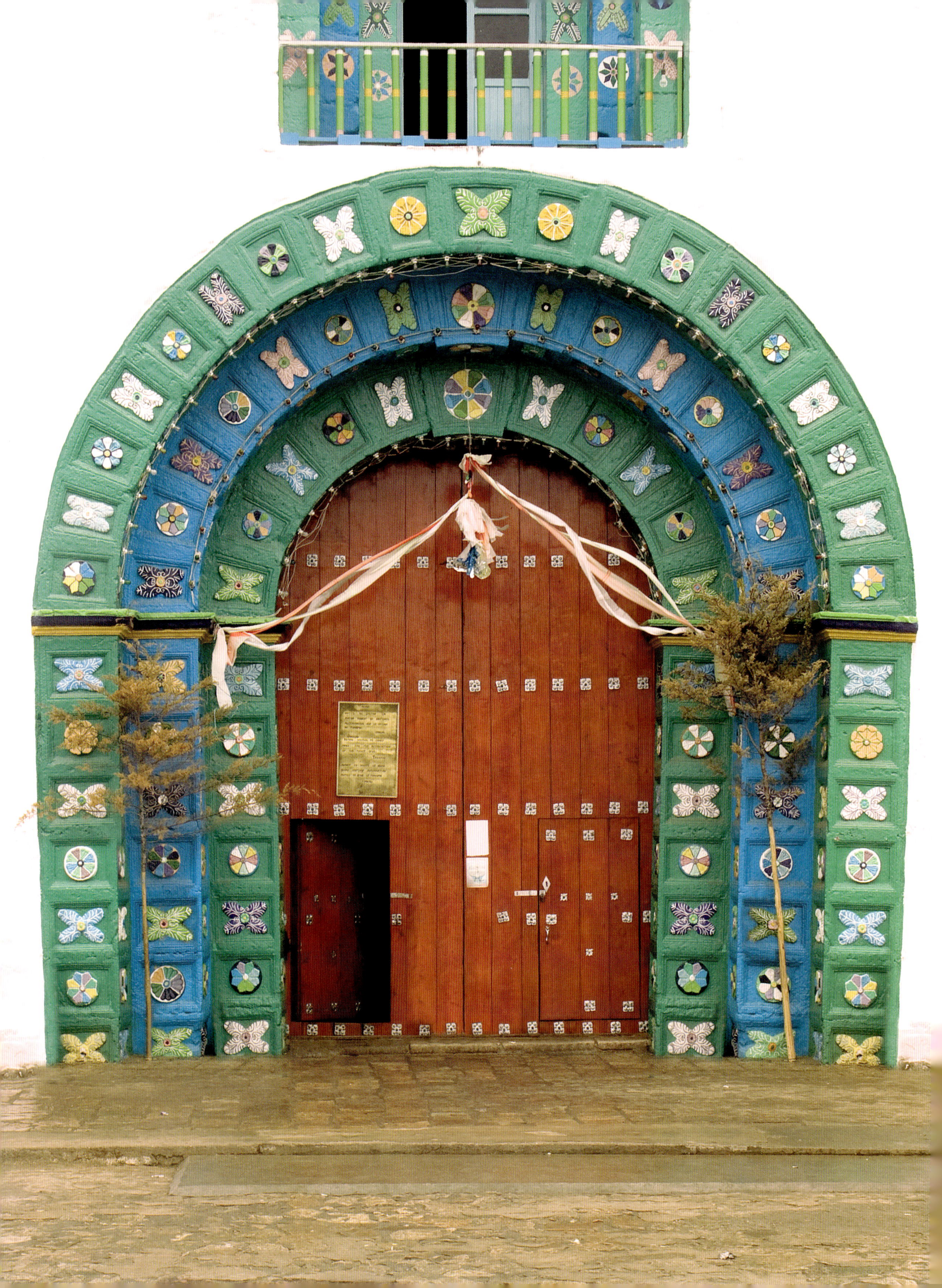

Canek dijo entonces: Aunque no se conozca, existe el número de las estrellas
y el número de los granos de arena. Pero lo que existe y no se puede contar
y se siente aquí dentro, exige una palabra para decirlo. Esta palabra, en este caso, sería inmensidad.
Es como una palabra húmeda de misterio, con ella no se necesita contar ni las estrellas ni los granos de arena.
Hemos cambiado el conocimiento por la emoción: que es también una manera de penetrar en la verdad de las cosas.

Canek (fragmento) Ermilo Abreu Gómez

México, *hecho a mano*

Hecho a mano Sur nos permite recorrer, a través del trabajo hecho a mano por sus habitantes, la zona meridional del territorio mexicano, una región fascinante donde tiene lugar la síntesis de tres culturas diferentes. Enclave fantástico que une el Pacífico con el Golfo, de Veracruz a Guerrero; de Oaxaca y Chiapas a Tabasco y Campeche; de Yucatán a Quintana Roo. Aquí el pasado dejó una huella distintiva en el presente. Las civilizaciones cuyo apogeo tuvo lugar antes de la llegada de los conquistadores europeos nunca desaparecieron del todo. Durante siglos la Europa cristiana imprimió su sello en los intentos de conversión religiosa, en la arquitectura, en las costumbres, en la alimentación, en el arte; y los pueblos antiguos aceptaron el arribo de lo nuevo, lo asimilaron y lo interpretaron a su manera para dar lugar al nacimiento de algo propio, la otra cultura: la mexicana, que se expresa cotidianamente en el atuendo, en la mesa, las fiestas, en el colorido y las texturas.

Viajar por el sur de México es cruzar montañas. Salvo en la planicie de Yucatán, no hay sitio donde no se advierta el perfil de una serranía, las hay tranquilas y apacibles, como en las suaves colinas de Veracruz, siempre pobladas de frutales; alucinantes y multicolores, en la cordillera de verdes perennes y árboles floridos de Guerrero; impenetrables en los montículos cubiertos por la selva de Chiapas; acogedoras y umbrosas en los humedales tabasqueños. Y para culminar la travesía, dos vertientes externas, deslumbrantes, rumbo a los océanos, una hacia el Pacífico y otra hacia el Golfo, con el regalo adicional del paraíso caribeño.

Veracruz, Tabasco, Campeche y Yucatán, comparten el litoral del Golfo de México, con playas arenosas, a las que se arriba luego de cruzar maravillosos parajes. Veracruz fue sede de tres de las más importantes culturas mesoamericanas, olmecas, huastecos y totonacas, todos ellos grandes escultores y magníficos alfareros, hoy también dedicados a la confección de muebles y joyas de diferentes tipos; Tabasco, Campeche y Yucatán son el centro de la civilización maya, que no vive sólo del recuerdo sino que fortalece su esencia con sus reiteradas muestras de arte y cultura; Guerrero, Oaxaca y Chiapas conservan la férrea voluntad de sus antecesores tzotziles, mixtecos, zapotecos o lacandones y defienden con denuedo su entorno físico y sus costumbres milenarias.

Una muestra del producto de esa mezcla se reúne en este libro: los destellos de arquitectura religiosa y civil con la majestuosidad eterna de las pirámides y los centros ceremoniales como Chichén Itzá, Palenque, Bonampak o Mitla, que muestran el genio de sus constructores aunque dejan ocultos los secretos religiosos en las formas de las grecas y los frisos de sus añejas estructuras. Muchas ciudades coloniales se construyeron sobre viejas estructuras, algunas de ellas son muestras arquitectónicas de gran valor como San Cristóbal de las Casas, Campeche, Oaxaca, Mérida, Taxco o el centro histórico de Veracruz.

El espíritu de los pueblos sureños se manifiesta en el sello que imprimen a sus obras, como el color de sus fachadas, la forma como adornan sus puertas y ventanas, el ambiente de sus plazas, de sus mercados o de sus viviendas y lo mismo puede decirse de sus atuendos, la forma de vestir de la gente del pueblo que adorna sus trajes con bordados multicolores, enredos, fajas, huipiles, rebozos, chincuetes, hechos con materiales industriales o con lienzos tejidos en telares de cintura como ordena la tradición. La riqueza de los atuendos acentúa las identidades étnicas y rebelan el carácter y su forma de ver la vida.

En las calles de las ciudades y pueblos, aún puede verse personajes como las mestizas de Yucatán con sus frescos vestidos blancos con tiras bordadas o con cenefas bordadas y sus finos rebozos terciados recorren los puestos del mercado con sus bolsas de ixtle; los lacandones de Chiapas, con sus cotones de algodón y sus largos huipiles o camisas con alforzas, luciendo sus collares de semillas o las bellísimas blusas y faldas con adornos multicolores; las oaxaqueñas de los días de fiesta con sus trajes de yalalteca o tehuana con el lujo de los bordados de seda y las finísimas joyas de oro trabajadas por orfebres de la región.

Las artesanías resisten el paso del tiempo, a veces asimilan la influencia europea y otras permanecen intactas, pero conservan el gusto y la forma expresiva de sus artistas que trabajan metales finos como el oro y la plata; minerales como el ámbar y el jade; las fibras naturales como el ixtle o la lechuguilla, con el mismo gusto con que elaboran las piezas de barro, los muebles de madera o los juguetes de infantil encanto.

Y finalmente la delicia de lo dulce y lo salado, el universo de los aromas y los sabores como sólo es posible disfrutarlo en la cumbre gastronómica del país. A los ingredientes naturales, propios de México se suman los productos europeos y asiáticos para dar lugar a una de las cocinas más ricas y exquisitas no sólo de México sino del mundo, como la enorme diversidad de moles de Oaxaca, el pollo relleno, los quesillos, las empanadas; el famoso huauchinango a la veracruzana, el chilpachole de jaiba, el caldo largo de pescado; los salbutes, panuchos, papadzules o la sopa de lima de Yucatán o el pámpano empapelado, la raya frita o el pan de cazón de Campeche, entre muchas otras delicias de la mesa sureña.

Recorrer el Sur del territorio mexicano es una experiencia maravillosa porque incluye la posibilidad de desentrañar el misterio que encierran los diseños de su arquitectura, el placer de adquirir piezas artesanales de particular encanto, de recorrer sus ciudades y pueblos para contemplar la belleza de los atuendos típicos mientras saboreamos exquisitas frutas y los más deliciosos platillos de la región. Pero lo más valioso de todo ello es que está hecho a mano.

Fernando de Haro y Omar Fuentes

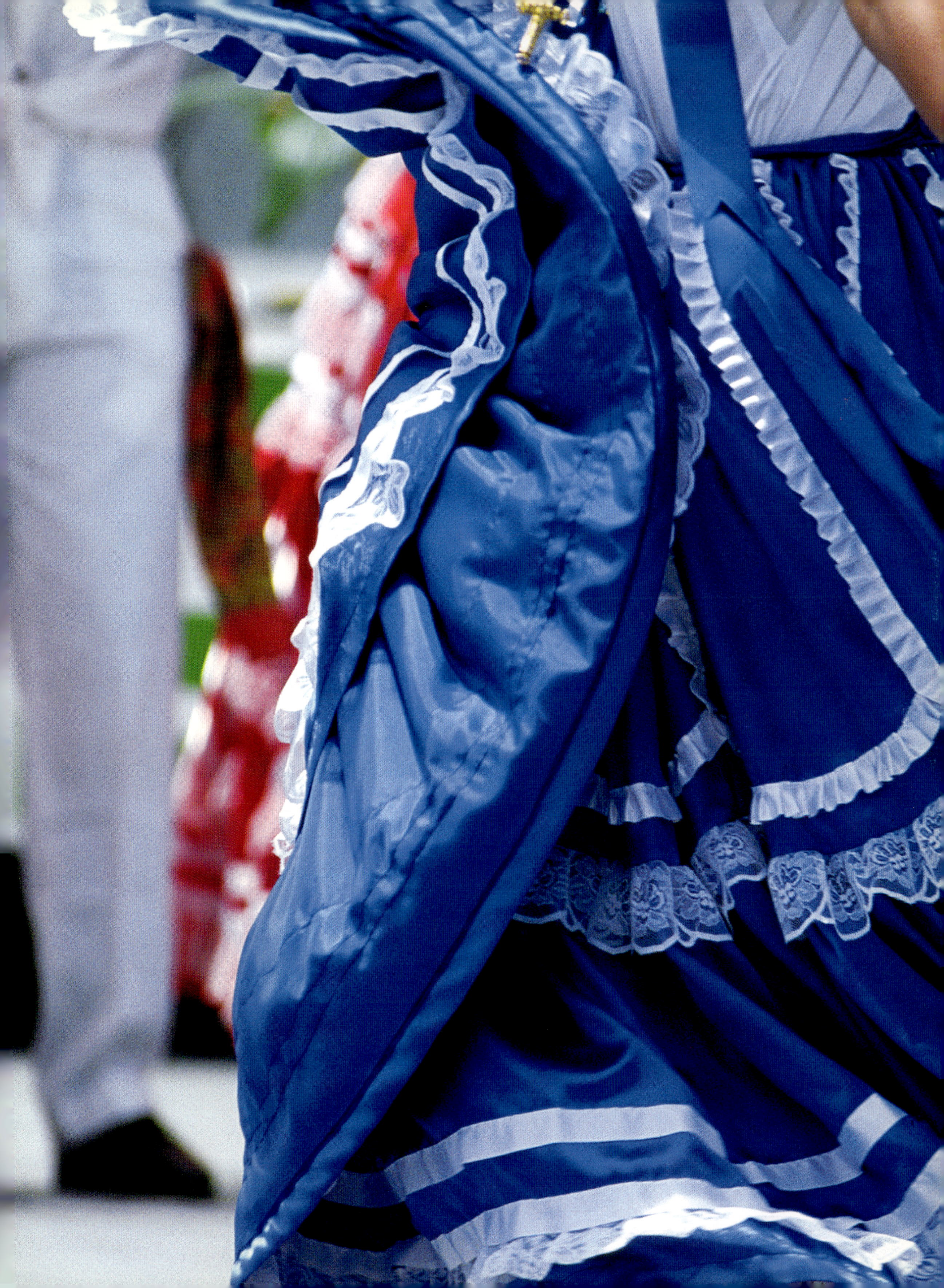

Then Canek said: Even though they are not known,
the number of stars and the number of grains of sand exist.
But what exists and cannot be counted and can be felt in here needs a word so it may be uttered.
The word, in this case, would be immensity. It is like a word dampened by mystery,
and with it there is no need to count the stars or the grains of sand.
We have exchanged knowledge for emotion, which is also a way of penetrating into the truth of things.

Canek (fragment) Ermilo Abreu Gómez

Mexico, *handcrafted art*

Hecho a mano Sur leads us on an exploration of the handcrafts of southern Mexico, a truly fascinating region that is a melting pot for three different cultures, extending from the Pacific to the Gulf of Mexico, from Veracruz to Guerrero, from Oaxaca and Chiapas to Tabasco and Campeche, and from Yucatán to Quintana Roo. This is a land where the past makes its mark on the present. The civilizations that enjoyed a golden age before the arrival of the conquistadors from Spain never really vanished. For centuries Christian Europe made its presence felt here in its efforts to achieve religious conversion, as well as in its architecture, customs, food and art. The indigenous communities embraced these new influences, assimilating them and interpreting them in their own particular way to give rise to the new culture of Mexico, which is so eloquently expressed on a daily basis through clothing, cuisine, fiestas, and colors and textures.

Traveling through southern Mexico means crossing mountains. Apart from the plains of Yucatán, all of this region is streaked with mountain ranges, including the gently rolling hills of Veracruz, where fruit trees abound; the stunning and colorful ranges of Guerrero with their evergreens and blossom; the impassable jungle-covered mountains of Chiapas, and the charming, shaded hills that dot the marshes of Tabasco. And to round off our journey, two spectacular slopes take us down towards the sea, the Pacific Ocean on one side and the Gulf of Mexico on the other, with the added bonus of the Caribbean paradise.

The sandy beaches of Veracruz, Tabasco, Campeche and Yucatán line the Gulf of Mexico's coast hemming in some breathtaking landscapes further inland. Veracruz was home to three of the most important Mesoamerican civilizations -the Olmecs, Huastecs and Totonacs-, all boasting highly-skilled sculptors and potters who, to this day, proudly create a whole range of furniture and jewelry. Tabasco, Campeche and Yucatán constitute the fatherland of the Mayan people, who, far from resting on the laurels of their magnificent past, continue to highlight their prowess with numerous examples of art and culture. Guerrero, Oaxaca and Chiapas have preserved the iron will of their Tzotzil, Mixtec, Zapotec and Lacandon ancestors and courageously protect their millenary customs and traditions.

This book offers a taster of this fusion, which brings together stunning religious and civil architecture with the timeless majesty of the pyramids and ceremonial centers such as Chichén Itzá, Palenque, Bonampak and Mitla, where the sheer genius of their builders is partly on display and partly concealed in the form of religious secrets encrypted in the frets and friezes of these age old structures. Many colonial cities were built on old constructions and some of them are true architectural jewels, like San Cristóbal de las Casas, Campeche, Oaxaca, Mérida, Taxco and the historic center of Veracruz.

The very spirit of the southern peoples is imprinted on their creations, as can be seen in the colors of their houses, the decorations on their doors and windows, and their plazas, markets and homes. The same goes for the way people dress and adorn their clothing with multicolored embroidery, shawls, sashes, huipiles, cloaks and chincuetes, made with industrial materials or cloth woven using waist looms in accordance with tradition. The richness of their attire highlights their ethnic identity and proudly reveals their character and outlook on life.

The streets of cities and villages are still a stage where, for instance, the women of Yucatán with their fresh white dresses with embroidered ribbons and hems, and their fine wide-ribbon shawls go to market with their ixtle fiber bags, or where the Lacandons of Chiapas show off their cotton or tucked shirts, long huipiles, seed necklaces or exquisite blouses and skirts with multicolored adornments. Also, the women of Oaxaca can be seen during festivals wearing their finest yalalteca or tehuana with silk embroidery and splendid gold jewelry crafted by local goldsmiths.

Handcrafts have withstood the test of time. Sometimes they incorporate European contributions, sometimes they remain untouched by such influences, but they all embody the tastes and expressive zeal of their skilled creators who crafted them from fine metals, like gold and silver, minerals such as amber and jade, and natural fibers such as ixtle or cactus fiber. This same passion also goes into making the region's clayware, wooden furniture and toys.

Last but not least, there are the sweet and salty delights for the palate, the universe of aromas and flavors that only the very finest cuisine in the country can offer. The natural ingredients of Mexico were joined by foodstuffs from Europe and Asia to create one of the richest cuisines not just in Mexico but in the world. The impressive array of gastronomic treats includes a vast range of "moles" from Oaxaca, stuffed chicken, cheese, empanadas, the famous Veracruz-style red snapper fish, crab chilpachole, fish soup, salbutes, panuchos, papadzules or lime soup from Yucatán, as well as baked butterfish, fried ray and pan de cazón from Campeche, to name but a few of the delicacies of Southern cooking.

A journey through Southern Mexico is a wondrous experience that offers visitors the chance to unravel the mysteries enclosed in the local architecture, buy some especially charming handcrafts and explore its cities and villages to take in the splendor of traditional attire while enjoying the exquisite fruits and delicious dishes of the region. But the real cherry on the cake is that all of this is handcrafted.

Fernando de Haro and Omar Fuentes.

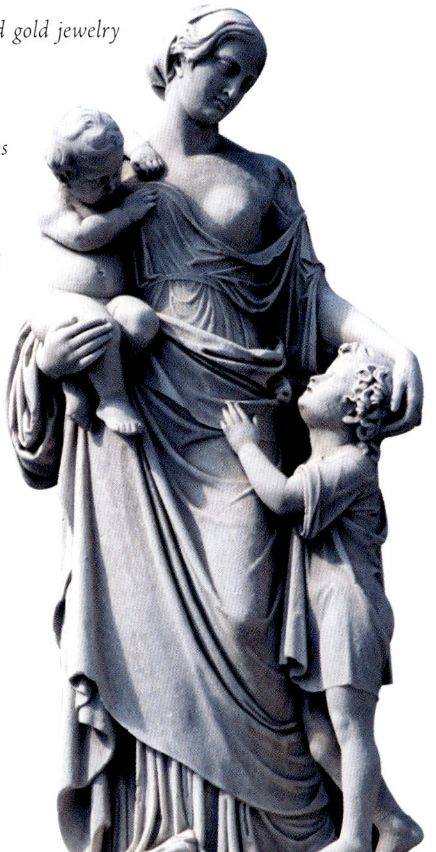

Monumento a la maternidad en el puerto de Veracruz.
Monument to maternity in the port of Veracruz.

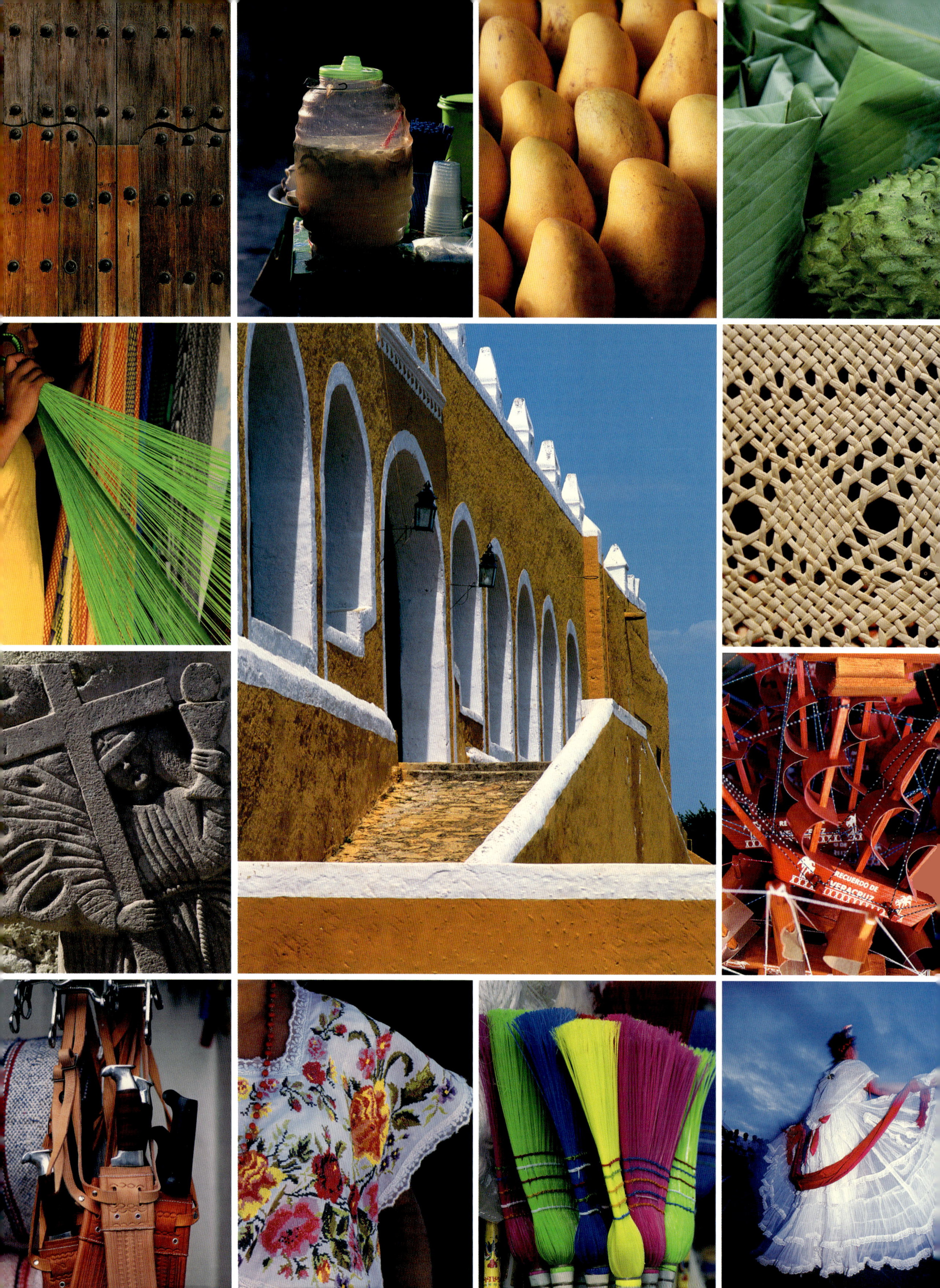
RECUERDO DE
VERACRUZ

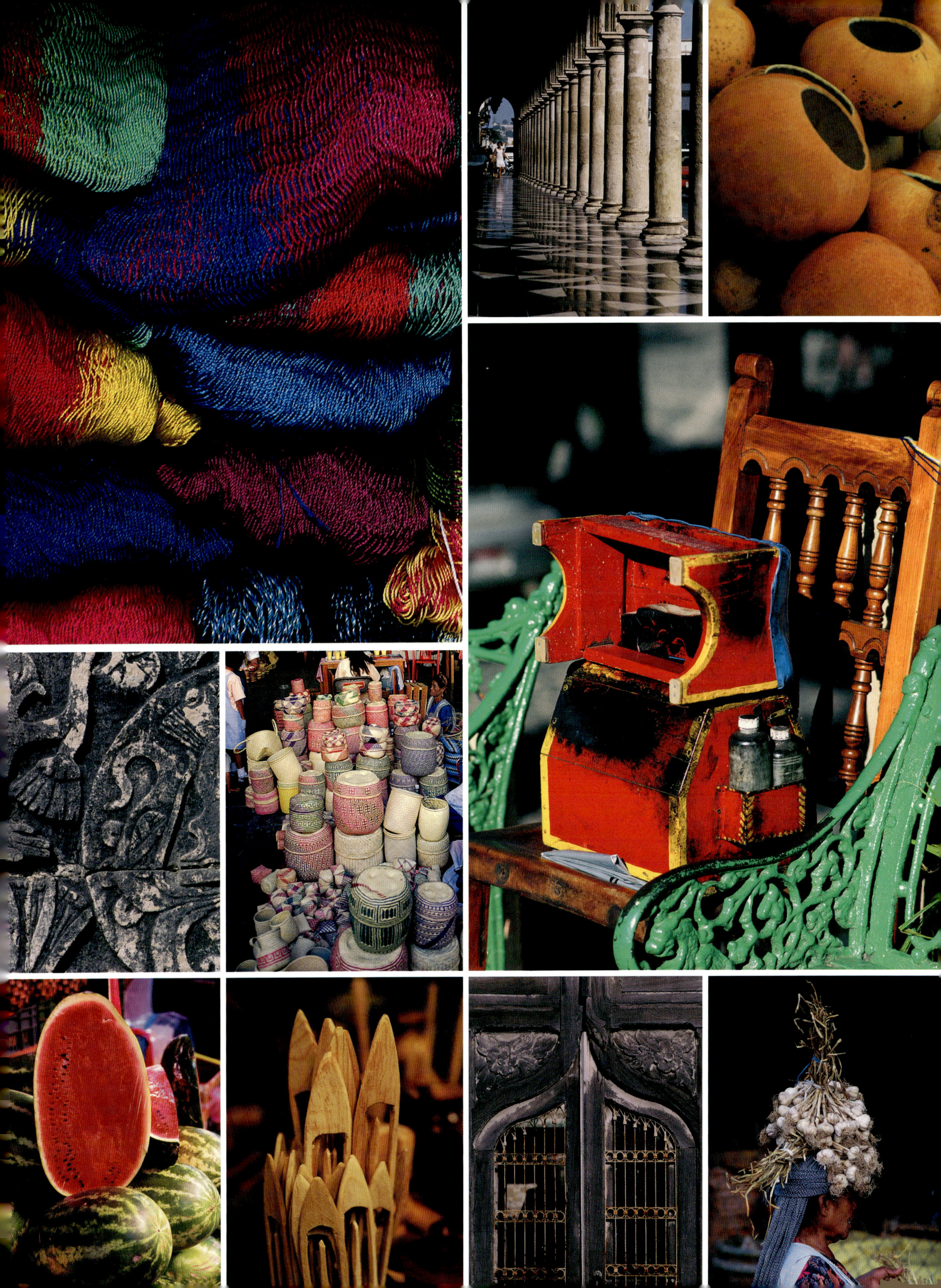

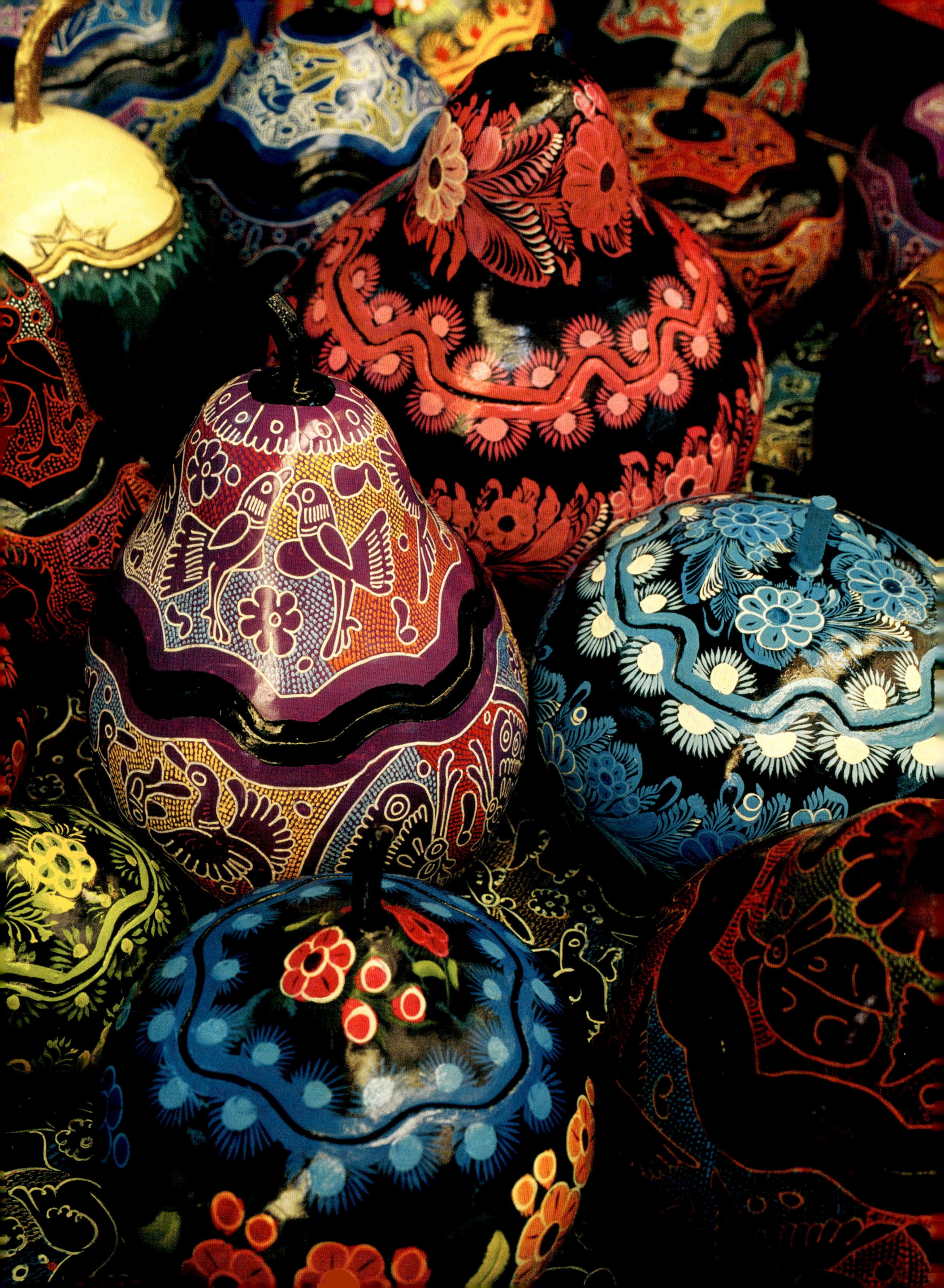

contenido *contents*

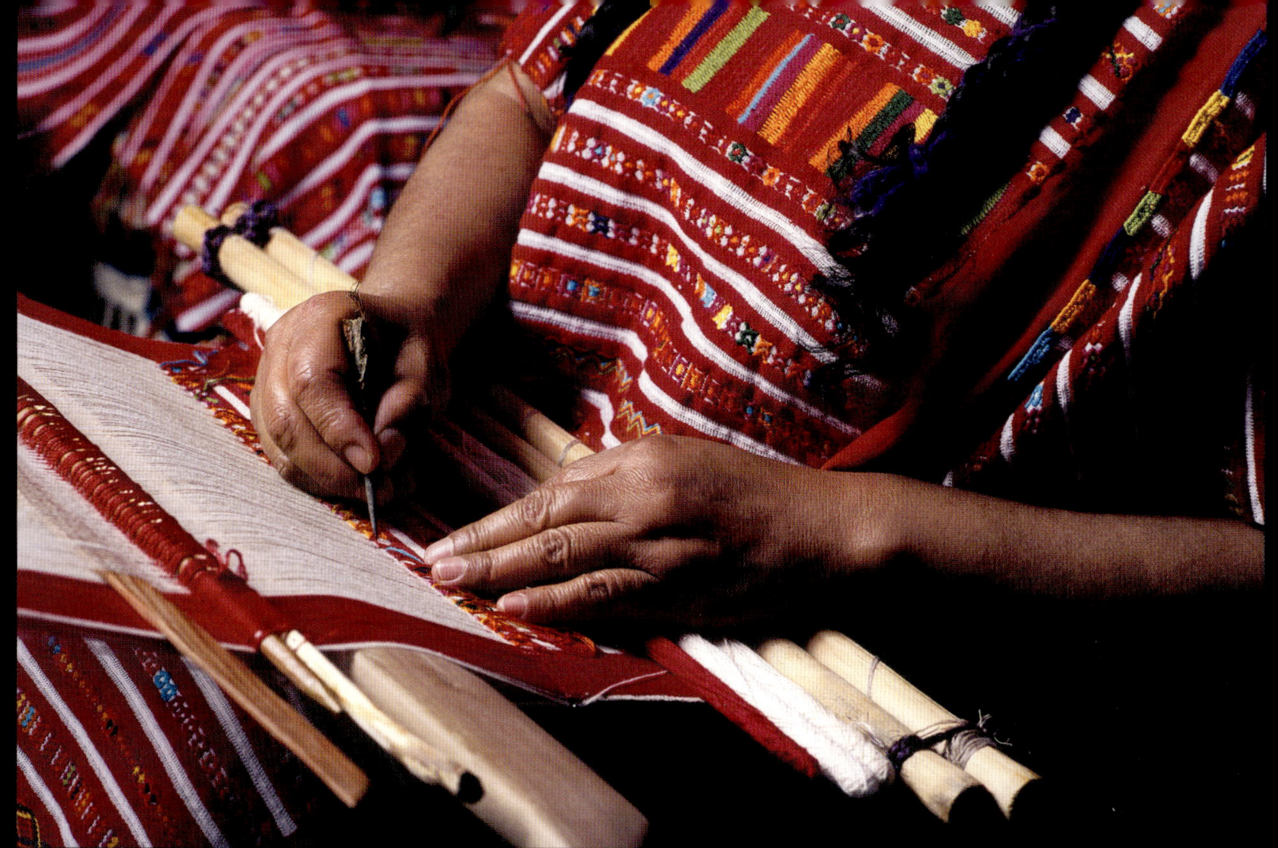

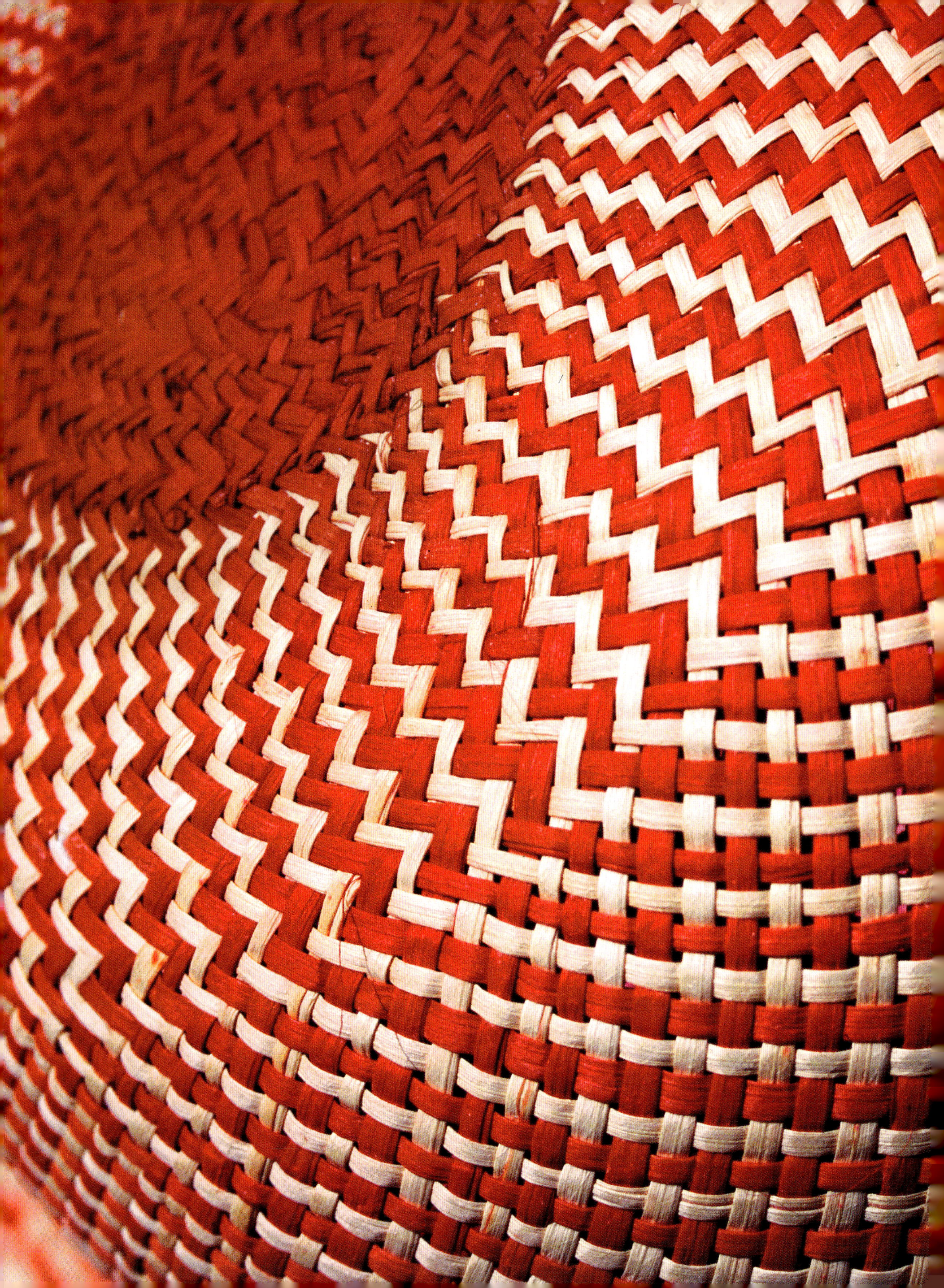

Identity
Identidad

En el bello bordado de su atuendo
y el grácil movimiento de la danza,
la joven oaxaqueña porta, con donaire y alegría,
la esencia y el espíritu de su pueblo entero.

Atuendo y Tradición

Originalmente, la necesidad de protegerse de los cambios climáticos, de heridas y golpes producidos durante las largas caminatas a través de diferentes regiones, dio lugar a que el ser humano usara alguna clase de atavío. Las siguientes culturas agregaron a ese hecho, el pudor; las civilizaciones posteriores le sumaron la moda y hoy, el vestido ocupa un lugar fundamental dentro de casi la totalidad de las sociedades.

El traje de los pueblos ha ido cambiando en atención a diferentes factores, entre ellos las herramientas de producción, desde las que se utilizan en la siembra de las plantas que se convertirán en textiles a través de un telar y después en prendas hechas una por una, luego de pasar por un tinte obtenido de la naturaleza, hasta la ropa hecha de forma industrial, con grandes maquinarias y en cantidades ilimitadas.

El modo de vida actual, el crecimiento de las ciudades y la enorme población, así lo ameritan. No obstante y por fortuna, no siempre es así. En nuestro país y en otras partes del mundo, las comunidades indígenas conservan aún el concepto de identidad que les proporciona su origen, su lengua, su historia, sus costumbres, su indumentaria. Muchas de ellas han entrado a la modernización usando telares más avanzados, ya no tiñen personalmente sus telas o las compran hechas; sin embargo, de una u otra manera, continúan confeccionando su ropa a mano, enriqueciéndola con bordados, encajes y listones, formando dibujos que por su simbología, permiten distinguir a una etnia de otra y a los miembros de sus diferentes jerarquías; a la prenda de trabajo de la de fiesta; a la de una ceremonia de otra; a la mujer soltera de la casada.

En épocas anteriores, para manufacturar su atavío los grupos indígenas usaron exclusivamente pieles y plumas de animales y fibras naturales como el algodón, el henequén, el chichicastle y a la llegada de los españoles, la lana y la seda. A las fibras las teñían previamente a su paso por el telar con colorantes naturales extraídos de plantas como el palo de campeche o palo de brasil (para el rojo), el achiote (para el encarnado), el añil (azul), el zacatlazcalli (amarillo); o bien de animales, como la cochinilla (grana) y una especie de caracol que daba el color púrpura; o también de minerales como el yeso (para el blanco), la malaquita (verde), algunos óxidos de fierro, que pintaba desde ocres hasta rojos. Actualmente algunas comunidades continúan usando los productos de la tierra, pero los trajes de las mujeres continúan siendo casi los mismos que antiguamente según la etnia a la que

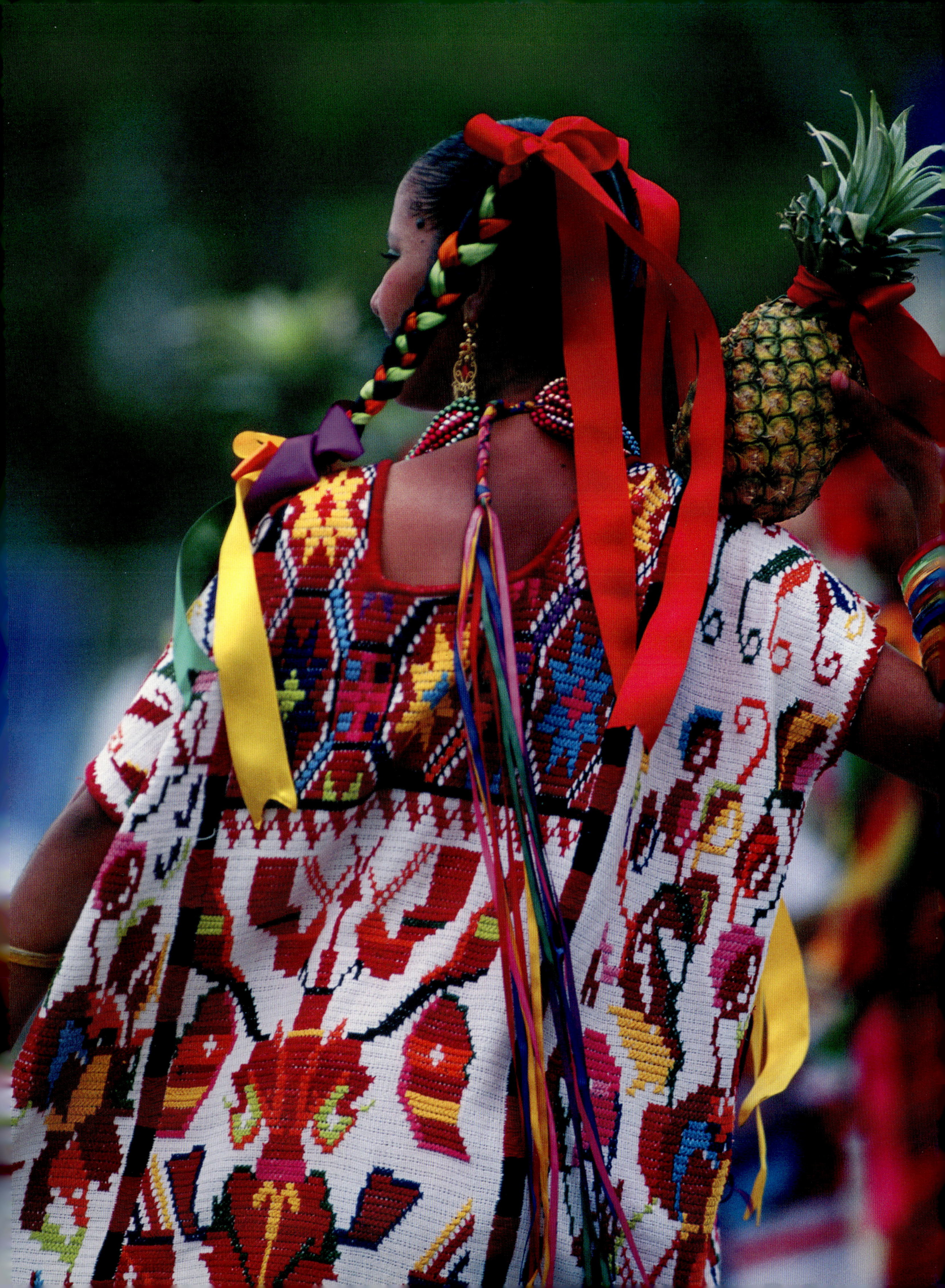

pertenece. El atuendo masculino es el que realmente cambió porque a raíz de la Conquista adoptó la camisa, el pantalón y el sombrero, aunque todavía quedan algunos grupos que usan camisa, calzón, faja y huaraches.

EL DISEÑO

El diseño de las prendas de cada sociedad obedece a los materiales al alcance, los climas, el gusto, y ahora, a la moda. En las comunidades indígenas, es importante el diseño de los adornos que llevan los trajes, por su simbolismo, pese a que actualmente hay dibujos que se conservan, aunque ya no se conoce su significado. Con todo, las mujeres de los diversos grupos étnicos dan rienda suelta a su creatividad en el ornato de sus prendas porque saben que son piezas únicas -como todo lo hecho a mano- y se esmeran tratando de que sean realmente bellas. Utilizan dibujos geométricos, las formas de la naturaleza como árboles, flores, pájaros, peces, ríos, estrellas, soles, lunas; actividades y objetos cotidianos como la venta en el mercado, la pesca en el río, paisajes, casas, animales domésticos, carretas y hasta automóviles. Cada enredo, cada huipil, lleva en sí mismo un poco de la esencia de quien lo elaboró.

LAS PRENDAS

Entre la indumentaria femenina común en las diversas culturas, están:

EL ENREDO: Es una tela rectangular que se coloca alrededor de la cadera y se detiene con una faja en la cintura. La tela puede colocarse en forma de tubo o hacerle uno o varios pliegues o tablones; puede ser plisado todo o en parte. Según la forma será el largo de la tela que puede llegar a medir hasta 10 metros. El enredo se usa con huipil o con blusa, aunque las mixtecas de la costa, las nahuas de Veracruz, cerca del Istmo y las yucatecas, lo usan sin ninguna otra prenda, cuando están en su casa.

En lugar del enredo, la mujer puede usar una falda con pretina sobre la que cose los pliegues. Las faldas generalmente se hacen con telas industriales, mientras que la mayoría de los enredos se confeccionan en telares de diferentes tipos, generalmente de cintura. Tanto los enredos como las faldas pueden ser de un solo color o de varios, con dibujos o sin ellos, pues las mujeres hacen gala de su imaginación para crear no sólo una prenda de vestir, sino una bella artesanía.

EL HUIPIL: Es la prenda que se usa como blusa y se forma de una tela compuesta de varios lienzos angostos, doblada de tal manera que permita pasar la cabeza y los brazos por los huecos respectivos. Hay una gran variedad de modelos, de largos diferentes que van de la cintura hasta los pies; apenas abiertos o totalmente abiertos; con escotes redondos, cuadrados, ovalados, en V...; con adornos de listones, encajes, estambres, bordados y diversas combinaciones de materiales.

Generalmente el huipil se usa como blusa y si es largo, como vestido; pero las tehuanas lo usan también en la cabeza.

Los estados en los que se usa el huipil son Yucatán, Quintana Roo, Campeche, Chiapas, Oaxaca, Guerrero y Veracruz.

EL LIENZO: Tiene diversos usos según el tamaño; puede servir para taparse la cabeza, para cargar a un niño o bien para protegerse del frío. Estas telas pueden ser de algodón para lugares calientes o de lana para los fríos y generalmente, se tejen en telar de cintura. A diferencia del resto de las prendas femeninas, casi no tienen adornos.

Entre el atuendo masculino común en las diferentes culturas, que se resiste a desaparecer y que todavía se lleva mucho en Oaxaca y Chiapas, están:

LA CAMISA: Ahora es una prenda común en todos los pueblos, con diferentes versiones. Para los lacandones se llama cotón, que es un lienzo largo doblado de tal manera que deja una abertura en medio para la cabeza; al lienzo se le agrega una especie de mangas que solamente están cosidas cerca del puño. Lo usan en algunas zonas de Oaxaca, en los Altos de Chiapas, la Mixteca costeña y los amuzgos de Guerrero.

EL CALZÓN: Casi siempre es de manta, ancho, con jareta en la cintura y amarrado alrededor de los tobillos; ocasionalmente llevan adornos sencillos. En algunos lugares de Oaxaca y en los Altos de Chiapas los calzones son cortos y cerca del Istmo de Tehuantepec, los usan así para pescar libremente.

Las prendas que usan indistintamente hombres y mujeres son:

LA FAJA: Complemento indispensable del enredo y usado por los hombres encima del calzón. Puede ser de diferentes anchos, desde 1 hasta 25 centímetros, según la etnia. Pueden hacerse de algodón, lana, artisela o seda y también se tejen en telares. Las hay con dibujos sencillos y con dibujos muy complicados que no todos pueden realizar, por eso incluso hay centros manufactureros dedicados exclusivamente a la elaboración de estas prendas, que llegan a venderse en lugares muy alejados de donde son originarios.

EL HUARACHE: También llamado por los aztecas "cactli", lleva una suela de vaqueta y las correas son de palma o ixtle tejidos. Desde luego hay una enorme variedad de modelos y materiales, que dependen del grupo que los usa. En los Altos de Chiapas les llaman "caites" y consisten en varias capas de vaqueta superpuestas para formar la suela, una talonera alta de cuero negro y correas en forma de pata de gallo. Este tipo de huarache lo llevaban también, hasta hace unos años, los chamulas, los zinacantecos y otros grupos, pero ahora sólo los usan en las fiestas.

EL MORRAL: Son de diferentes materiales, tanto de lana como algodón, ixtle y otras fibras duras. Lo mismo se usan para mantener calientes la tortillas que para guardar otros alimentos; para carga pesada, para llevar artículos personales o para llevar velas u otros artículos ceremoniales religiosos.

Independientemente de la forma en que se utilice el morral es parte de la indumentaria indígena, particularmente de los hombres.

EVENTOS ESPECIALES

CEREMONIAS: La vida cotidiana de todas las culturas tiene acontecimientos sociales particulares que rompen la rutina y por lo mismo, ameritan rasgos distintivos. La indumentaria, como adornos, joyas, sombreros y zapatos que se utilizan en una ceremonia, tiene un significado especial. El vestido de las autoridades civiles o religiosas, chamanes, mandones, mayordomos y demás, no son iguales a las de los demás miembros de la comunidad. La ropa es parte de su cargo y se elabora con especial cuidado y generalmente ha sido hecha por manos expertas.

Los lacandones de Chiapas usan un cotón y una banda para la cabeza hechos de corteza de amate con dibujos pintados con achiote. En el caso de los pueblos totziles, no todas las mujeres pueden usar los huipiles de fiesta, sólo la novia y las madrinas, o las mayordomas de

Rebozo de artisela, con rayas multicolores, que usan las yucatecas.
Artisela shawl with multicolored stripes, worn by the women of Yucatán.

algún santo, en la ocasión específica. El único traje que queda en toda la república, en el que se conserva el arte plumario que tanta fama le dio principalmente a los aztecas, es precisamente el que usan las novias en Zinacantán: un huipil largo con plumas en el frente, la espalda y el ruedo.

JOYAS Y ADORNOS: Tanto las mujeres como los hombres gustan mucho de los adornos y aderezos personales en la vestimenta, como fajas o cinturones ricamente bordados, las mujeres, sobre todo en Oaxaca, usan aretes, pulseras y anillos de oro; a veces son réplicas de joyas prehispánicas, figuras de animales, pero también hay cristos, santos o cruces de profundo significado, como la famosa cruz de Yalalag, una joya de plata que se transmite como regalo de madres a hijas durante el matrimonio.

Los huicholes usan cinturones tejidos, sandalias de cuero, pectorales, brazaletes, pulseras, aretes y anillos de chaquira, grandes collares de cuentas, espejos y medallas católicas. Tanto hombres como mujeres, entre los huicholes, suelen trenzar su cabello y pintarse la cara con pigmentos rojos.

LAS FIESTAS: No hay un mes del año, ni siquiera una semana, en la que no se celebre una fiesta en algún lugar del sur de nuestra república, y una de las más importantes de la región es la Guelaguetza, que en realidad son tres celebraciones distintas; en la más importante, los indígenas zapotecos festejan el espíritu de ayuda mutua, como un acto de cortesía que lleva consigo la obligación de la reciprocidad; otra más es la Guelaguetza Agrícola, en la que se ofrecen oportunidades de trabajo a los habitantes de la comunidad y la tercera es el Lunes del Cerro en la que se conmemora la figura de Benito Juárez.

El Fandango veracruzano ofrece la oportunidad de asistir a fiestas donde se baila la jarana, el son y el jarabe, donde los hombres visten de blanco, con trajes hechos de manta y las mujeres con vestidos de amplios vuelos, con delantal negro ricamente bordado con hilos de colores.

Durante estos festejos, hoy más turísticos que ceremoniales, en los que hay música tradicional y bailes regionales, las mujeres visten sus mejores galas; no cambia la naturaleza del atuendo, pero sí la riqueza de los bordados y adornos. Por ejemplo, las chinantecas de Oaxaca, que usan diariamente huipiles blancos bordados, para las fiestas éstos son rojos y más elaborados. En el Istmo de Tehuantepec, el atuendo festivo es de terciopelo o de tela sedosa. La falda lleva en el ruedo un olán plegado de encaje blanco y una banda ancha bordada con los mismos dibujos que el huipil. Además se usa otro huipil de encaje de color, con un olán plegado alrededor del escote delantero y trasero, con uno de los olanes se cubre la cabeza y lo deja caer hacia atrás como si fuera una cascada. Esta es la mundialmente conocida tehuana.

En Yucatán, el vestido de fiesta es un huipil de seda o artisela con bordados y una especie de cuello separado; en el ruedo lleva una cenefa bordada y un encaje transparente. La falda también lleva encaje en la orilla y una tira con bordados iguales a los del huipil. Las yucatecas llevan un rebozo de artisela, zapatos de raso y en la cabeza moños de listón.

En San Pedro Coyutla, Veracruz, las mujeres llevan un quechquémitl, hermosamente trabajado, el día de su boda, mismo que guardan para ser sepultadas con él.

In the beautiful embroidery of her garments
and the graceful movements of the dance,
the young woman from Oaxaca embodies, with elegance
and joy, the essence and spirit of all her people.

Attire and Tradition

The need for protection against weather conditions, injuries and knocks during long walks through different regions was what originally gave rise to the use of some form of attire by people. Subsequent cultures added modesty to this and later on came fashion. Today, clothing is vital in just about every society. Clothing has changed in response to a number of different factors. Some garments worn when sowing seeds that, with the use of the loom, will provide textiles and ultimately items of clothing made one by one using the dyes provided by nature, while other garments are produced industrially with large machines and in unlimited amounts.

This is the result of contemporary lifestyles, the growth of cities and the rise of huge populations. Luckily, however, things have not always been like this. In our country and in other parts of the world, indigenous communities still hold on to the concept of identity based on their origins, language, history, customs and clothing. Many of them have embraced modernity and use more complex looms or no longer dye their cloth themselves or buy it already made; but one way or another they still make their clothes by hand, enriching them with embroidery, lace and ribbons to create symbolic designs that distinguish one ethnic group from another, as well as the members of their different hierarchies, or to distinguish work clothes from the attire reserved for celebrations, clothing for different ceremonies, or the garments of a single or married woman.

In the past, indigenous communities would only use animal skins, feathers and natural fibers such as cotton, henequen and chichicastle (urera baccifera) to make clothes. Wool and silk were added to the list upon the arrival of the Spaniards. Before putting the fibers to the loom they would dye them, using natural colorings extracted from plants such as bloodwood tree, palo de brasil (for red), achiote (for incarnadine), indigo (blue) and dodder (yellow), or from animals, such as cochineal (mauve) and a certain species of snail for purple dyes. Minerals were also used, such as gypsum (for white), malachite (green) and some iron oxides for colors ranging from ocher to red. Some communities still use the offerings of the earth, and women's attire is virtually the same as before, depending on the ethnic group they belong to. Men's clothing is what has really changed. In the wake of the Spanish Conquest, men started using shirts, pants and hats, although some communities still use the blousons, pantaloons, sashes and sandals of pre-Hispanic times.

DESIGN

The design of each society's clothing depends on the materials available, weather conditions, taste and, in recent times, fashion. The design of the adornments used for suits is important among the indigenous communities because of its symbolism, although the meaning of some of the designs still in use is not known. Women in the country's different ethnic groups unleash their creativity when they adorn clothes because they know they are unique items -like everything that is handmade- and they go to great lengths to make them really beautiful. They use geometric designs and the shapes of nature such as trees, flowers, birds, fish, rivers, stars, the sun and the moon, as well as day to day activities and objects such as sales in the market, fishing in the river, landscapes, houses, pets, carts and even cars. Each weave, each huipil, contains some of the spirit of the person who made it.

CLOTHING: *The following women's garments are common among the different cultures:*

THE ENREDO: The enredo is a type of rectangular shawl placed around the hip and held in place at the waist with a sash. It can be worn in the form of a tube or folded several times; it can be fully or partly pleated and may be as much as 30 ft long depending on the shape. It is also used with a huipil or a blouse, although the Mixtecs on the coast and the Nahuas of Veracruz, near the Isthmus, and the women of Yucatán use it without any other garments when they are at home.Instead of an enredo, women may use a skirt with a waistband onto which the pleats are sewn. Skirts are usually made with industrial cloths, while most enredos are produced using different types of looms, usually waist looms. Both enredos and skirts may be of one or several colors, with or without designs, as women use all their imagination to create not just an item of clothing but also a work of art.

THE HUIPIL: This garment is used like a blouse and consists of a cloth made with many narrow strips of material folded in a way that allows the wearer to pass her head and arms through the respective spaces. There is a large variety of models of different lengths, ranging from the waist to the feet. Some are barely open, while others are completely open; the neckline may be round, square, oval or V-shaped, and adornments include ribbons, lace, long fibers, embroidery and different combinations of materials. The huipil is generally used as a blouse and, if it is long, as a dress, although the Tehuans use it as a form of headdress.

The states in which the huipil is used are Yucatán, Quintana Roo, Campeche, Chiapas, Oaxaca, Guerrero and Veracruz.

THE LIENZO: This strip of material has many different uses depending on the size. It can be used as a form of headdress, for carrying a child or as protection against the cold. The lienzo may be made of cotton in warmer climates or wool in colder ones, and it is usually made with a waist loom. Unlike other women's clothes, the lienzo has little by way of adornment. The garments commonly worn by men in the states of Oaxaca and Chiapas and which have withstood the test of time include:

SHIRTS: Shirts are now common everywhere, albeit in different versions. The people of the Lacandona region call them cotón, which consists of a long strip of material folded in a way that leaves an opening in the middle for the head to pass through, and has a type of sleeve sewn close to the wrist. These shirts are worn in certain parts of Oaxaca, the Highlands of Chiapas, the coastal Mixtec regions and the Amuzgo areas of Guerrero.

PANTALOONS: These are usually wide, made of cotton cloth, have a hem at the waist and are fastened around the ankles. They are sometimes made with simple adornments. In certain parts of Oaxaca and the Highlands of Chiapas, pantaloons are short, while near the Isthmus of Tehuantepec, they are used for fishing.

The following are worn by men and women alike:

SASHES: This wraparound garment is an absolute must for men, who wear it on top of their pantaloons. It varies in width -anything from one to 10 inches- depending on the ethnic group. It may be made of cotton, wool, artisela or silk and is also woven on a loom. Some come with simple or complex designs and patterns that not just anyone can make, which is why there are production centers that only manufacture these garments, which are then sold far and wide in many different places.

SANDALS: Known to the Aztecs as cactli, the sandals of southern Mexico consists of a leather sole with woven palm or ixtle straps. A vast range of models and materials is available, depending on which ethnic group they are intended for.

In the Highlands of Chiapas they are called caites and are made with several layers of leather placed one on top of the other to make the sole, a high heel piece made of black leather and between-toe straps. Up until a few years ago, this type of sandal was worn by the Chamulas, the Zinacantecs and other peoples, but now they are only used for festivals.

El fondo oscuro del huipil bordado, compone el marco ideal para el brillo de la gama infinita de los colores de la naturaleza.

The dark background of the embroidered huipil provides the ideal setting for the brilliance of the endless array of nature's colors.

BAGS (MORRAL): Bags are made of different materials, such as wool, cotton, ixtle and other tough fibers. They can be used for keeping tortillas warm and for keeping other foodstuffs in, for heavy objects, for personal items or for candles and other religious ceremonial articles. However they are used, these bags are an essential item for the indigenous communities, especially among the men.

SPECIAL EVENTS

CEREMONIES: The day to day life of every culture includes special social events that break the routine and, because of this, need something to mark the difference. The clothing used for ceremonies, including jewelry, accessories, hats and footwear, has a special significance. The attire of the civil or religious authorities, shamans, bosses, churchwardens and others is not the same as the clothing worn by other members of the community. Clothes are part and parcel of the position or status, and they are made with great care, usually by expert hands. The Lacandons of Chiapas use a cotón and a headband made of amate bark with drawings in achiote. Not all the women of the Totzils can use the celebration huipiles, which are restricted to the bride and bridesmaids, or the churchwardens of a given saint, on a specific occasion. The only dress worn throughout the country, and which illustrates the art of plumage arrangement the Aztecs were famous for, is precisely the one used by brides in Zinacantán, consisting of a long huipil with feathers on the front, back and hems.

JEWELS AND ADORNMENTS: Men and women enjoy having their personal adornments and decorations on their clothing, such as richly embroidered waistbands or belts. Women, especially in Oaxaca, use gold earrings, bracelets and rings, or sometimes replicas of pre-Hispanic jewelry or even figurines of animals. But sometimes they choose figures of Jesus, saints or crosses with deep meaning, such as the famous cross of Yalalag, consisting of jeweled silver, which mothers give to their daughters as a wedding present. The Huichols wear woven belts, leather sandals, pectorales, bracelets, wristbands, earrings and rings made of chaquira, big necklaces de cuentas, mirrors and catholic medallions. Huichol men and women usually pleat their hair and paint their faces with red dyes.

FESTIVALS: Not a month -in fact, not even a week- goes by without a festival being celebrated in some part of southern Mexico, and one of the most important in the region is the Guelaguetza, which in actual fact consists of three different celebrations. The main one is the Zapotec celebration of the spirit of mutual help as an act of courtesy that entails the obligation of reciprocity; another celebration is the Guelaguetza Agrícola, in which jobs are offered to the members of the community; and the third one is Lunes del Cerro (Monday of the Hill) which commemorates Benito Juárez. The Fandango of Veracruz offers people the chance to attend festivals and dance the jarana, son and jarabe. Men wear white suits made of cotton cloth and women go dressed in skirts with large folds and black aprons richly embroidered in many colors. These celebrations, which today relate more to tourism than ceremonies, feature traditional music and regional dances. Women wear their very finest clothes, which change not in terms of the type of garments worn, but in terms of the richness of the embroidery and adornments. The Chinantecs of Oaxaca, for instance, use white embroidered huipiles for day to day life, but for festivals they use red ones that are more intricately made. The attire of festivals in the Isthmus of Tehuantepec is velvet or silky cloth. The hem of the skirt has an olán plaited with white lace and a wide sash embroidered with the same designs as the huipil. Another colored lace huipil is also used with a plaited olán around the front and back of the neckline, one of which is used to cover the wearer's head, falling back like a cascade. This is none other than the world famous tehuana. The festival attire in Yucatán consists of an embroidered silk or artisela huipil with a kind of separate neck. The hem has an embroidered edge and transparent lace. The skirt also has lace at the hems and an embroidered strip of material like the ones used for the huipiles. The women of Yucatán wear an artisela shawl, satin shoes and ribbons in their hair. In San Pedro Coyutla, Veracruz, women wear a beautifully crafted quechquémitl on their wedding day, which they then keep for the day of their burial.

~ Vuelos de encaje en los trajes de la Guelaguetza. Las trenzas se adornan con cintas de colores. / *Lace folds used in suits for the Guelaguetza festival. Braids are decorated with colored ribbons.* ~

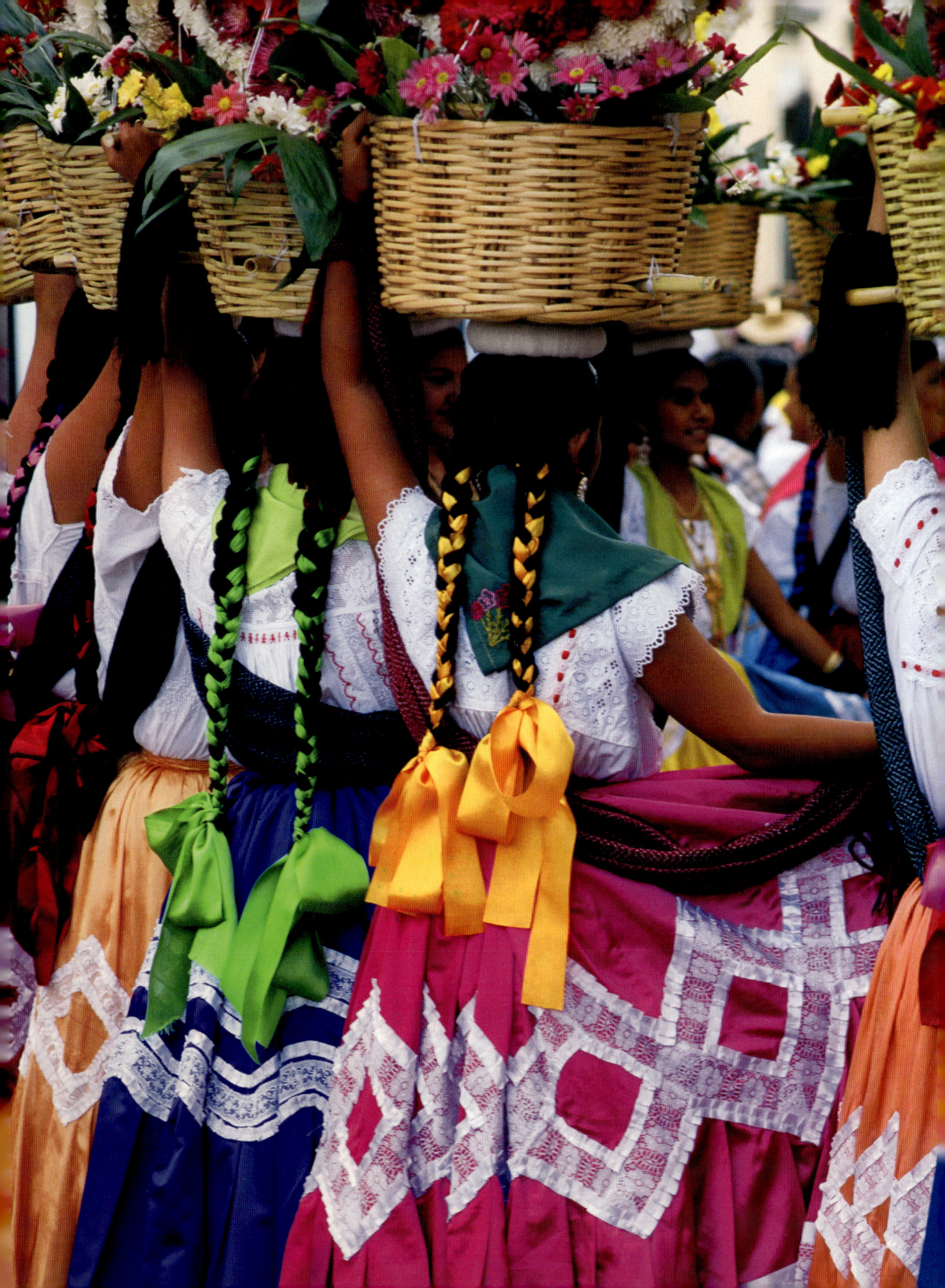

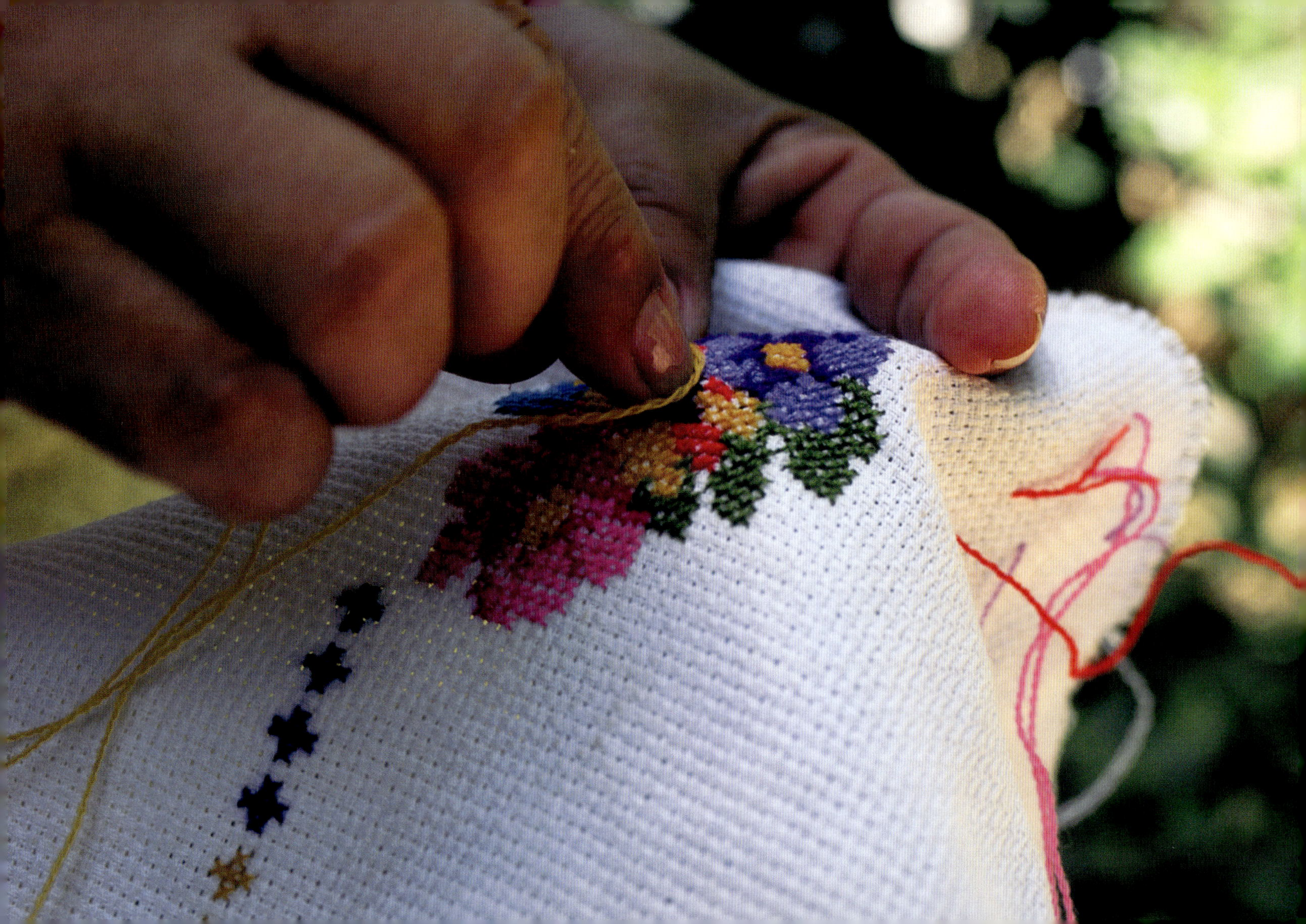

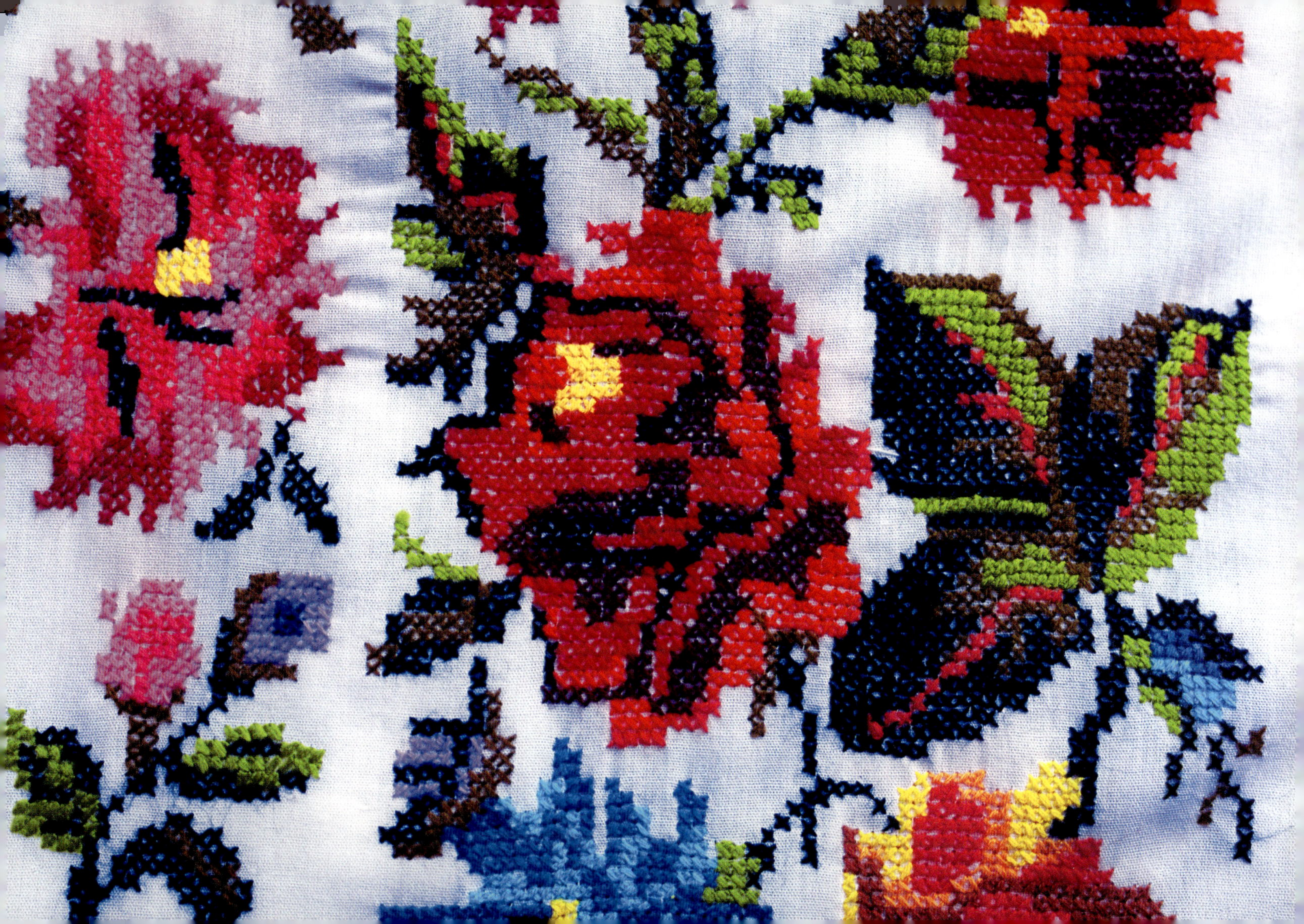

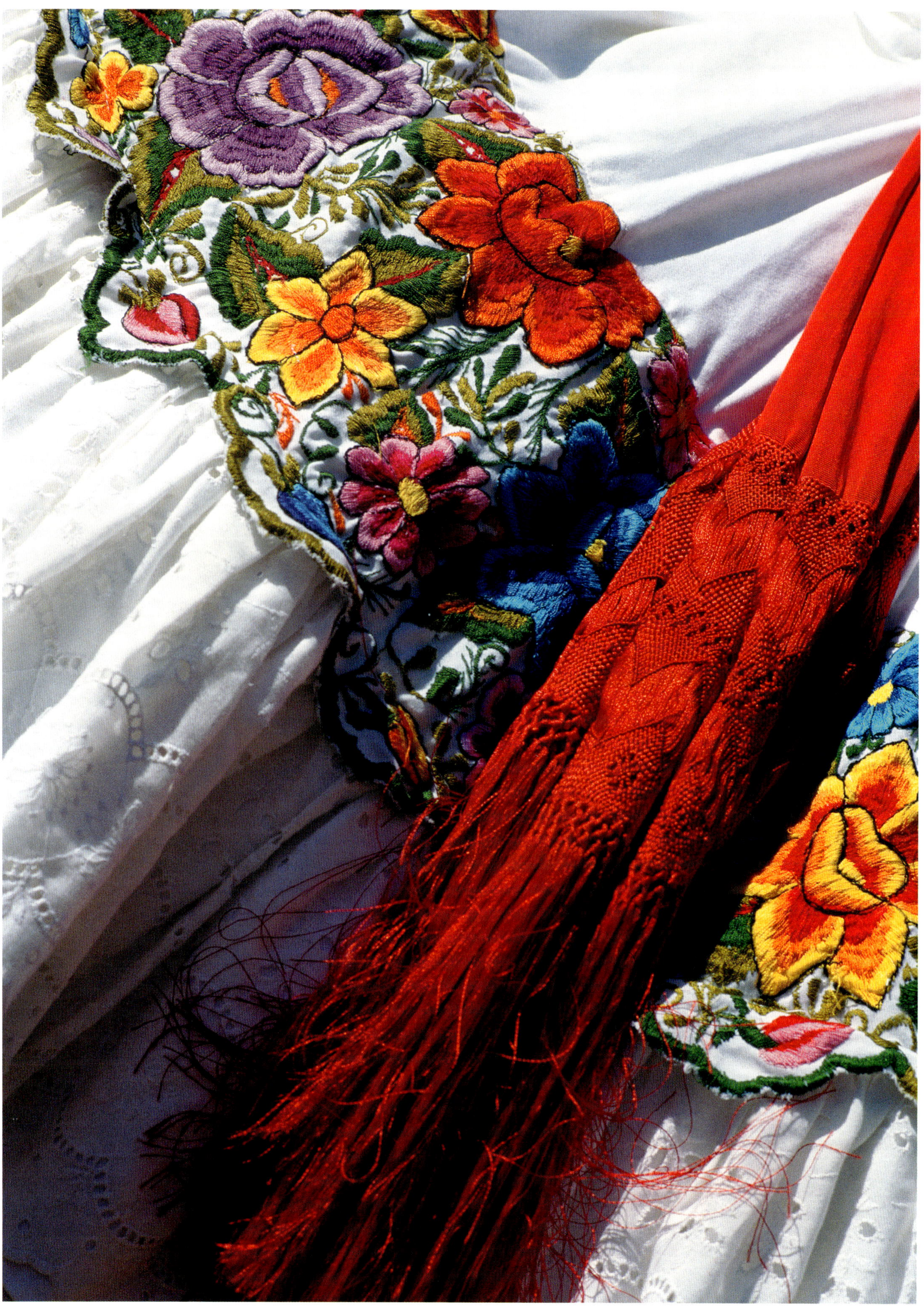

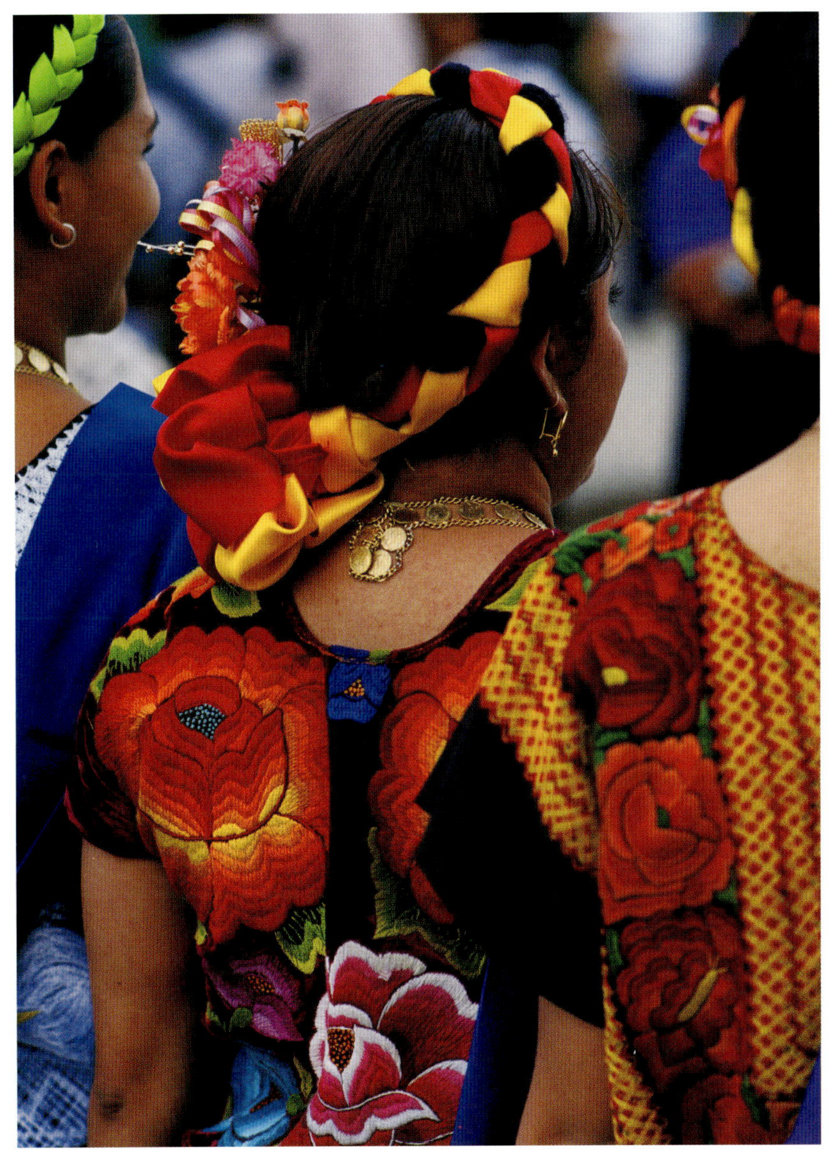

"...Y todas estaban bien vestidas, bien adornadas;
todas llevaban hermosas faldas, bellas blusas... todas tenían bastillas bordadas..."

~

"...And all the women were well-dressed with adornments; they all wore beautiful skirts,
splendid blouses...they all had embroidered hems..."

Fray Bernardino de Sahagún

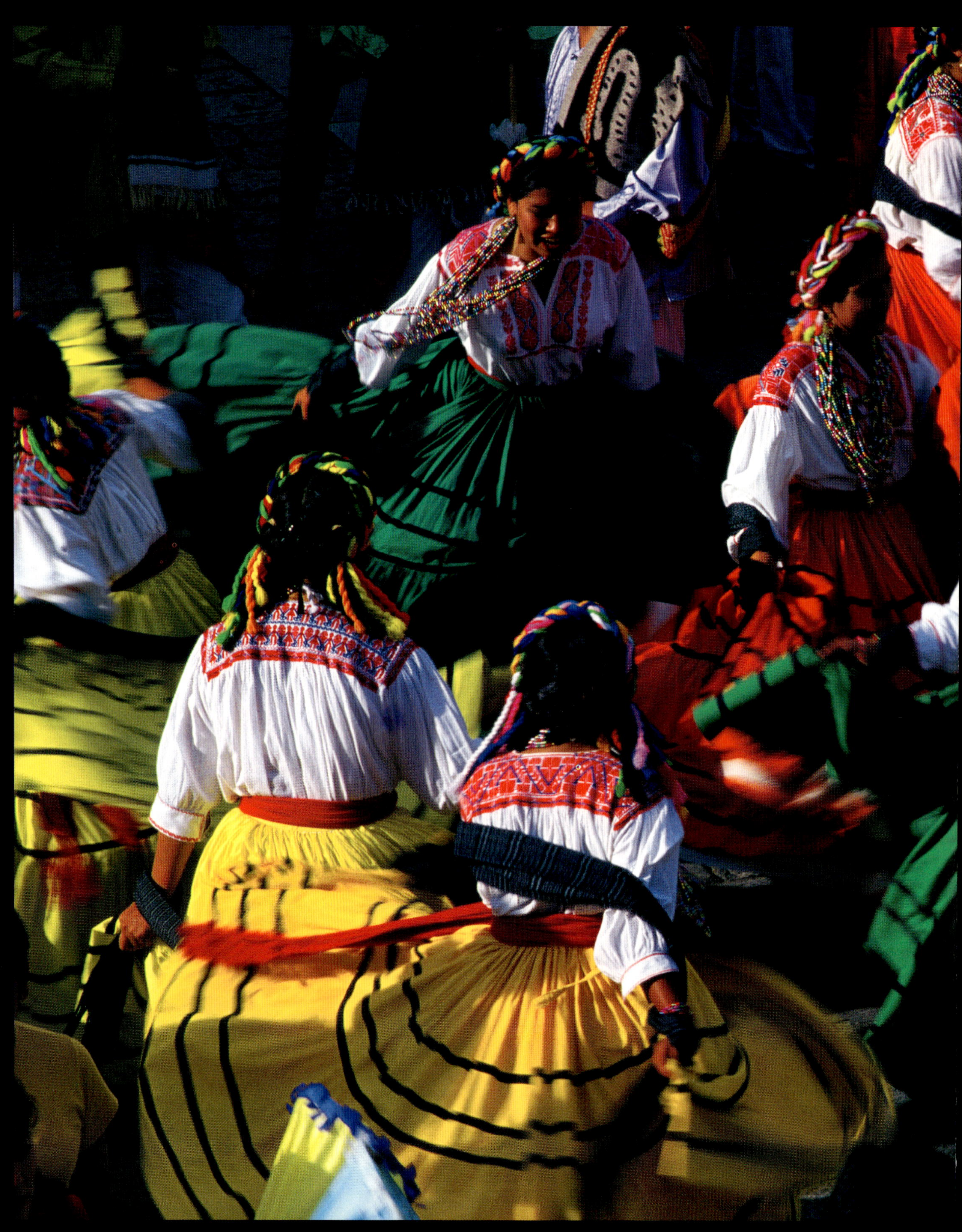

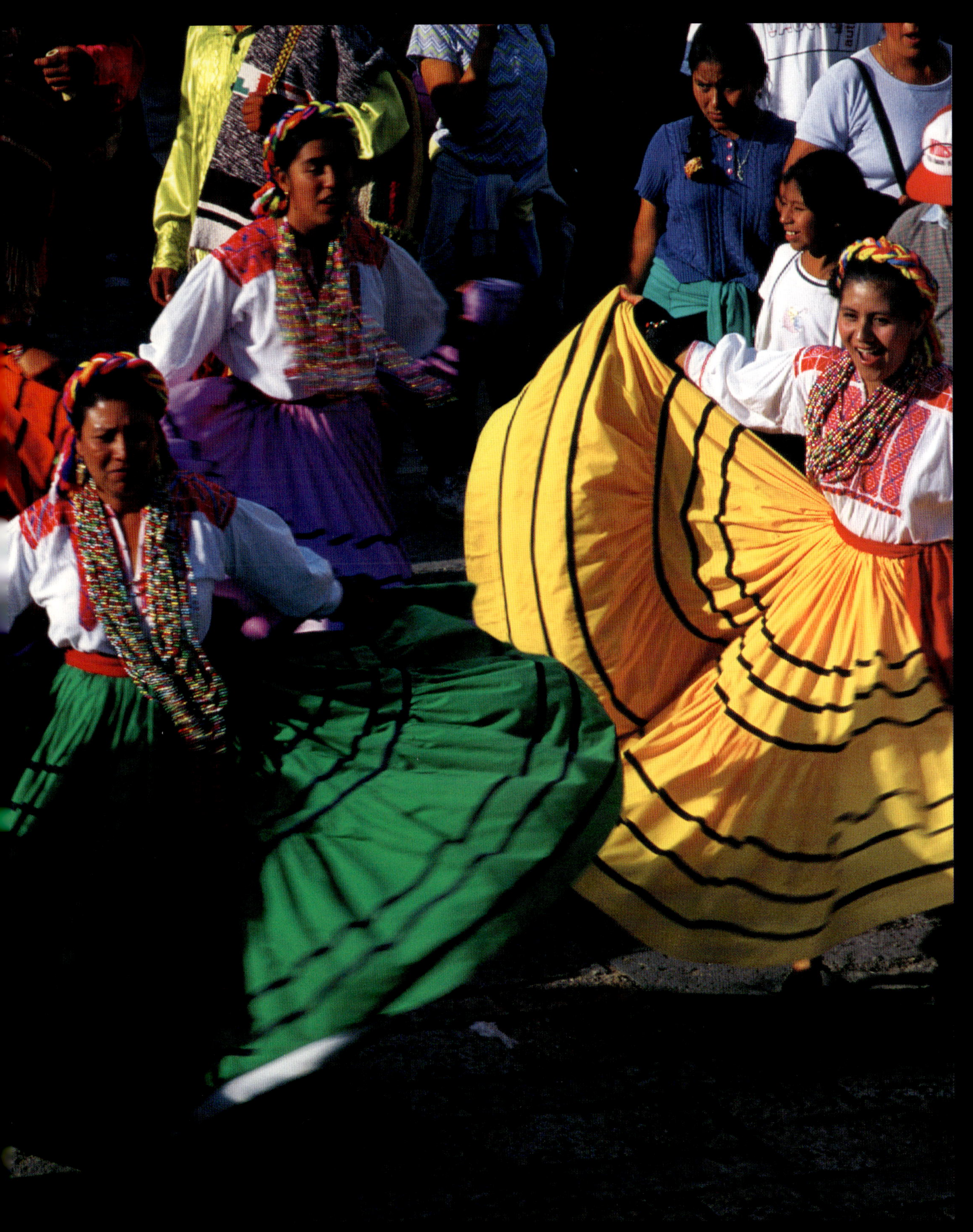

En la espesa mata de cabello color azabache,
los listones de colores no buscan agradar a los demás;
sólo satisfacen un íntimo sentimiento de belleza.

~

In her thick jet black hair,
the colored ribbons do not seek to please others;
they just satisfy a deeply-held notion of beauty.

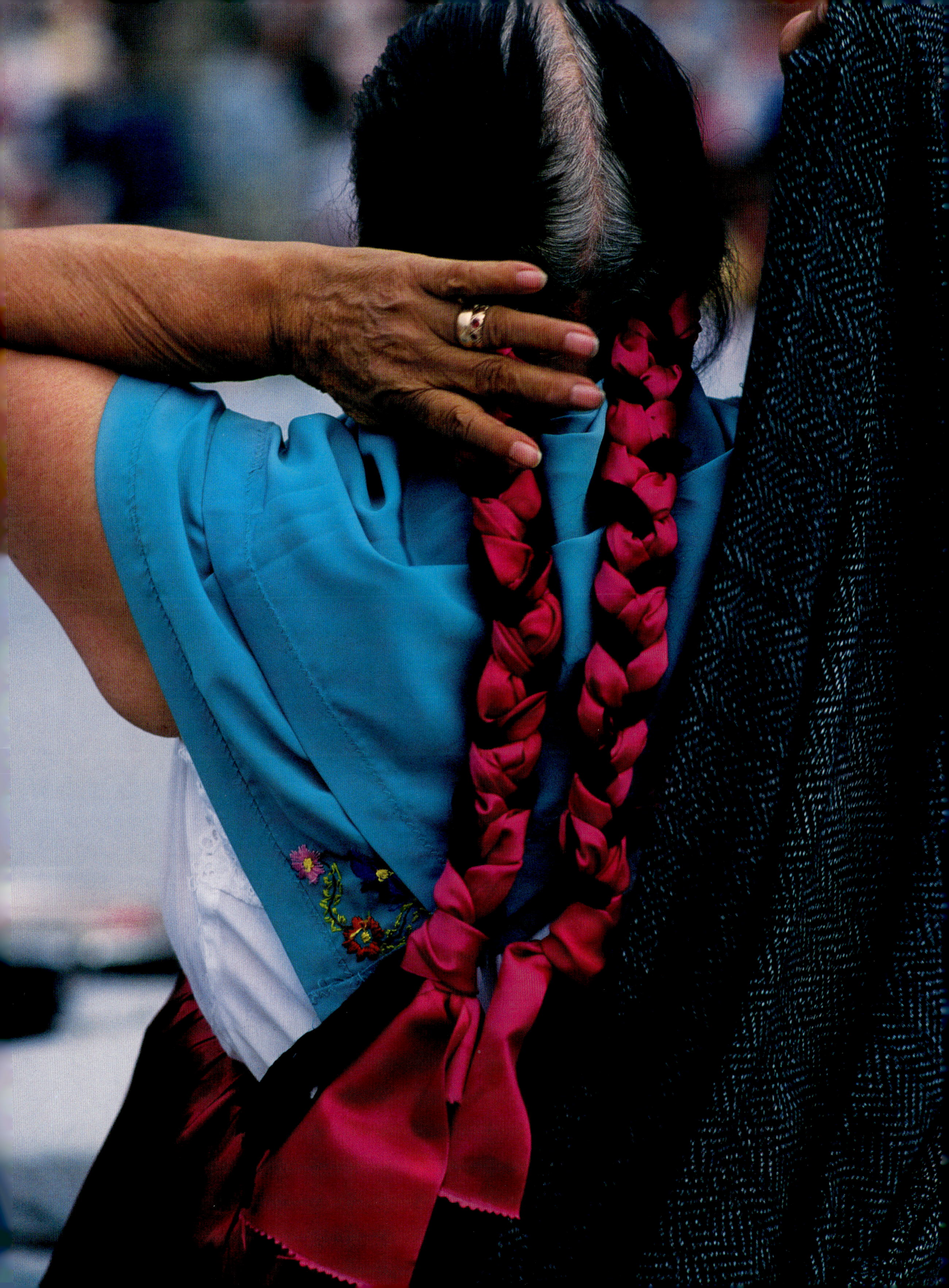

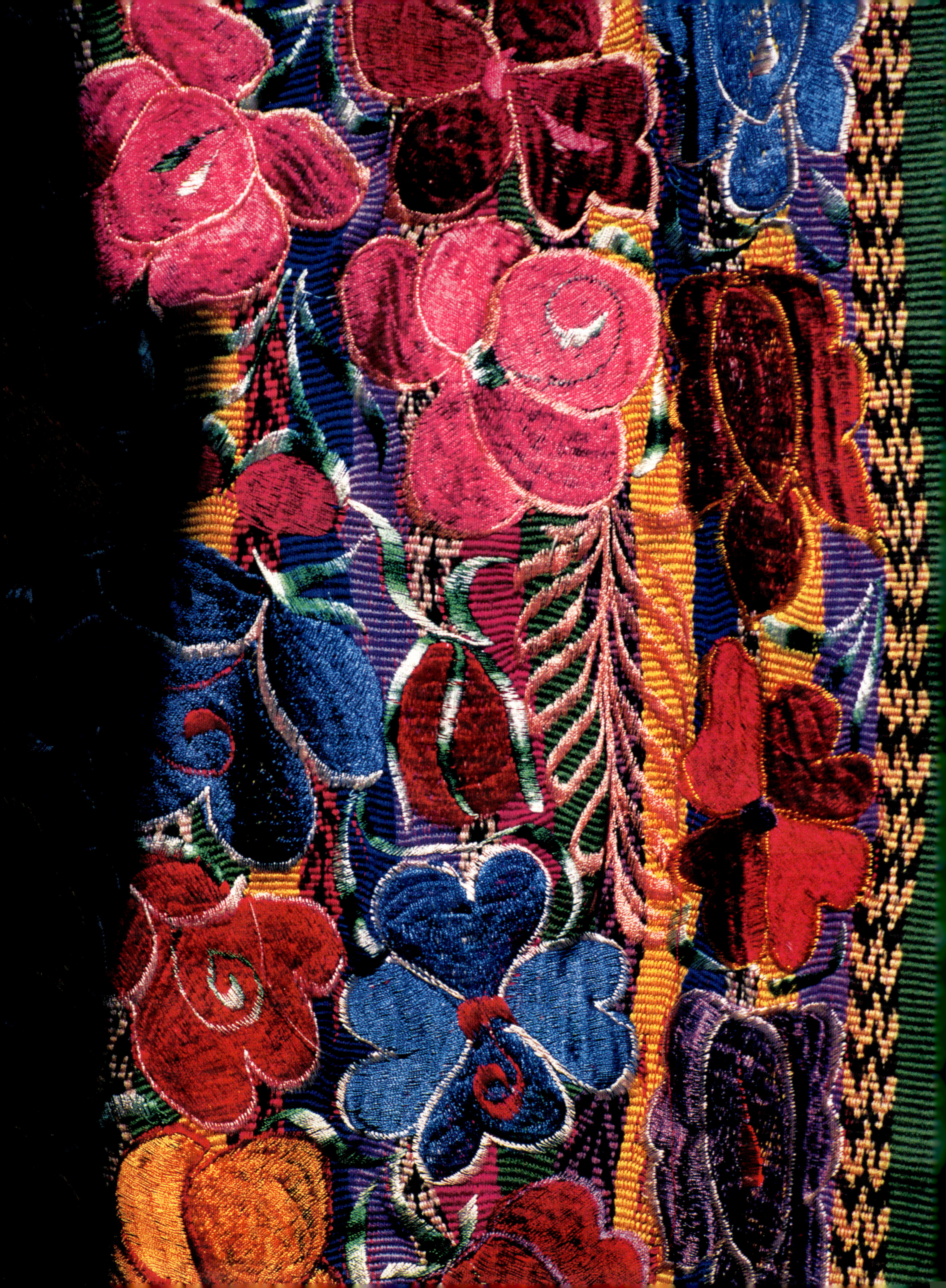

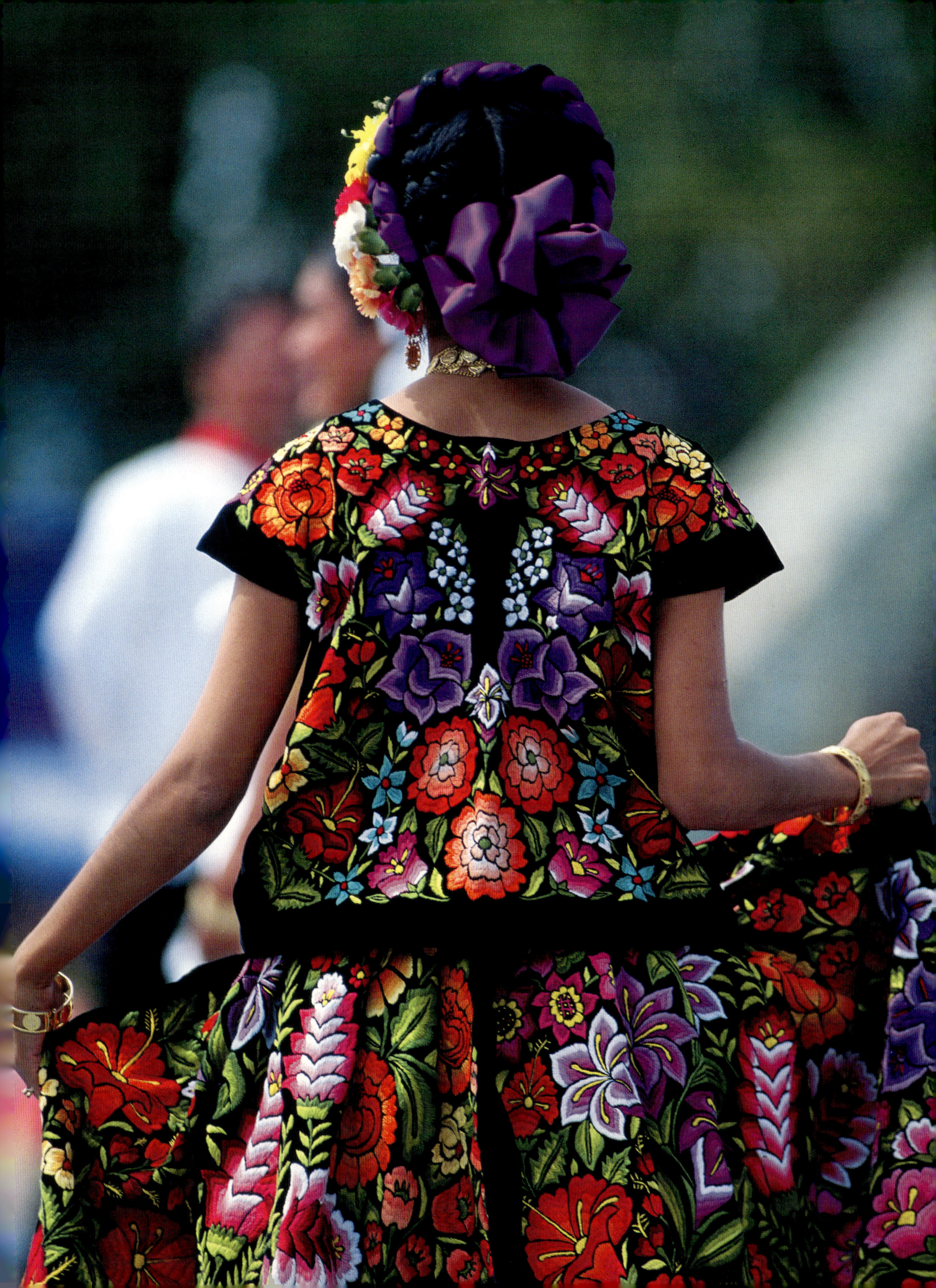

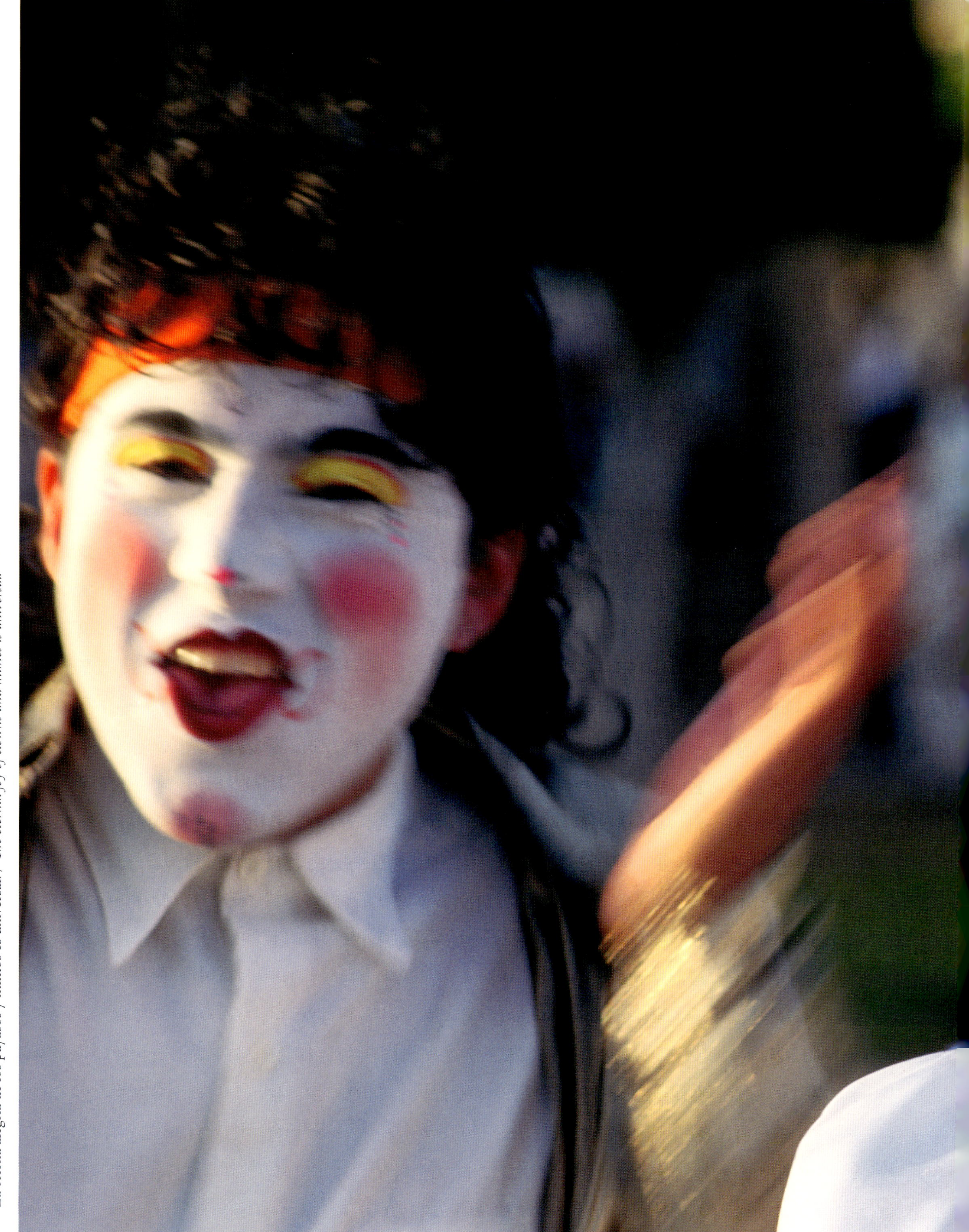

~ La eterna alegría de los payasos y mimos es universal. / *The eternal joy of clowns and mimes is universal.* ~

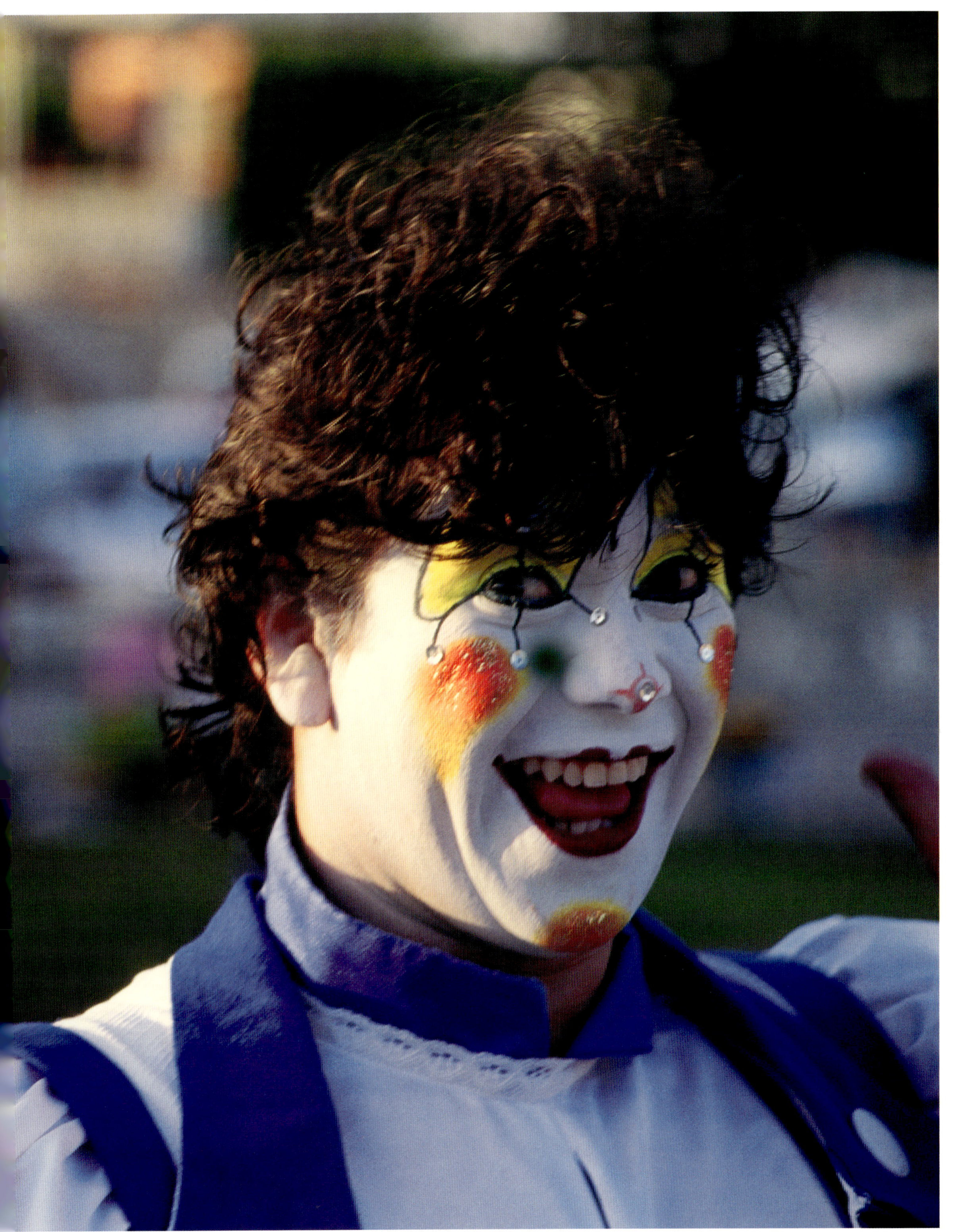

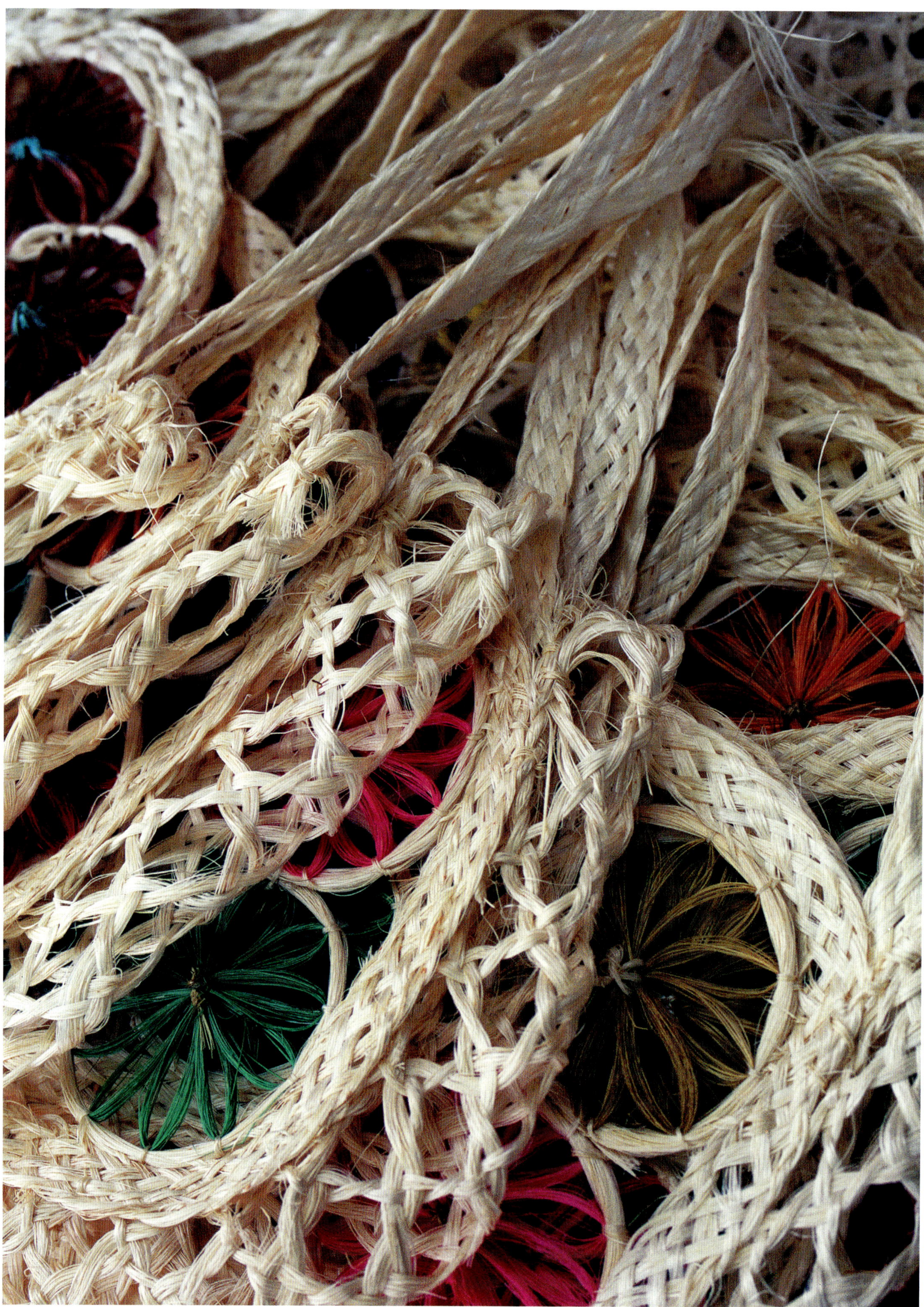

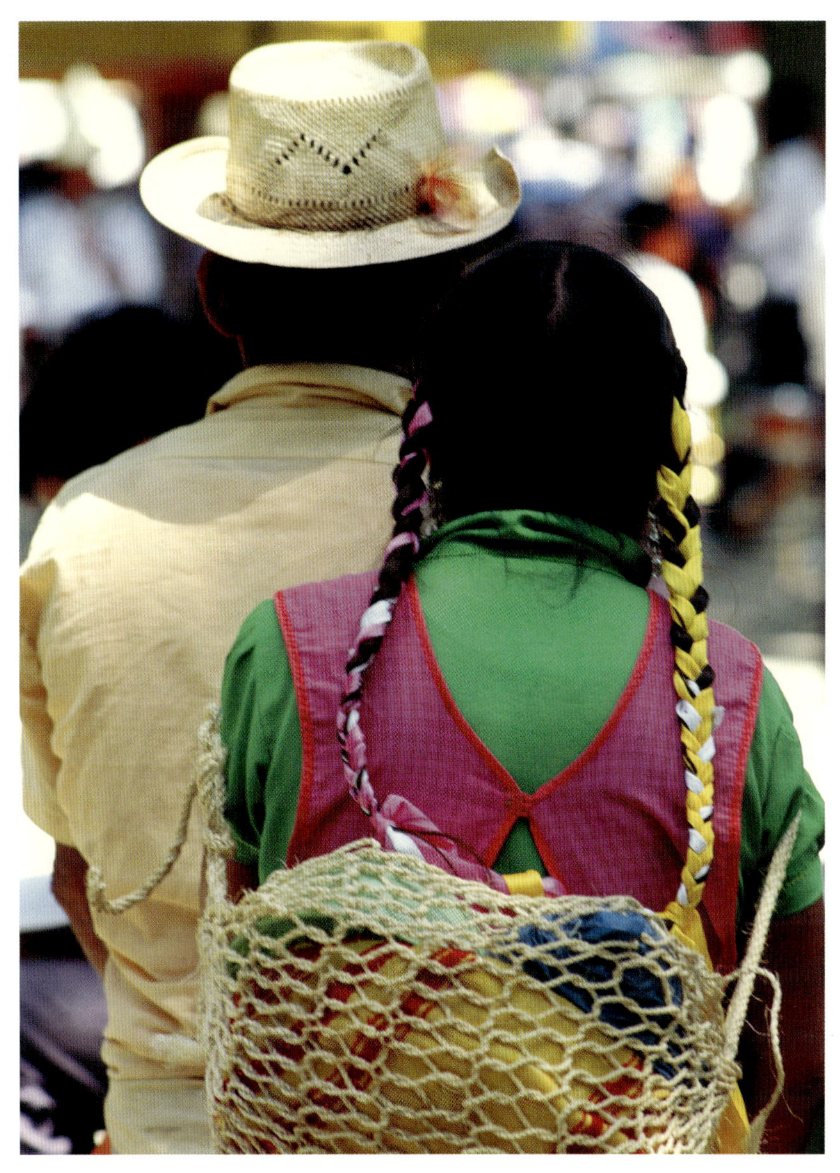

La simple fibra de henequén, como si fuera fugaz crisálida,
transforma su naturaleza humilde en fina y elegante obra de arte.

~

The simple fiber of henequen, like a fleeting chrysalis,
transforms its humble self into a fine and elegant work of art.

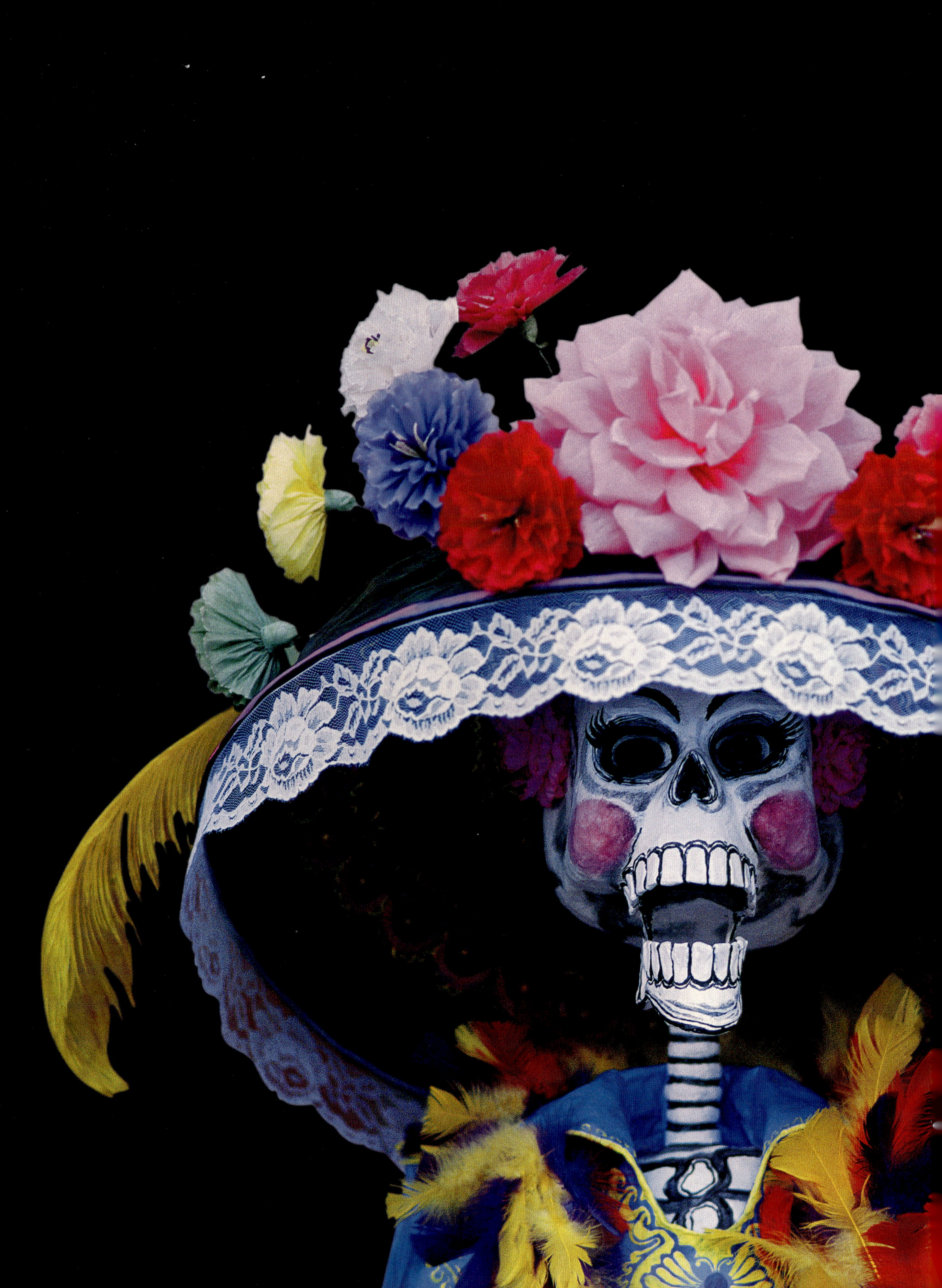

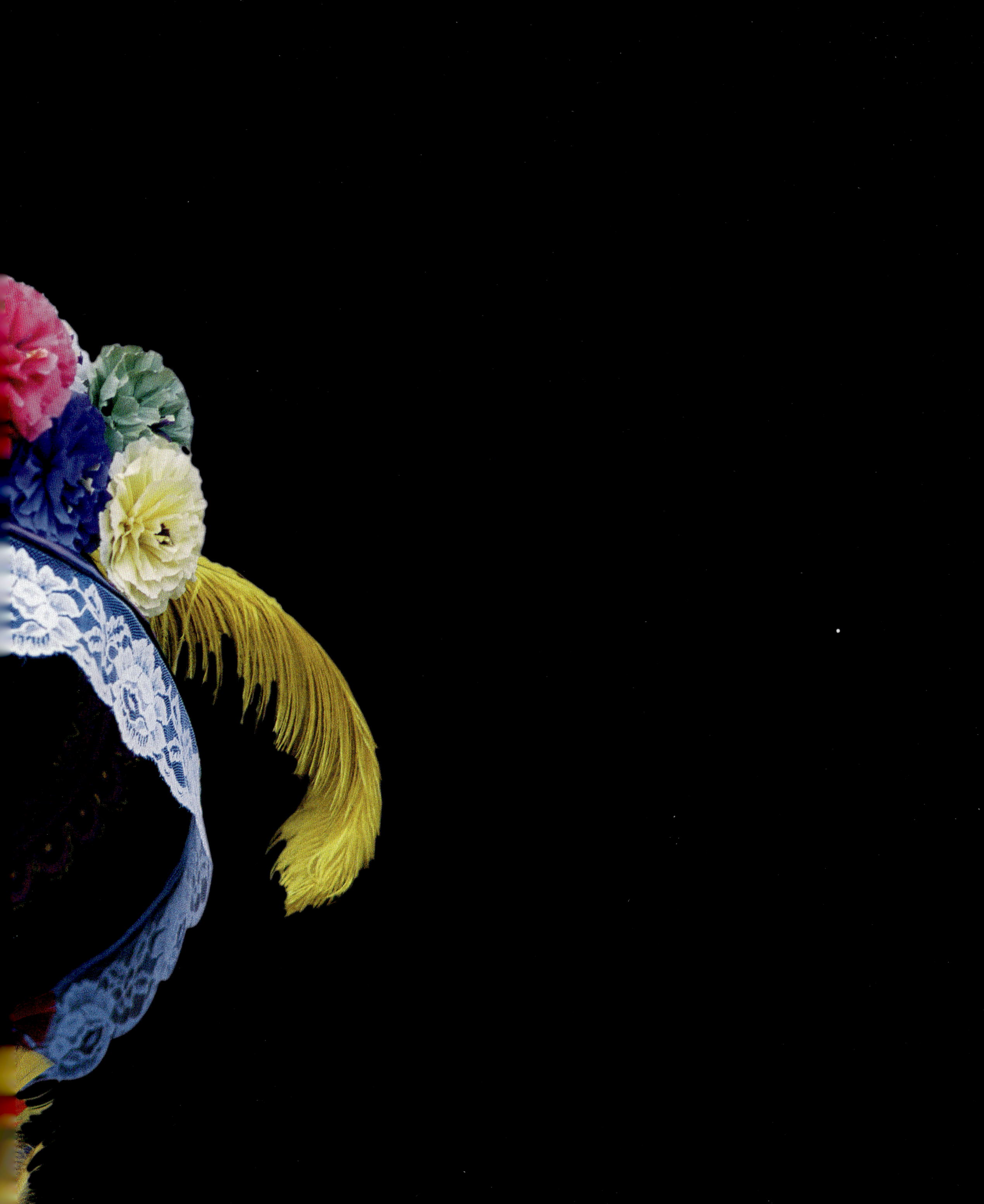

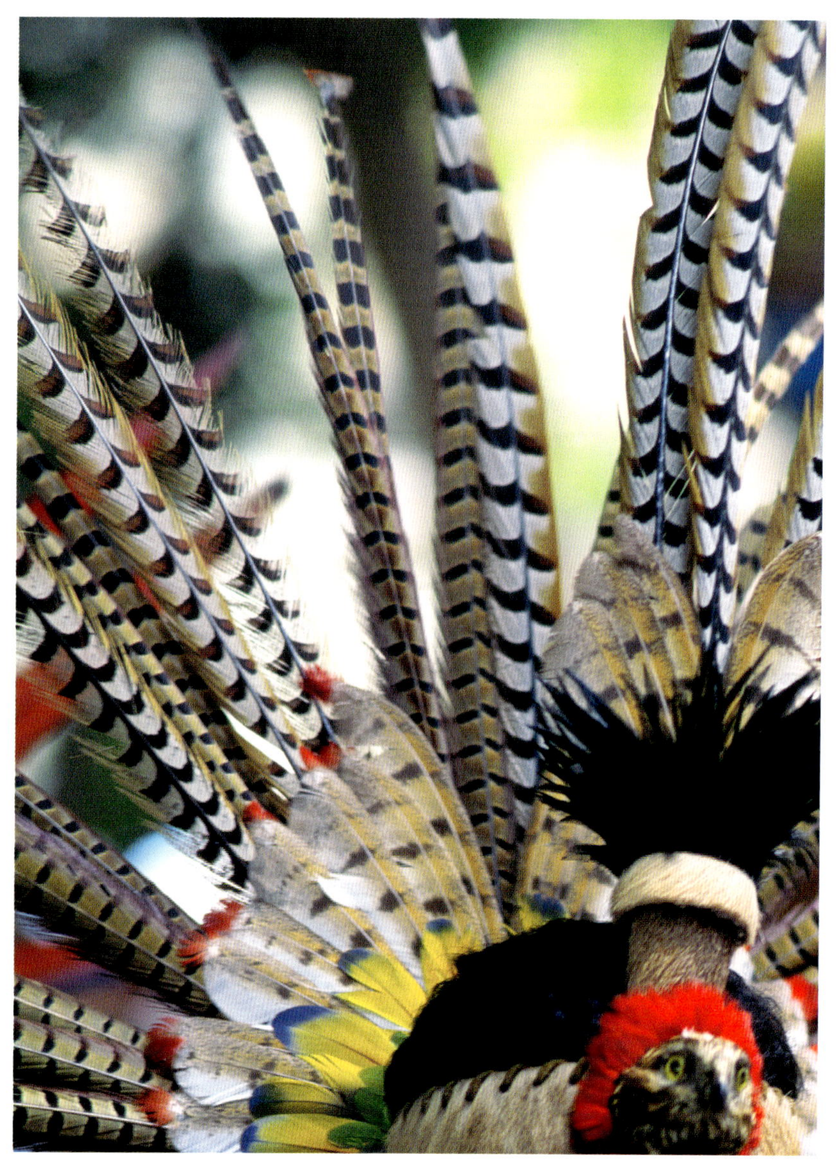

*El brillo policromo de las plumas rodea la vida de los hombres con su aureola de lujo y de belleza.
El verde dorado de las plumas de quetzal, el azul turquesa de las plumas de xiuhtótotl
y el amarillo espléndido de las plumas de papagayo.*

~

*The polychrome gleam of feathers embraces the lives of men with its sumptuous and beautiful halo.
The golden green feathers of the quetzal, the turquoise blue feathers of the xiuhtótotl
and the splendid yellow feathers of the parrot.*

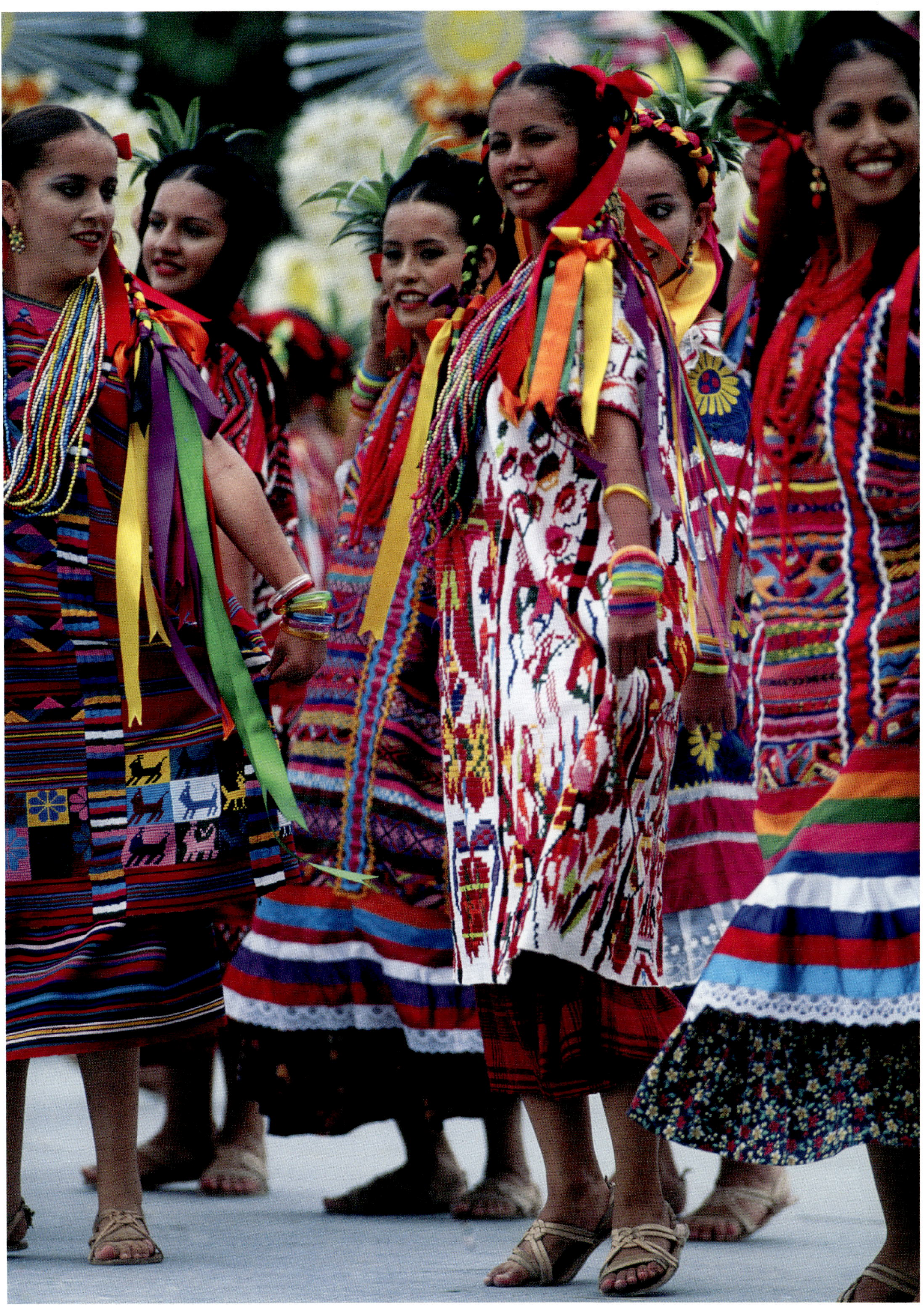

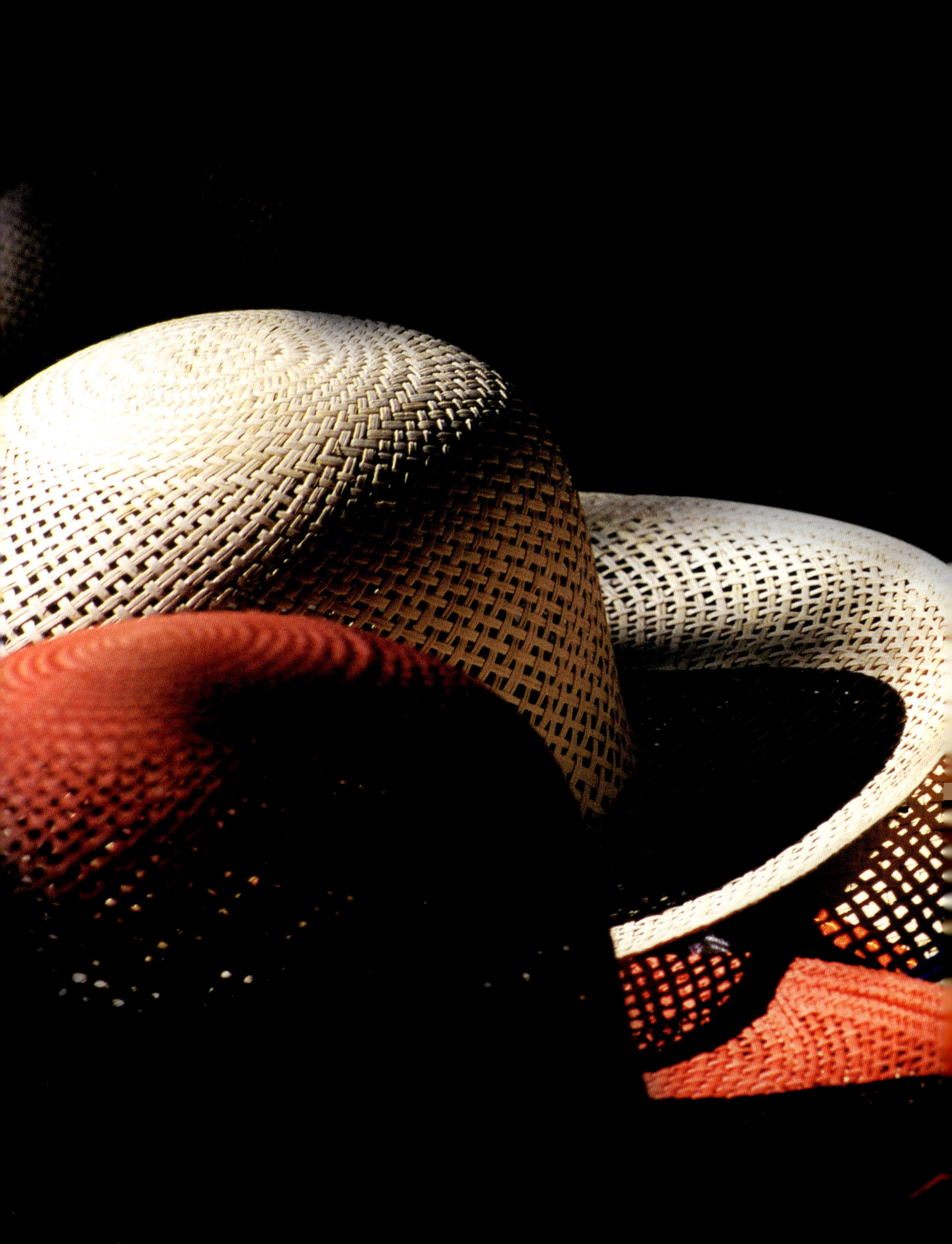

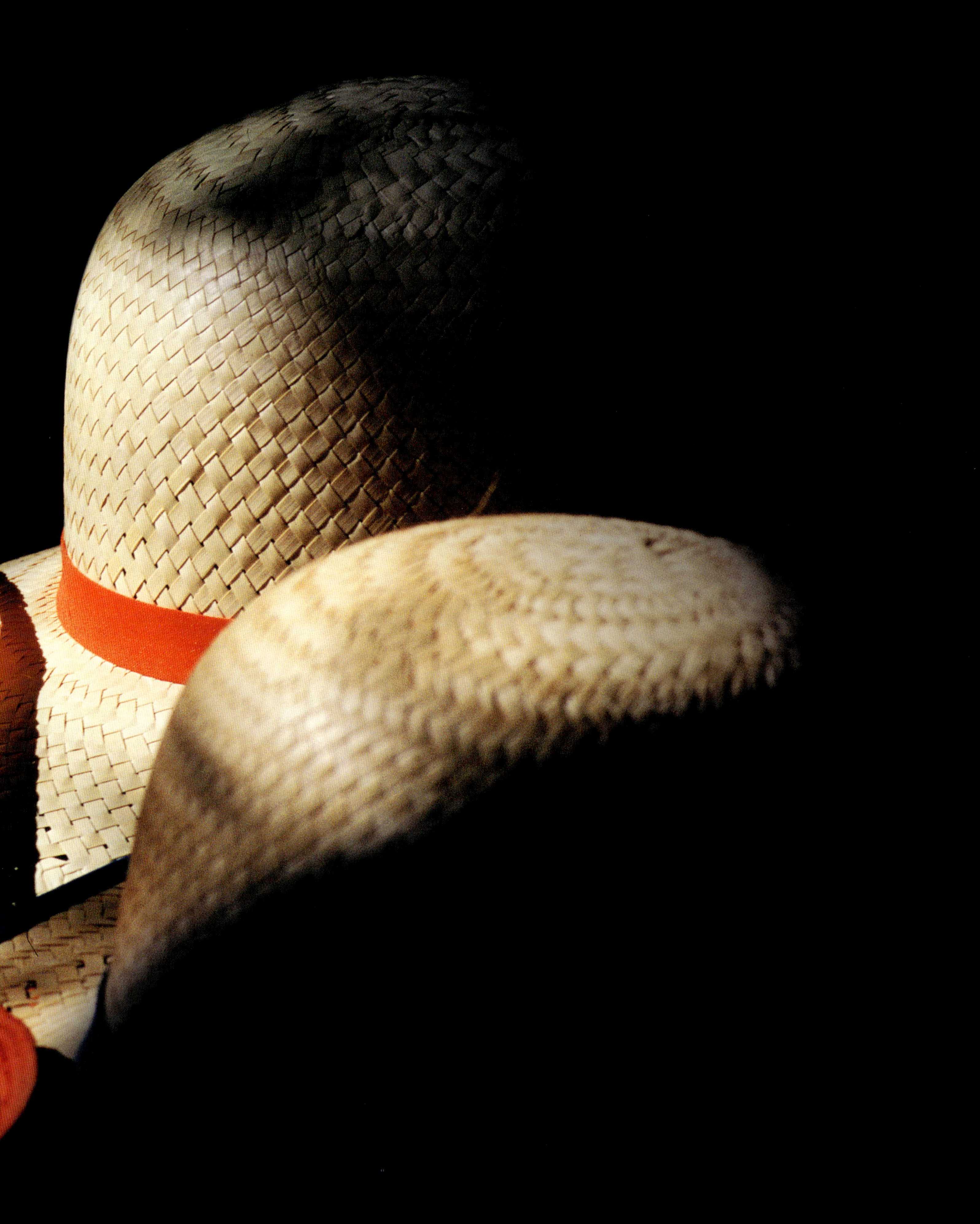

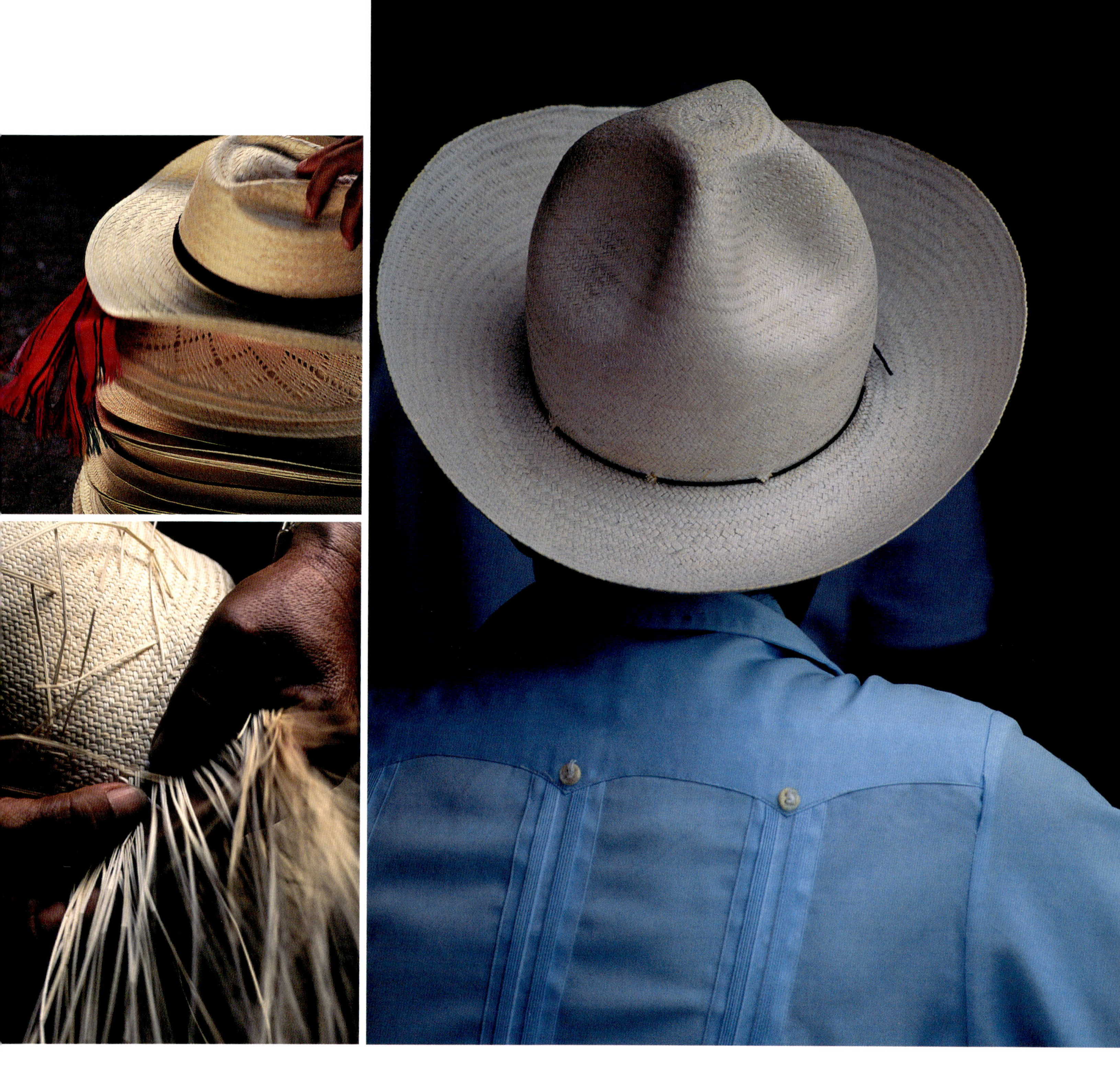

Está en tu esencia, mexicano, poner un toque de gracia personal
y desbordarte apasionadamente en el vestir y en el jugar.

~

It is part of your essence as a Mexican to add a personal touch of grace
and get carried away passionately when you dress and when you play.

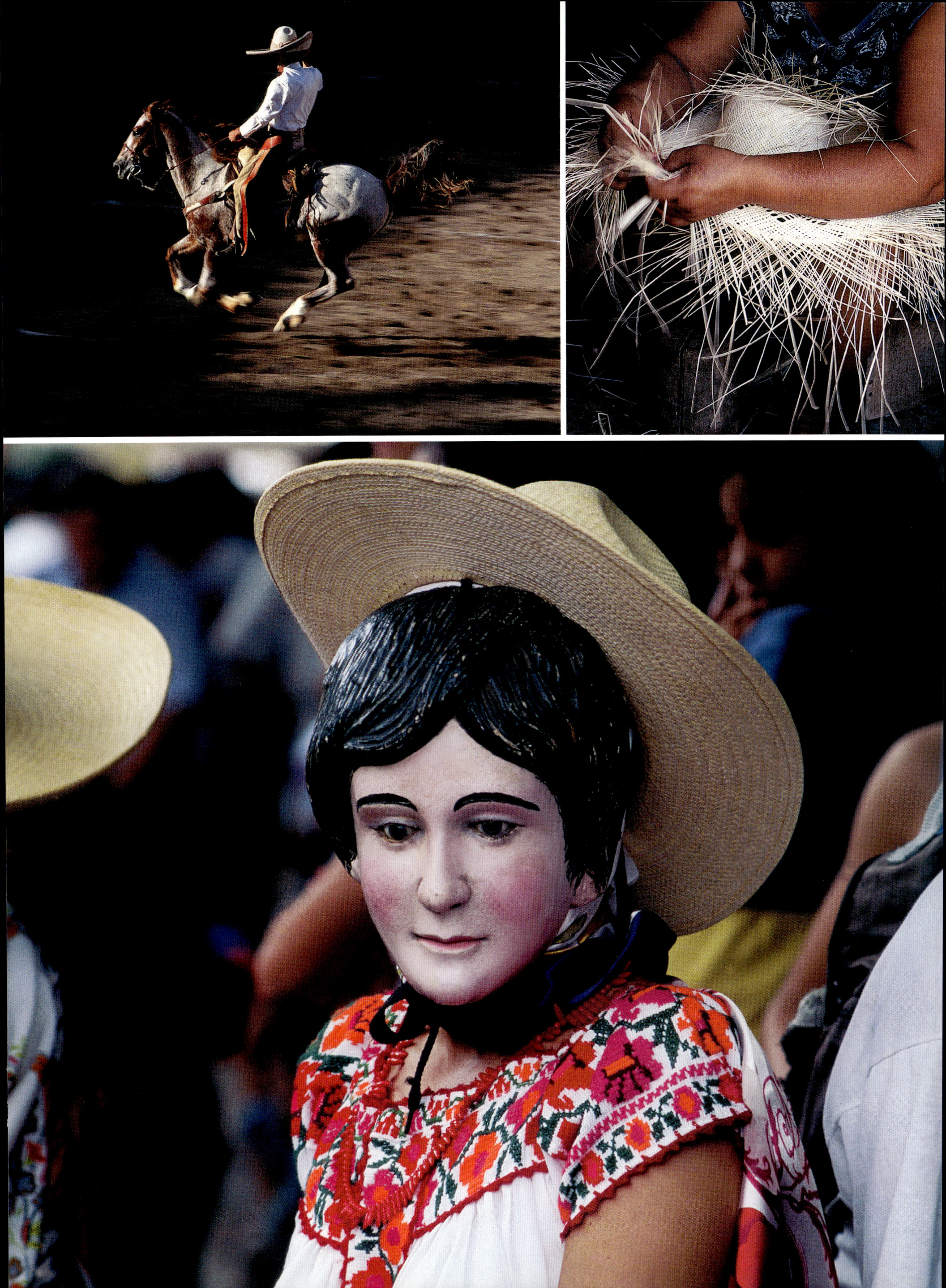

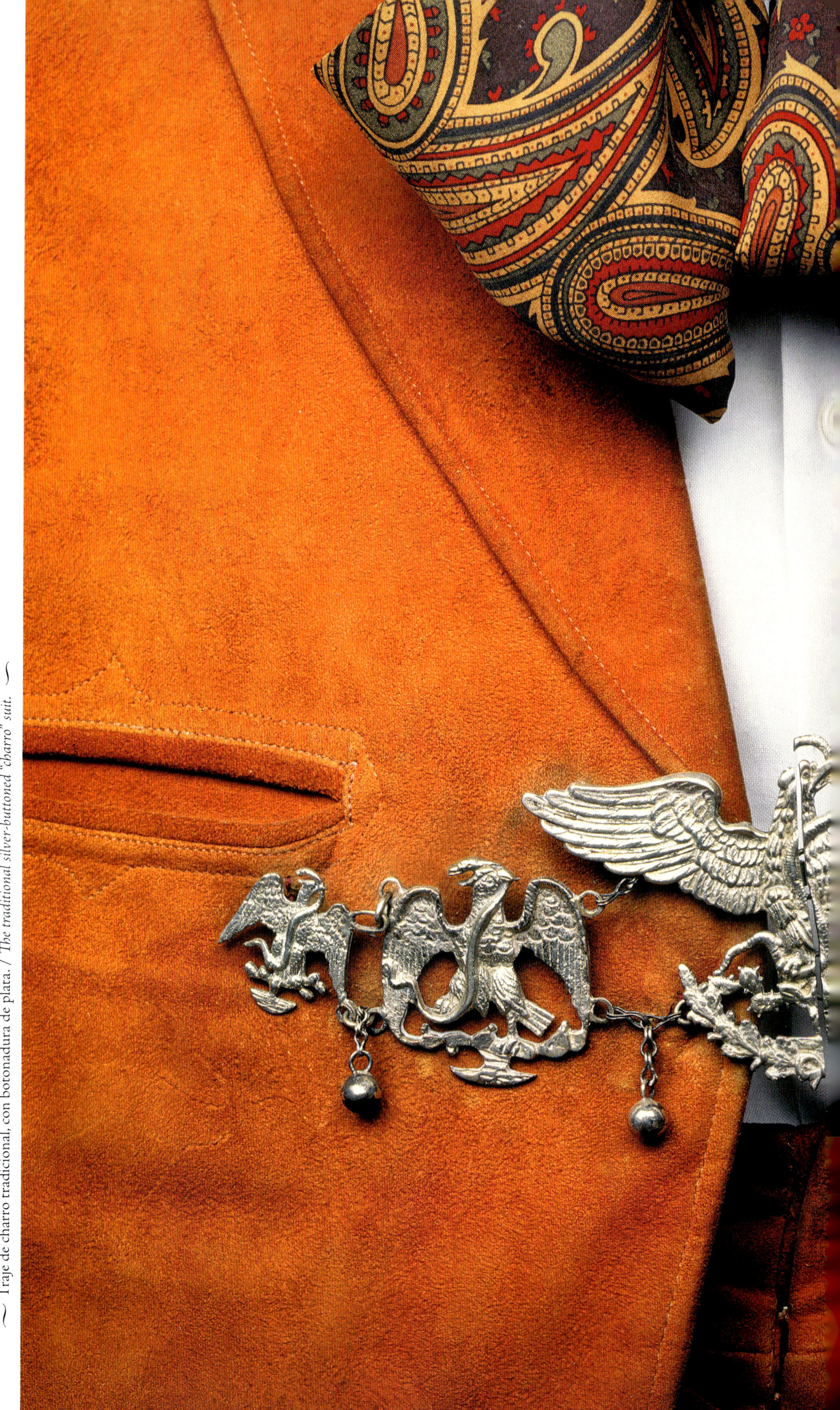

Traje de charro tradicional, con botonadura de plata. / *The traditional silver-buttoned "charro" suit.*

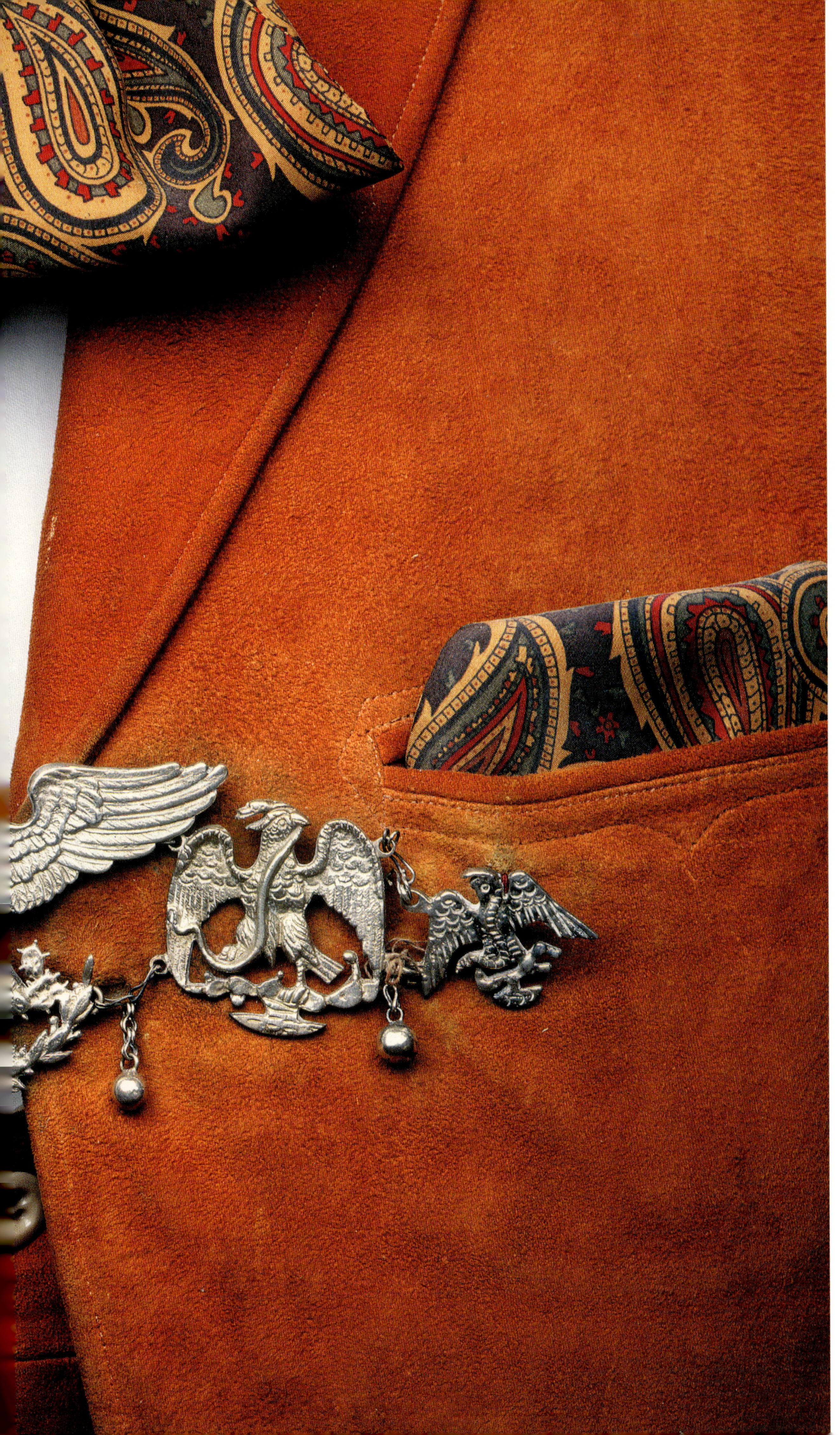

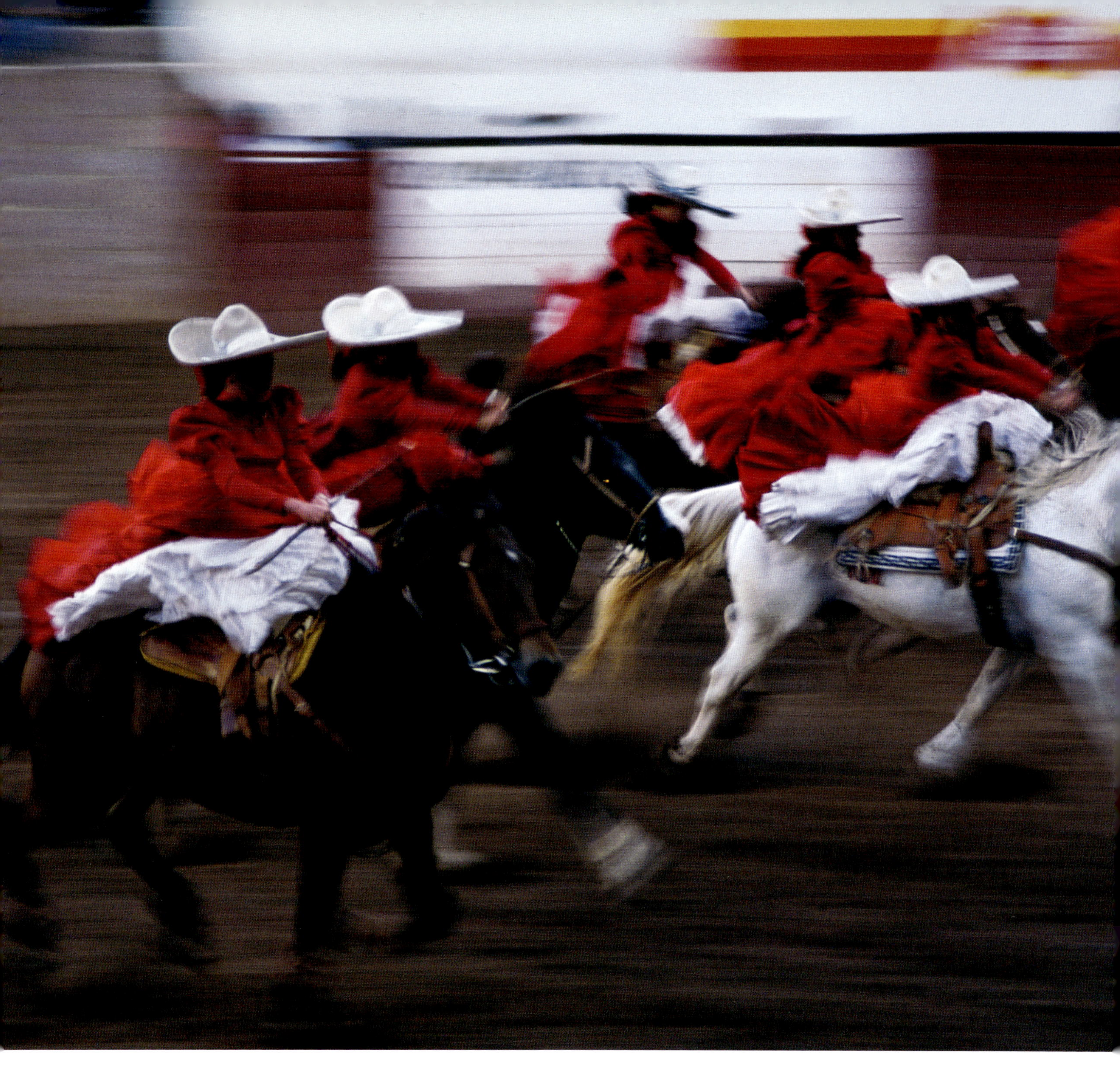

Sombreros bordados de oro, vestidos que al viento vuelan,
arabescos de colores, encajes, cintas y sedas.
Parece coro de niñas que apenas se ven en tierra,
una vez en el caballo crecen, se yerguen, se elevan.

Himno de las escaramuzas

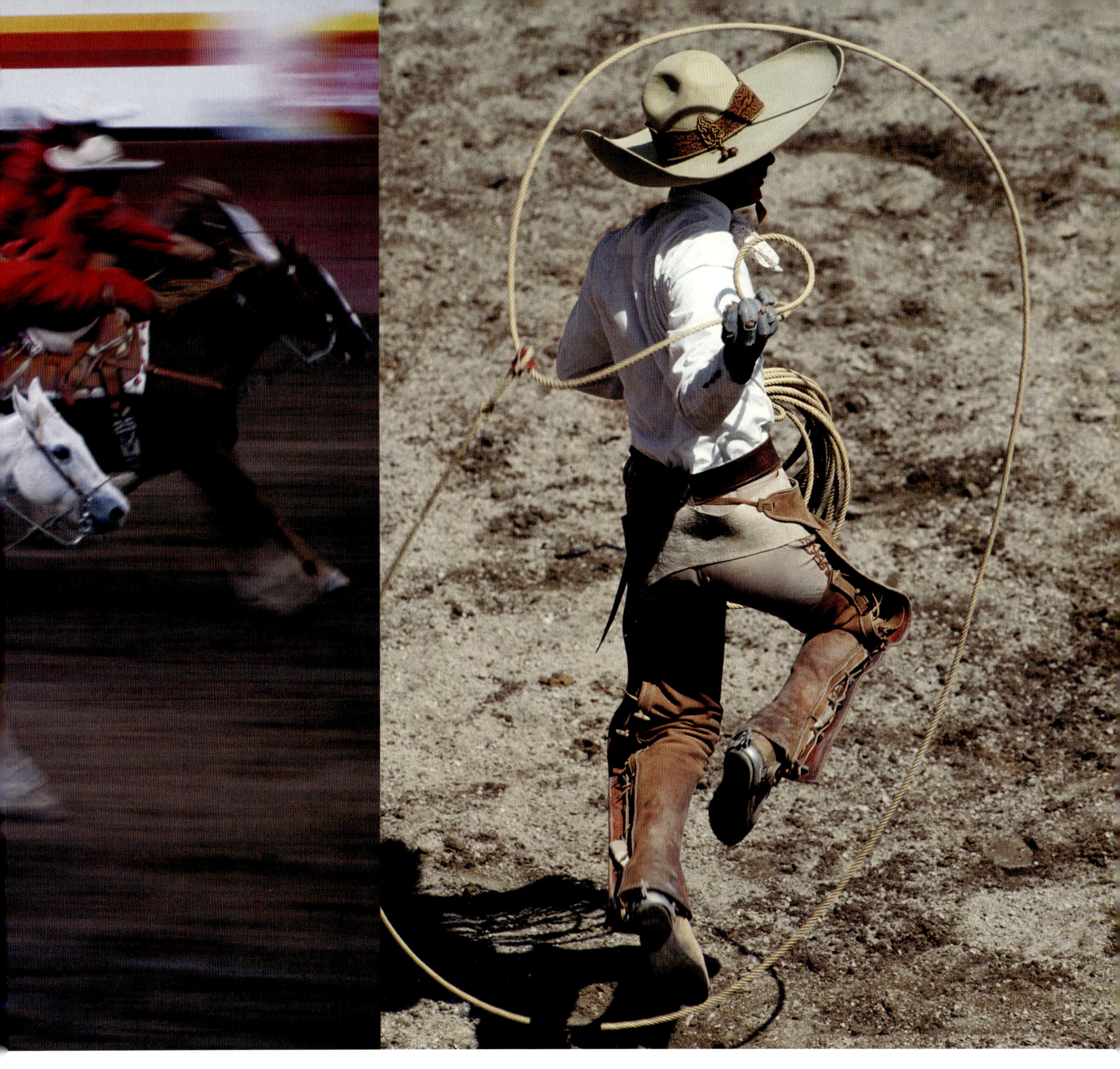

Gold-embroidered hats, dresses that dance in the wind,
arabesque colors, lace, ribbons and silks.
Like a girls' choir that is barely seen on the ground,
once on the horse they grow, they stand, they arise.

The hymn of skirmishes

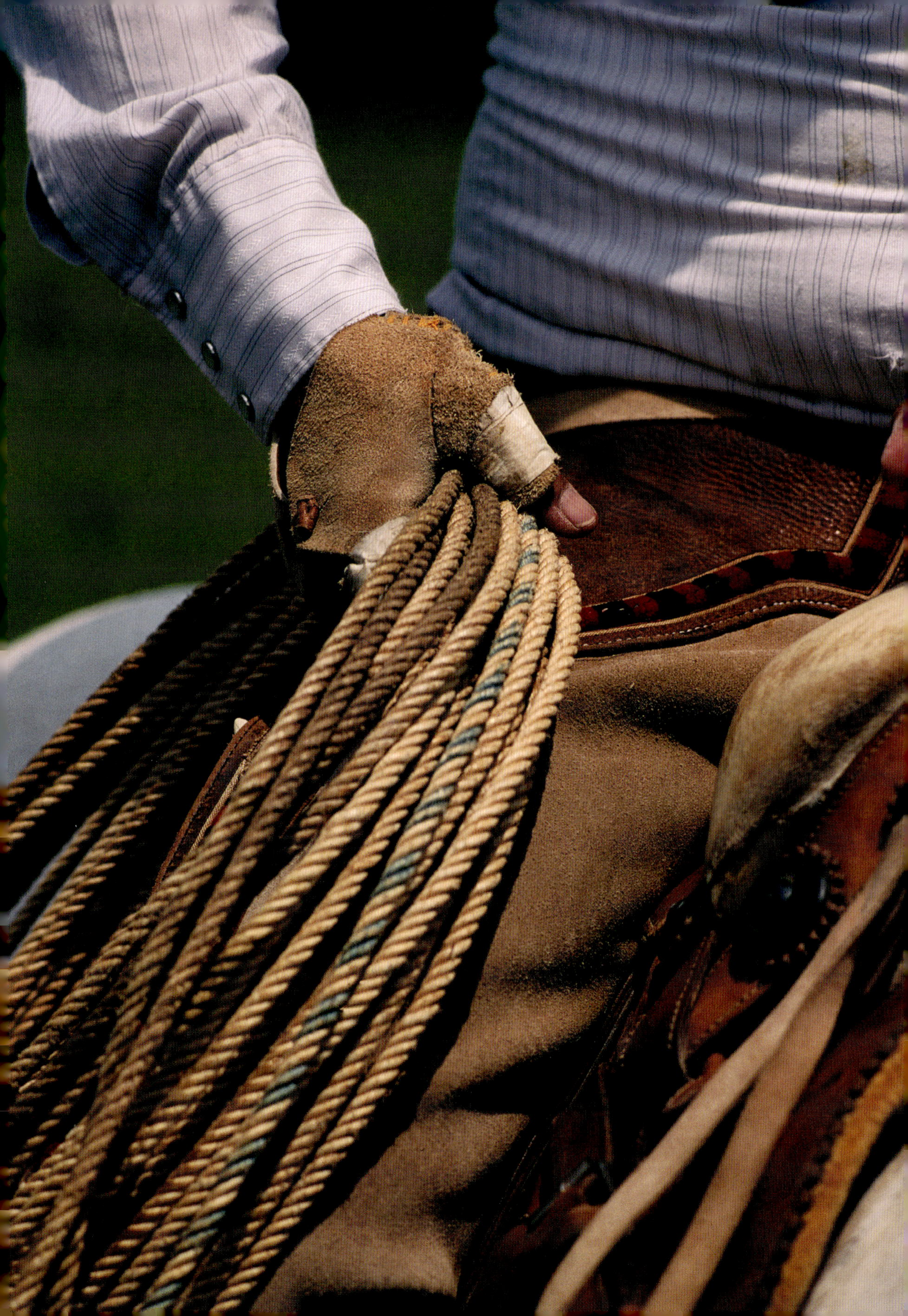

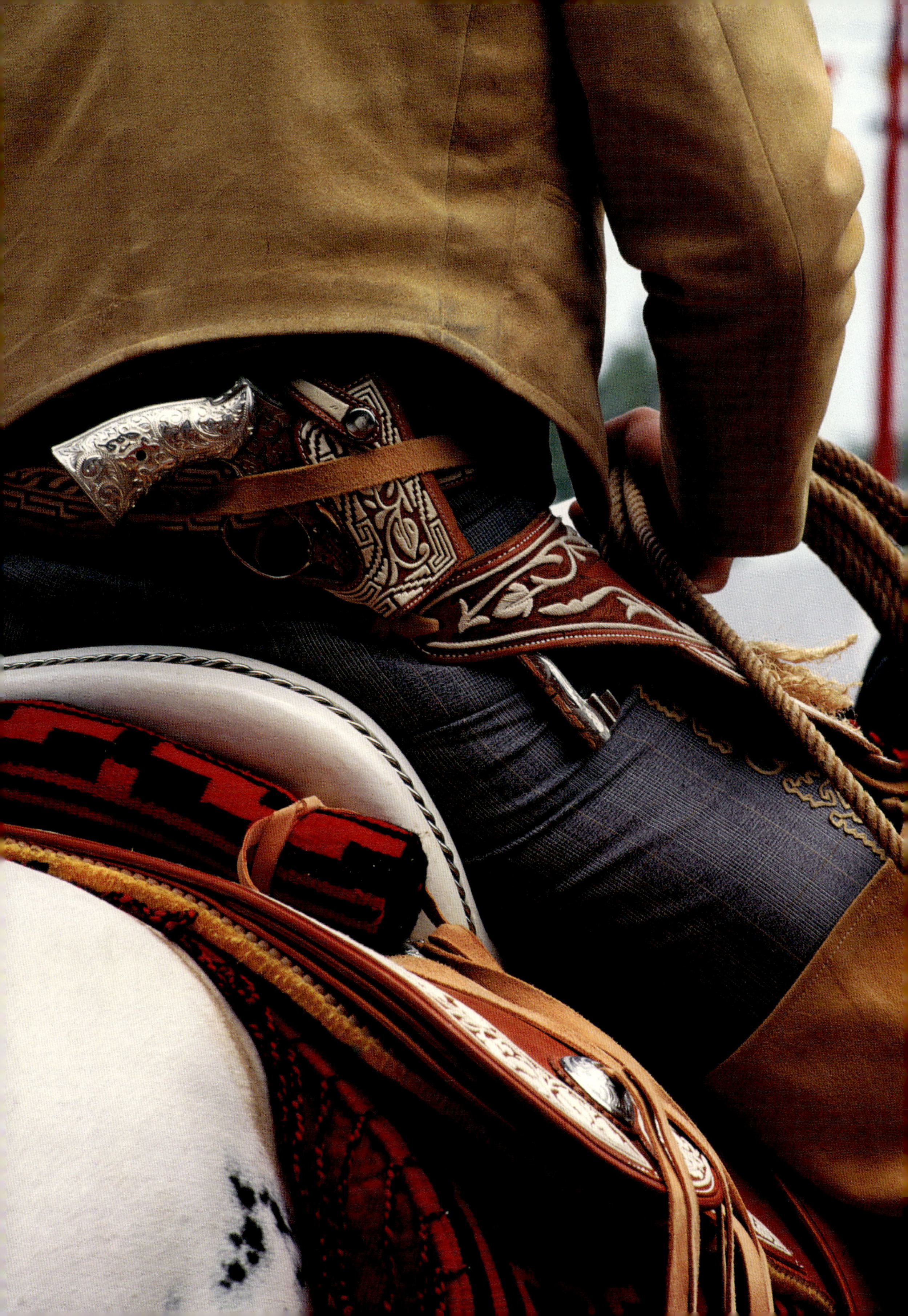

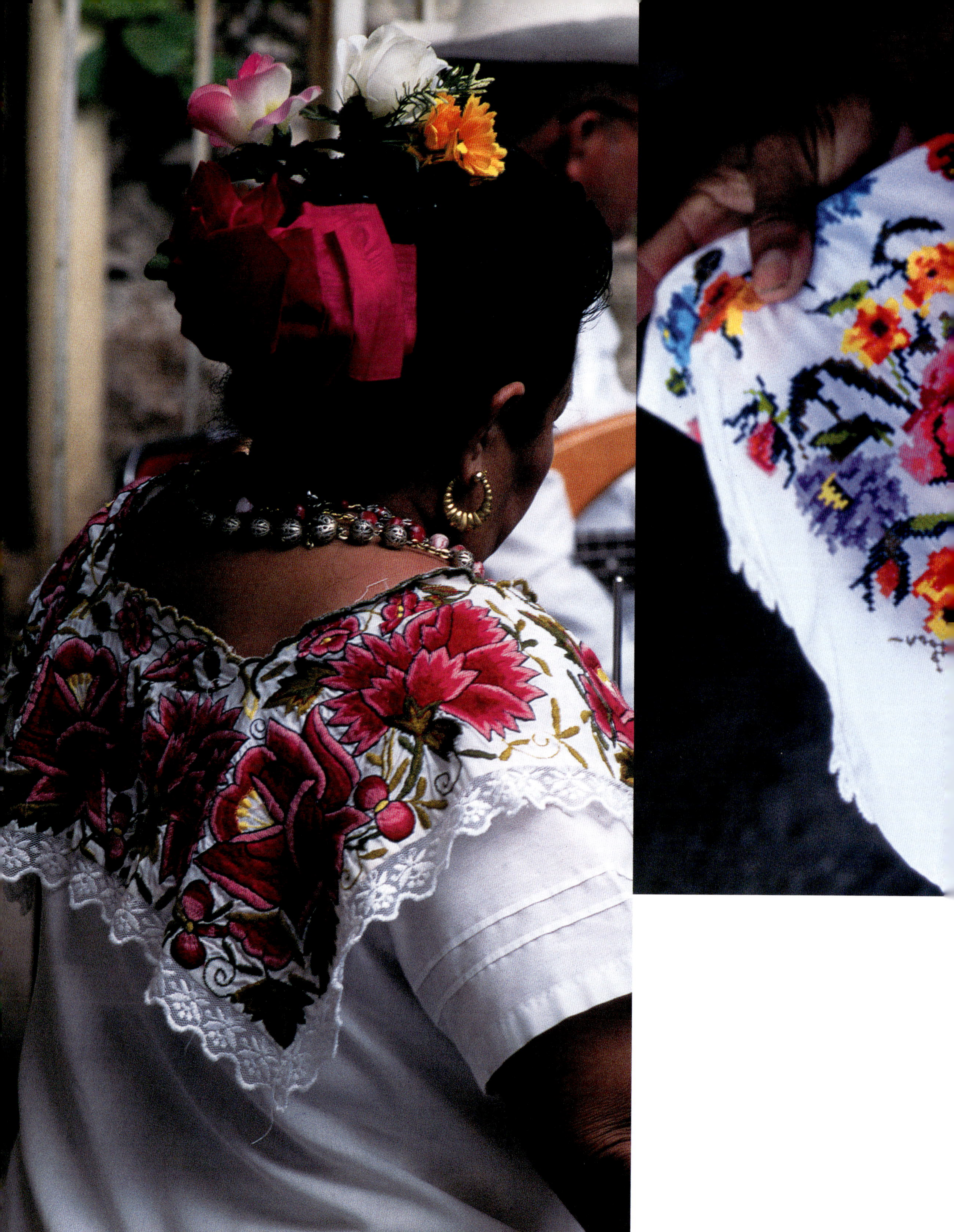

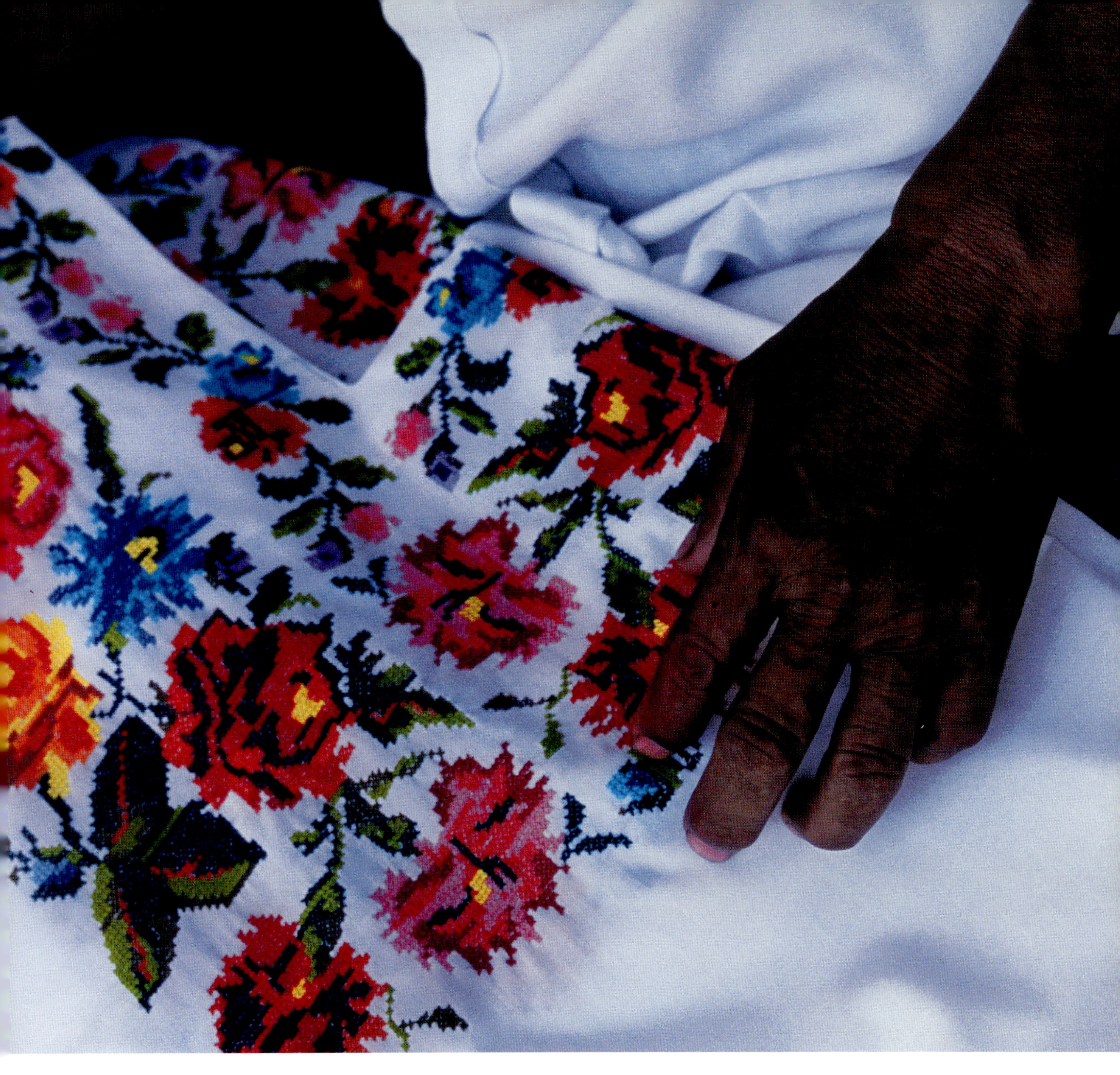

La bella mujer mexicana, sin fiarse de la naturaleza, sigue creando flores, más bellas y perennes, con la pura magia de sus manos.

~

The beautiful Mexican woman, who does not leave things to nature, carries on creating flowers, more beautiful and perennial, with the sheer magic of her hands.

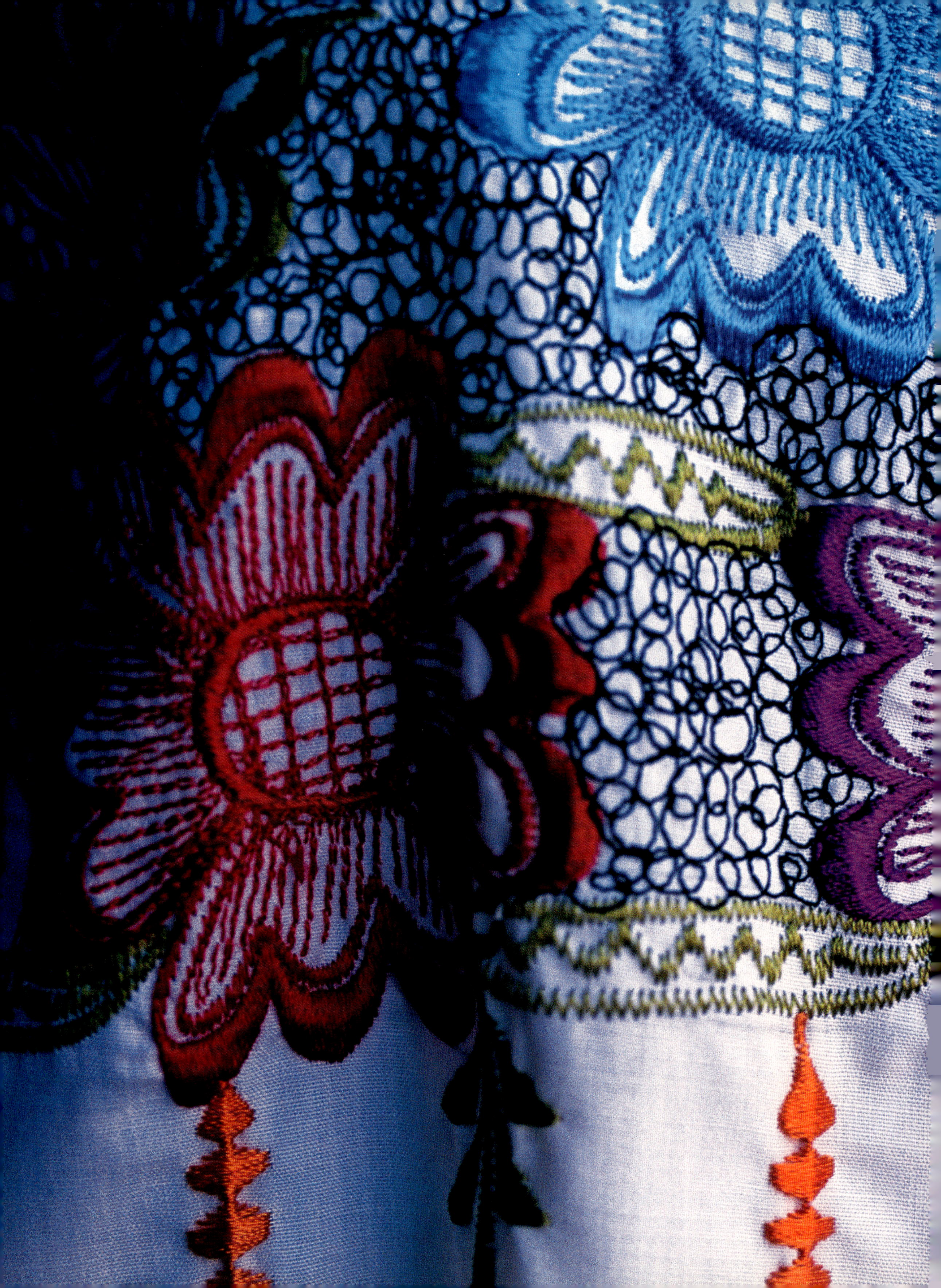

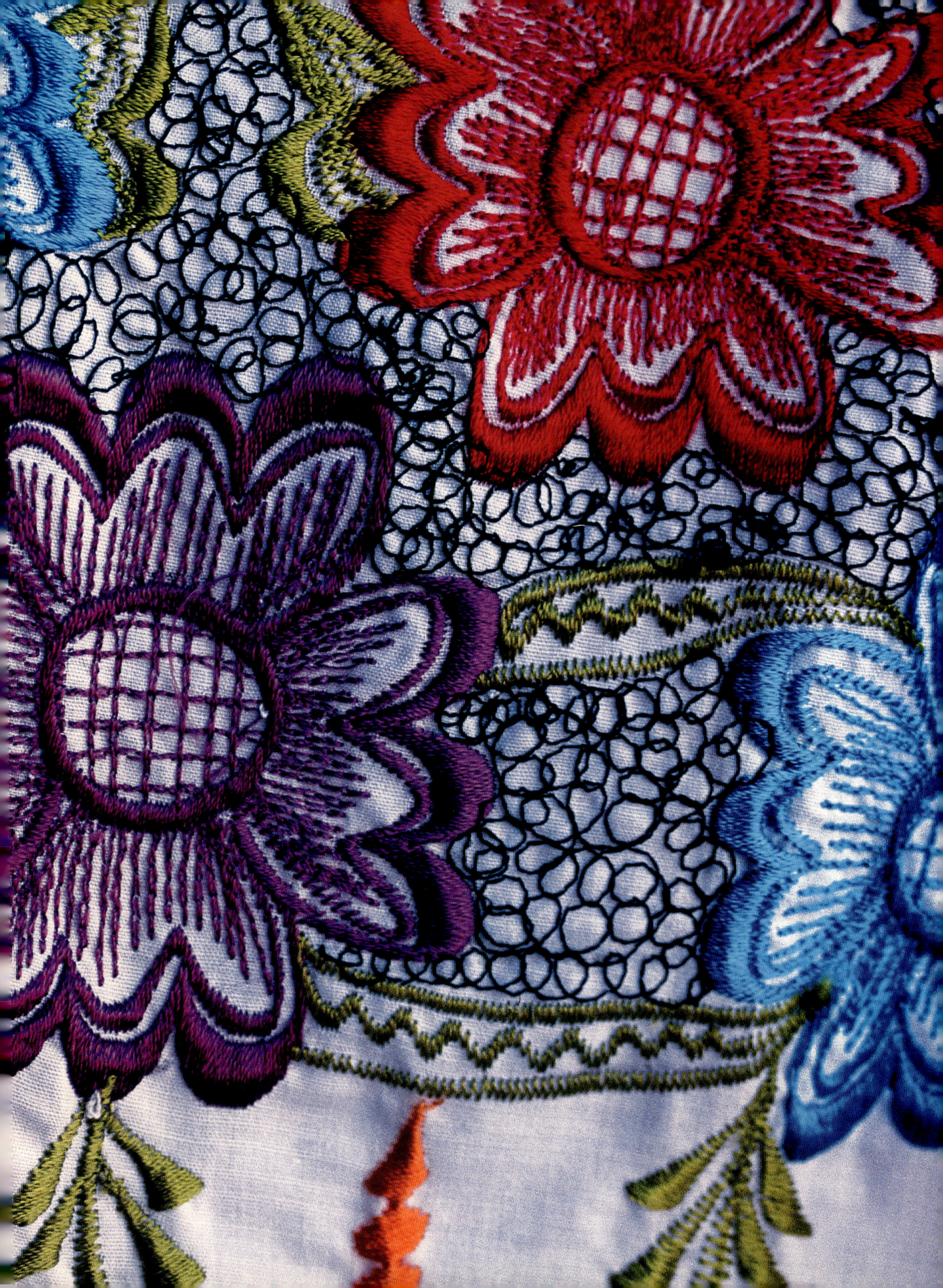

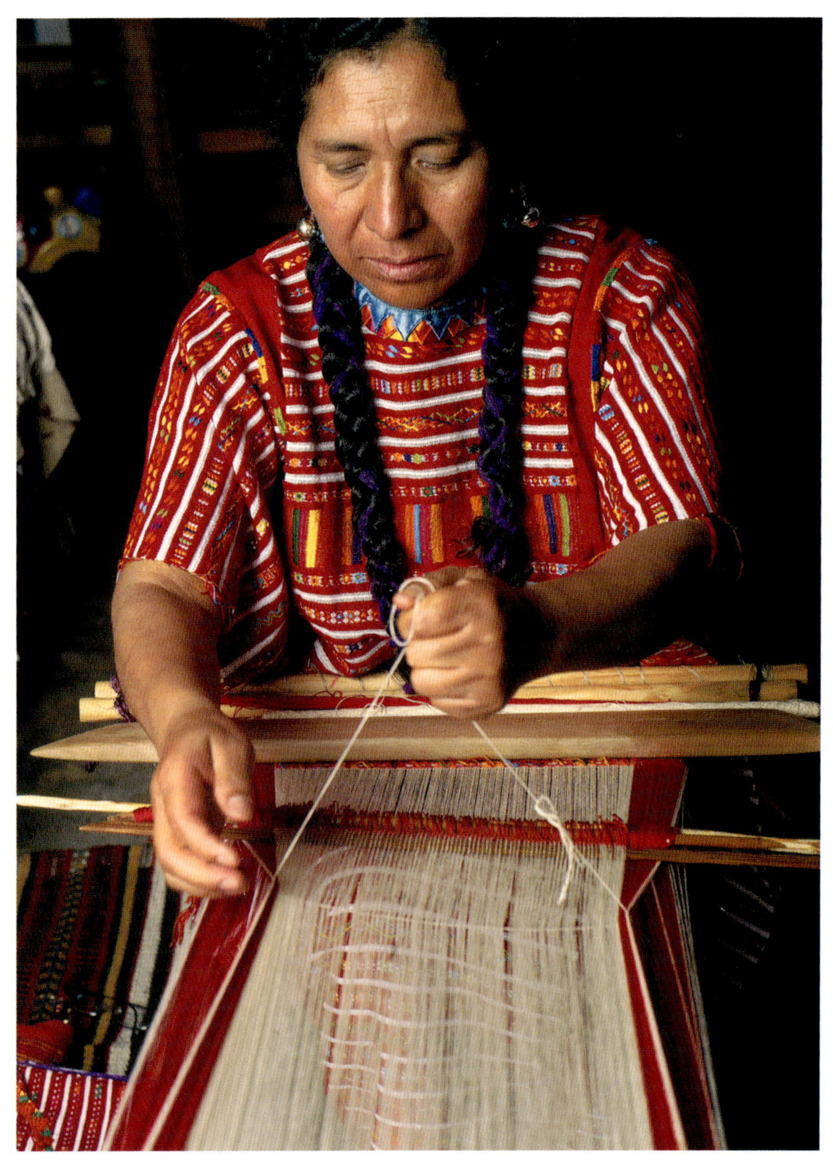

"La más rica mercadería en mantas y destas muchas diferencias.
Son de algodón... y de todos los colores... riquísimas y muy de ver."

~

"The finest choice in ponchos, and there are many differences.
They are made of cotton... of every color... a true wonder to behold"

Francisco Cervantes de Salazar

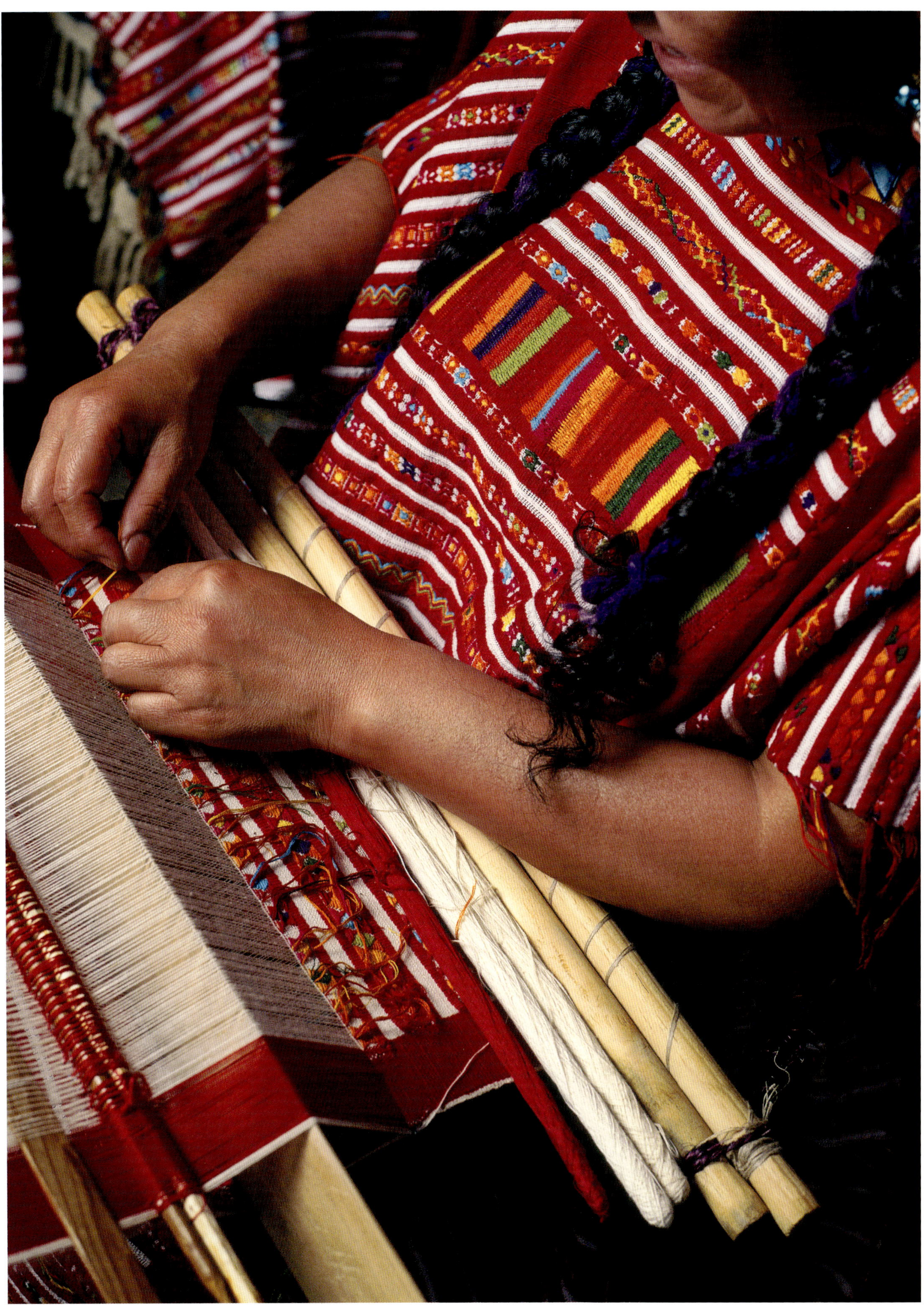

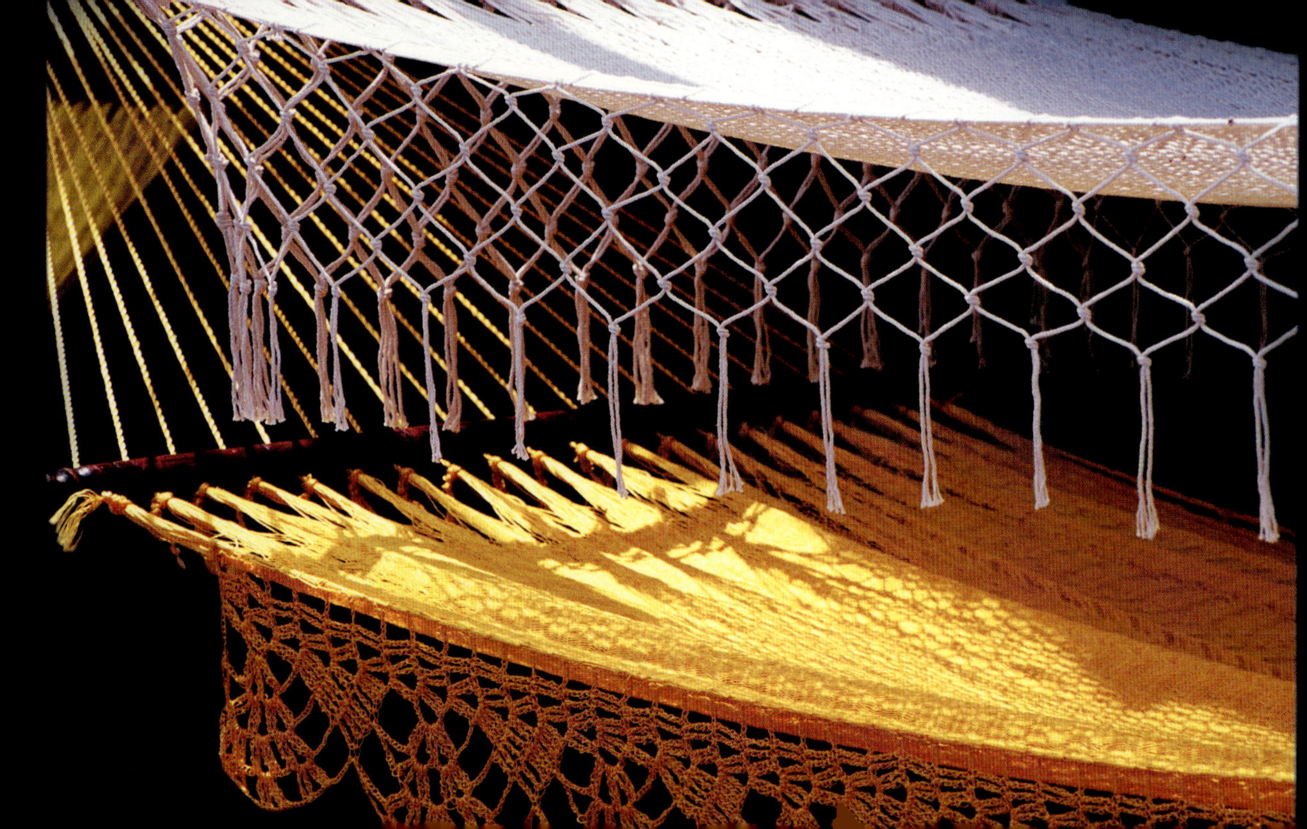

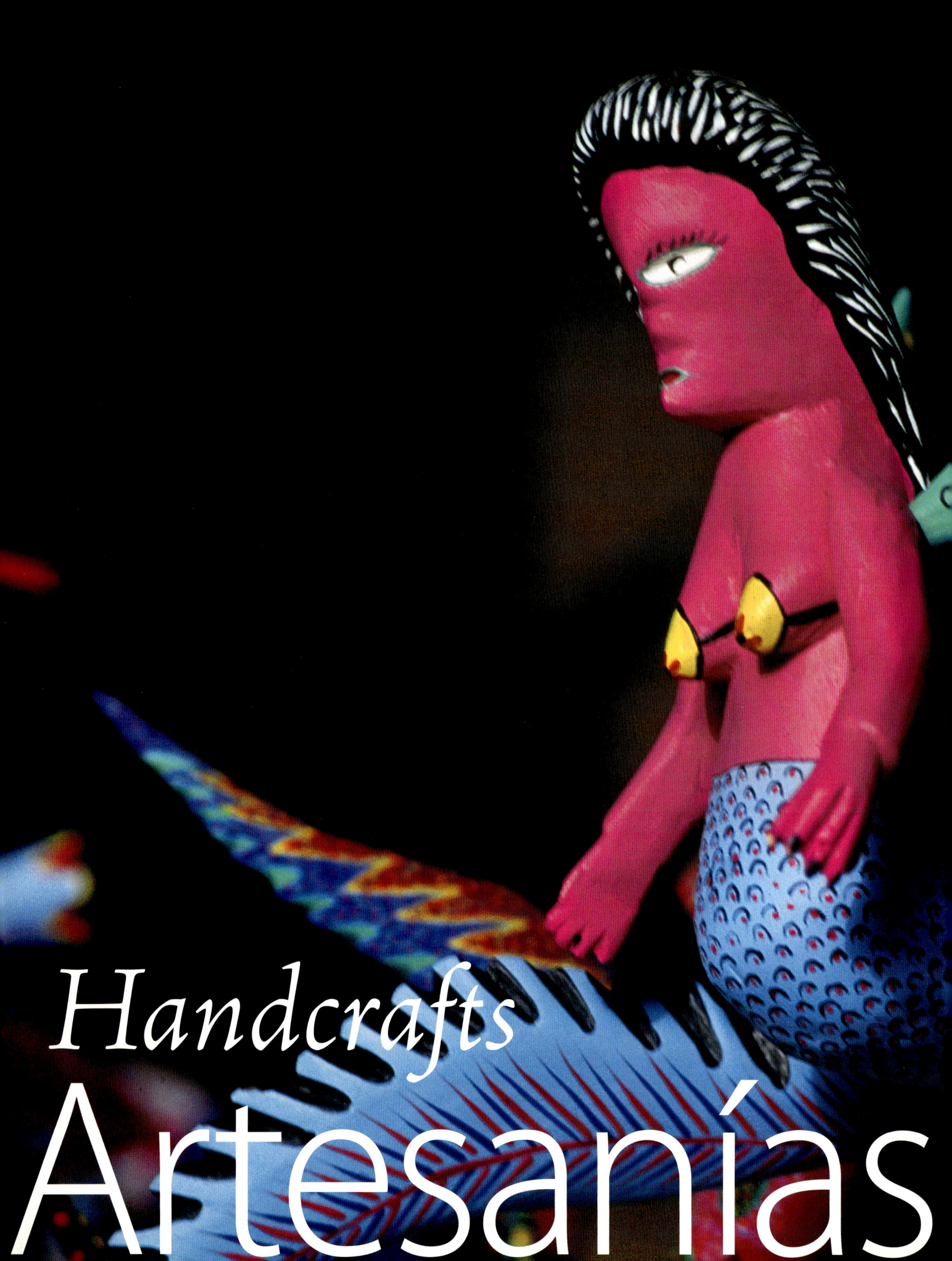

Handcrafts
Artesanías

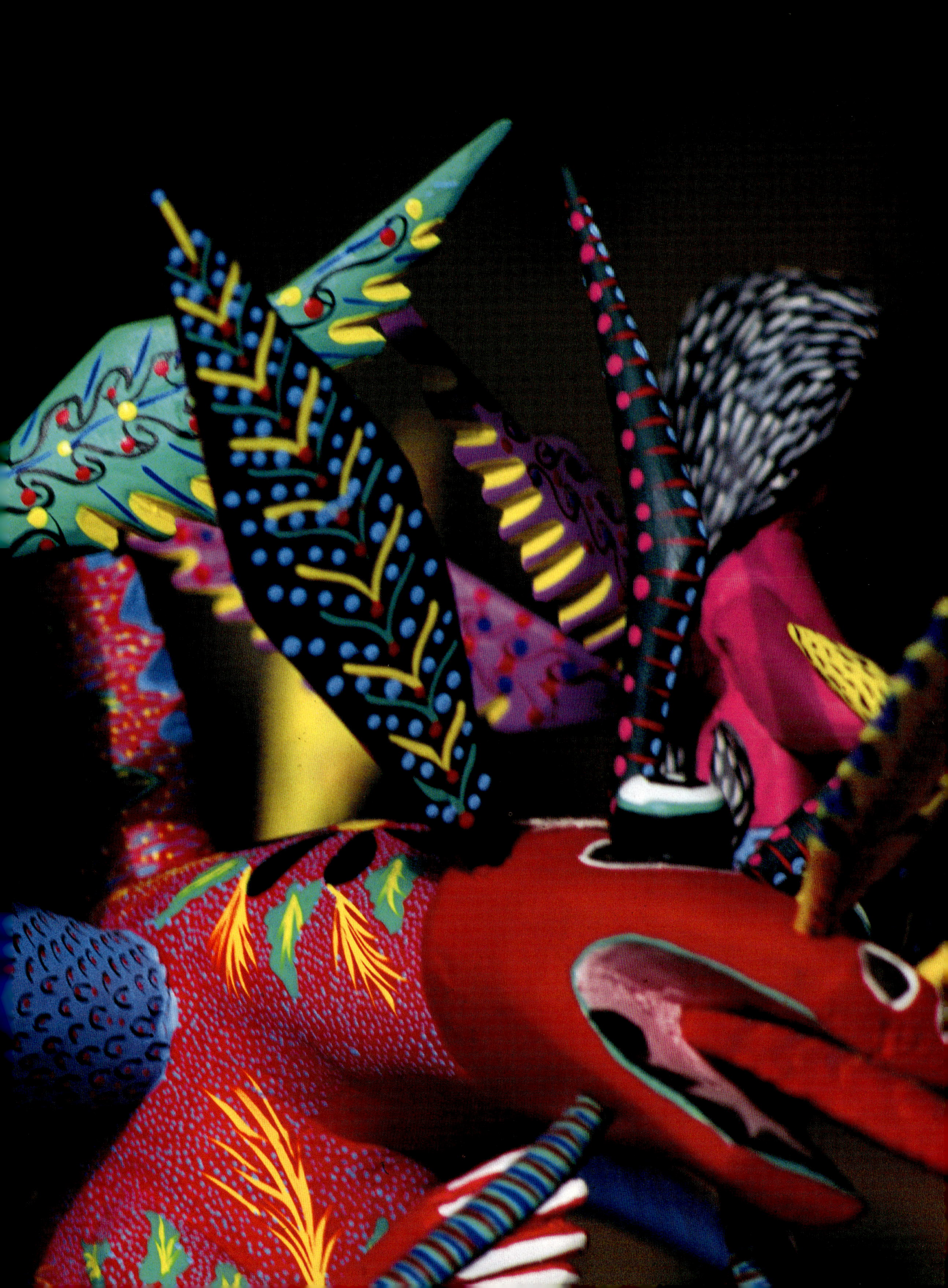

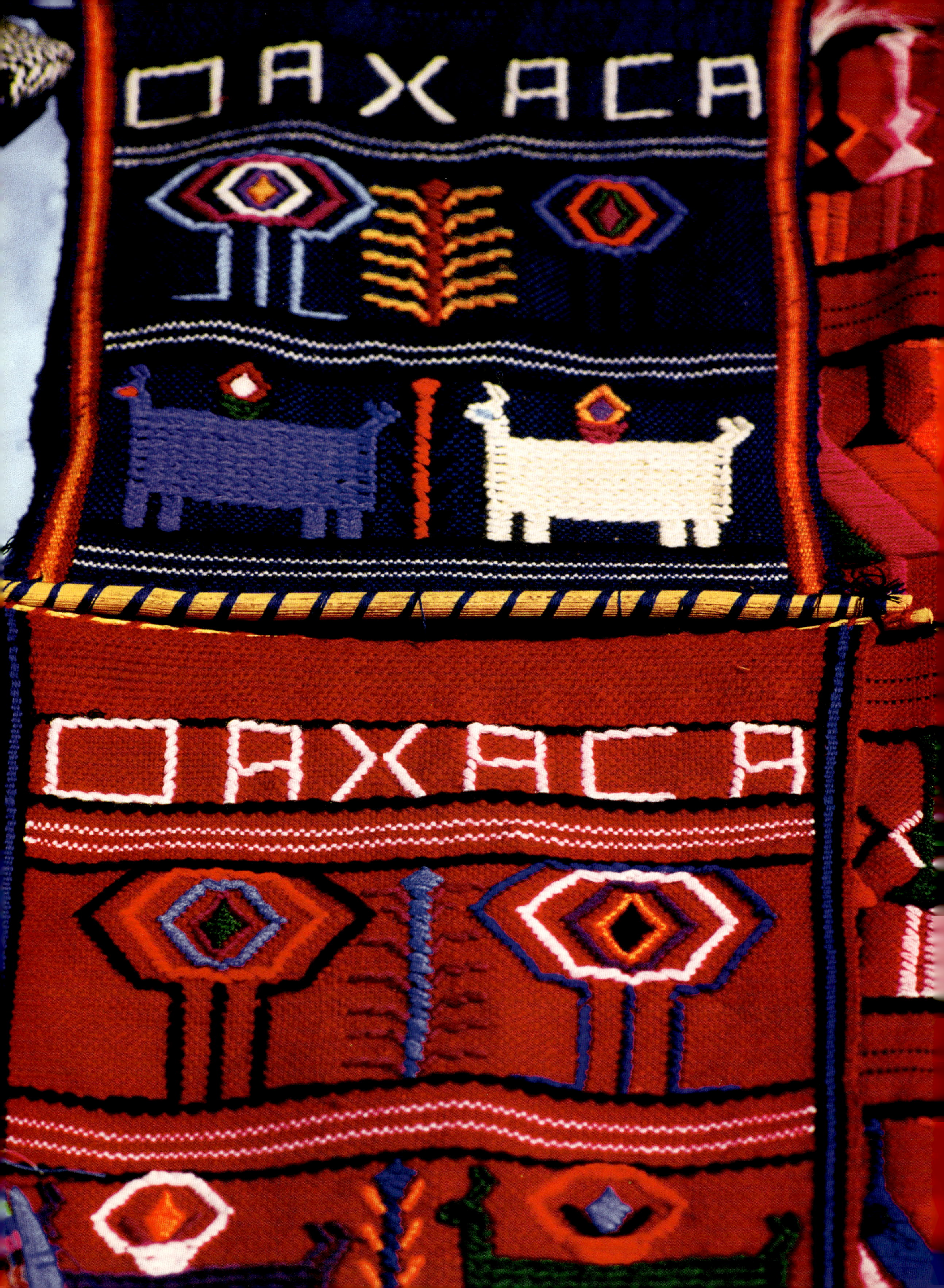
OAXACA
OAXACA

Los trazos geométricos del tapiz bordado,
con el candor y la fantasía del artista anónimo,
retratan las formas del mundo que nos rodea.

Color y Fantasía

A raíz del establecimiento de la agricultura, los habitantes de las incipientes comunidades tuvieron la necesidad de elaborar los artículos que satisfacieran sus requerimientos indispensables; así, paulatinamente nacieron los artesanos, que entonces eran simples obreros que se dedicaban a manufacturar objetos con los materiales que tenían y los utensilios que fabricaban, sin tener en cuenta más objetivo que el de la utilidad. Conforme las sociedades fueron creciendo y haciéndose más complejas, también aumentaron las necesidades, las diferencias y las exigencias, ya no se buscaba solamente lo utilitario, sino también lo agradable; ya no se buscaba sólo lo necesario sino también lo decorativo; ya no existía un solo modelo del mismo objeto, sino varios entre los cuales escoger; ya los trabajadores manuales disfrutaban lo que hacían y trataban de hacerlo mejor, más bonito y con más cuidado, no sólo por la competencia, sino por la satisfacción que les proporcionaba crear un objeto bello; ya los obreros se habían convertido en artesanos. En México, los primeros artesanos que dejaron huella, nacieron en las sociedades más o menos civilizadas y se perfeccionaron en las grandes culturas. No tienen la misma calidad estética las piezas de barro extraídas de Cuicuilco, que las de obsidiana de Teotihuacan y no porque unos tuvieran mejor gusto que los otros, sino porque los más avanzados tenían cubiertos sus requerimientos básicos y con ello, más tiempo que dedicar a la creación de objetos bellos, porque tenían mejores herramientas y porque sus compradores les exigían más debido a que, a su vez, habían pasado de la etapa de la necesidad a la del refinamiento. A medida que el tiempo transcurrió los artesanos fueron perfeccionando sus habilidades y tuvieron la facultad de adaptarse a los cambios producidos con la llegada de los hispanos, a usar técnicas más modernas, telares de pie en lugar de telares de cintura, tornos para el barro en lugar de las simples manos; y han seguido amoldándose a los elementos que les llegan del exterior, sin permitir que se afecte la esencia de su trabajo. Puede ser que la artesana ya no teja la tela que usa, que compre una fabricada industrialmente, pero continuará confeccionándola a mano, bordando sus adornos con hilos, con listones, con deshilados, siempre pieza por pieza y siempre con la idea de dejar parte de sí en su creación. La influencia de los españoles primero y de los orientales después, se manifestó en diseños diferentes, no más elaborados, simplemente distintos; objetos que originalmente no hacían porque no los conocían, y en el uso de materiales que antes no tenían. Pero cada comunidad poseía y aún posee su toque particular, sus colores y dibujos preferidos, su simbolismo especial. Ahora, cada pieza artesanal se aprecia mucho más porque se reconoce en ella tanto el trabajo como su valor estético, que en muchas ocasiones llega a la maestría. En las zonas rurales los habitantes elaboran artesanías de uso cotidiano o ceremonial para ellos mismos, pero también elaboran productos puramente ornamentales, para los diferentes compradores, nacionales y extranjeros, que los solicitan como elementos decorativos.

VERACRUZ: En el estado de Veracruz se asentaron tres grandes culturas que dejaron una huella importantísima del pasado de México: los olmecas, los totonacas y los huastecos, escultores y alfareros, con obras de alto valor histórico y estético. Los habitantes prehispánicos y los coloniales trabajaron mucho las artesanías, pero actualmente, éstas ya no tienen un lugar muy importante en la economía de la entidad. Sin embargo hay que resaltar las blusas de algodón blanco con bordados de punto de cruz que se hacen en Chicontepec, que se usan más como objetos decorativos que como prendas de vestir, igual que los deshilados en camisas, vestidos y ropa blanca de Tlacotalpan, de donde también son muy populares los instrumentos musicales como las arpas, hechos de maderas preciosas y las mecedoras de cedro rojo con respaldo y asiento de bejuco.

De Papantla son famosas las joyas de oro y plata con corales, que usan las jarochas con su traje regional; y menos famosas, pero muy originales, son las pequeñas figuras de animales que hacen con vainilla fresca y conservan el aroma durante mucho tiempo. Y en el puerto se trabajan conchas y caracoles para formar collares, aretes, pulseras, alhajeros y lámparas.

GUERRERO: Las artesanías tradicionales, puramente indígenas, se limitan a la demanda local y quizá por esa razón ya no se trabajan con el entusiasmo de épocas anteriores; en consecuencia, los diseños son cada vez más sencillos e incluso más precarios que las piezas antiguas. En cambio, el tipo de artesanías que se desarrolló durante la época colonial como la platería, las lacas y la piel cincelada, es más rico. Otro caso es el de la alfarería sin vidriar, como cántaros y tinajas que se utilizan para acarrear agua y por la gran demanda se elaboran también platos, fruteros, ceniceros con figuras estilizadas. En Taxco, la orfebrería de plata ha alcanzado un gran desarrollo; se elabora todo tipo de objetos, desde joyería hasta charolas, juegos de té, esculturas, bolsos formales para fiestas, todas trabajadas finamente y con muy buen gusto. Los artesanos plateros ensayan nuevas técnicas que les permiten dar rienda suelta a su creatividad: combinan metales entre sí y con otros materiales, como el palo de rosa, concha nácar, plumas y enriquecen las piezas con piedras semipreciosas como el lapislázuli o la turquesa.

La madera y su laqueado también siguen evolucionando, los artesanos que la trabajan han ido adaptándose a la modernidad y ahora las famosas lacas de Olinalá no sólo son cajitas y arcones, sino muebles, cabeceras, biombos. La madera de linaloé posee un perfume natural y su aroma se conserva durante muchos años, por eso se utilizaba para hacer arcones para guardar ropa. La técnica de decoración puede ser el pintado o el rayado. Para el primero, la pieza se cubre totalmente de laca de un solo color y después con un pincel se le dibujan paisajes, flores, o animales de colores, con toques dorados.

OAXACA: Oaxaca también es rico en artesanías de tipo prehispánico porque en ella existen numerosas etnias, que por los accidentes geográficos de la región, no conviven entre sí.

Los artesanos oaxaqueños trabajan artísticamente arcillas de diferentes colores, las piezas más conocidas son las de Coyotepec, de barro negro con brillo metálico, cuyo uso es meramente decorativo, y las de Atzompa, verde vidriada, con decoración de pastillaje, con la que se hacen vajillas utilizadas para fiestas civiles y religiosas. Son muy populares las miniaturas de animales músicos y los "animales para chía", figuras porosas que se recubren con esta semilla y se llenan de agua para que aquélla germine. Los orfebres, como herencia de su pasado indígena y colonial, son maestros para trabajar los metales preciosos. Son famosas las cruces de oro de Yalalag y los relicarios, copia de los españoles. Hacen joyería de tipo europeo cuajada de diamantes, y de tipo indígena, con coral y animales de plata repujada. Destacan las piezas de filigrana de oro y plata, hechas con técnica europea, combinadas con turquesa, perlas y corales.

CHIAPAS: Las artesanías del estado son marcadamente indígenas, ya que, como en Oaxaca, coinciden en su territorio múltiples grupos indígenas muy cerrados, que no permiten influencias externas a sus núcleos. La gran cantidad de maderas preciosas que hay en el territorio chiapaneco ha impulsado la producción de bellos instrumentos musicales con taraceado y un hermoso sonido que les permite cotizarse muy bien, asimismo se manufacturan en madera tallada, esculturas, juegos de ajedrez, santos y vírgenes. Y por ser el único lugar de la república donde existen yacimientos de ámbar, hay una gran producción de joyería adornada con este material precioso.

Calendario azteca labrado en un medallón de plata de Taxco.
Aztec calendar carved from a silver plate from Taxco.

TABASCO: Tiene una producción artesanal principalmente de madera tallada con la que se hacen máscaras, tambores y nichos, así como alhajeros y marcos de madera taraceada. La artesanía más importante -que está desapareciendo en atención a la protección de la naturaleza-, es la manufactura de zapatos, sandalias, botas, bolsas, carteras y cinturones de pieles de tiburón, iguana, lagarto, tigrillo, nutria y víbora.

CAMPECHE: En Campeche los artesanos actuales crean manufacturas modernas, como los sombreros tipo panamá, hechos de fibras de jipi-japa, que se elaboran dentro de cuevas, a fin de obtener el grado de humedad óptimo que necesitan; son los mejores del mundo; por su parte, las hamacas de artisela son reconocidas en todo el país. La joyería campechana es de alta calidad, se usan el oro, la plata y el carey para las alhajas y otros artículos como abanicos y plegaderas. El coral negro, con el que manufacturan la joyería moderna, está catalogado como el mejor del mundo.

YUCATÁN Y QUINTANA ROO: En esta entidad han desaparecido casi todos los vestigios de la artesanía tradicional para dejar el paso a la moderna, sólo en Ticul se trabaja el barro poroso, sin vidriar, para elaborar macetas, tinajas y copias de platos prehispánicos, así como figuras al pastillaje y muñecos que representan a los mayas actuales, con sus trajes de mestizos. Otra artesanía prehispánica que sobrevive es la de los caracoles y las conchas labrados con escenas copiadas de sus monumentos y que se usan como pie de lámparas. Con el henequén se elaboran carteras, cigarreras, alfombras, morrales y muchos otros objetos; con palma se hacen cestos y juguetes coloridos. En Valladolid se manufacturan bolsas, cigarreras, cinturones de piel de víbora y de venado. Y con carey, peines, pastilleros, plegaderas y joyería. La manufactura de hamacas de artisela o algodón, joyería de oro y plata con coral rojo o negro, carey y concha nácar, y para uso utilitario, cestería de bejuco, palma y carrizo es de lo más reconocido en Quintana Roo.

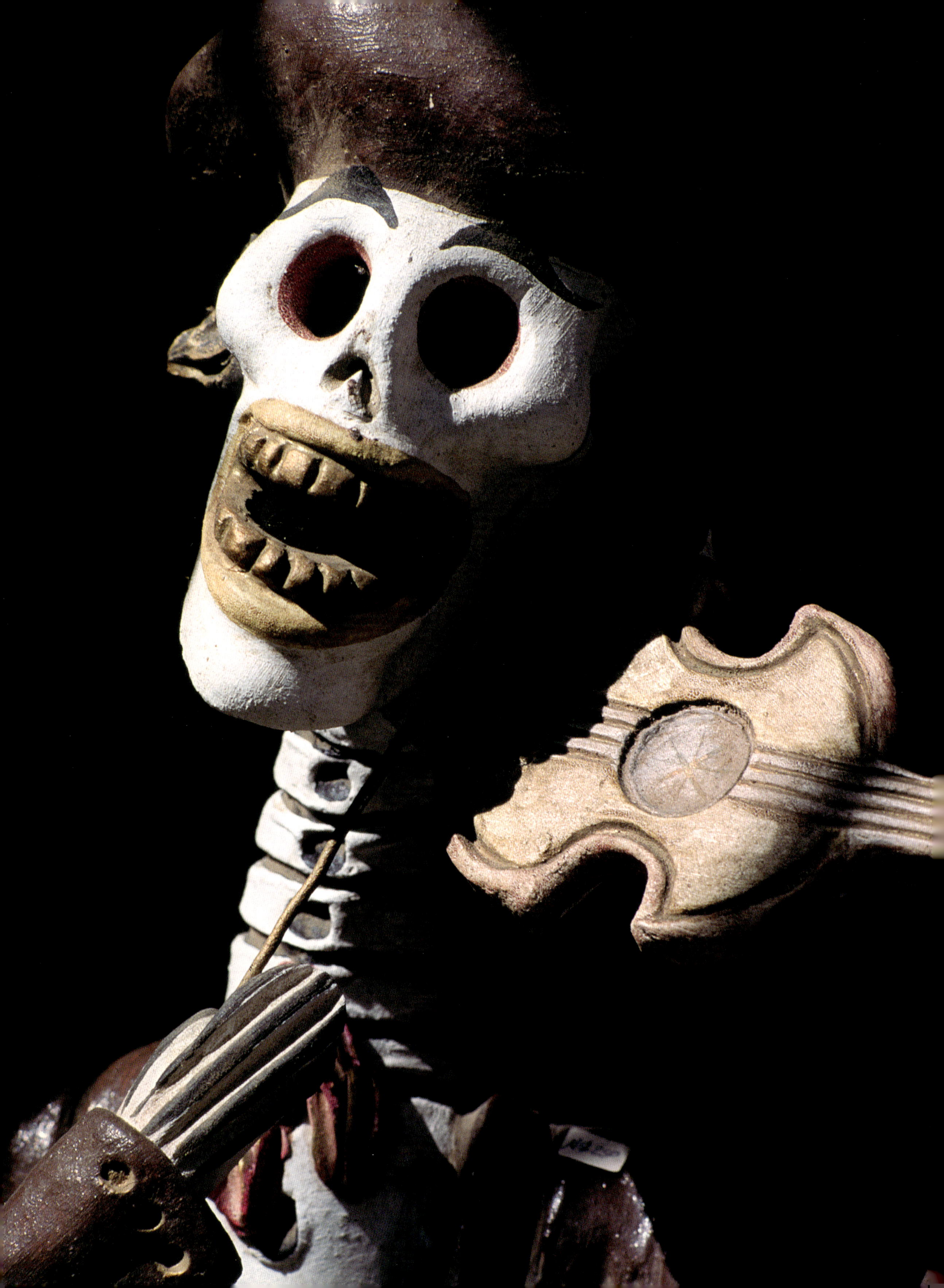

The geometric outline of tapestries embroidered with the honesty and imagination of an anonymous craftsman recreate the shapes of the world around us.

Color and Fantasy

The dawn of agriculture meant that the inhabitants of newly-established settlements had to start making more specific items to satisfy their basic needs. Little by little, this led to the emergence of craftsmen, who were simple workmen making objects with the materials available and the tools they themselves made, without looking any further than pure utility.

As societies grew and became more complex, their needs, differences and demands also grew, and utility was no longer enough. It was still required but now alongside other considerations like decoration. There was no longer just one model, but several to choose from. Manual workers were now enjoying their craft and were eager to make it even better, prettier and with greater care, not just because of competition, but out of the sheer satisfaction obtained by creating a beautiful object. The workmen had indeed become craftsmen.

The first craftsmen to really make their presence felt in Mexico were born into societies with some degree of evolution that eventually flourished to become outstanding cultures. The earthen items found at Cuicuilco do not have the same esthetic quality as the obsidian objects of Teotihuacan. But this is not because one community had better taste than the other; it is because the more advanced societies managed to satisfy their basic needs and, therefore, had more time on their hands to create objects of beauty, because they had better tools and because buyers grew more demanding as the stage of basic needs gave way to the stage of refinement.

Over the years, the craftsmen honed their skills and were able to adapt to the arrival of the Spaniards, which meant the use of more modern techniques, such as foot looms instead of waist looms, or spinning wheels for clay instead of simple hands. They have continued to embrace new arrivals from abroad but without sacrificing the essence of their work. Maybe craftswomen no longer weave their own cloth and buy cloth that has been manufactured industrially, but they will still embroider by hand, using thread and ribbons with openwork to decorate their fabrics, always item by item and with the intent of putting some of their very spirit into their work.

The influence, first of all, of the Spaniards and, later on, of the Orientals is revealed in designs that are not necessarily more elaborate but just different. If they weren't making such objects before, it is simply because they didn't know about them or have the materials required to make them. But each community had and still has its own style, with its favorite colors, designs and symbolism. Each handcrafted item is now more highly valued, because both the work and the esthetic value are recognized, and often attains the status of a masterpiece.

The inhabitants of rural zones make handcrafts for their own day to day or ceremonial usage. But they also make exclusively ornamental items for different buyers, whether from Mexico or abroad, who are looking for decorations.

VERACRUZ: *The state of Veracruz was home to three major cultures that left behind some outstanding vestiges of Mexico's past: the Olmecs, the Totonacs and the Huastecs, whose sculptors and potters produced creations of great historic and esthetic value. People in pre-Hispanic and colonial times dedicated a lot of time and effort to handcrafts, but such activities no longer play an important role in the state's economy. Yet it is still worth noting the white cotton blouses of Chicontepec made with chenille embroidery, and which are used more for decorative purposes than as actual clothing. Another such case is the openwork used in shirts, dresses and the white clothing of Tlacotalpan, where musical instruments, including harps made of beautiful woods, and red cedar rocking chairs with rattan seats and backrests are also very popular.*

Papantla is famous for its gold and silver jewelry with coral, used by the women of Veracruz on their regional attire. Less famous, but highly original, are the small figurines of animals made with fresh vanilla that keep their fragrance for a long time. The port of Veracruz is where you can find items made from snail and other shells, such as necklaces, earrings, bracelets, jewelry boxes and lamps.

GUERRERO: *One hundred percent indigenous traditional handcrafts are limited to satisfying local demand which is maybe why the zeal of years gone by has waned somewhat. The result of this is that designs are becoming simpler and even more precarious than before. The good news is that the range of handcrafts made during the colonial era, such as silverware, lacquered items and chiseled leather, is broader than ever. Other items typical of this state include unglazed pottery, such as pitchers and vats used to carry water, as well as plates, fruit bowls and ashtrays with stylized figures, for which there is great demand.*

The silverwork of Taxco has come along in leaps and bounds. An impressive array of objects is now being made, ranging from jewelry to trays, tea sets, sculptures and handbags, all elegantly crafted. Silver craftsmen are trying out new techniques to unleash their creativity, including mixing different metals together and mixing metals with other materials, such as rosewood, mother of pearl and feathers, and enriching their creations with semiprecious stones such as lapis lazuli or turquoise.

Wood and lacquer continue to evolve, too, and craftsmen have managed to move with the times. The famous lacquered articles of Olinalá are no longer restricted to small boxes and chests, but now also include furniture, headboards and folding screens. Linaloe retains its natural fragrance for many years, which is why it is used to make chests for keeping clothes in. Decorations may then be painted or carved onto them. If they are painted, the item is completely covered with lacquer of a single color and then a chisel is used to draw landscapes, flowers or colorful animals with touches of gold.

OAXACA: *Oaxaca is as rich in pre-Hispanic handcrafts as it is in different ethnic groups, although geographic developments in the region have meant that they can be isolated from each other.*

The craftsmen of Oaxaca create works of art with differently colored clays. The most famous items are from Coyotepec, made of black clay with a metal sheen, used for decorative purposes only, and the bottle green, pastille decorations from Atzompa used to make crockery for civil and religious occasions. Equally popular are the miniature musical animals and animals for chia, which are porous figures covered with the chia seed and filled with water so the seed can sprout.

The indigenous and colonial past of goldsmiths and silversmiths has helped them become true masters at working precious metals. The golden crosses of Yalalag and reliquaries copied from the Spaniards, for instance, are famous. They also make diamond-studded jewelry in the style of the Europeans, as well as in the indigenous style, with coral and embossed silver animals, along with gold and silver filigree items, made using European techniques and combined with turquoise, pearls and coral.

CHIAPAS: *The craftsmen of this state are overwhelmingly indigenous given that, just like in Oaxaca, its boundaries enclose a large number of highly insular indigenous groups that shun all external influence.*

The range and volume of precious wood in Chiapas has encouraged the production of splendid musical instruments with marquetry and beautiful sounds that make them much sought after. Carved wood is also used to make sculptures, chess sets, saints and virgins.

In addition, it is the only place in Mexico that boast deposits of amber, which means it produces a lot of jewelry adorned with this precious material.

TABASCO: *This state's handcrafts are made largely of carved wood and include masks, drums and niches for statues, as well as jewelry boxes and frames with inlaid wood. But the main handcraft in Tabasco -which is vanishing due to the urgent need to protect wildlife- is the manufacture of shoes, sandals, boots, bags, wallets and belts made of shark, iguana, lizard, ocelot, otter and snake skin.*

CAMPECHE: *The handcrafts being made in Campeche today are more modern, such as panama hats, which are made from jipijapa fibers in caves in order to obtain just the right amount of dampness they need; they are in fact the best in the world. Artisela hammocks, for their part, are famous all over the country.*

The jewelry of Campeche is of the finest quality and includes jewelry, fans and paper knives made from gold, silver and turtleshell. The state's black coral, used to make modern jewelry, is classified as the best in the world.

YUCATÁN AND QUINTANA ROO: *Almost all the vestiges of traditional handcrafts have vanished in these states to make way for more modern items, one exception being Ticul, where unglazed porous clays are used to make plant pots, vats and copies of pre-Hispanic plates, as well as pastille figures and dolls representing the modern-day Mayas with their mestizo suits.*

Another example of pre-Hispanic handcrafts that has managed to survive is snail shells and seashells decorated with scenes copied from monuments and used as bases for lamps. Henequen is used to make wallets, cigarette holders, rugs, satchels and many other things, while palm is the main raw material for baskets and colorful toys. Craftsmen in Valladolid make bags, cigarette holders, and snakeskin and deerskin belts, and use turtleshell to produce pillboxes, paper knives and jewelry.

Other items include artisela and cotton hammocks, gold and silver jewelry and red and black coral, turtleshell and mother of pearl, while more practical objects such as baskets made of wicker, palm and reeds rank among the most widely recognized in Quintana Roo.

Pieza decorativa de Olinalá.

Decorative item from Olinalá.

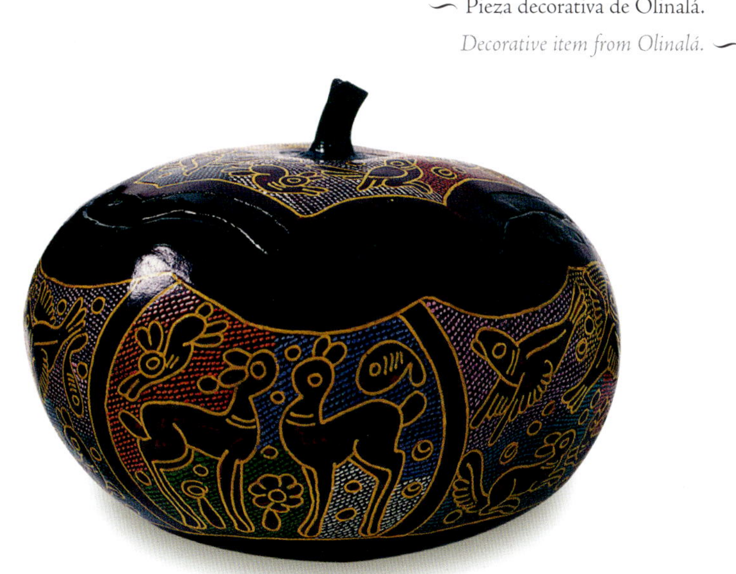

~ Diseños irrepetibles y bellos colores en papel amate de Guerrero. / *Inimitable designs and splendid colors on handmade bark paper from Guerrero.* ~

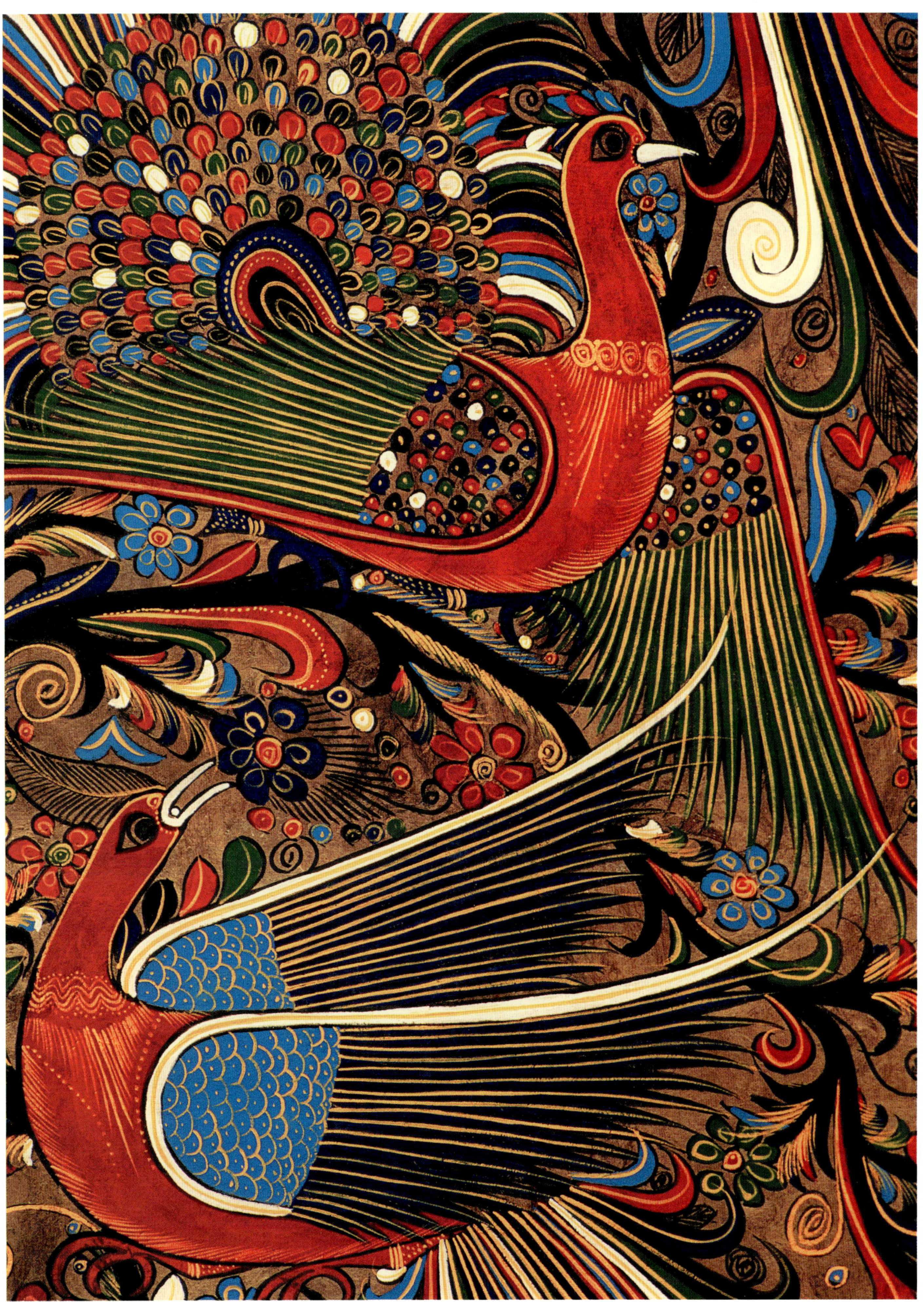

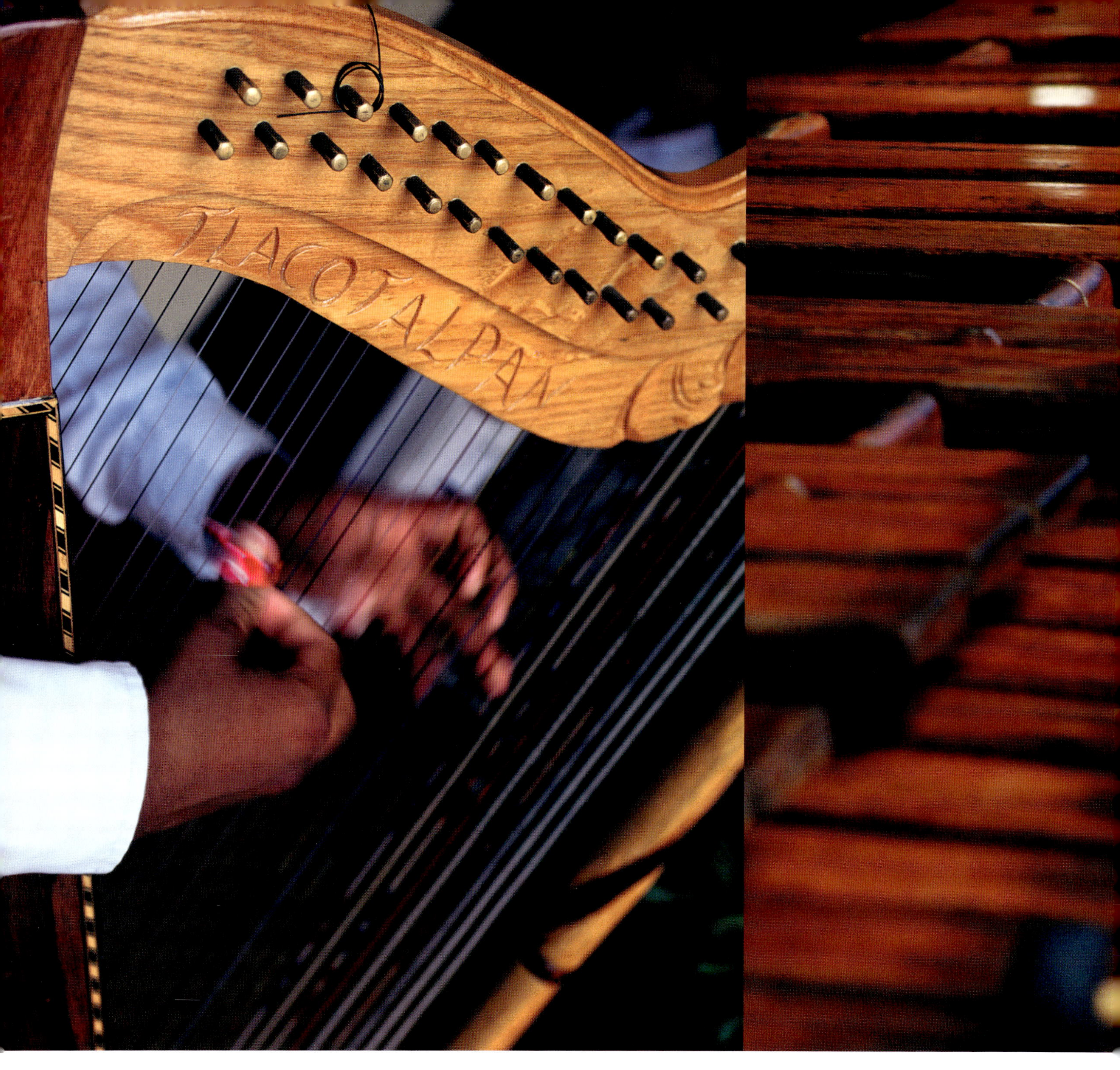

Que suene la música, que suene;
que dancen las cuerdas y repiquen las maderas,
que salgan las bailadoras, la fiesta ha comenzado.

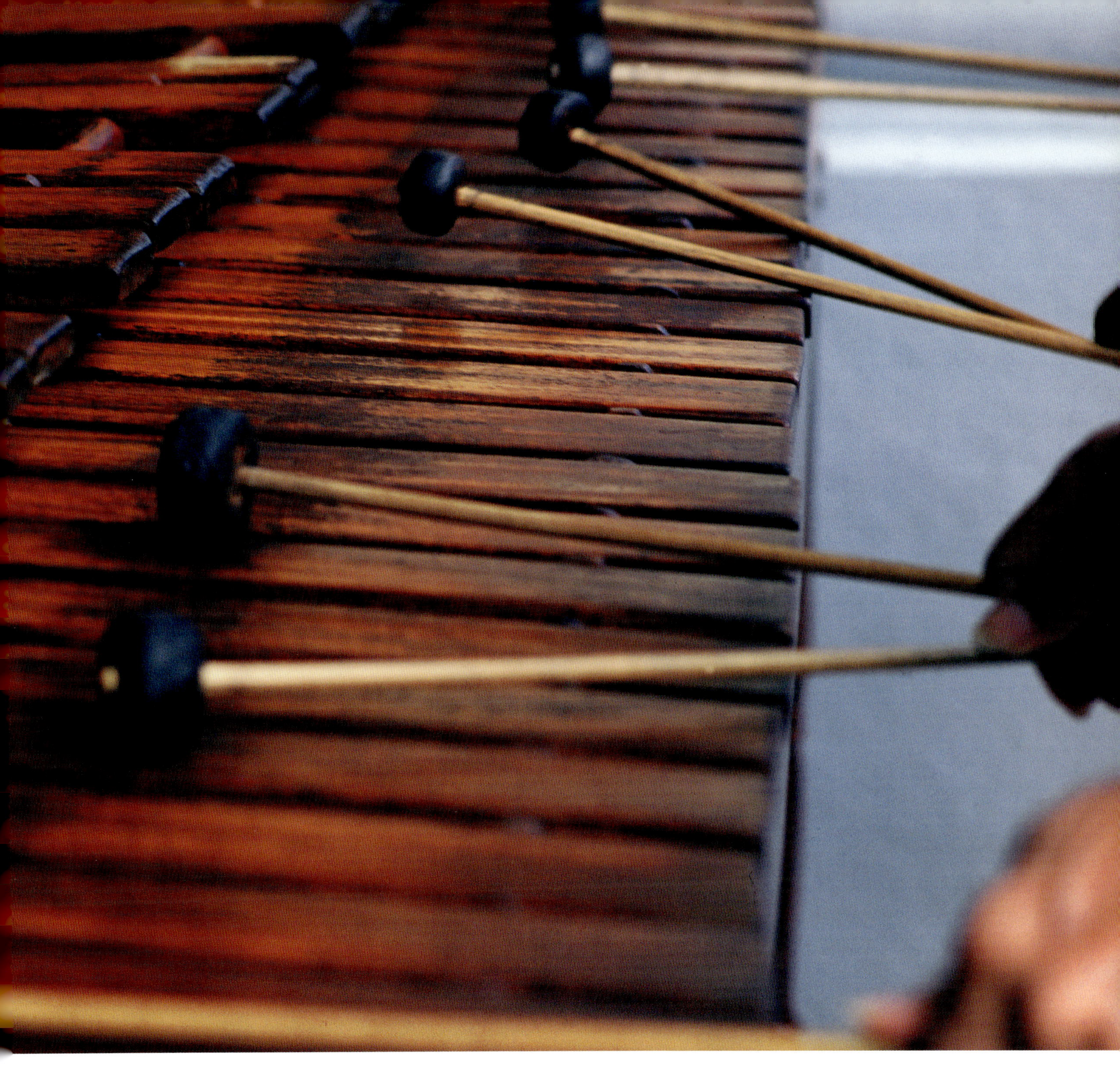

Let the music play, let it play; let the strings dance
and the woodwinds blow, let the dancers come,
for the party has begun.

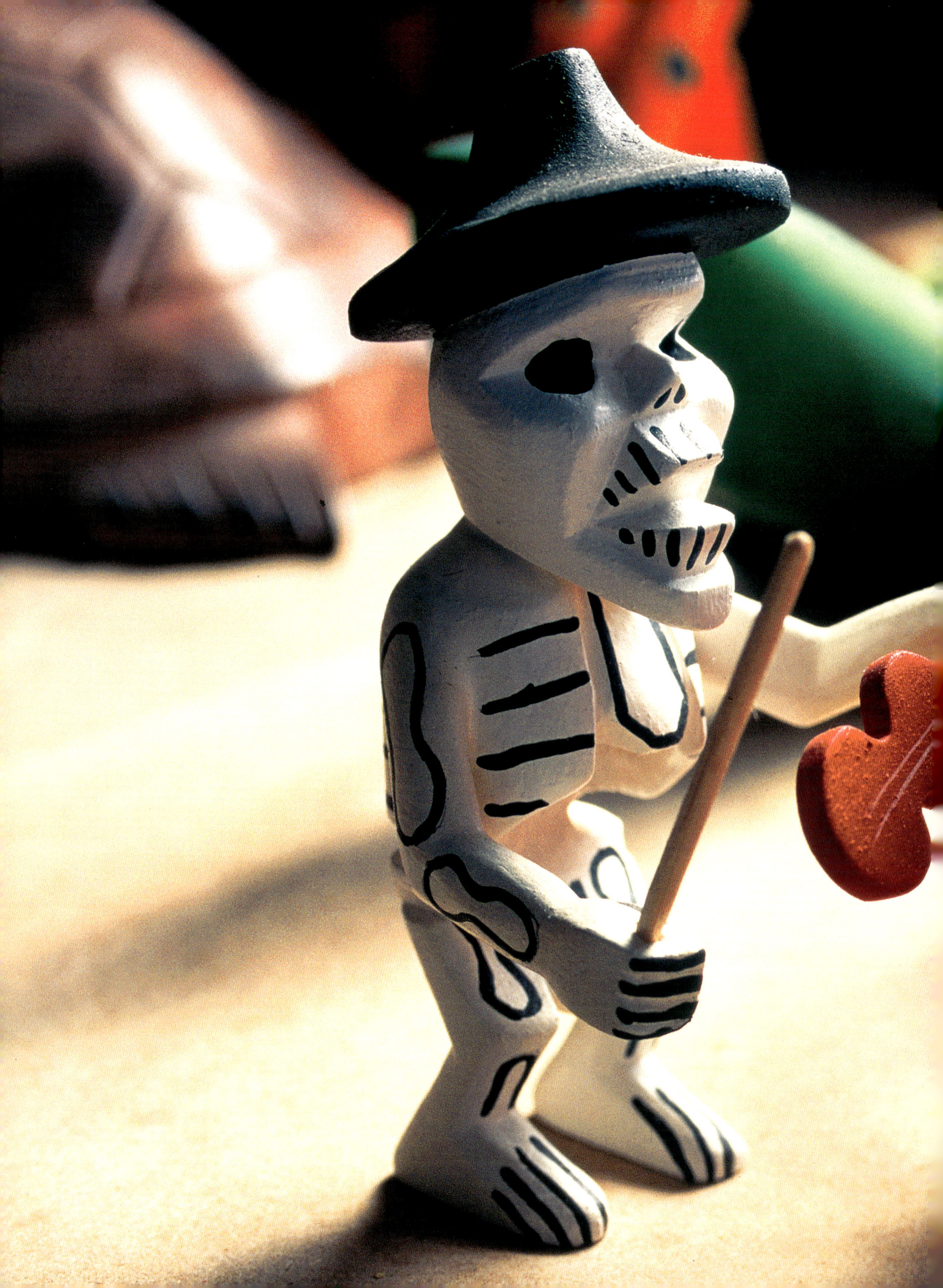

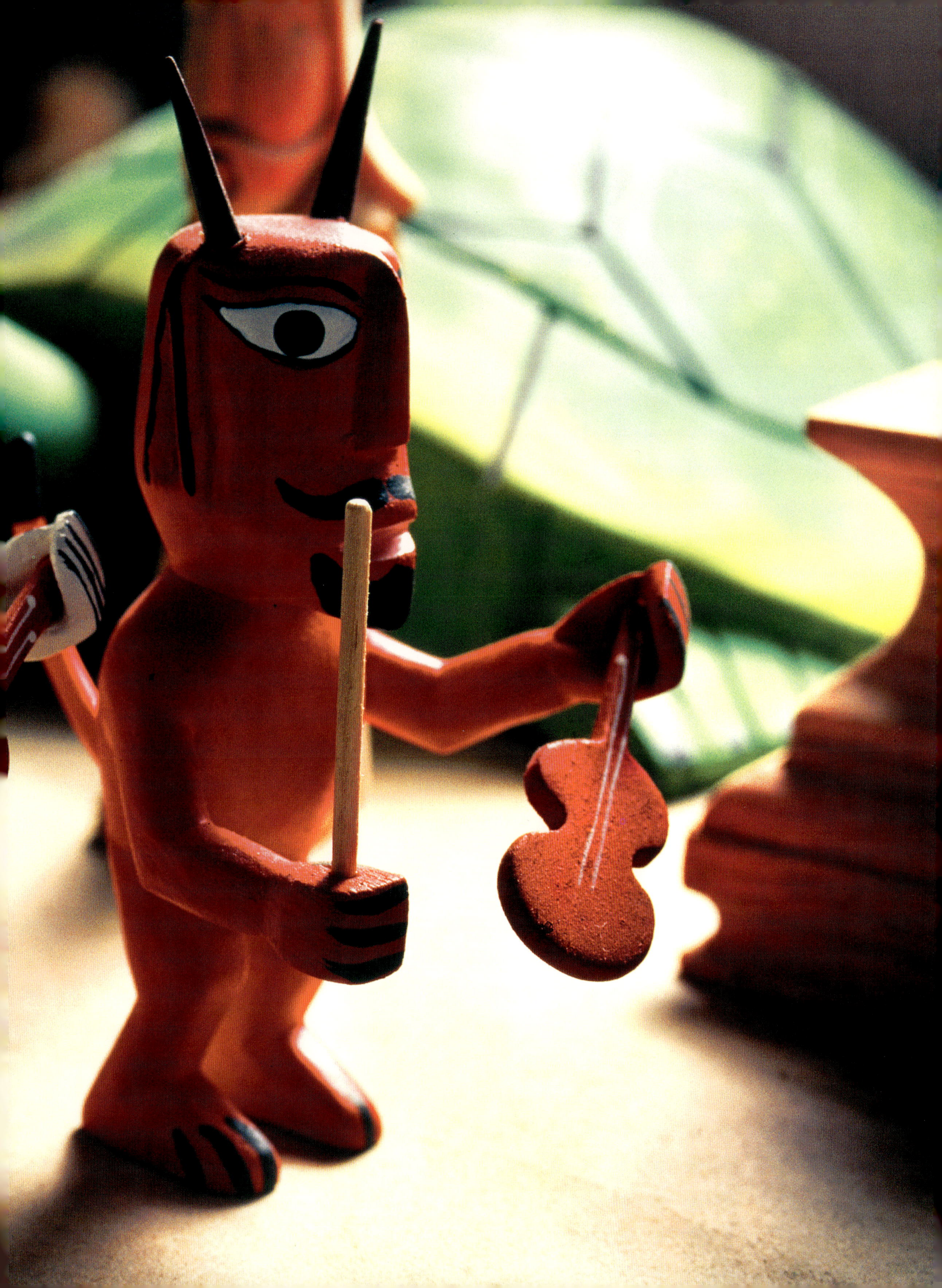

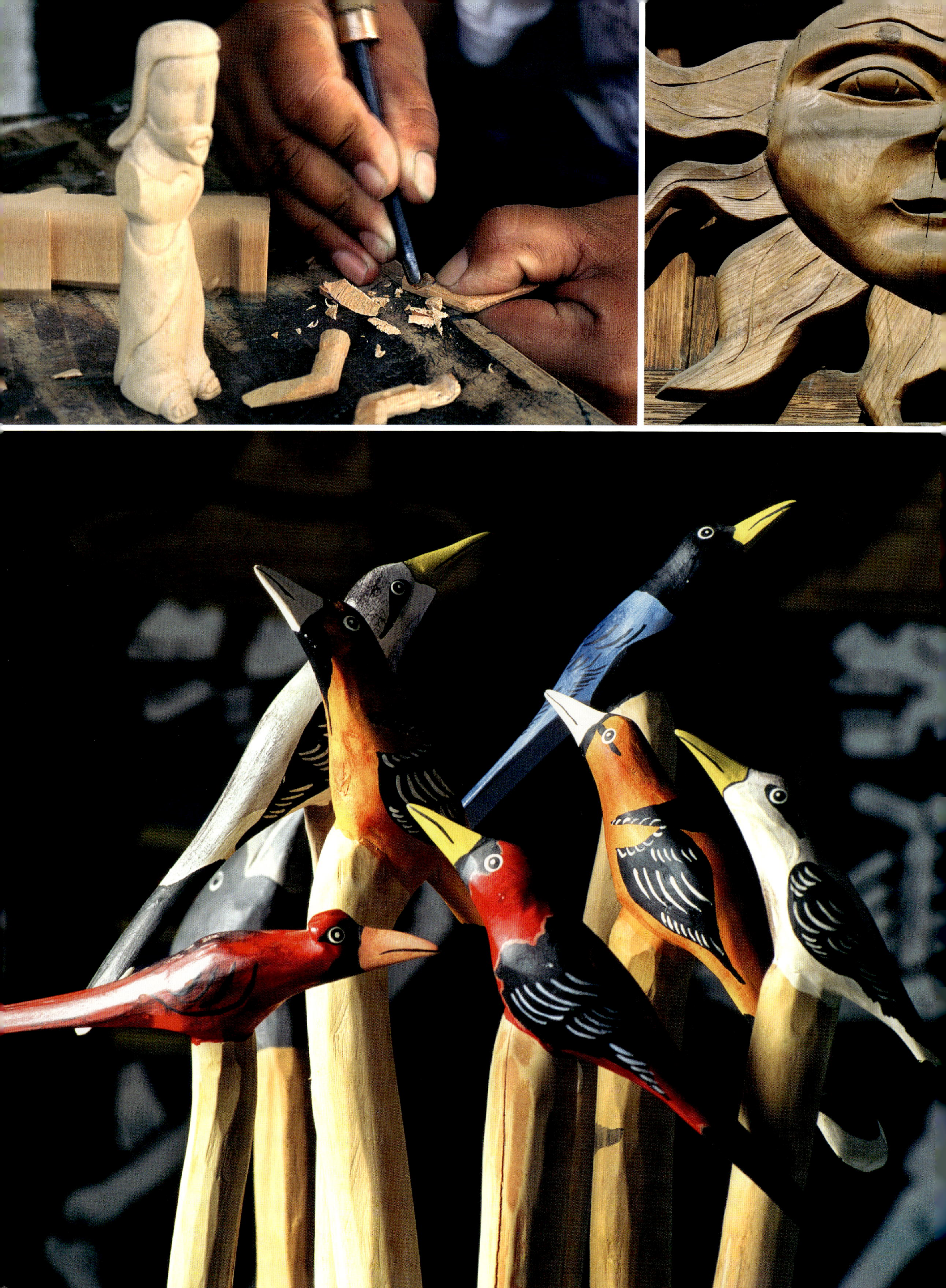

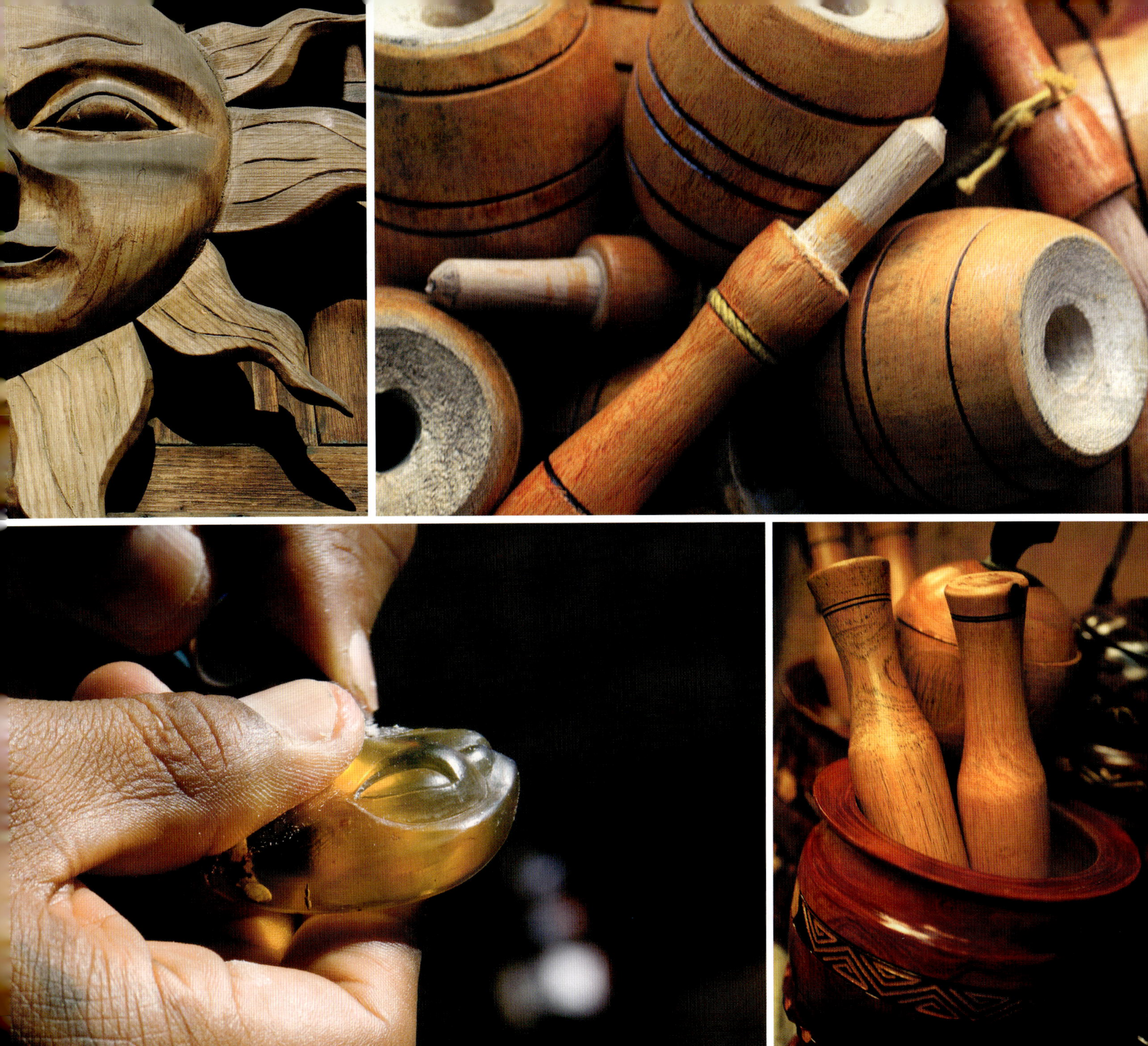

El mundo de los juguetes es un universo aparte,
nada es verdad ni es mentira,
todo es pura fantasía, con dimensiones de arte.

~

The world of toys is altogether another universe,
nothing is true, all is but a lie,
everything is pure fantasy, with the dimensions of art.

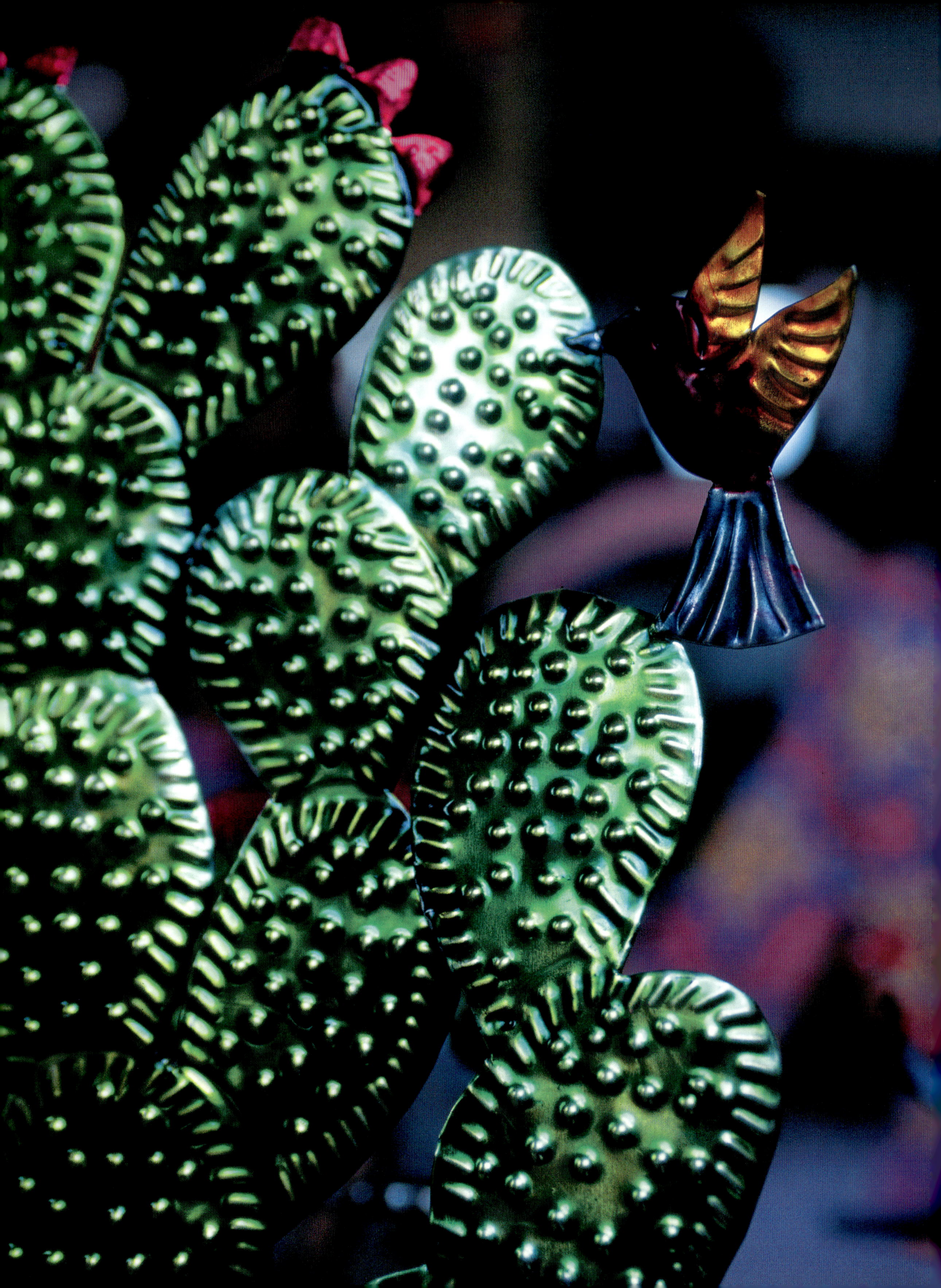

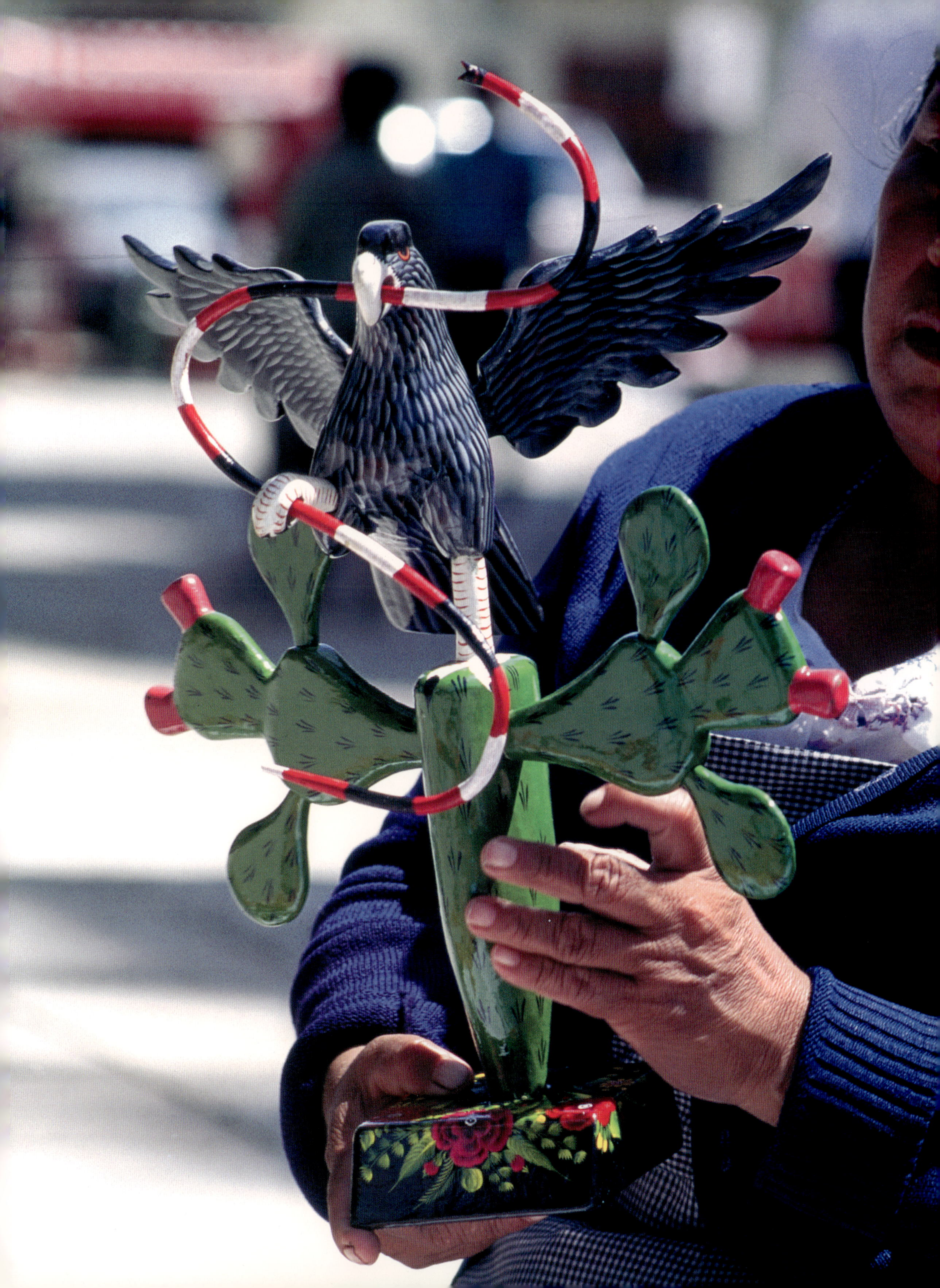

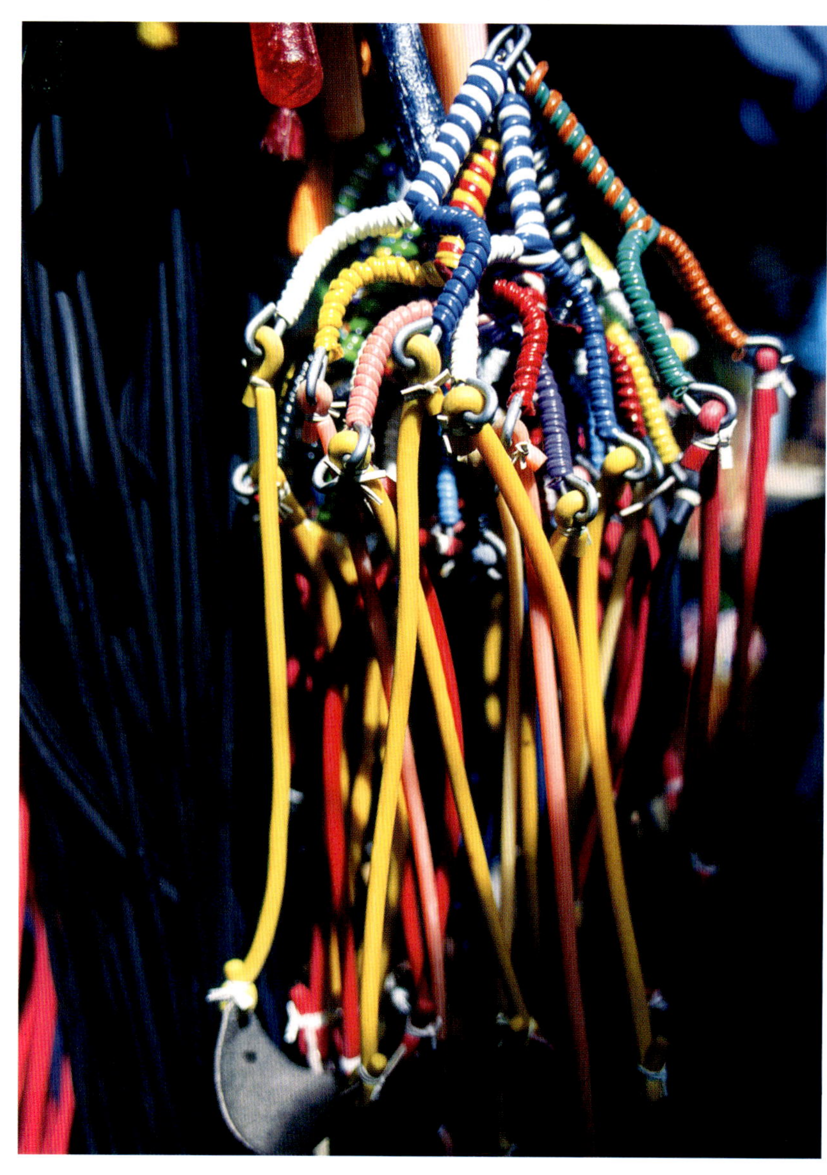

Es motivo de alegría que aún subsista en los adultos, sobre todo en los artesanos, el gusto infantil por las cosas simples y entretenidas.

~

A cause for joy that lives long in adults, especially in craftsmen, is the childish zeal for fun and simple things.

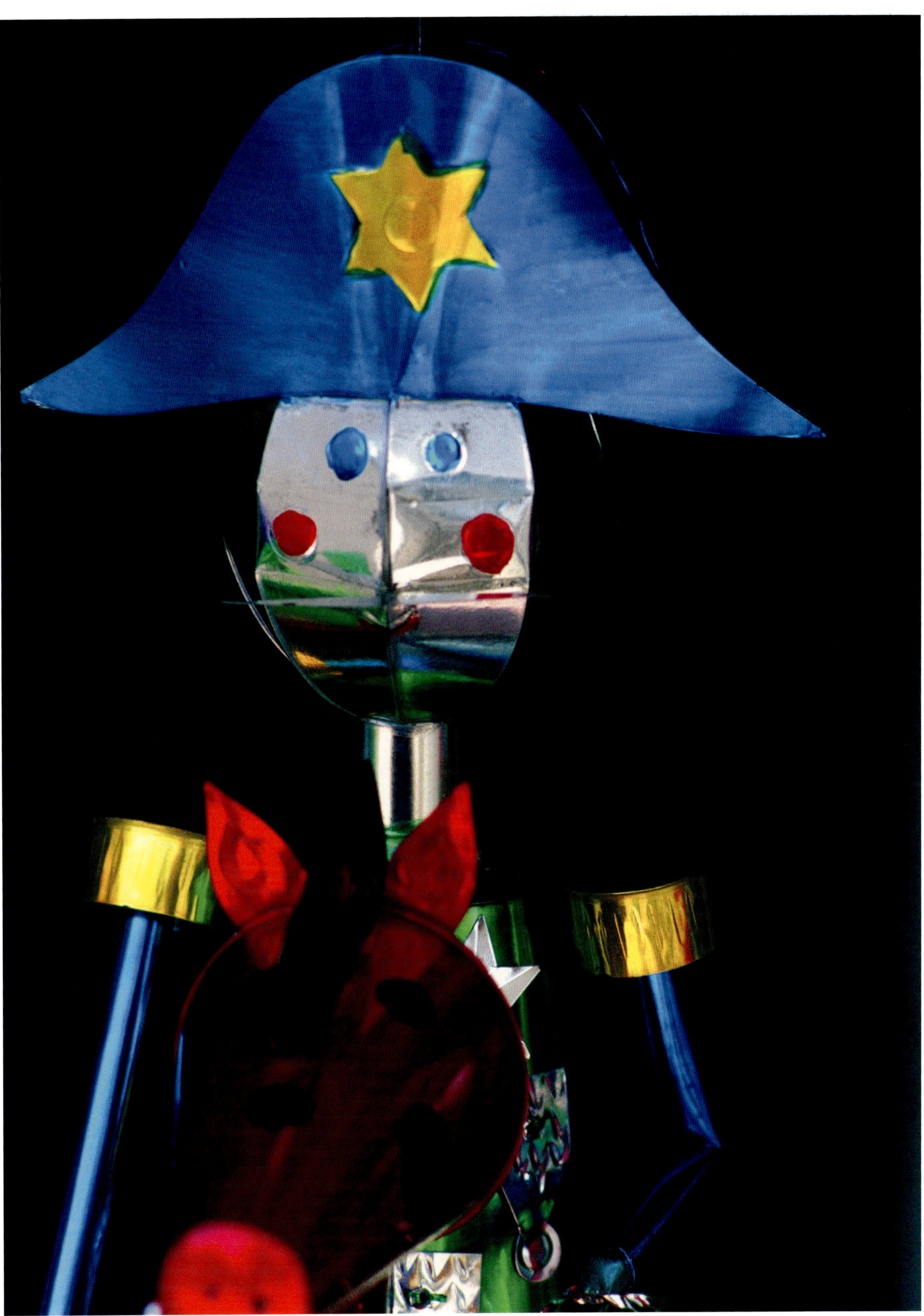

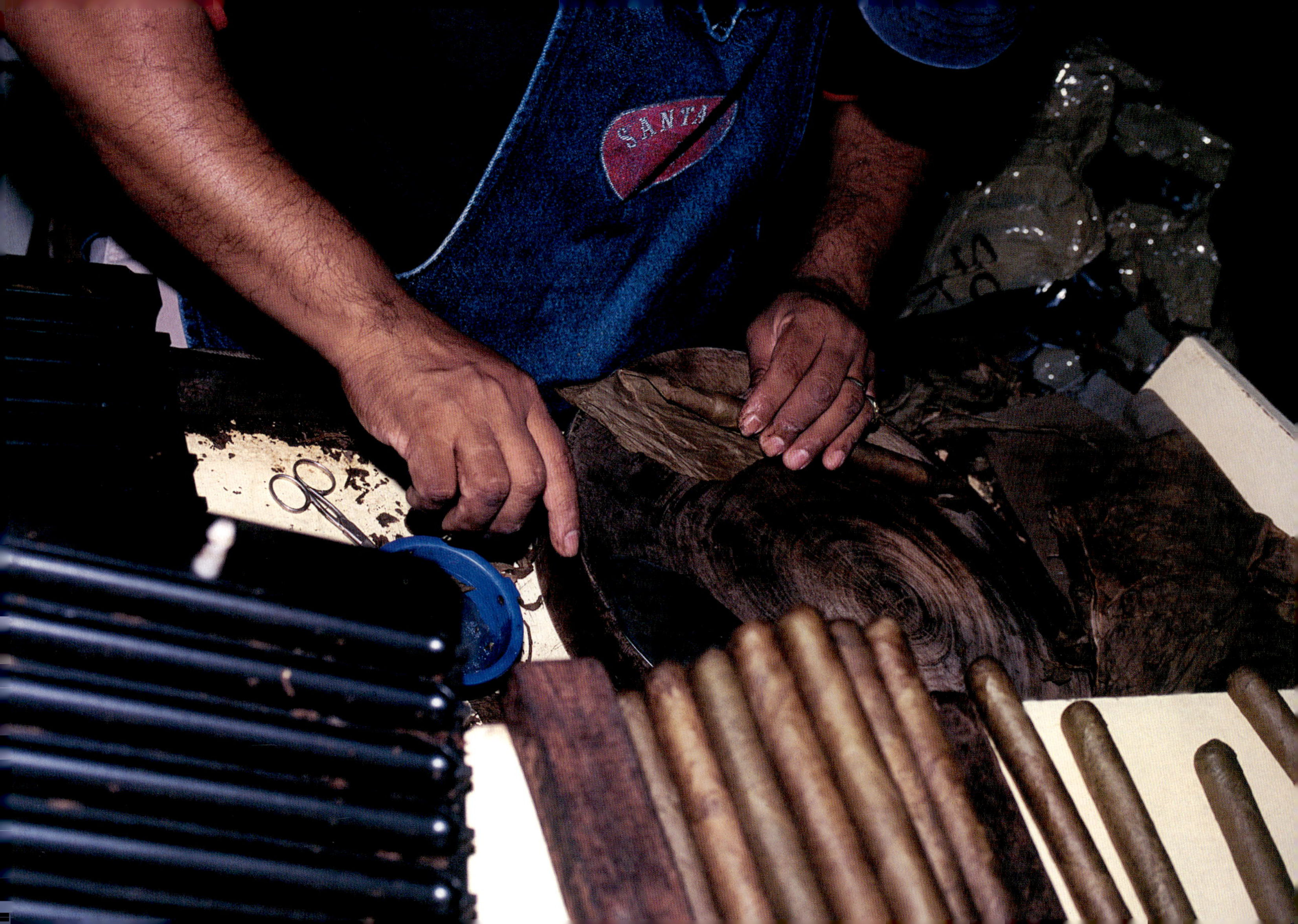
SANTA

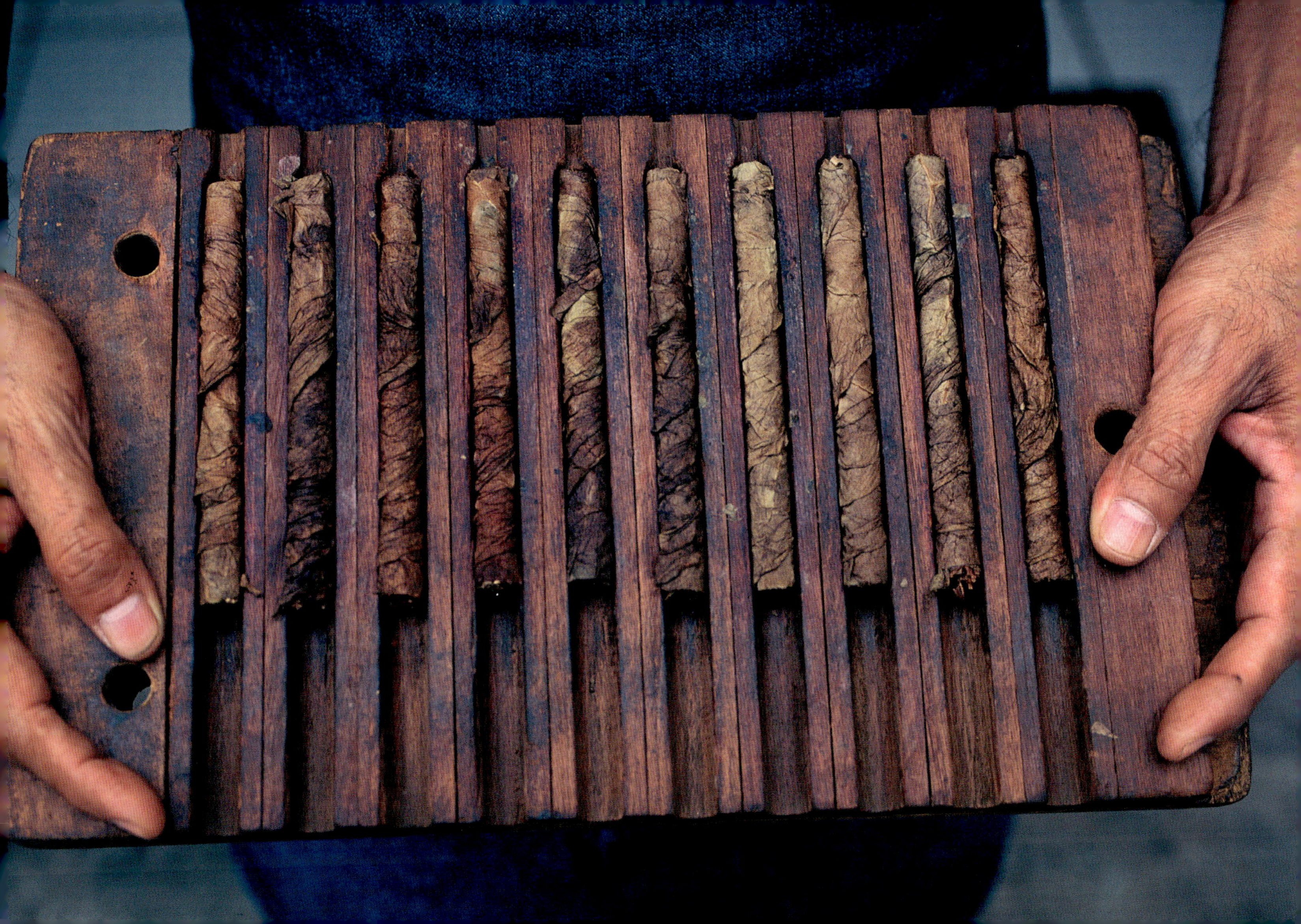

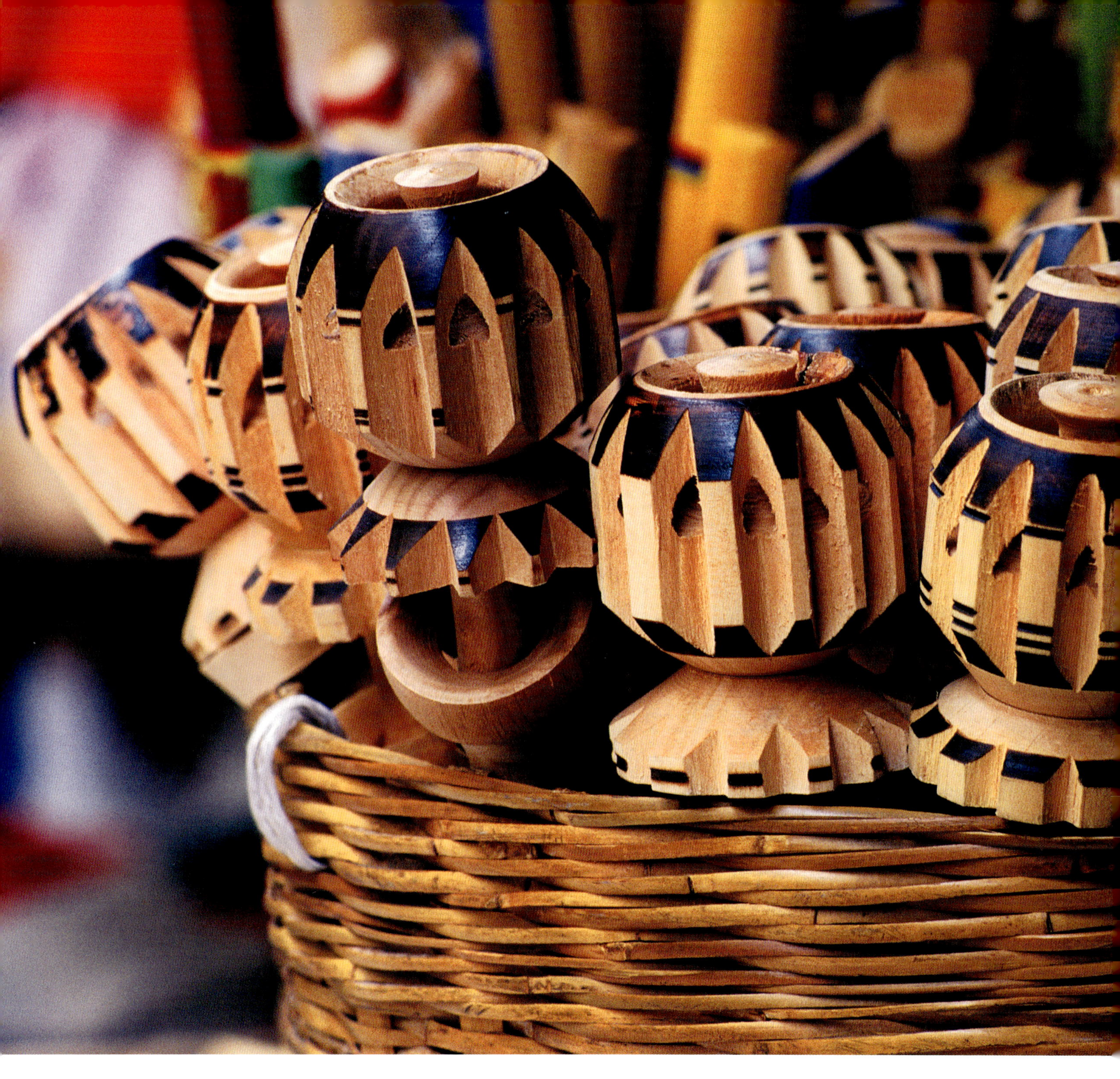

Parece cosa de magia, pero es la pura verdad,
que de un instrumento tan simple, bellamente terminado,
salga la rica espuma del sabroso chocolate.

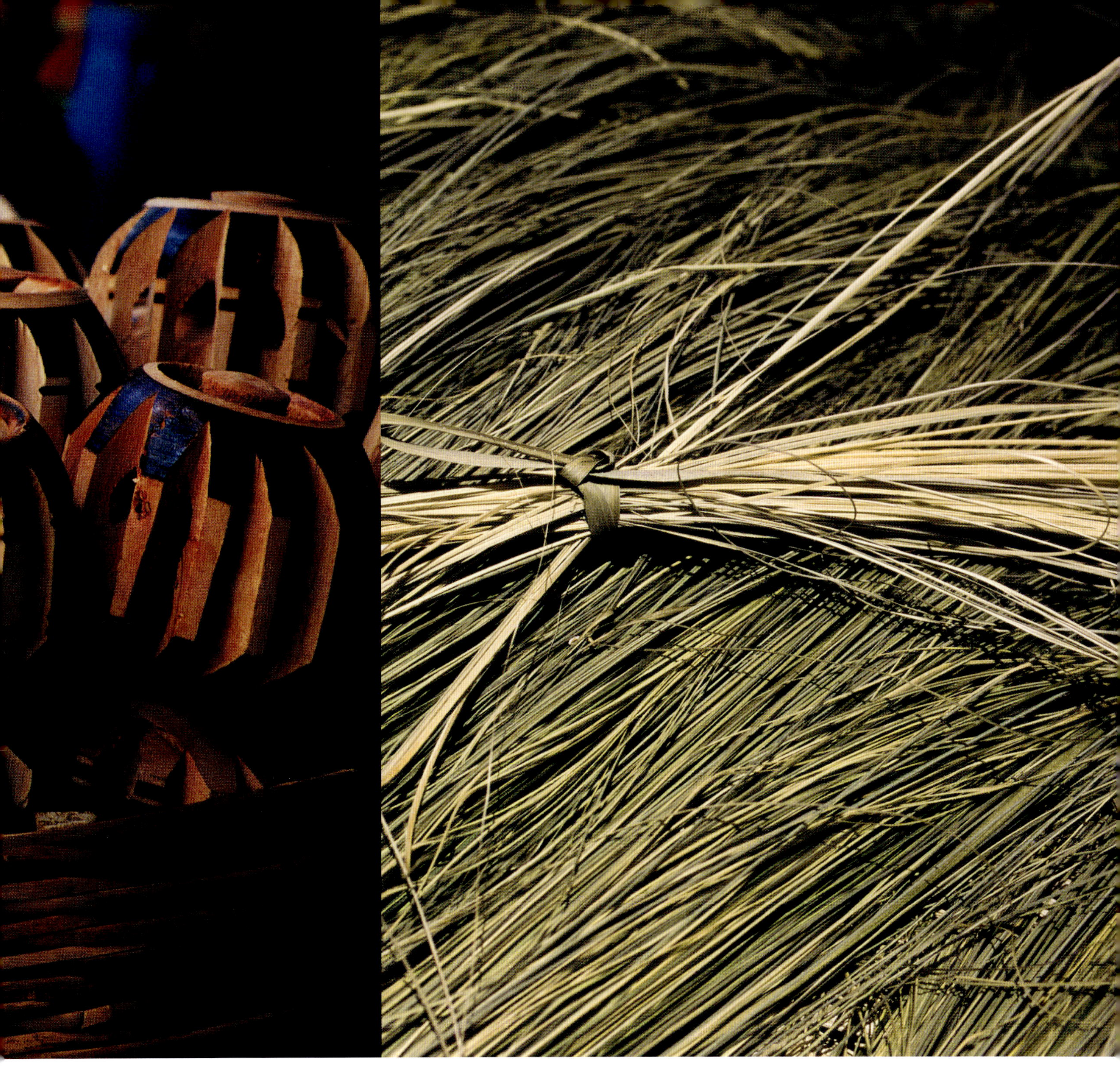

It seems a feat of magic, but it's actually the truth, that allows such a simple instrument, so beautifully finished, to provide the rich foam of delicious chocolate.

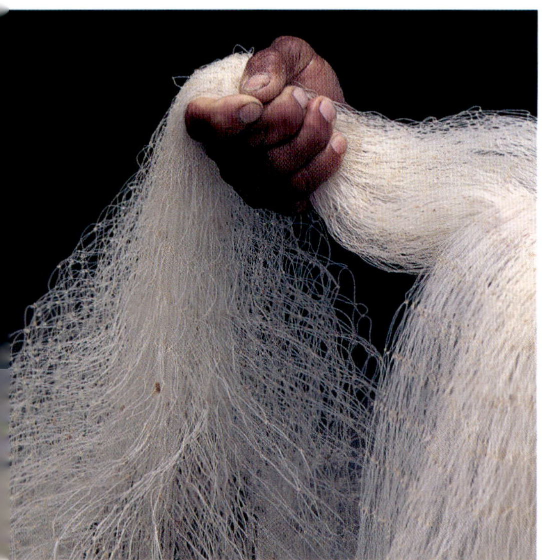

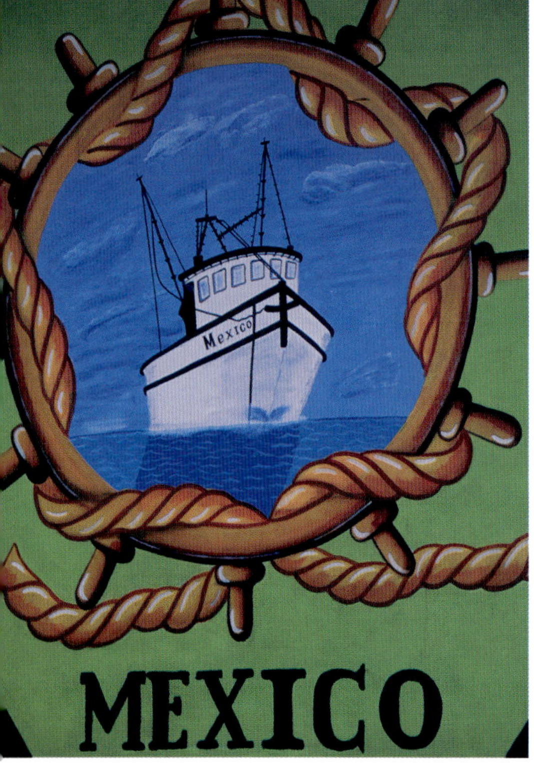

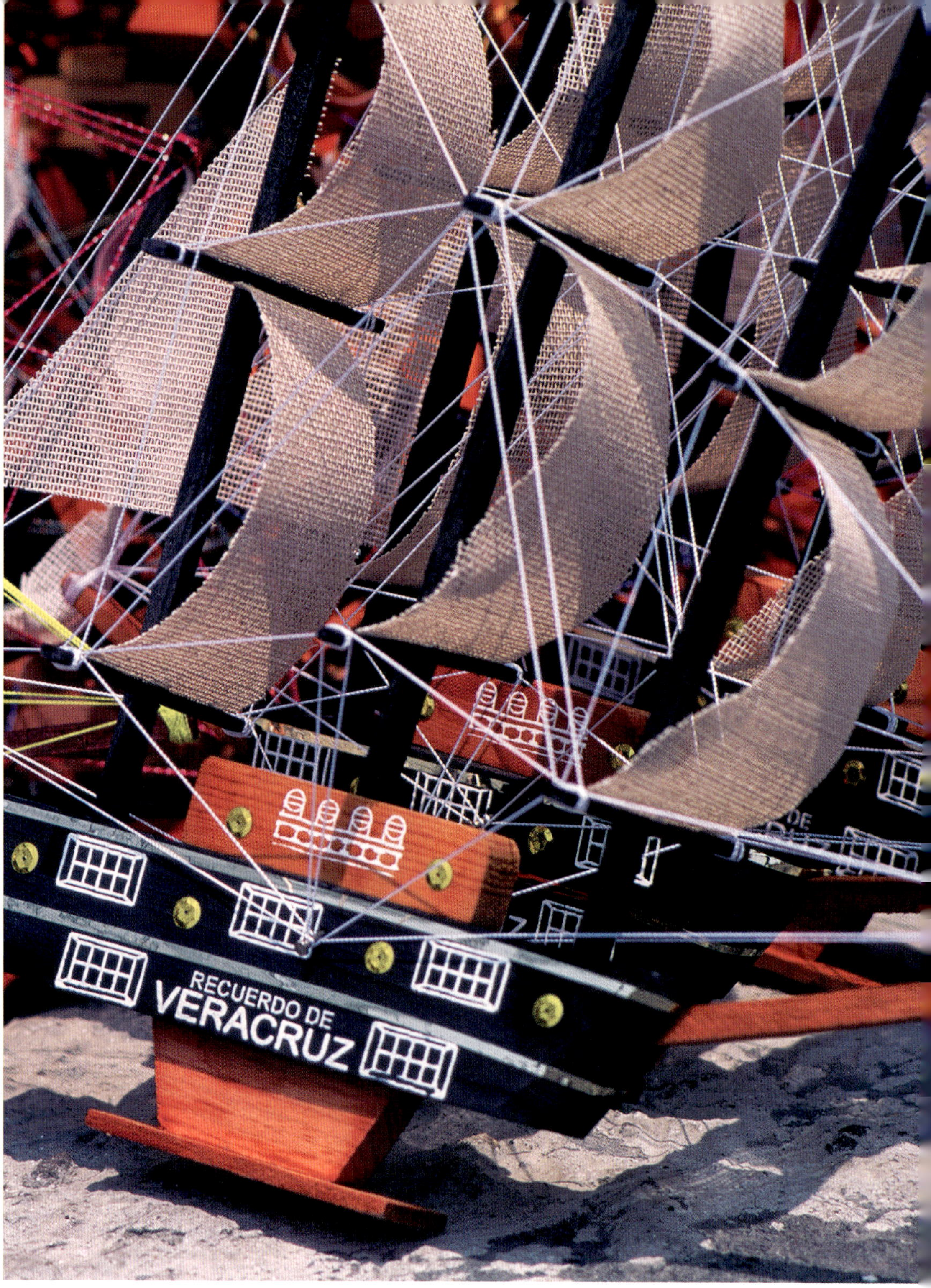

Con su notable maestría y mucha imaginación,
el artesano mexicano crea un mundo mágico de fantasía y color.

~

With outstanding majesty and lots of imagination,
the Mexican craftsman creates a magical world of fantasy and color.

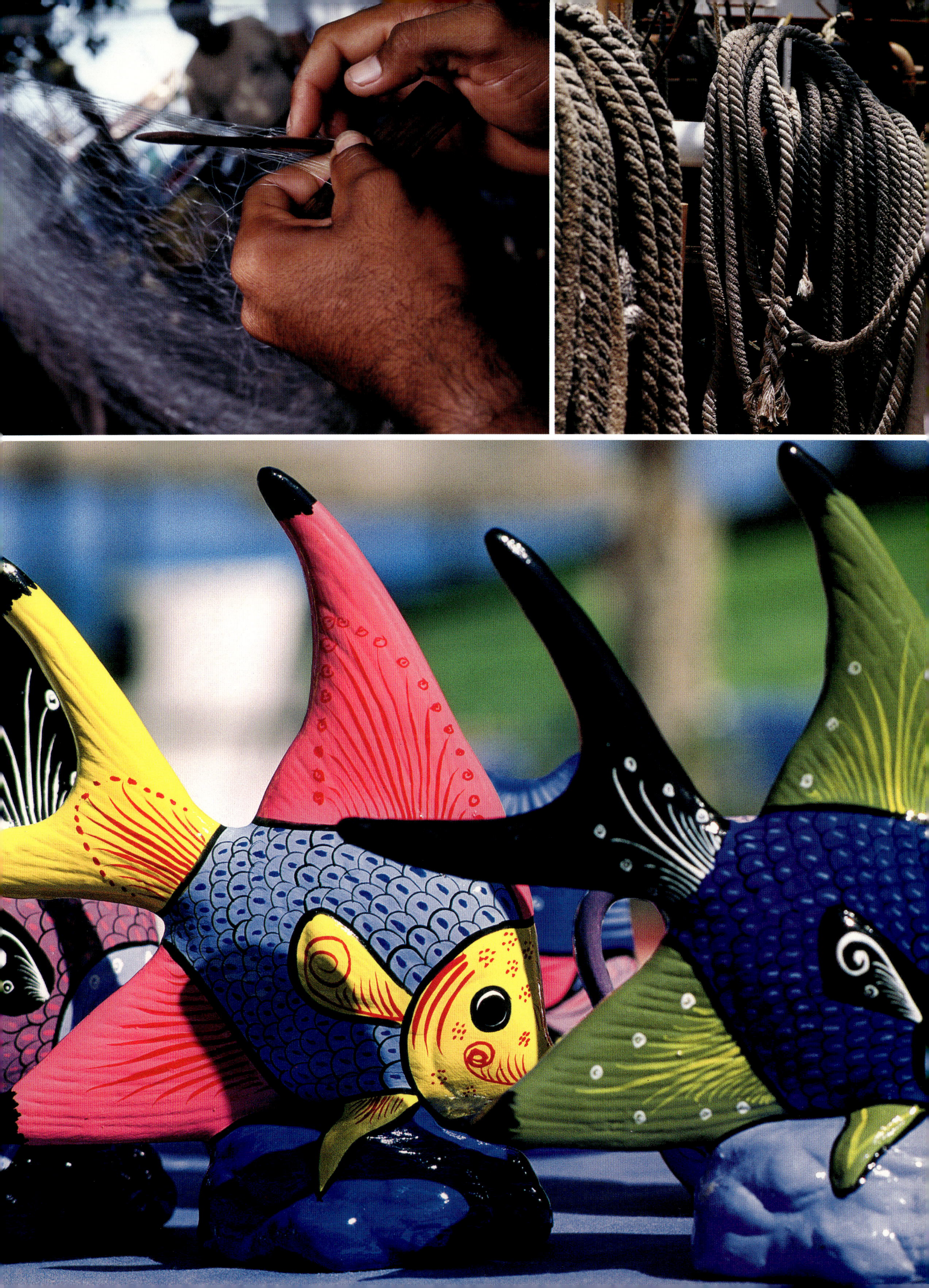

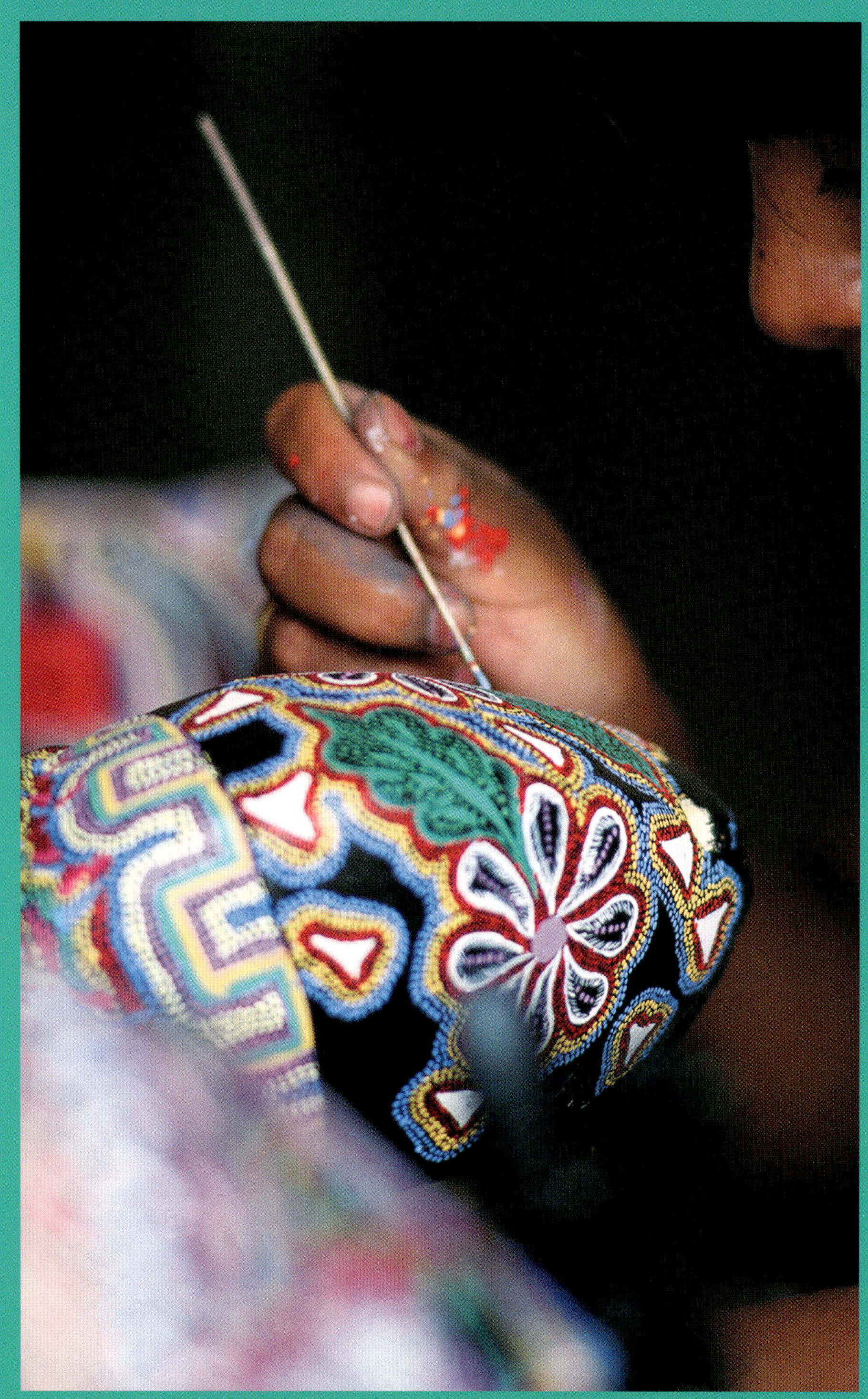

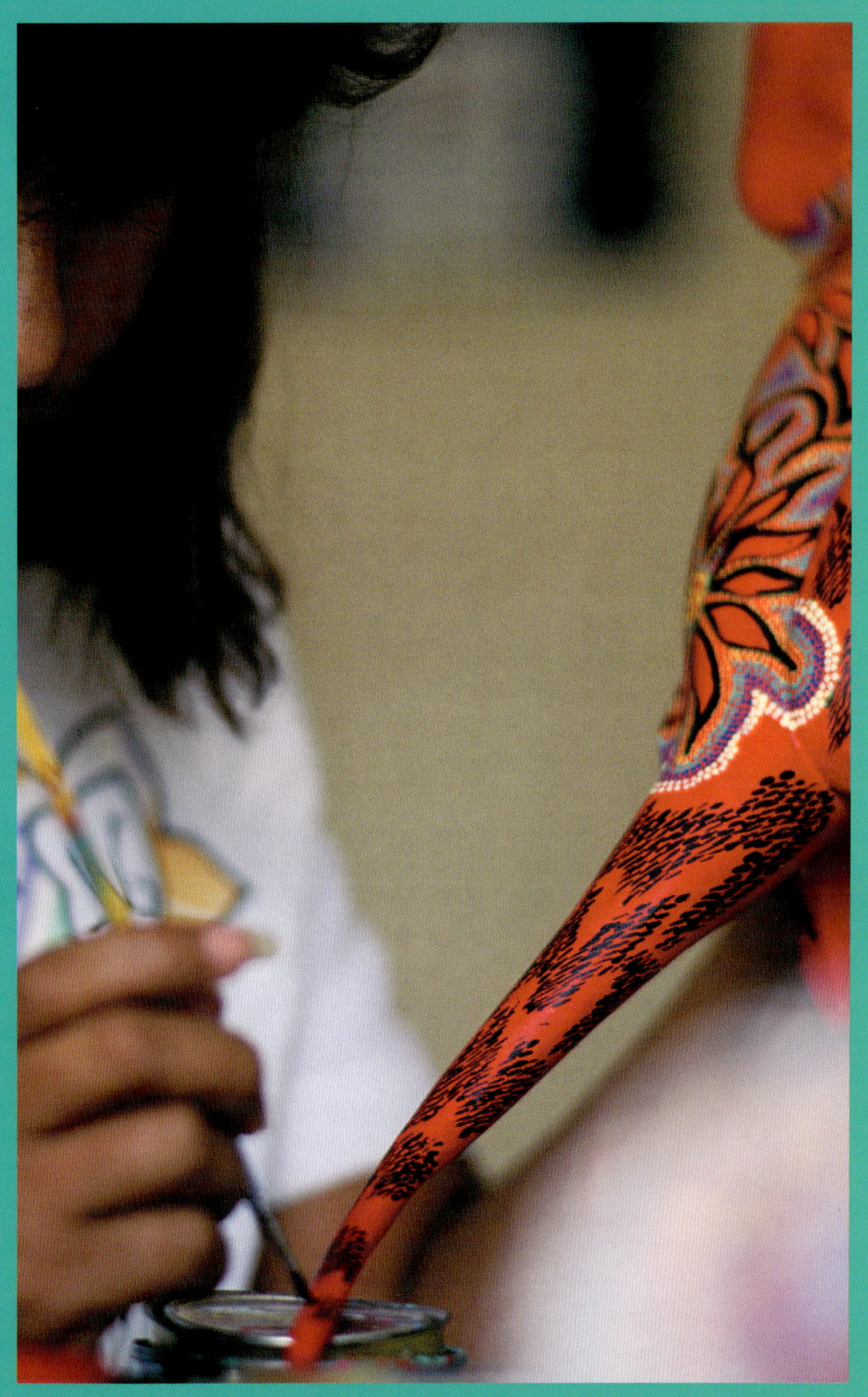

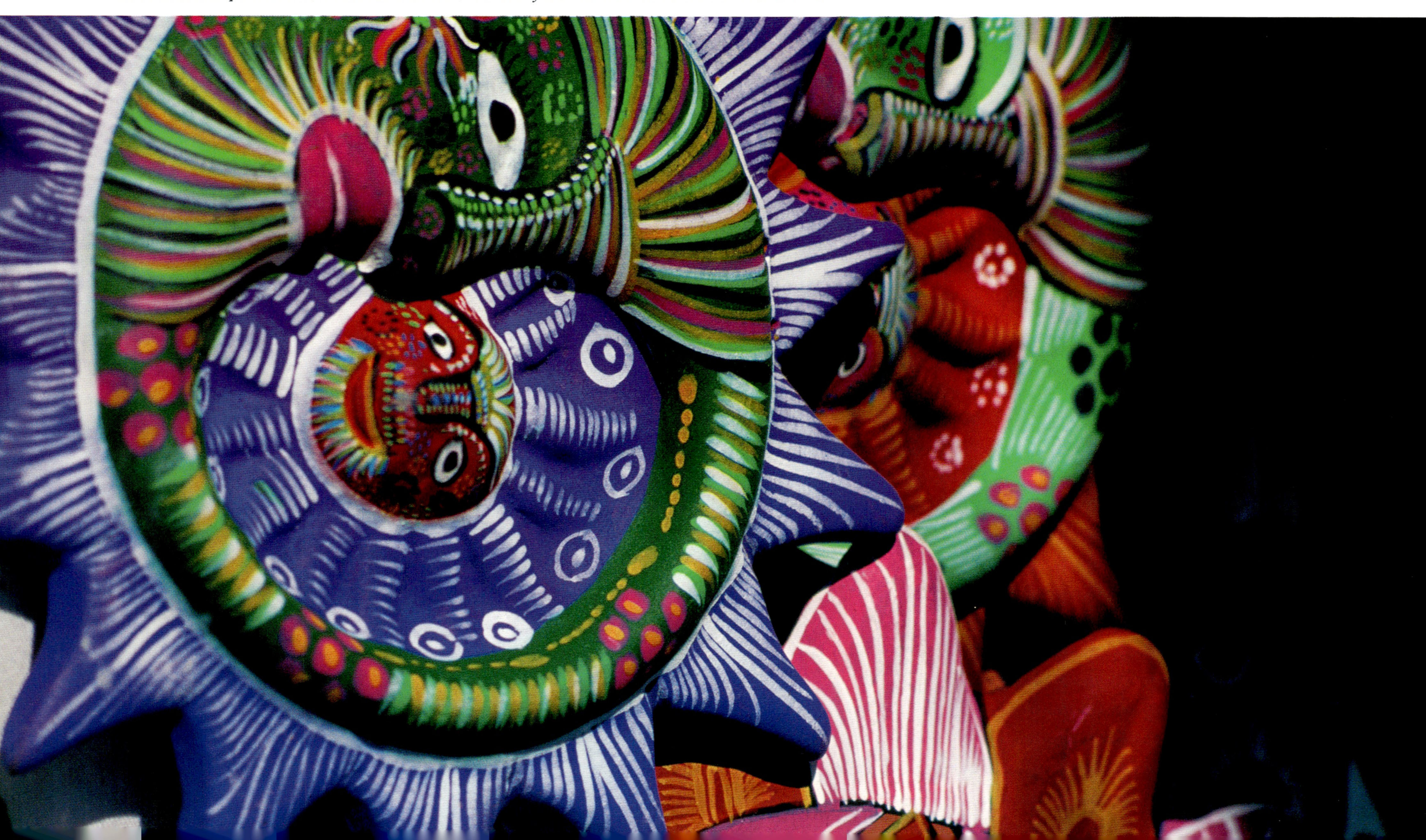

~ Con más colores que el arcoiris, los soles de Guerrero. / *The suns of Guerrero boast more colors than a rainbow.* ~

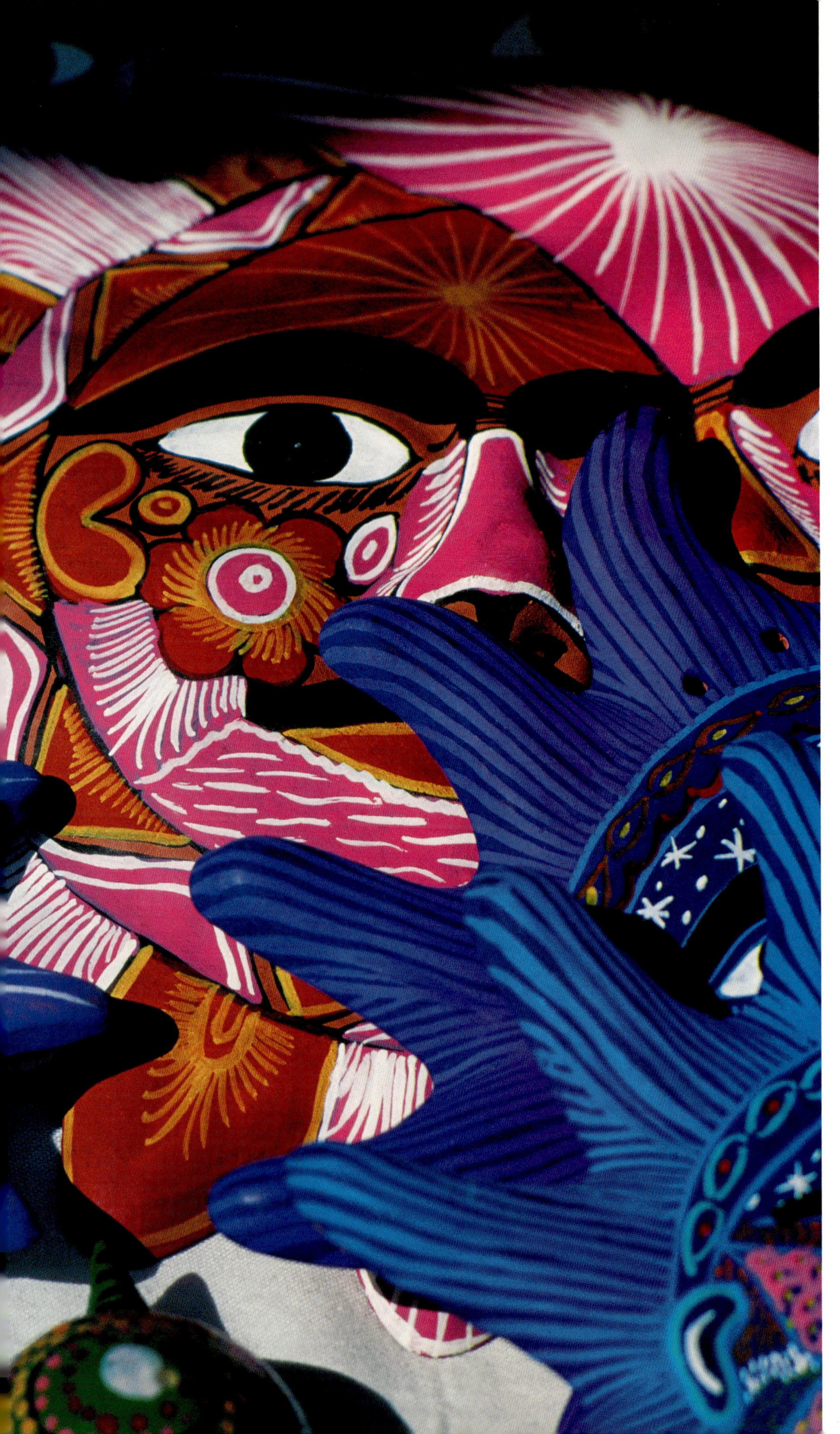

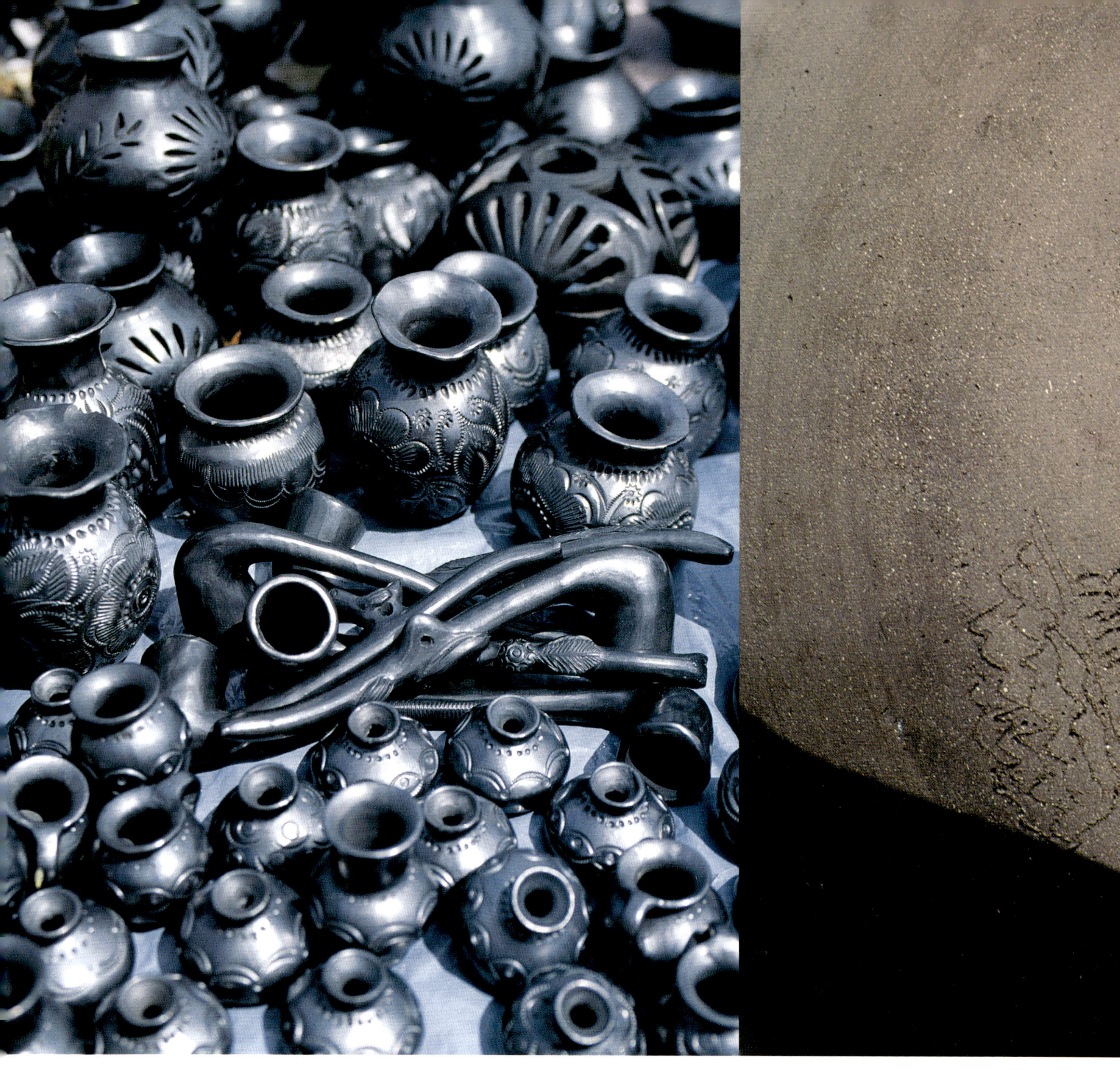

Con singular acierto, en este santo lugar,
nada se hace con prisas, ni el humilde tazón de barro,
ni la más fina joya de oro, aquí se trabaja poco a poco,
por eso todo es tan bello.

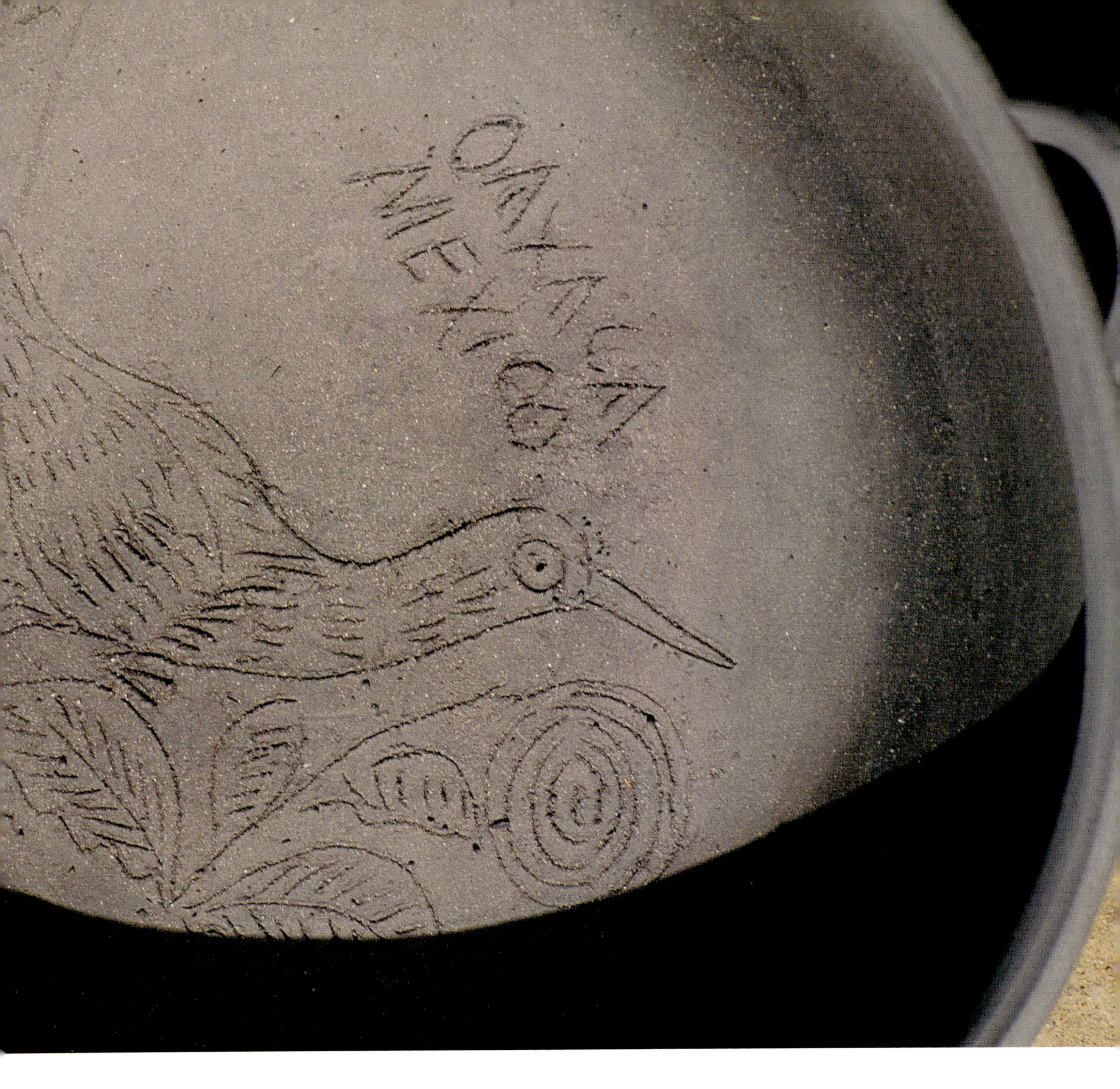

With singular precision, in this sacred place,
nothing is done in a hurry, from a humble bowl
to the finest gold jewelry, all work is done little by little,
which is why everything is so beautiful.

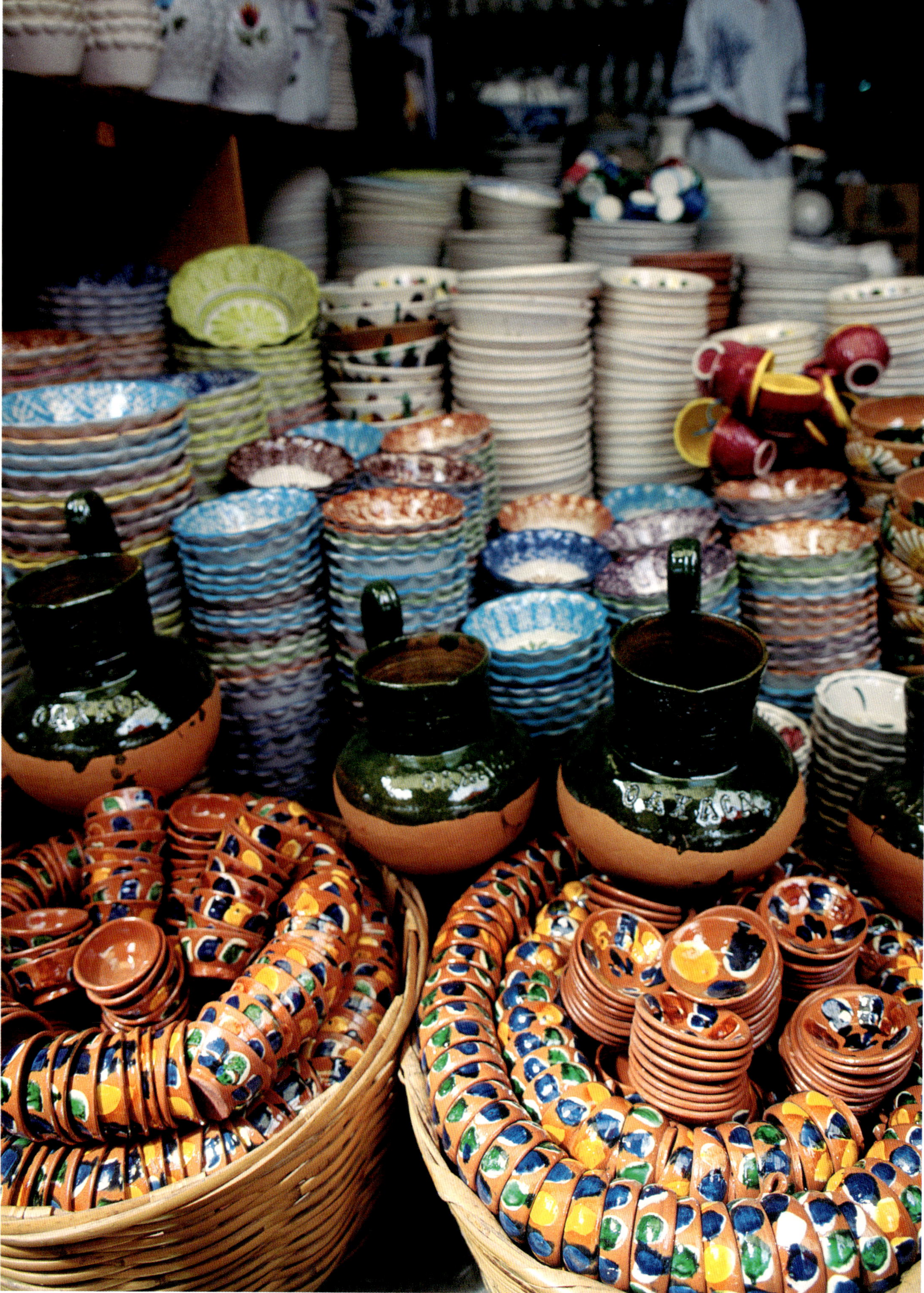

Barro bruñido y cerámica de vivos colores en un mercado de Oaxaca. / *Brightly colored burnished clay and ceramics in a market in Oaxaca.*

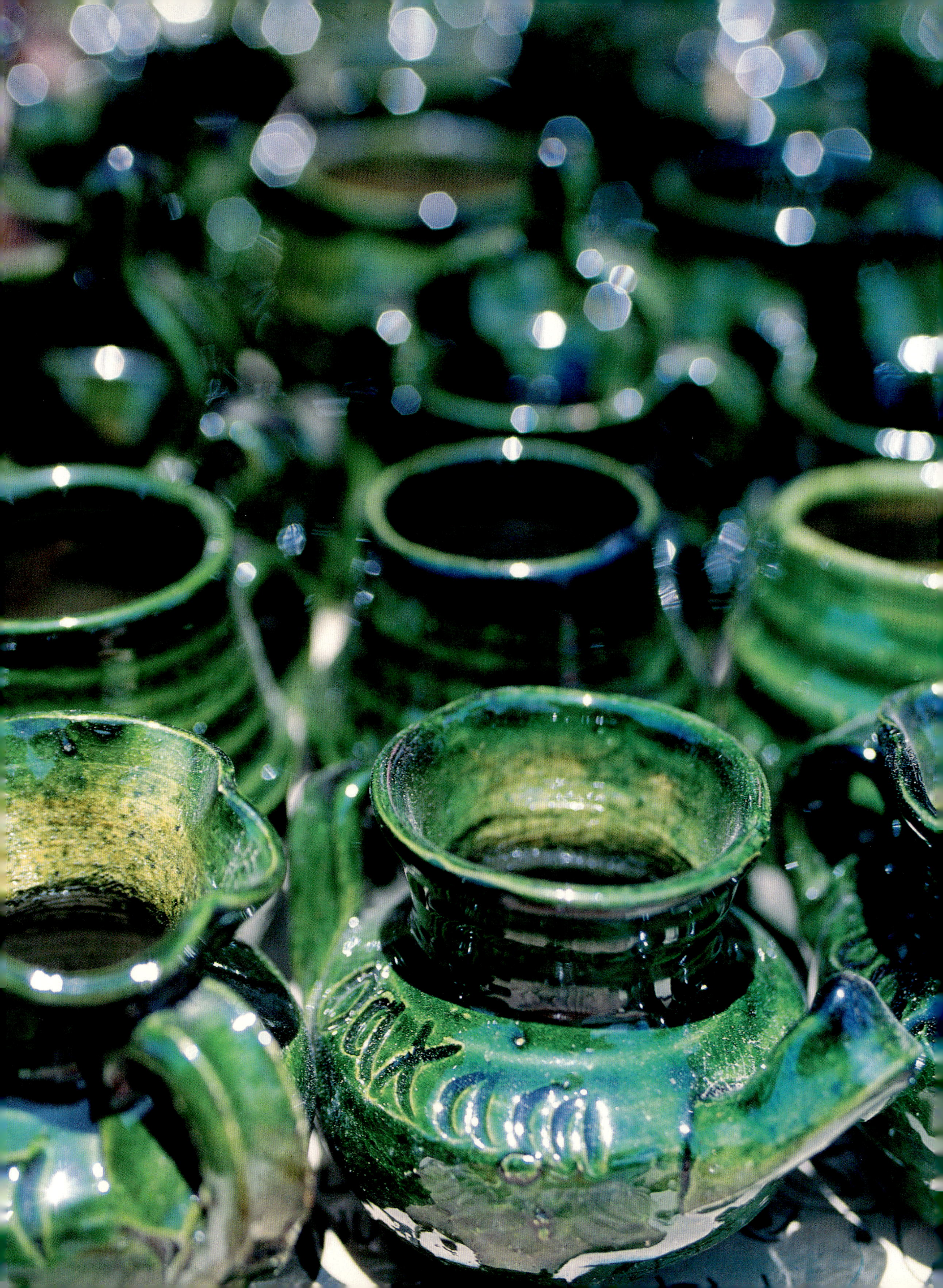

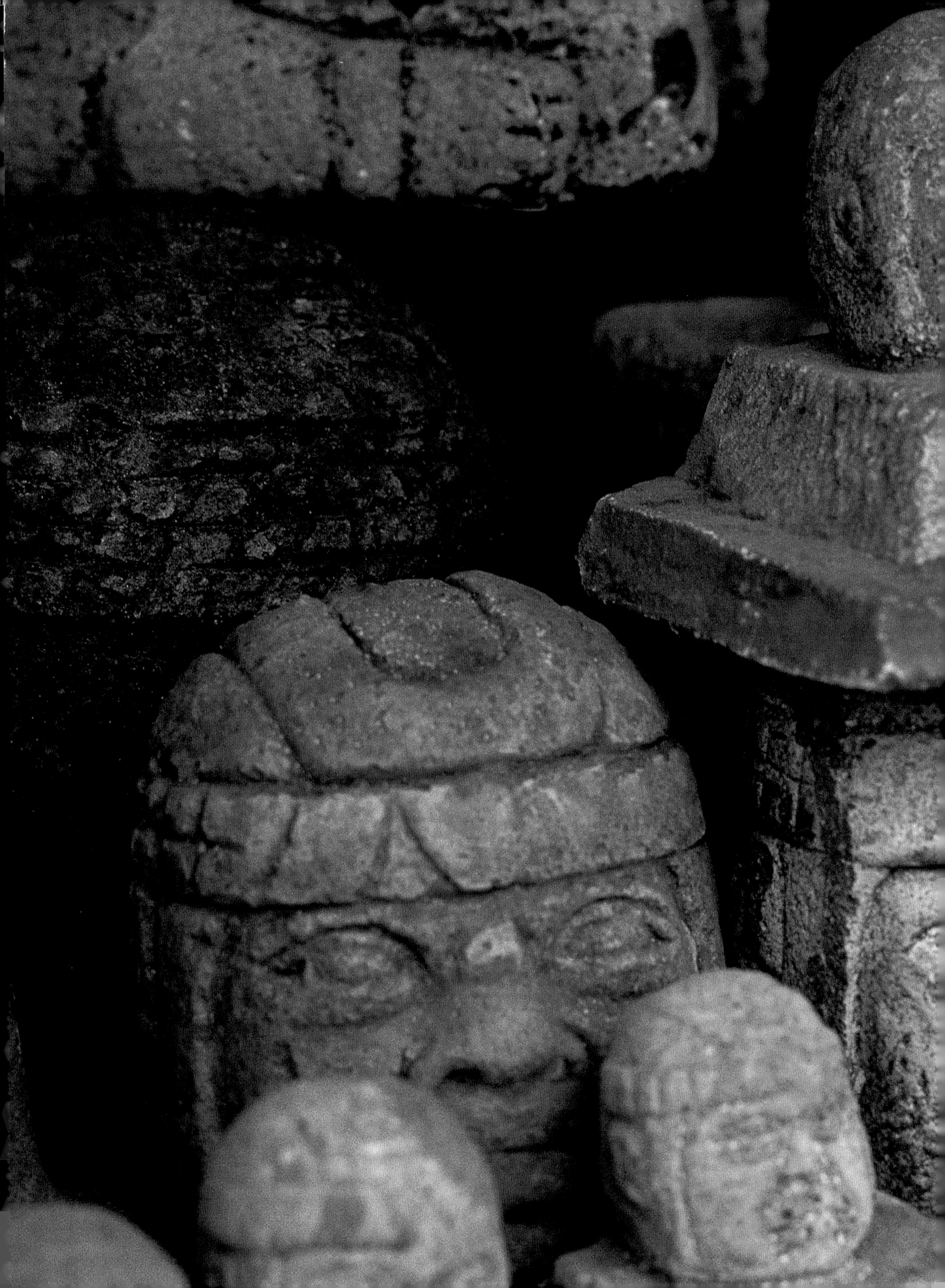

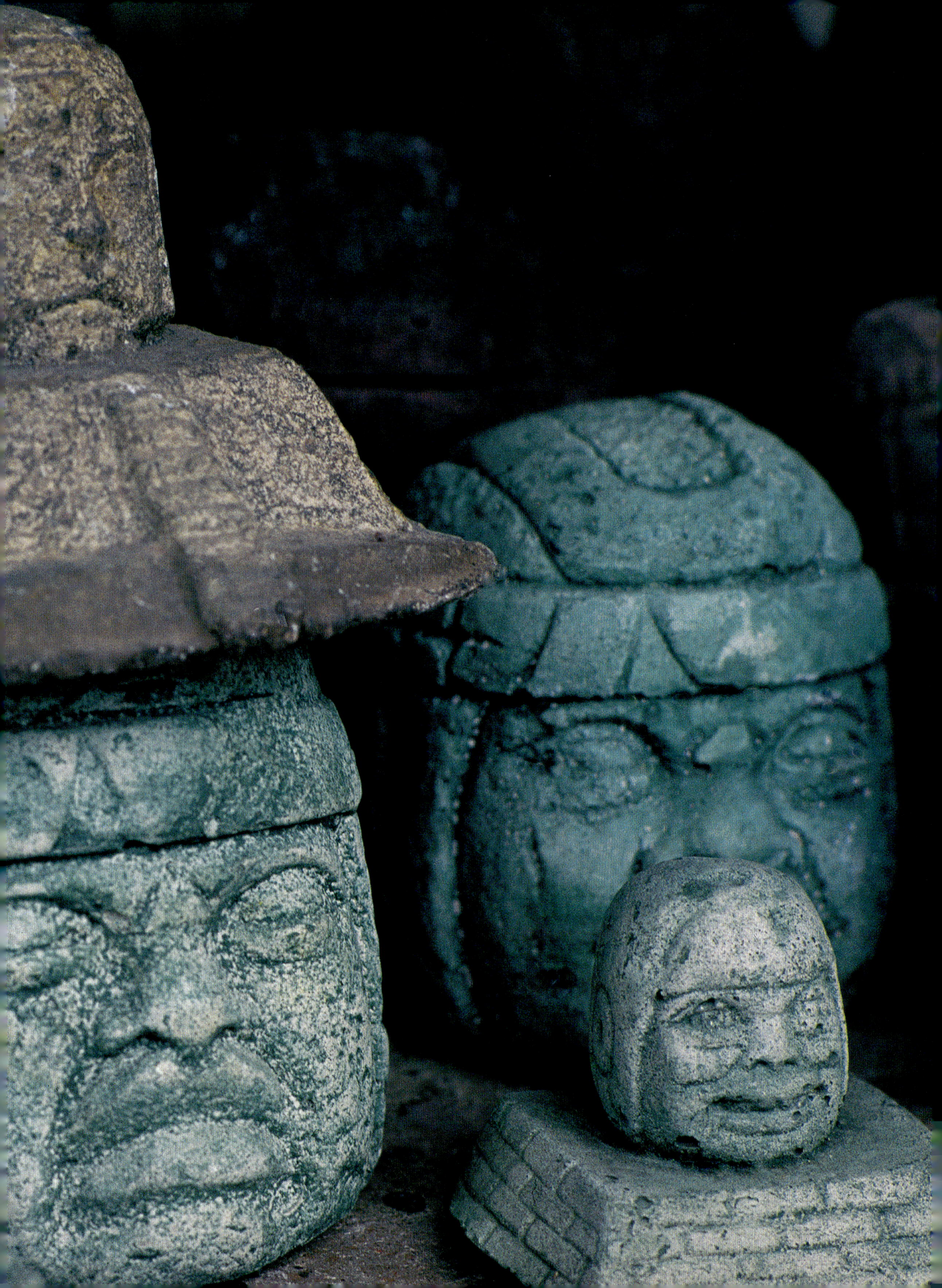

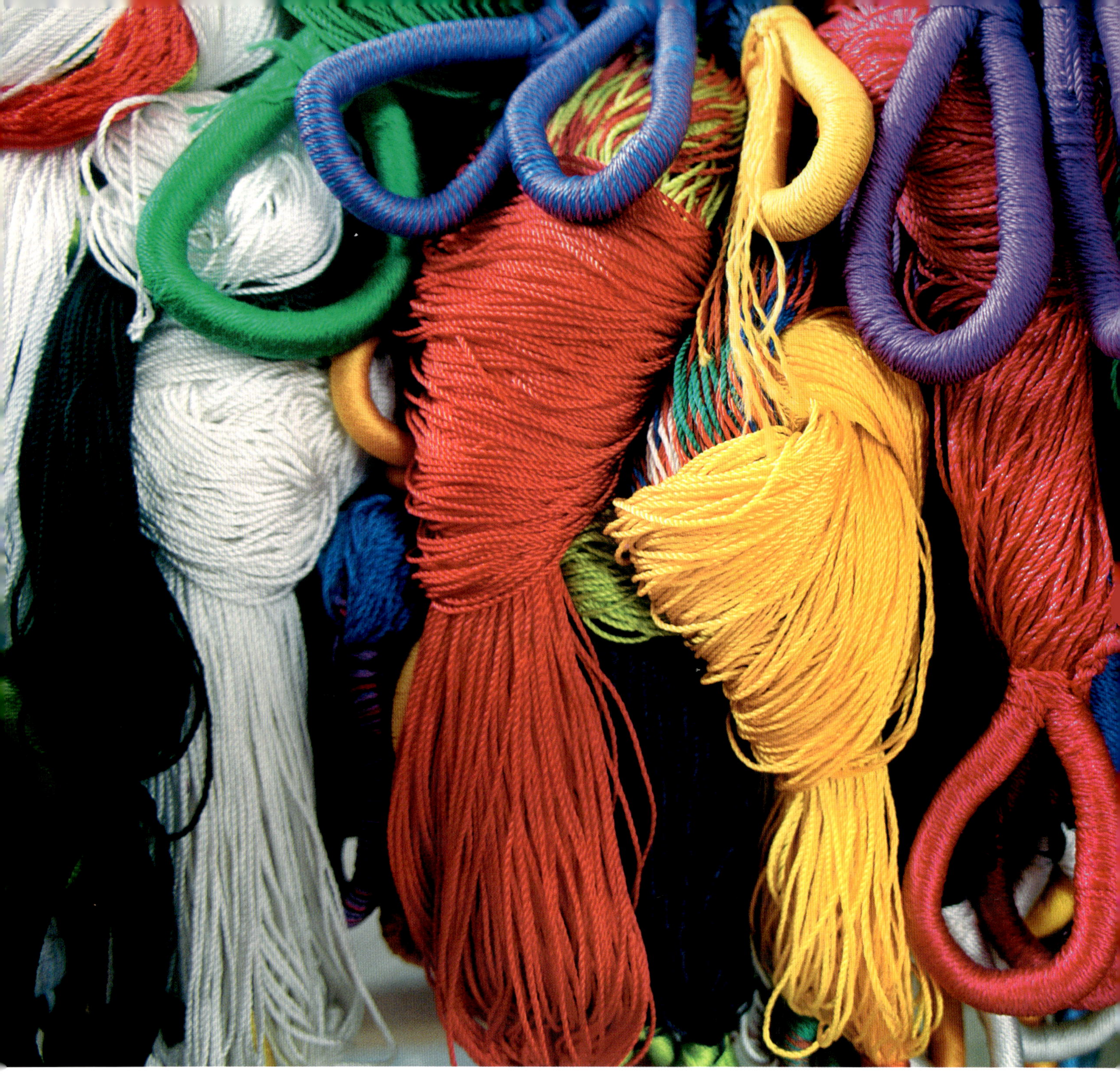

La materia es lo de menos, lo que importa es el color,
así nunca la perderemos y dormiremos mejor.

~

The material is the least important aspect, what matters is the color,
so we will never lose it and we can sleep more soundly.

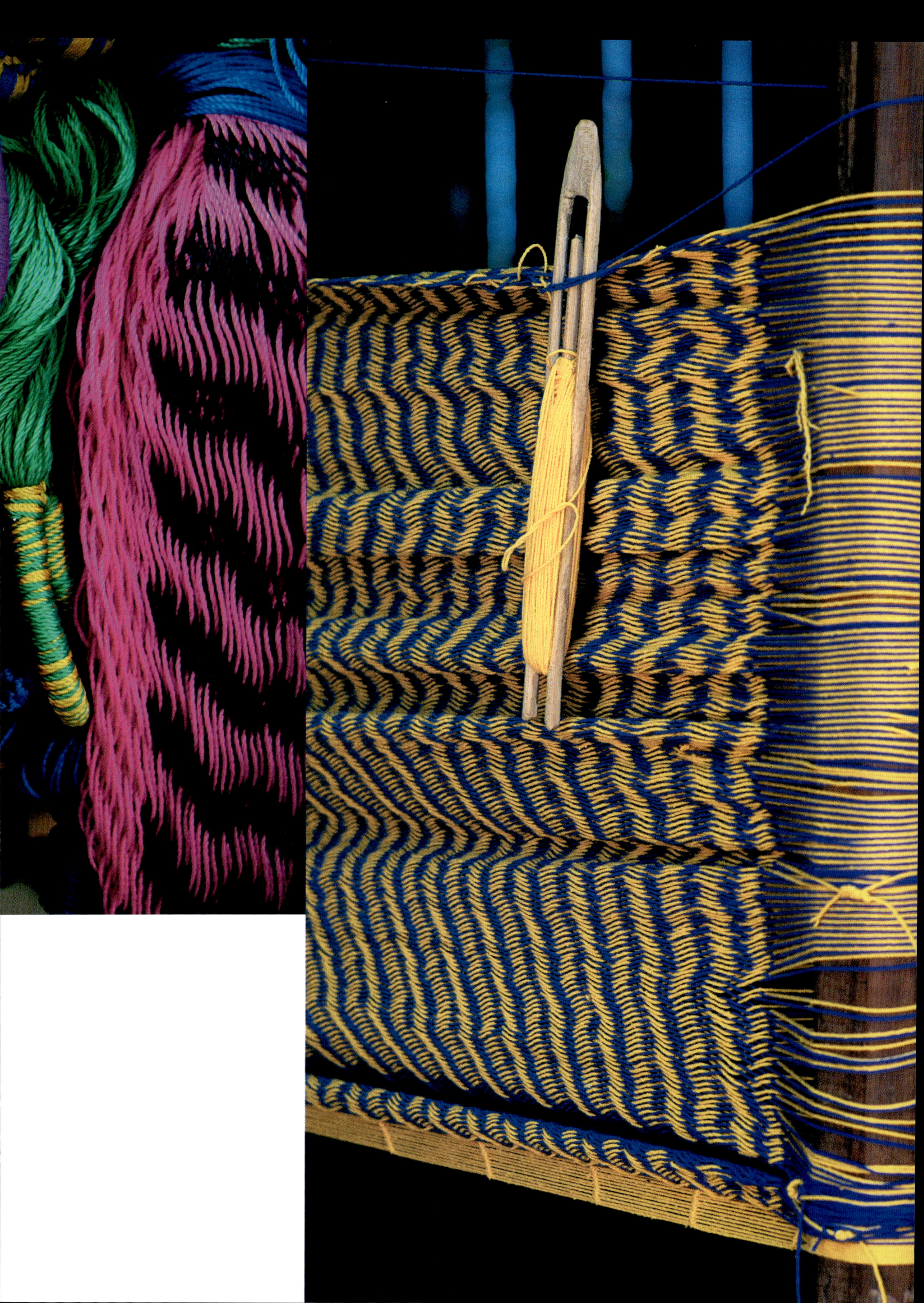

~ La antigua técnica para tejer hamacas, en Tixkokob, Yucatán. / *Old hammock weaving method in Tixkokob, Yucatán.* ~

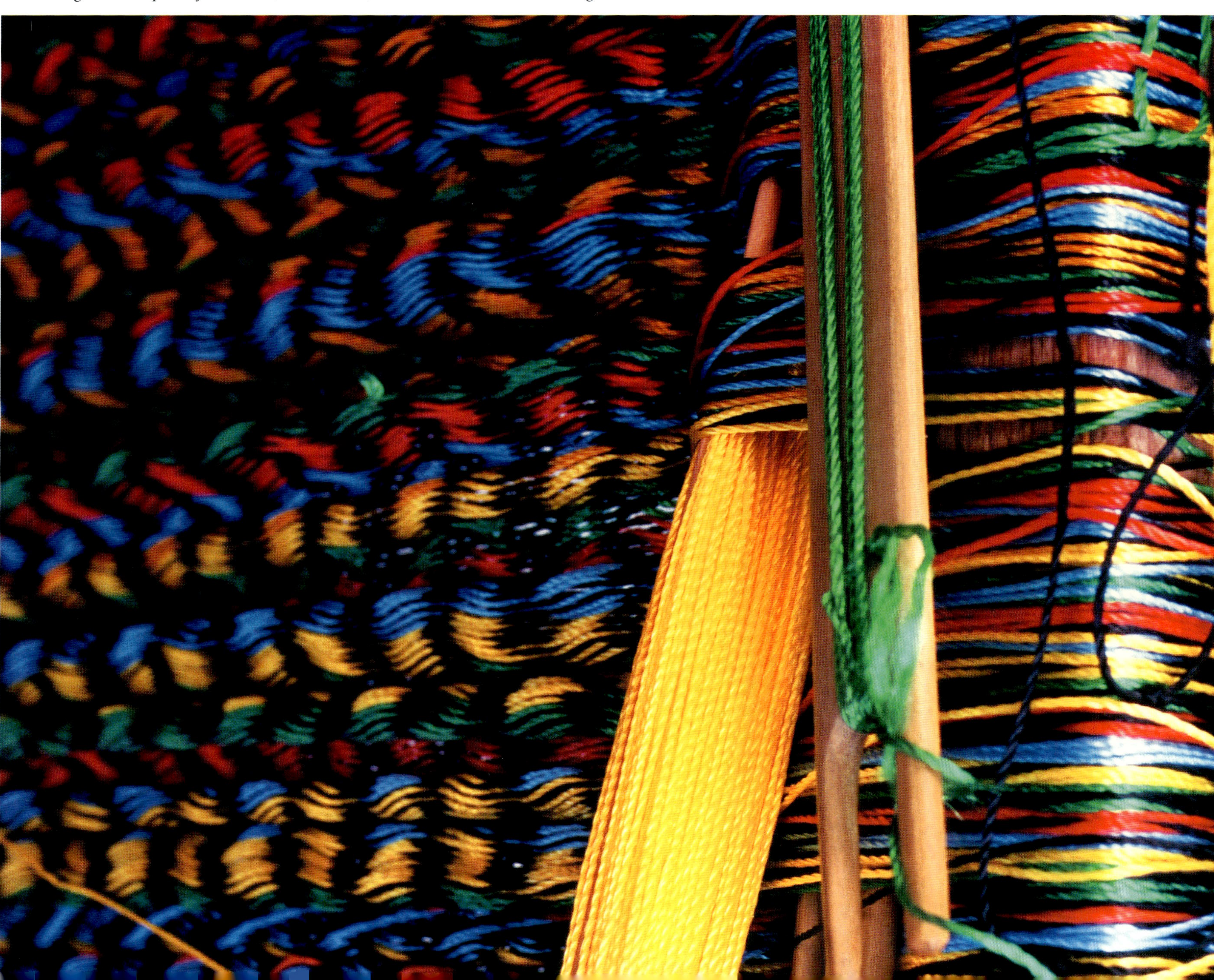

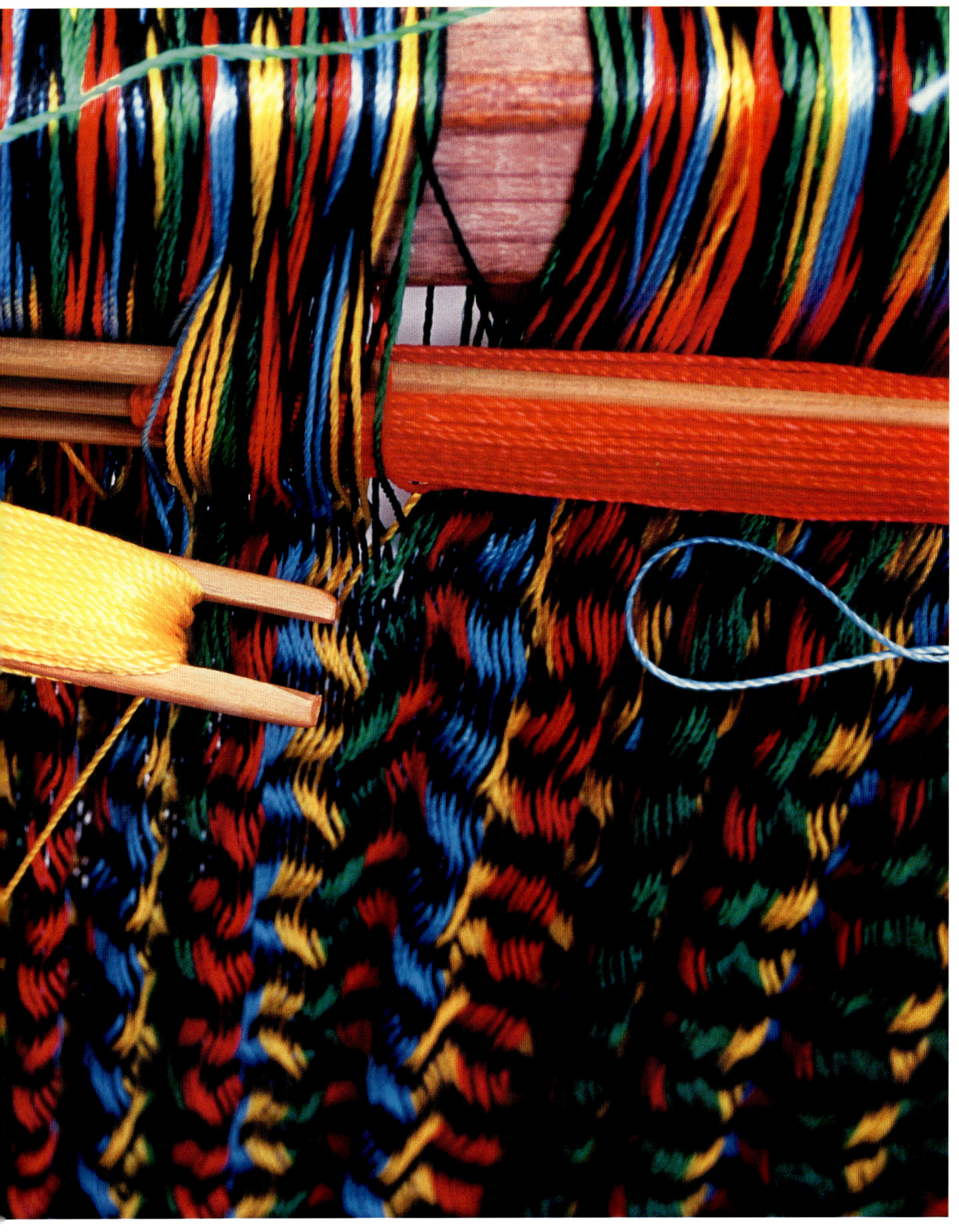

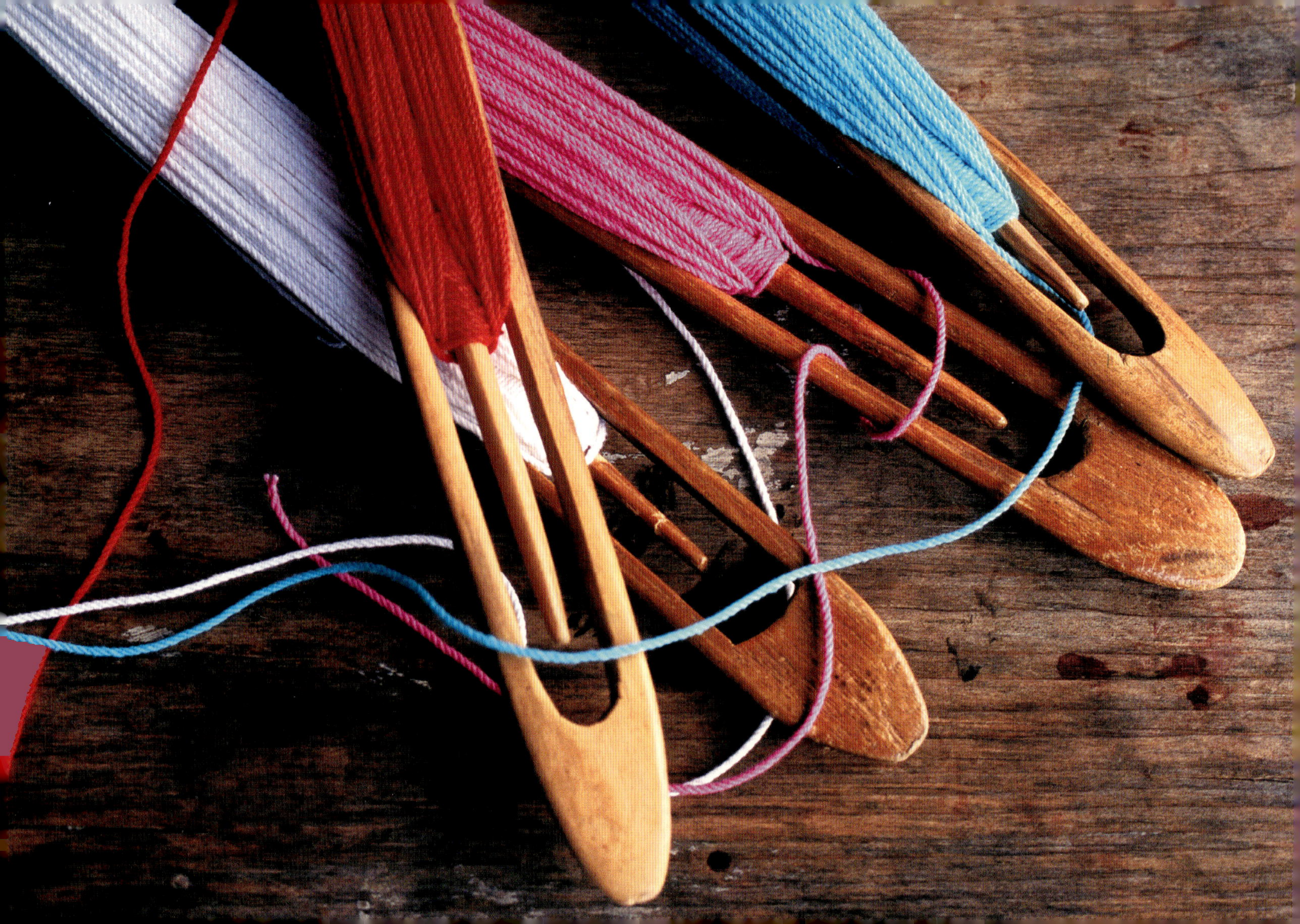

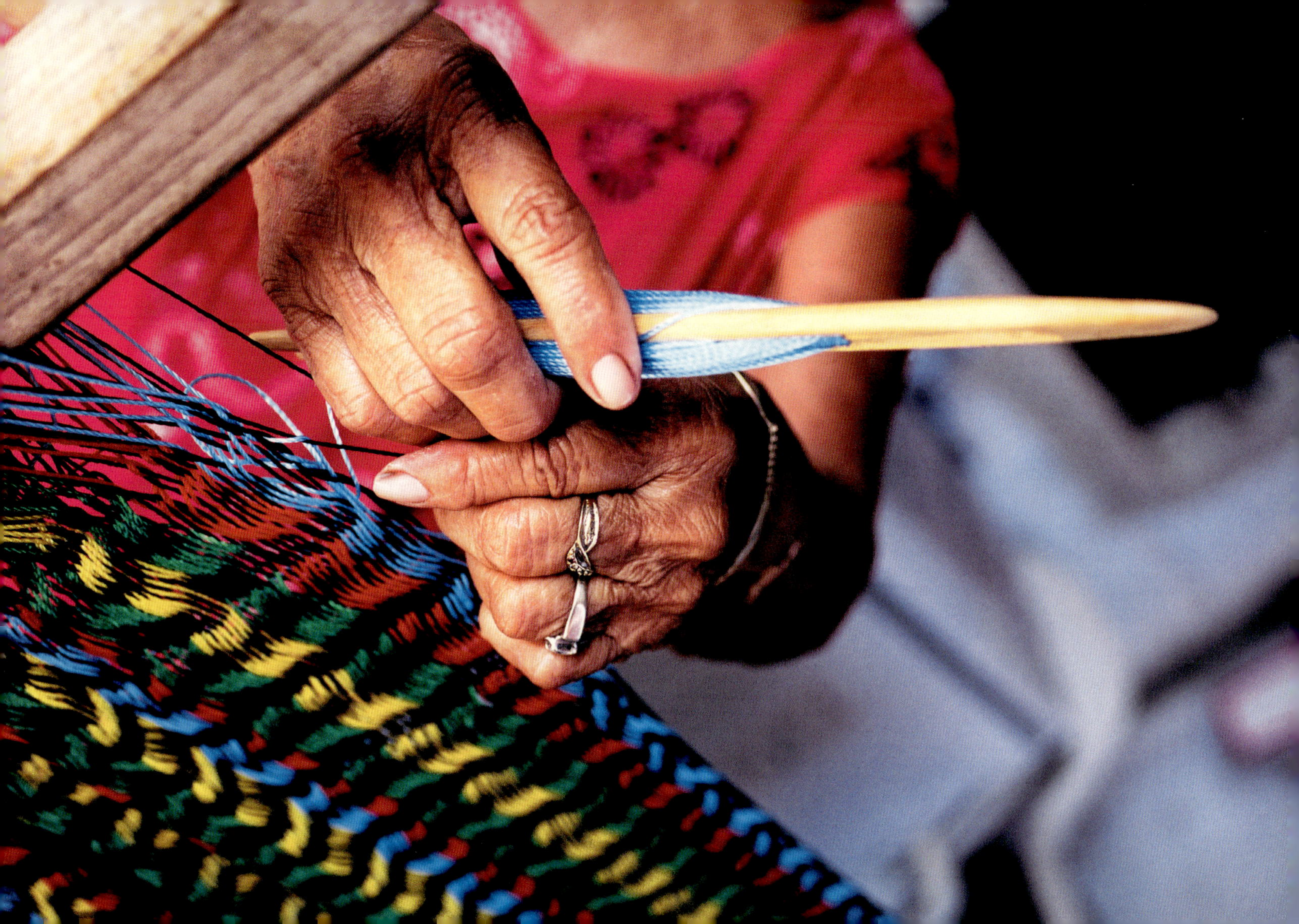

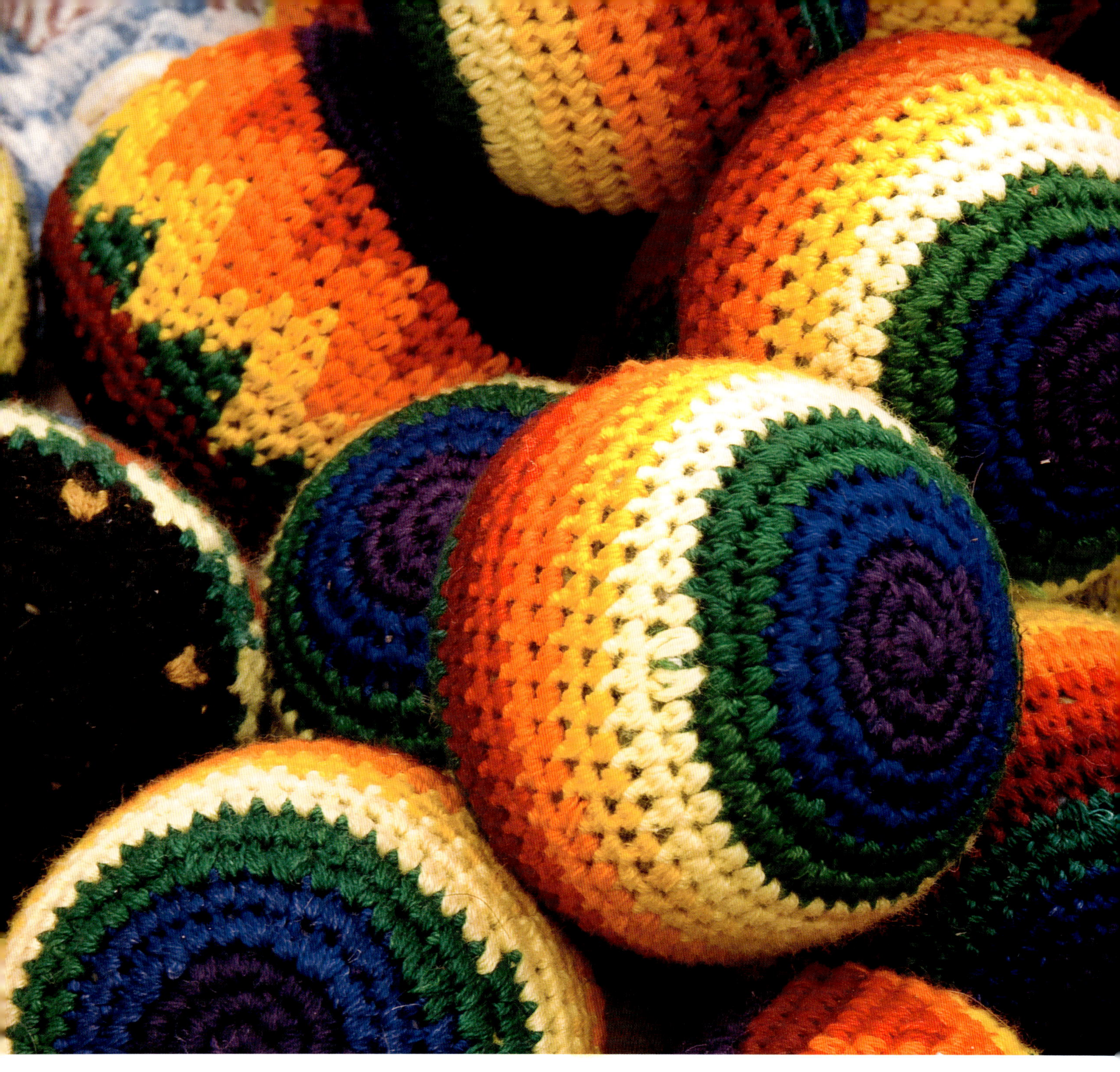

Pequeñas esferas forradas de estambre multicolor, muñequitas hechas con tela, con mucha gracia y ternura, parecen juguetes de niños, pero quien los atesora es la gente mayor.

~

Small spheres wrapped in multicolored wool, little rag dolls, full of grace and tenderness; they look like children's toys, yet they are treasured by grown-ups.

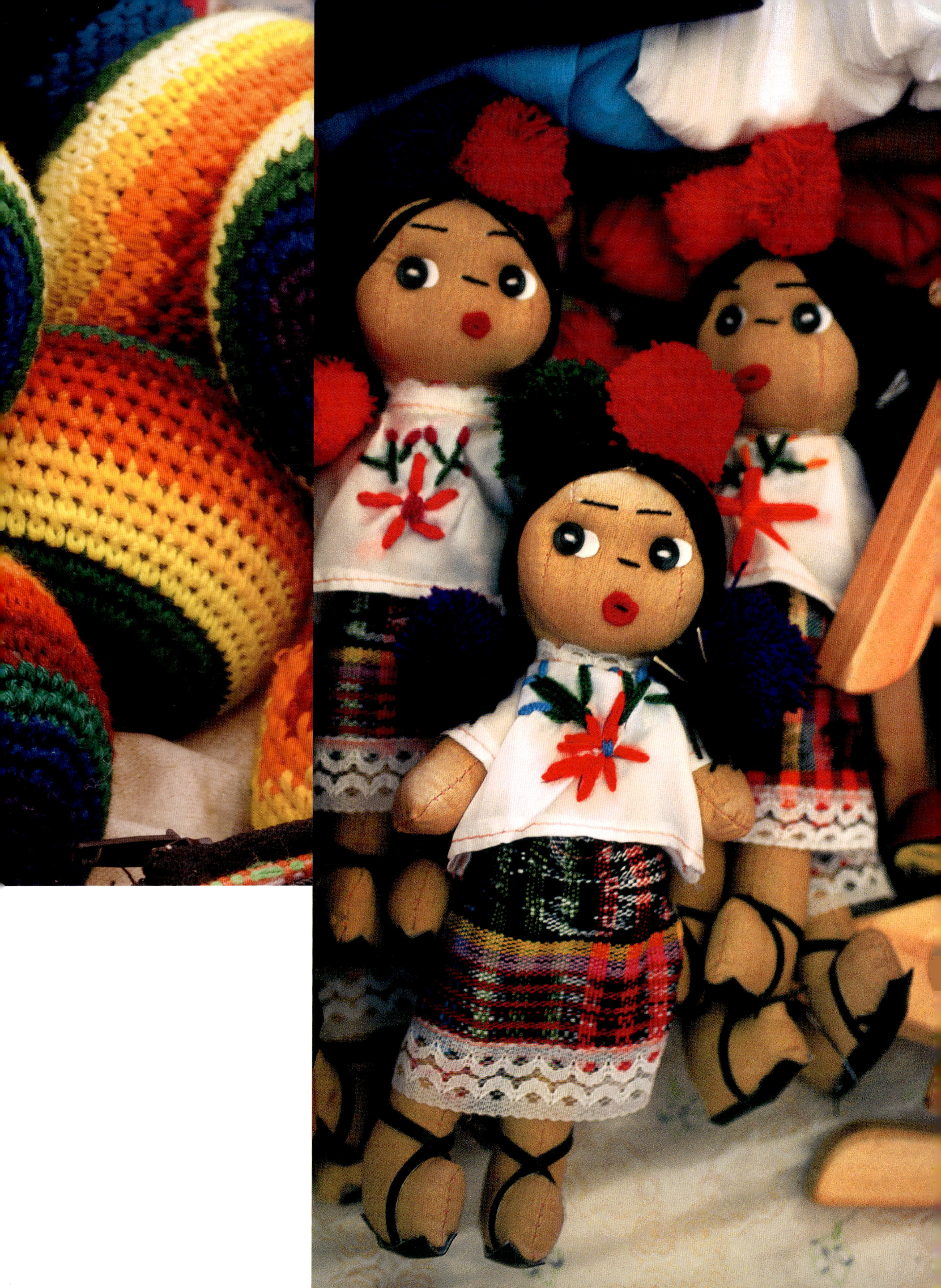

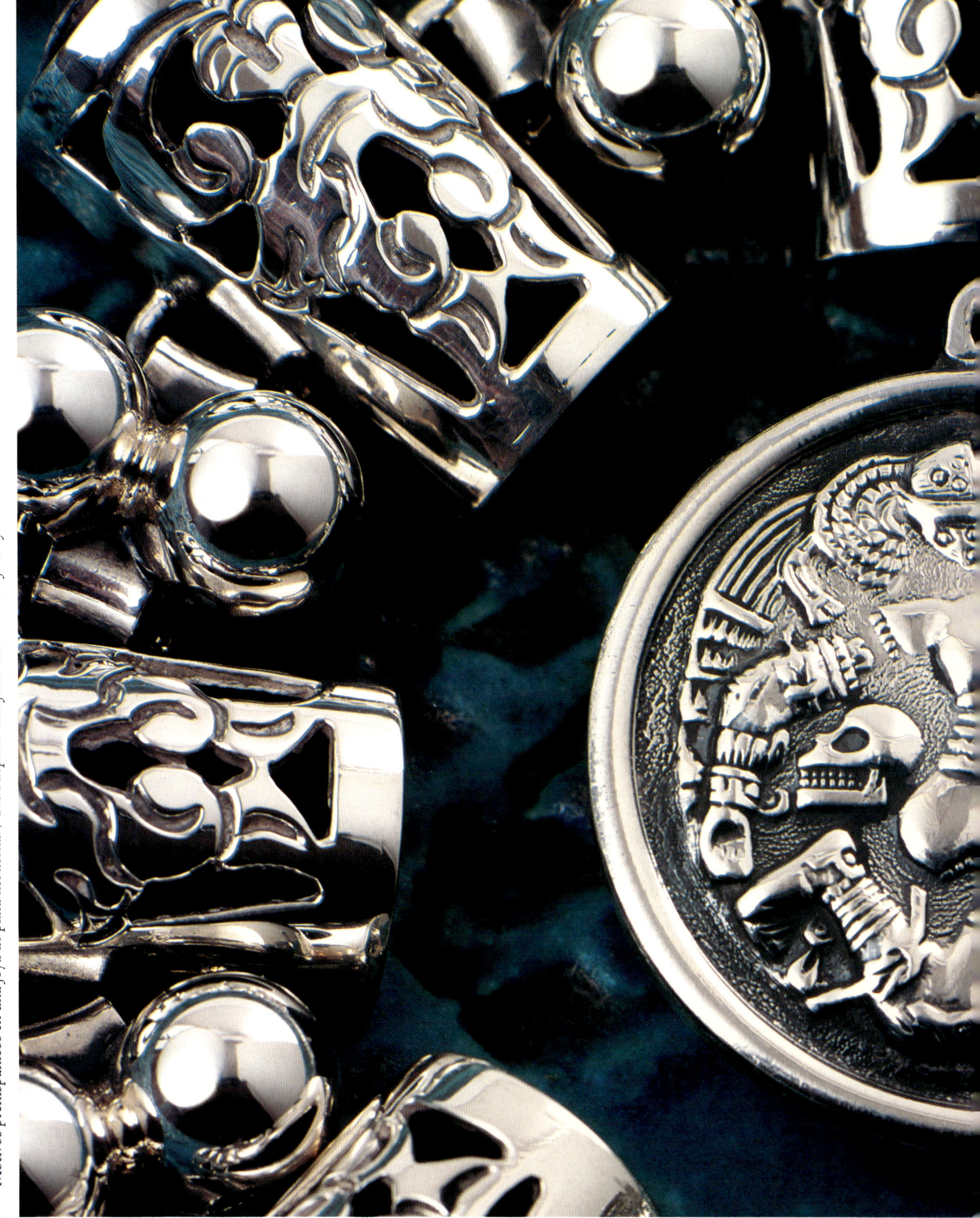

~ Motivos prehispánicos en una joya de plata moderna. / *Pre-Hispanic motifs on modern silver jewelry.* ~

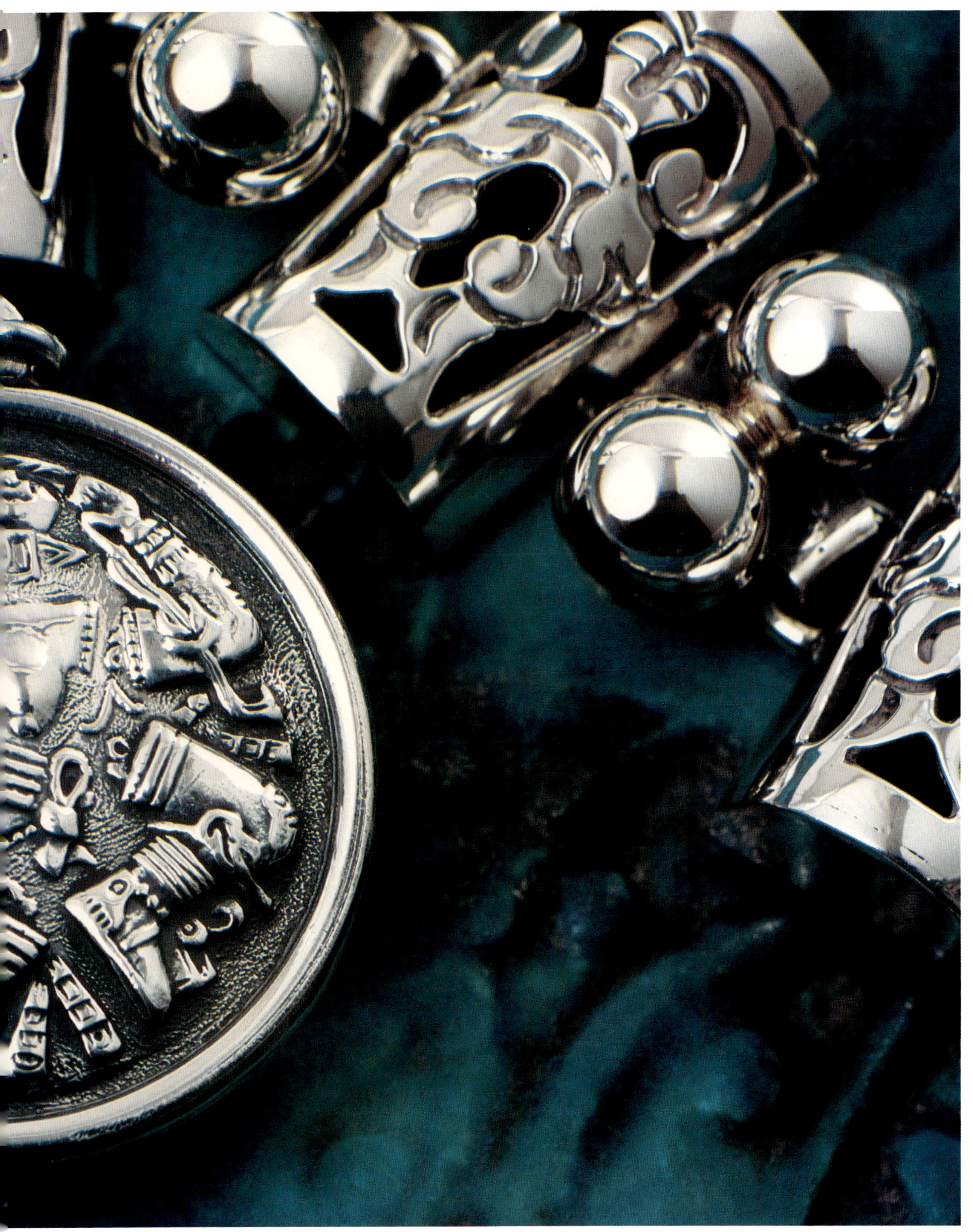

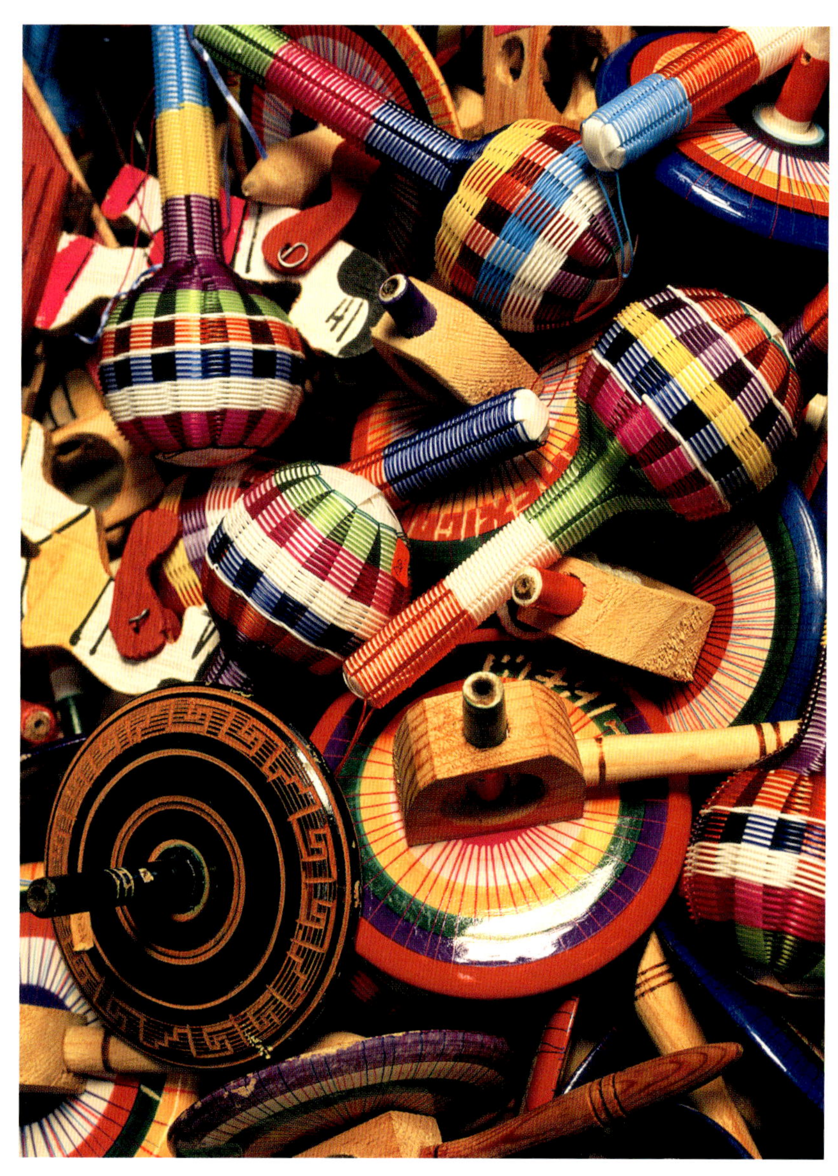

Alebrije de intenso color, hermosa pieza original inspirada en las formas de un auténtico pavorreal.

~

Brightly-colored, a splendid original object inspired by the shapes of a genuine peacock.

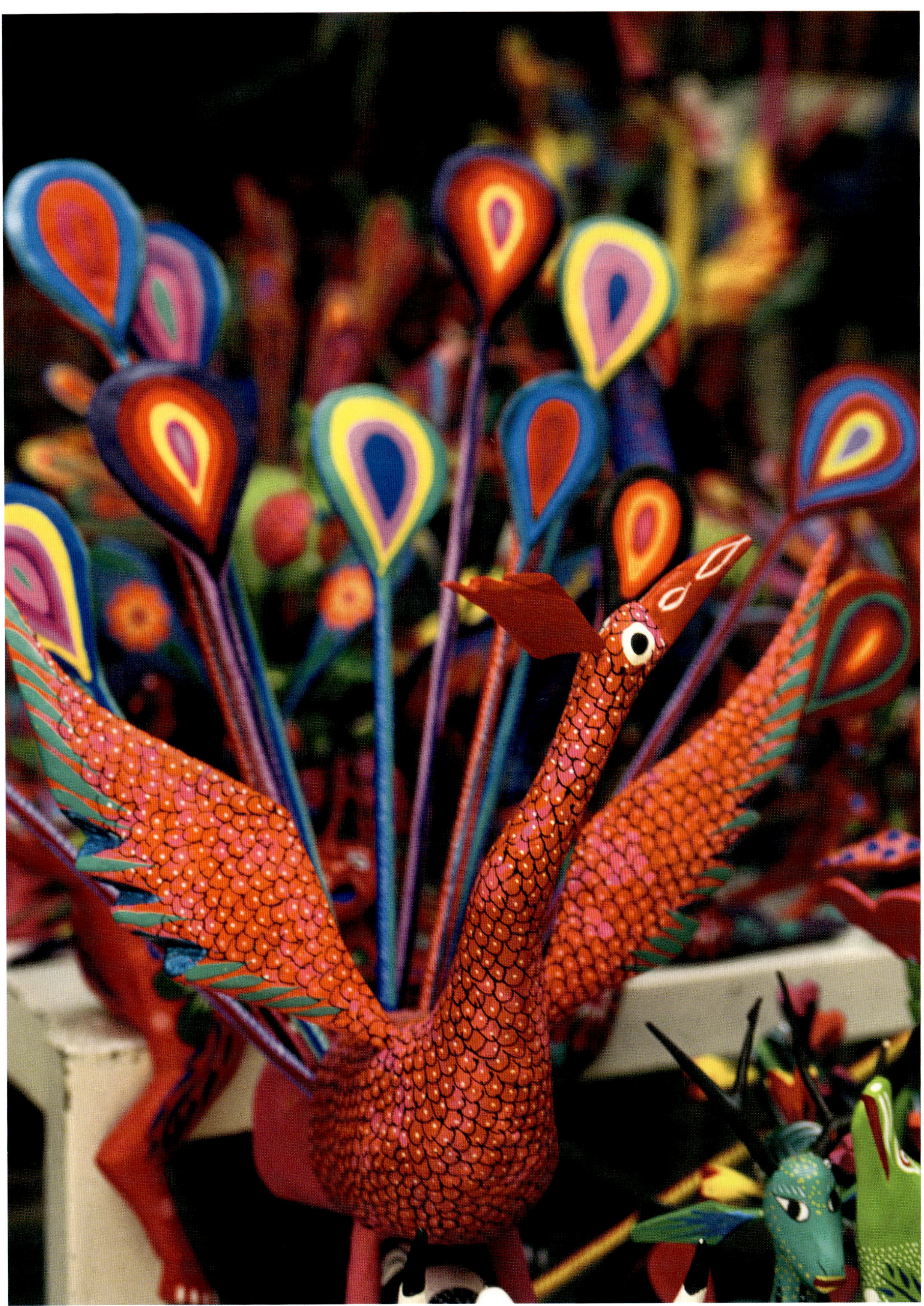

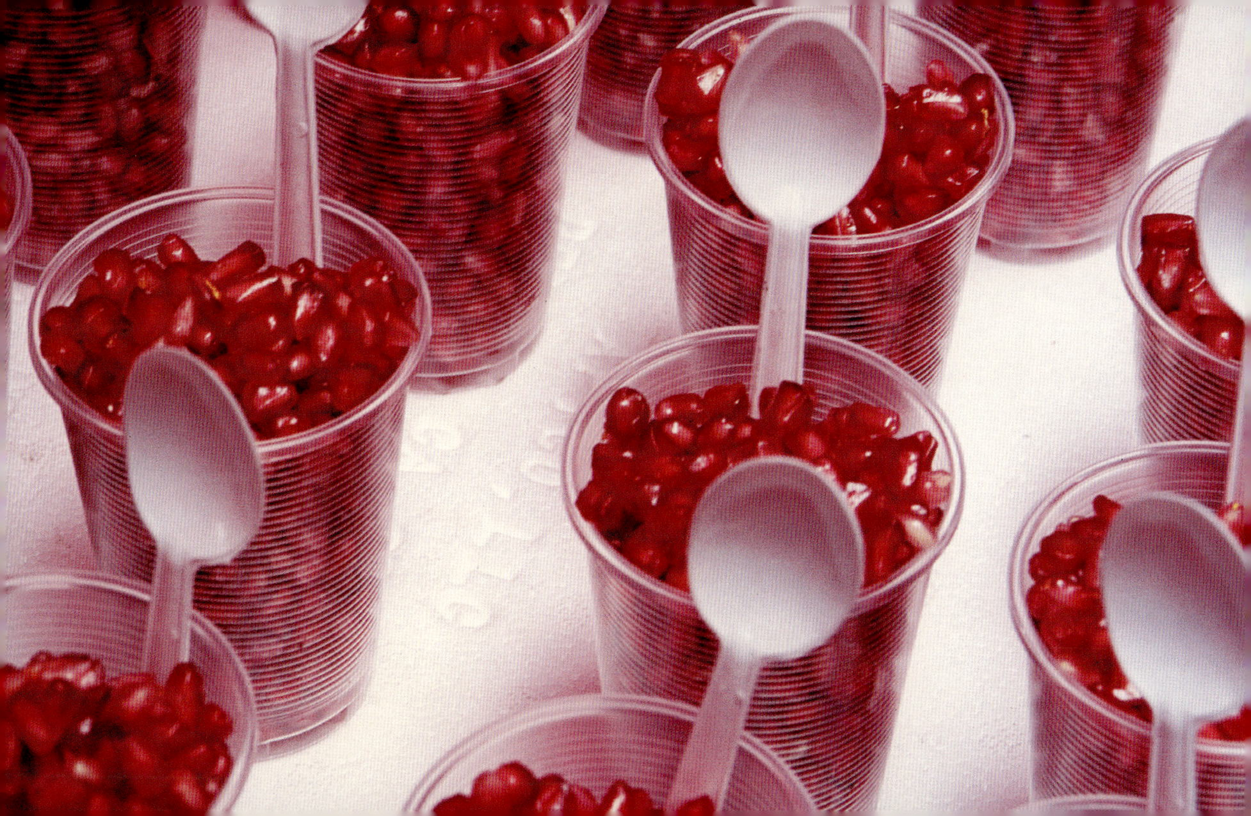

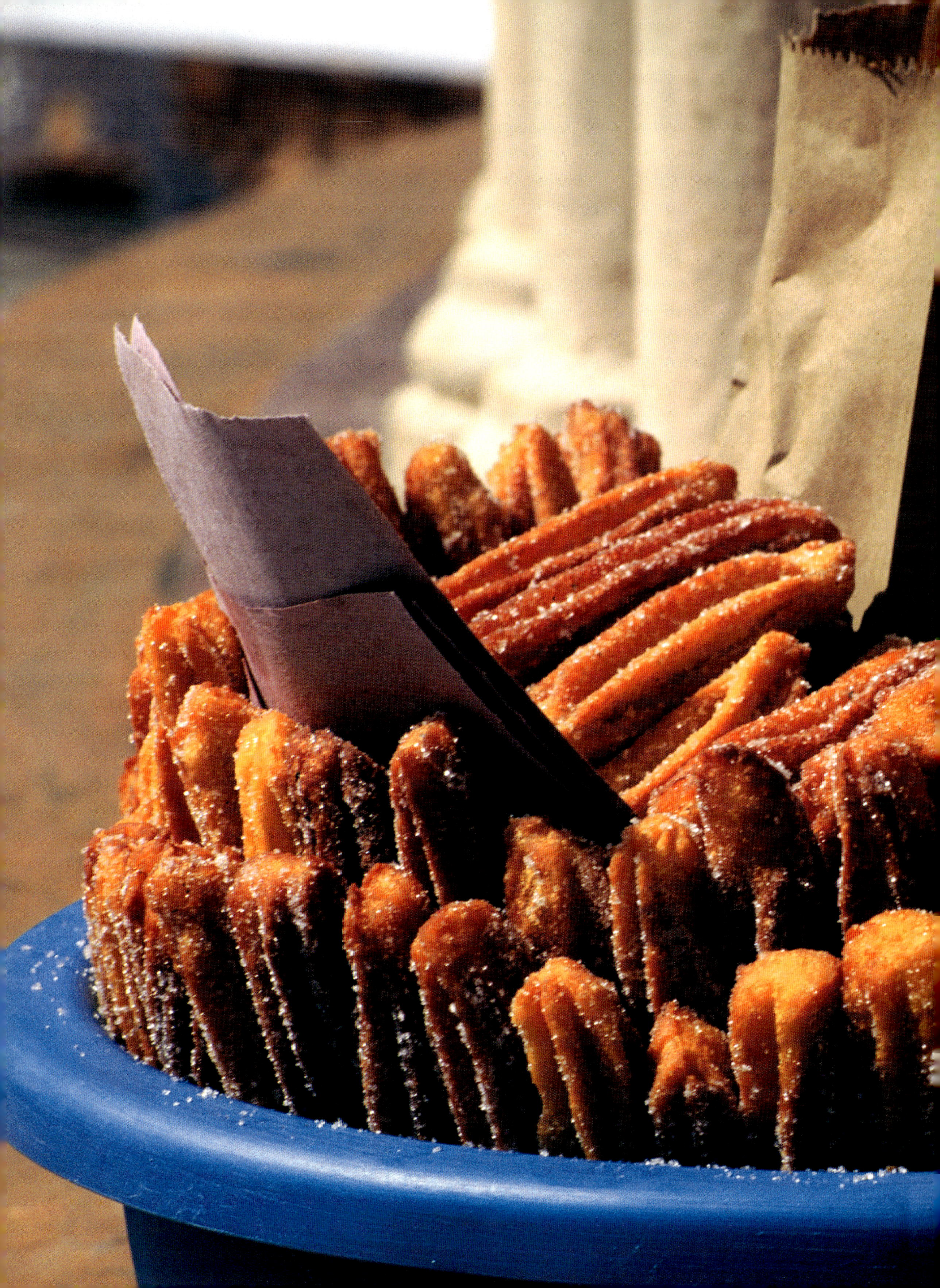

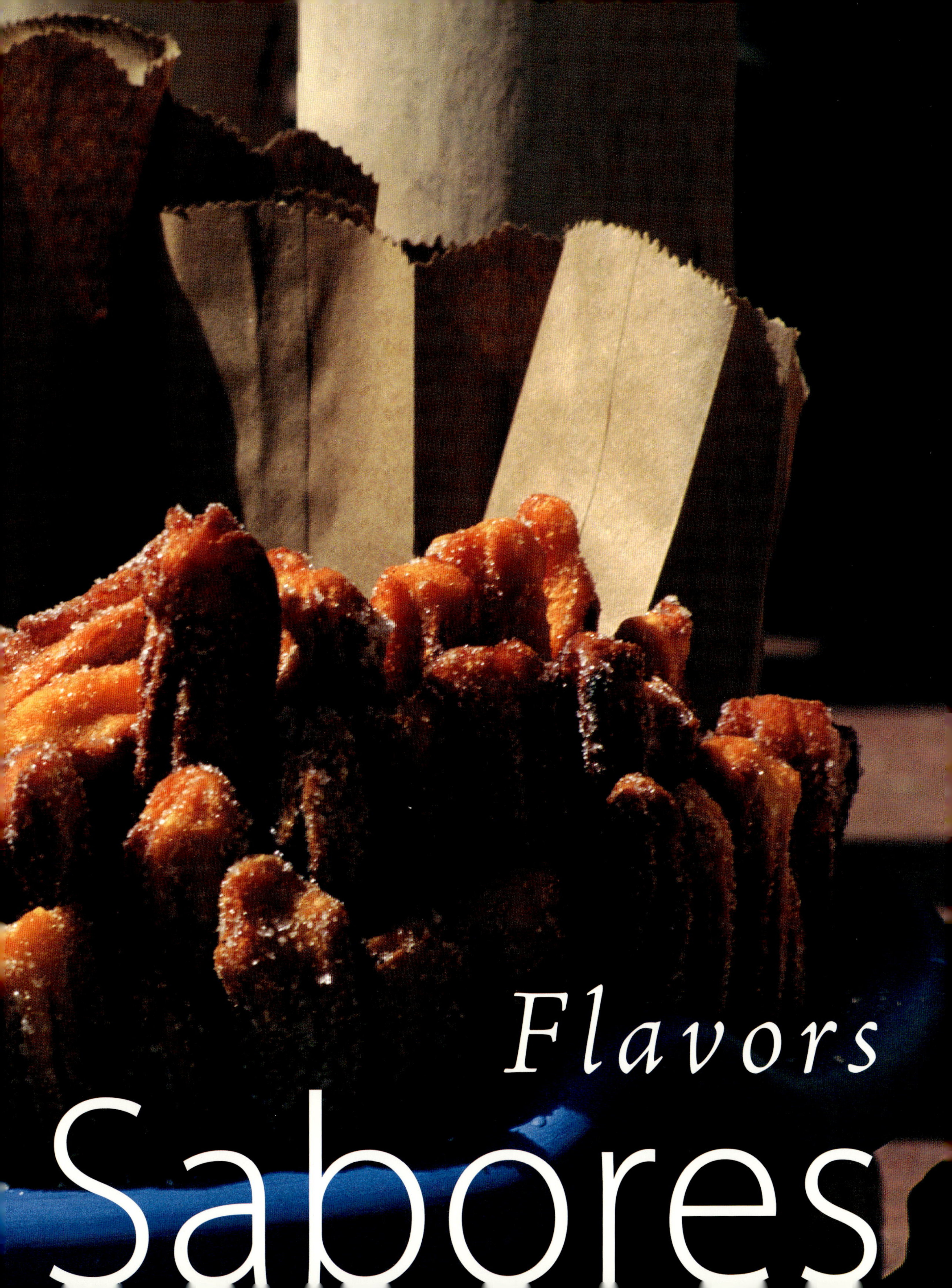
Flavors
Sabores

Mangos y mieles, delicadeza al tacto y gusto al paladar, unos son producto de la tierra y otras de la incansable laboriosidad de las familias de abejas.

Placeres del paladar

Hablar de la gastronomía de un pueblo es hablar de su historia y su cultura; lo simple o elaborado de sus platillos es directamente proporcional a la riqueza de su geografía y de su formación a través de los tiempos. Entre más pobre culturalmente es una sociedad, son igualmente precarios sus usos alimentarios; si sus recursos naturales son escasos, su cocina lo es también.

Por eso la coquinaria de todo el país y la del sur y sureste particularmente, es abundante y elaborada, y también deliciosa, incluso cuando se trata de los alimentos más sencillos que sólo tienen a favor su frescura y estar condimentados de la manera particular de la región, cuyas mujeres se enorgullecen, no sólo de su trabajo, sino también de la satisfacción que producen sus viandas en los paladares de los comensales.

La llegada de los españoles a México dio lugar a que muchos de los comestibles que aquí se encontraron y les eran desconocidos, los enviaran al viejo continente y de ahí a otros lugares. De esta manera, la gastronomía mundial se enriqueció con productos tales como el maíz, el frijol, el jitomate, el chile, el cacao, el chocolate, el guajolote, el aguacate, que en muchos lugares tomaron tal como eran y otros los adaptaron a sus propios platillos. A su vez, los ibéricos trajeron al continente americano sus propios productos alimenticios que los indígenas fueron combinando con los propios hasta crear una culinaria criolla.

Con un territorio tan vasto como el de la Nueva España, con una gran variedad de climas y suelos, los productos naturales eran muy diversos y mezclados con los que llegaron de la península, dieron lugar a diferentes platillos con las características propias de cada región. Sin embargo, en México coexisten esta comida y muchos productos y platillos prehispánicos, como la tortilla, el tamal, los insectos comestibles, el chile.

Además, de otros países llegaron a la Nueva España infinidad de productos alimenticios que forman ahora, parte de la gastronomía nacional, como el ajo, la lenteja, el perejil, la zanahoria, venidos del sur de Europa; o bien, el arroz, la cebolla, el cilantro, el limón, de diferentes partes de Asia; la caña de azúcar, la lechuga, la naranja, la pimienta o el plátano, de la India, y la canela de Sri Lanka.

La riqueza de los sabores extranjeros combinada y mezclada con la de los comestibles autóctonos, y el gran gusto de los indígenas de elaborar viandas dignas de un emperador, dieron forma a nuestra importantísima cocina, que ocupa un lugar muy destacado entre todas las del mundo. Aunque cada región del país tiene sus propios platillos característicos en atención a los productos propios de la

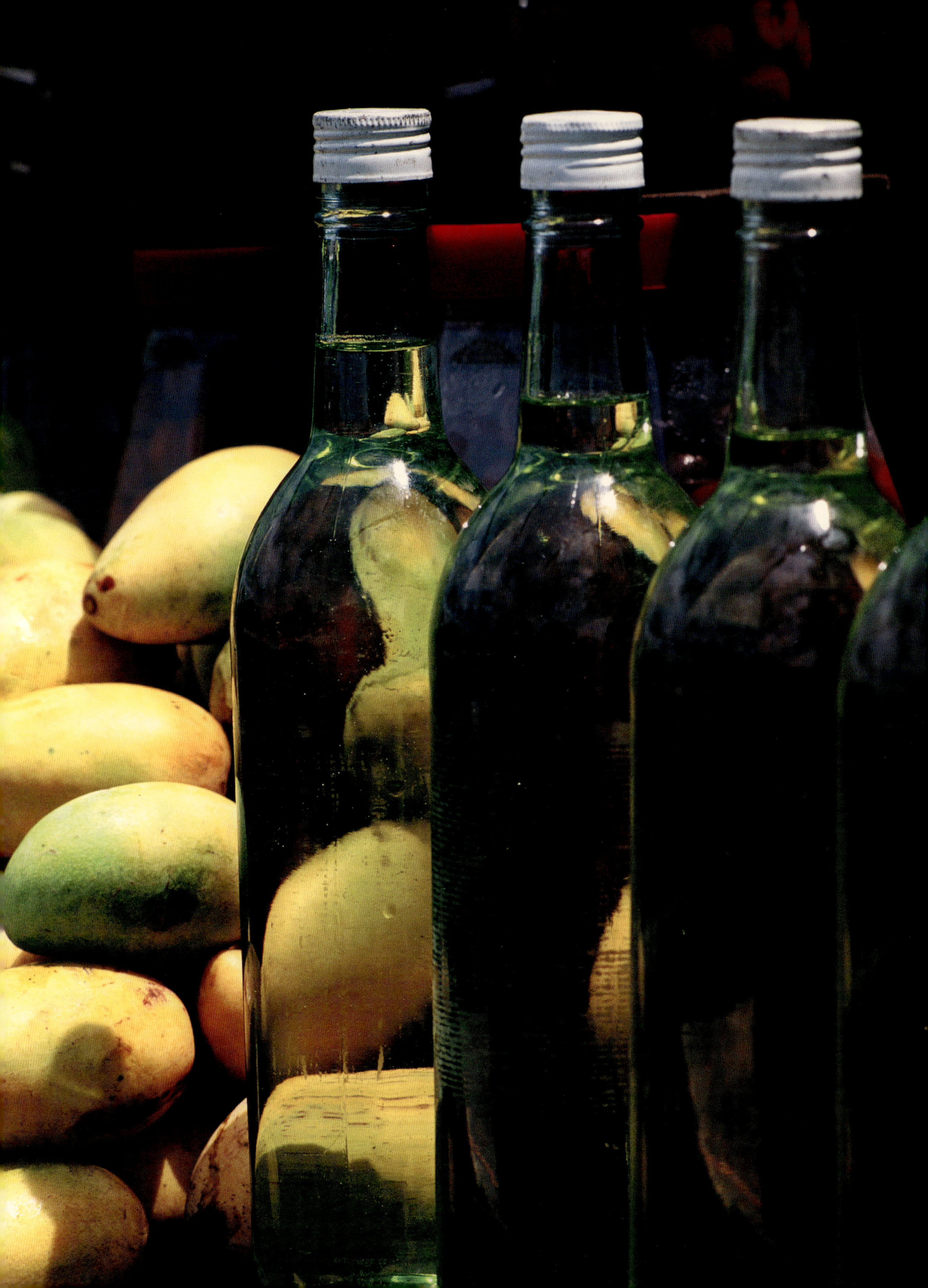

zona, hay ingredientes que les son comunes a la generalidad, pues los usan aunque no los produzcan, y otros, específicos de la región, que incluso llegan a identificarla, como las tlayudas de Oaxaca, los panuchos de Yucatán o el pozole verde de Guerrero.

EL CHILE: Es un condimento fundamental de la cocina mexicana que, entre otros factores, le ha dado fama de machos a los mexicanos, porque pueden no sólo soportar sino también disfrutar su picante e irritante sabor como es el caso del habanero o el piquín, que son algunos de los más fuertes. Ya lo dice la famosa canción yucateca: "Yo soy como el chile verde, llorón, picante, pero sabroso." En México se cultiva una gran diversidad de chiles que se usan frescos o secos, según el platillo que va a prepararse y pueden comerse crudos, cocidos, en salsas, en conserva, rellenos o como guarnición. De una u otra manera, el chile es un alimento que no falla en las comidas mexicanas, ya que, señala el padre Ximénez, cronista de los antiguos pobladores de la Nueva España: [el chile] sirve para la gana de comer y para dar sabor y gusto a los manjares, en tanto extremo que no se hallará en las Indias ninguna mesa sin chile..." En nuestro país, este fruto de la tierra es esencial para elaborar platillos netamente nacionales, incluso de fama mundial, como los moles negro y amarillo de Oaxaca o el chilpachole de Veracruz. Y en el resto del mundo el chile tiene cada vez mayor aceptación, aunque los nombres con los que se le conoce sean otros como chilli, chili o ají.

EL CHOCOLATE: Calificado por el naturalista sueco Linneo como "el manjar de los dioses", en la época prehispánica no era una bebida elaborada propiamente para ellos, pero sí para el emperador y la clase privilegiada de los aztecas a los que en los banquetes, menciona Bernal Díaz del Castillo: "...Traían con unas como a manera de copas de oro fino con cierta bebida hecha del mismo cacao... con su espuma..."

Esta bebida, preparada originalmente con cacao molido cocido con agua y miel de maguey y batida con un molinillo hasta sacarle espuma, era muy apreciada por la aristocracia náhua; cuando los españoles la conocieron, quedaron cautivados y así enviaron el grano a Europa con la receta, posteriormente los ibéricos le agregaron azúcar, vainilla, canela y así se propagó por el resto del mundo, y como fue del gusto de todos, llegó al grado de la industrialización, primero en tablillas y después en todas las formas y sabores extras, que la imaginación de los diferentes pueblos le han querido dar.

En México, el chocolate se consume de diferentes maneras, no sólo como bebida y como postre directamente, sino que se utiliza para preparar pasteles, helados, pudines, gelatinas e incluso platillos salados como algunos moles. Es un producto que se encuentra en toda la república, pero los principales estados productores del grano son Tabasco, Campeche, Chiapas, Veracruz, Oaxaca y Guerrero.

LA VAINILLA: Hoy, la flor negra o vainilla es producto de la zona caliente y húmeda de Veracruz, Oaxaca y Tabasco, así como de otras partes del mundo, pero es originaria de Papantla, Veracruz, y fue descubierta por los totonacas en la época prehispánica. El fruto es una vaina de 15 a 20 centímetros de largo, con un delicioso aroma y se usa para perfumar y dar sabor a los alimentos. Algo extraordinario de la vainilla es que no se poliniza sola, requiere de la mano del hombre, más bien de la mujer, porque son ellas las que desde entonces hasta ahora, se encargan de hacerlo, flor por flor y a mano. Desde luego, en la culinaria mexicana, la vainilla ocupa un lugar muy especial en la elaboración de licores, helados, chocolates y postres en general.

LAS BEBIDAS FERMENTADAS: En toda la República Mexicana se producen bebidas con un mayor o menor grado de alcohol, que van de los aguardientes a los vinos y licores, según el clima, la geografía y en consecuencia, la flora. Hay aguardientes muy famosos como el tequila o el mezcal y otros no tanto, pero sí característicos de la entidad federativa que los fabrica como el chichihualco (de agave) y el petaquillas (de cierto tipo de mezcal) de Guerrero, el holanda de Campeche -que imita el tipo holandés- o el famoso comiteco (de caña de azúcar), de Chiapas.

Hay otras bebidas producto de la fermentación de ciertas frutas, por ejemplo el guasimo (de piña pequeña) de Tabasco, el jobo (de ciruelas de jobo con piloncillo), de Chiapas y Veracruz; la también muy conocida mistela (a base de hierbabuena) y el xtabentum (de la miel de una flor maya con ron), de Yucatán.

LA COCINA REGIONAL: A los ingredientes naturales propios de México, tales como la calabaza, el maíz, el frijol, el aguacate, el chayote, el amaranto, el nopal, el epazote, el huazontle; las flores de calabaza, de maíz, de colorín, de maguey; papaya, guayaba, mamey, zapote; y las carnes de venado, jabalí, armadillo, iguana, mono, guajolote, pato, conejo, quetzal, charales, acociles, pescados, gusanos de maguey, escamoles, insectos comestibles y las recetas para cocinarlos, se sumaron los productos europeos y asiáticos: alcaparras, alcachofas, cacahuates, castañas, espárragos, garbanzos, habas, aceite de oliva, especias, la caña de azúcar, el trigo, las carnes de res, cerdo, borrego y muchos más, que juntos, combinados o mezclados, dieron lugar a una amplísima culinaria de sabores exquisitos.

Así se llega a platillos hechos a base de pescados y mariscos como el pámpano empapelado, la raya frita, los calamares rellenos, las empanadas, el paté y el pan de cazón, de los que Campeche es el orgulloso creador. Por su parte, Chiapas tiene especialidades de todos tipos porque está dividido en varias regiones; en el centro puede disfrutarse del cochito (cerdo) horneado, el chipilín (que es una especie de camarón) con bolitas y el caldo huacasis; en los Altos, son exquisitos los dulces hechos según las recetas que dejaron los clérigos españoles, como el ponche de piña con marquesote, los famosos chimbos, los duraznos prensados; cerca del Istmo, suelen disfrutarse el venado en zihuamonte y el armadillo en molito, y ya en la frontera con Guatemala, panes compuestos, palmito en vinagre.

Una de las más ricas cocinas de la región sur del país se encuentra en Oaxaca que cuenta con una gran diversidad de moles, pollo relleno, carne adobada de cerdo, quesillos, el muy original y sabroso queso de Etla, empanadas de amarillo, chapulines en taco, tasajo y las muy populares tlayudas.

Otra culinaria importantísima del sureste, es la de Yucatán con una multitud de sabores que pasan de la sencilla sopa de lima, a la agridulce cochinita pibil, llamada así porque el horno en que se cocina se llama "pib"; de la delicadeza del faisán a los sabores fuertes del frijol con carne de puerco, los panuchos, salbutes y papadzules, y los muy condimentados platillos como el relleno negro (albondigones rellenos con huevo duro en una salsa de chile casi quemado), el queso relleno (de picadillo de cerdo, alcaparras, pasitas, almendras y aceitunas), el pipián, la longaniza y el salpicón de venado.

Y la otra gran cocina, mundialmente reconocida por su enorme variedad y la riqueza de sus sabores, en la región del Golfo de México, es la de Veracruz, con sus famosos huauchinango a la veracruzana, chilpachole de jaiba, caldo largo de pescado; o bien su tamal de cazuela (relleno de pollo o cerdo con salsa de jitomate), mondongo a la veracruzana (vísceras de res en caldo de jitomate con achiote y naranja), chileatole (carne de cerdo con su caldo, chile ancho y epazote). Y si de dulces se trata, están los deliciosos de pepita de calabaza, de coco, de nanche, o las empanadas de guayaba y las galletas de agua.

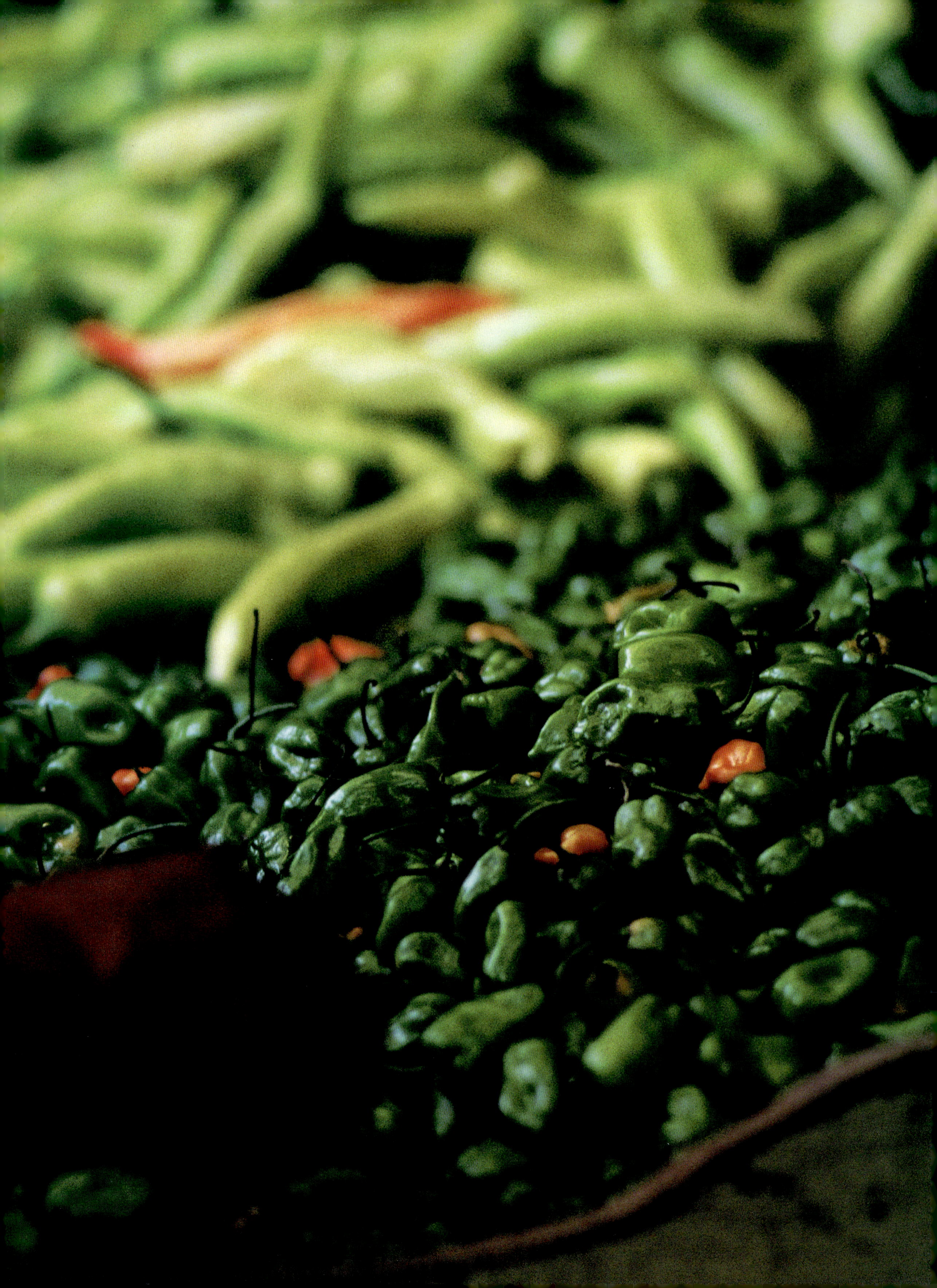

Mangos and honeys, delicate to the touch and pleasing to the palate, the former is the product of the earth, while the latter is the result of the tireless labor of the families of bees.

Pleasures for the palate

Exploring a country's gastronomy means taking a close look at its history and culture. The simplicity or complexity of its dishes is directly proportional to the richness of its geographical attributes and evolution over the centuries. A culturally poor society can only create equally meager culinary offerings; scant natural resources make for scant cuisine.

It is precisely because of this that gastronomy all over the country, and in particular in the south and southeast, is abundant, elaborate and delicious. This is the case even for simple food whose sole qualities are its freshness and the seasoning that characterizes the region in question, where women are proud not only of their culinary creations but also of the satisfaction they afford the people they prepare their food for.

When the Spaniards arrived in Mexico, many foodstuffs available here but hitherto unknown to them were sent back to the old continent and from there to other parts of the world. This is how world gastronomy became enriched with the infusion of items like corn, beans, tomatoes, chili peppers, cacao, chocolate, turkey and avocado, which in some places were consumed with very little, if any, preparation and, in others, incorporated into existing dishes.

But the Spaniards also brought their own foodstuffs to the Americas, which the indigenous communities combined with their own to create a criollo or mixed cuisine.

The extensive territory of New Spain, along with the huge range of climates and soils it was home to, meant that the diversity of natural products was equally ample, and they were combined with the food brought over from Europe to create a whole array of dishes with the characteristics of each region. To this day, this fusion food in Mexico coexists with a large number of pre-Columbian products and dishes, such as tortillas, tamales, edible insects and chili peppers.

Additionally, a torrent of foodstuffs began reaching New Spain from other countries to become part of the country's day-to-day fare, including garlic, lentils, parsley and carrots from southern Europe; rice, onions, coriander and lemons from different parts of Asia; sugar cane, lettuce, oranges, pepper and bananas from India, and cinnamon from Sri Lanka.

The richness of foreign flavors mixed and blended with local offerings, together with the great zeal with which the indigenous people prepared gastronomic delights fit for an emperor, gave rise to one of the finest cuisines in the world.

Even though the dishes of each of the country's different regions are a reflection of the products available locally, certain ingredients are common to all, as they are used in places where they are not produced, while others remain specific to certain regions with which they are strongly associated, such as tlayudas from Oaxaca, panuchos from Yucatán or pozole verde from Guerrero.

CHILI PEPPERS: *The legacy of this vital ingredient in Mexican cuisine includes, among other things, creating the macho reputation of Mexican men, who are capable of not only withstanding but actually enjoying its hot and explosive flavor, including the habanero and piquín chili peppers, which rank among the most potent. There is a well-known song from Yucatán that sums it up quite nicely: "I'm like a green chili pepper, weepy and hot, but tasty."*

A broad range of chili peppers is grown in Mexico to be used fresh or dried, depending on the dish they are intended for, and they can be eaten raw, cooked, in sauces, in vinegar, stuffed or as an accompaniment for the main dish. One way or another, chilies are present in all Mexican cuisine because, as was noted by Father Ximénez, the chronicler of the Spanish settlers of New Spain: "[chilies] enhance the joy of eating and provide flavor and pleasure to culinary delights, to the extent that no table in the Indies is ever laid without them..."

In Mexico this vegetable plays a vital role in authentically national dishes, some of which are known all over the world, such as "mole negro" and "mole amarillo" from Oaxaca or chilpachole from Veracruz. Chili peppers boast increasing presence in the diets of people all over the world, albeit with different names such as chilli, chili or ají.

CHOCOLATE: *Chocolate was once described by the Swedish naturalist Linneo as "the treat of the gods", but in pre-Columbian times it was a drink prepared not for the gods but for the emperor and the upper echelons of Aztec society who, according to Bernal Díaz del Castillo, attended banquets "...bringing goblets made of fine gold with a certain drink made from cacao itself... with froth..."*

This drink, originally made from ground cacao, which was boiled with water and maguey honey and beaten until it became frothy, was a favorite among the Aztec aristocracy. When the Spaniards first tried it they were impressed enough to send cacao beans back to Europe along with the recipe. There they added sugar, vanilla and cinnamon, and eventually it made its way all over the world, where it was accepted universally, and soon it started being produced on an industrial level, initially in slabs and then in a range of shapes and flavors, depending on how it fueled the imagination of each different country.

In Mexico, chocolate is enjoyed in many different ways. The options go beyond drinks and desserts; it is also used for making cakes, ice cream, pudding, jelly and even savory dishes such as "mole". You can find it all over the country, although the main producers of cacao beans are the states of Tabasco, Campeche, Chiapas, Veracruz, Oaxaca and Guerrero.

VANILLA: *The "black flower" or vanilla is currently produced in the hot and humid regions of Veracruz, Oaxaca and Tabasco, as well as other parts of the world, but it is originally from Papantla, in Veracruz, and was discovered by the Totonacas in the pre-Columbian era. The fruit consists of a pod 15 to 20 ft. long, and its delicious aroma is used to add both fragrance and flavor to food. One remarkable feature of vanilla is that it doesn't pollinate itself; it requires the intervention of man, or more specifically, women, who since the very beginning and through to the present day have been responsible for making sure this process takes place, flower by flower and by hand. In Mexico vanilla plays a very special role in the preparation of liqueurs, ice cream, chocolate and desserts in general.*

FERMENTED DRINKS: *An impressive array of drinks containing varying degrees of alcohol is produced all over Mexico, including aguardientes, wines and liqueurs, depending on the climate, geography and, hence, the flora. The most famous examples of aguardientes include tequila and mezcal, while others may not enjoy the same widespread fame but are typical of the state in which they are produced, such as chichihualco (made from agave) and petaquillas (made from a specific type of mezcal) from Guerrero, holanda from Campeche (which is a local imitation of a drink from The Netherlands), and the famous comiteco (made from sugar cane)* *from Chiapas. Fermented fruit drinks include guasimo (made from small pineapples) from Tabasco, jobo (made from hog plums with piloncillo) from Chiapas and Veracruz, the well-known mistela (made from spearmint) and xtabentum (made from the honey of a Mayan plant and rum) from Yucatán.*

REGIONAL CUISINE: *The natural ingredients of Mexico, such as squash, corn, beans, avocado, chayote, amaranth, cactus, wormseed, huazontle; pumpkin flower, corn flower, naked coral tree flower, maguey flower; papaya, guava, mammee apples, zapote; meats such as deer, boar, armadillo, iguana, monkey, turkey, duck, rabbit, quetzal, silverside fish, crayfish and other fish, maguey worms, ants eggs, edible insects and the recipes for preparing them, were joined by products from Europe and Asia, including chives, artichokes, peanuts, chestnuts, asparagus, chick peas, broad beans, olive oil, spices, sugar cane, wheat, beef, pork, mutton and many more, and together gave rise to a vast spectrum of exquisite flavors.*

This is precisely what led to the emergence of dishes made with fish and seafood, such as pompano in foil, fried ray, stuffed squid, empanadas, paté and pan de cazón from the state of Campeche. Chiapas, however, boasts a broader spectrum of specialties because of its numerous regions: the central region is where you can enjoy roast cochito (pork), chipilín (which is a kind of shrimp) with dumplings and huacasis soup; in the highlands you can find exquisite sweets made with the recipes of Spanish clergymen, such as pineapple punch with marquesote, the famous chimbos, pressed peaches; favorites in the Isthmus region include deer in zihuamonte and armadillo in molito, and the border with Guatemala is known for its bread and hearts of palm in vinegar.

One of the richest cuisines in southern Mexico can be found in Oaxaca, with its delicious range of "mole", stuffed chicken, marinated pork, cheese, including the very original and flavorsome Etla cheese, empanadas de amarillo, locust tacos, tasajo and the very popular tlayudas.

Another state with great gastronomy is Yucatán in the southeast, with a whole array of flavors ranging from simple lime soup to the sweet and sour cochinita pibil that got its name from the pib, which is the oven used to prepare it; from the exquisite delicacy of pheasant to the more prominent flavors of pork and beans, panuchos, salbutes and papadzules, and spicier dishes such as relleno negro (meatballs stuffed with hard-boiled egg in an almost-burnt chili sauce), stuffed cheese (with minced pork, chives, raisins, almonds and olives), "pipián, longaniza sausage and deer salpicón.

We also have to mention the internationally-acclaimed cuisine of the state of Veracruz, on the Gulf of Mexico, which boasts a huge variety and wealth of flavors, including its famous Veracruz-style red snapper, crab chilpachole, fish soup; or tamal de cazuela (stuffed with chicken or pork and tomato sauce), Veracruz-style mondongo (beef or pork offal in tomato, annatto and orange sauce), chileatole (pork with its own juice, ancho chili peppers and wormseed). If you've got a sweet tooth, then there are the delicious squash, coconut and nance seeds, or guava empanadas and galletas de agua.

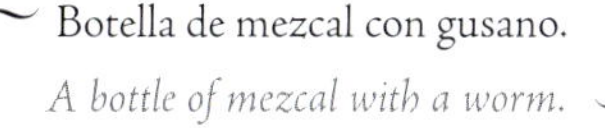

Botella de mezcal con gusano.
A bottle of mezcal with a worm.

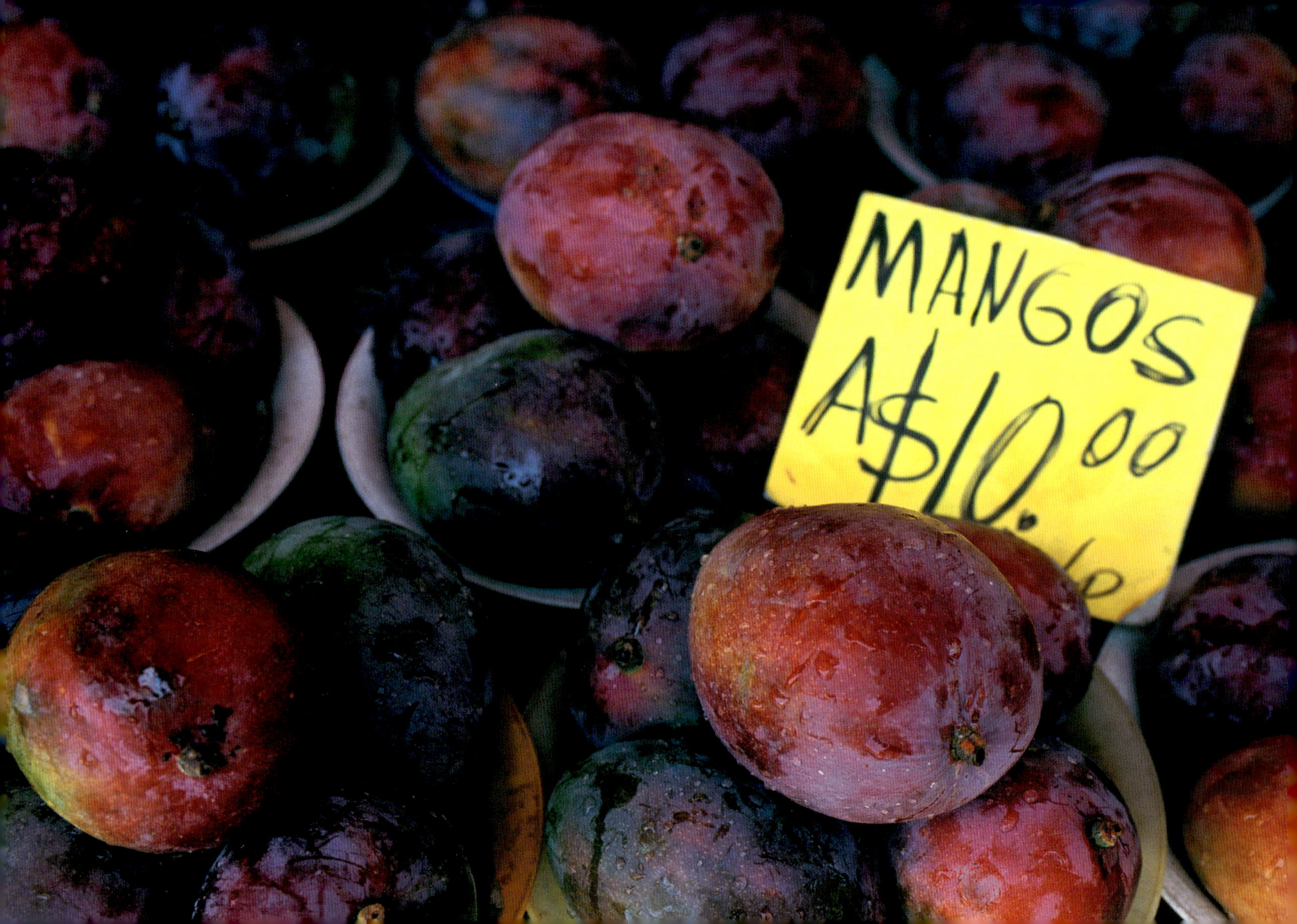
MANGOS
A$10.00

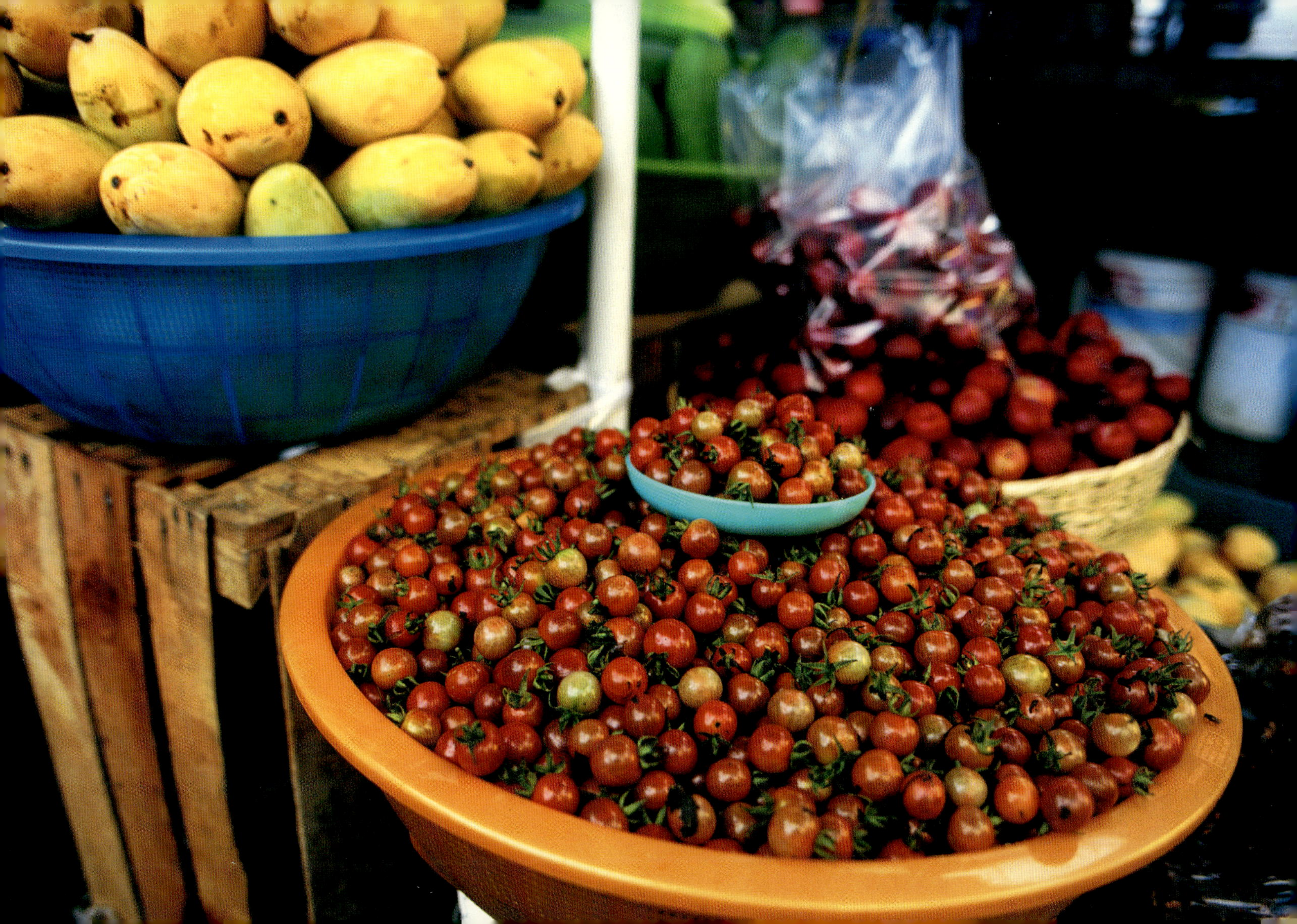

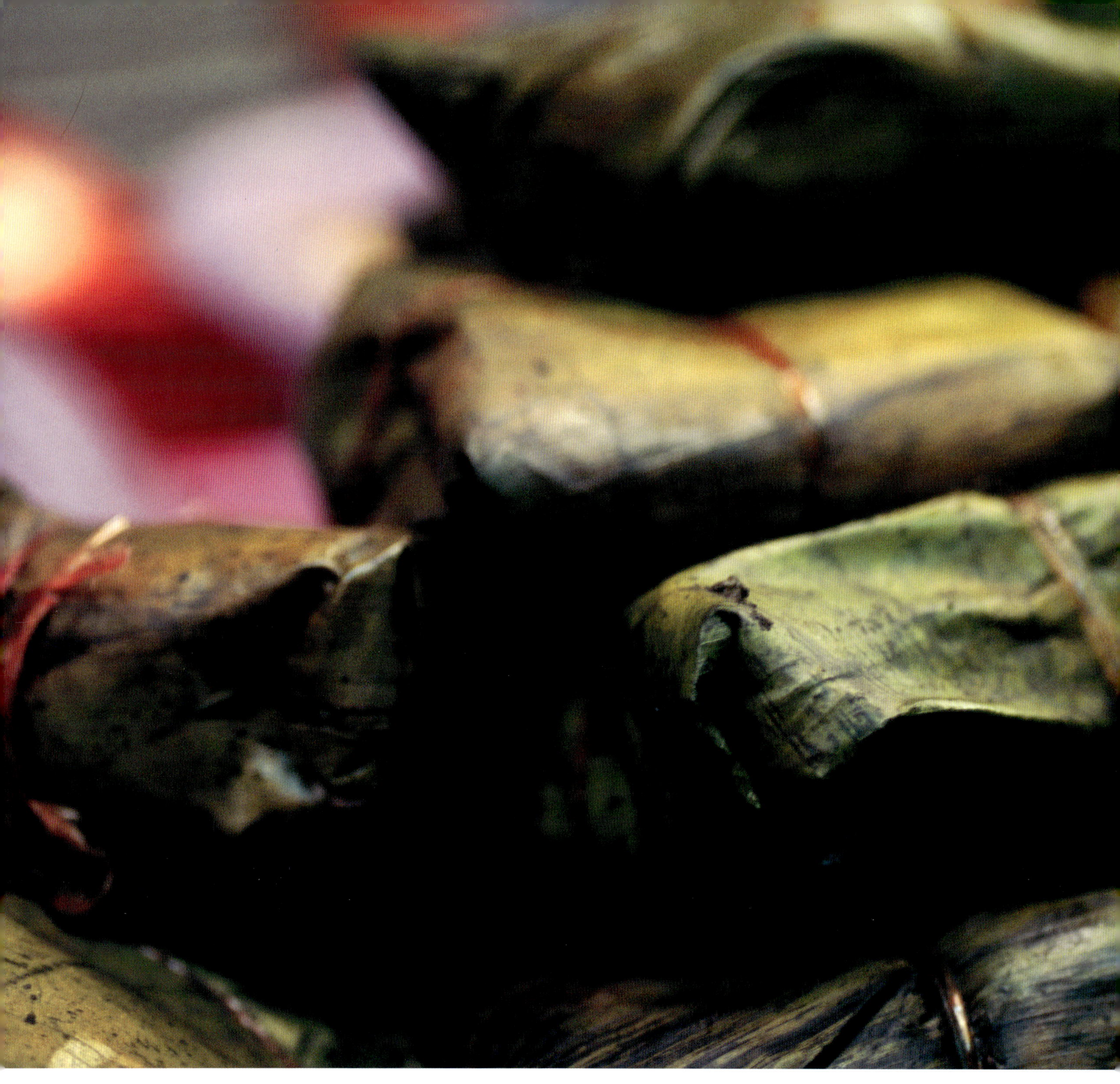

El tamal es un manjar singular, envuelto en hojas muy verdes
y cocinado al vapor; pieza de buen nutrimento, de ello no hay que dudar,
de chile, de dulce o manteca, un regalo al paladar.

~

Tamales are a singular delight, wrapped in the greenest of
leaves and then steamed; a very nourishing dish, of this there is no doubt,
with chili or lard, or made sweet, a treat for the palate.

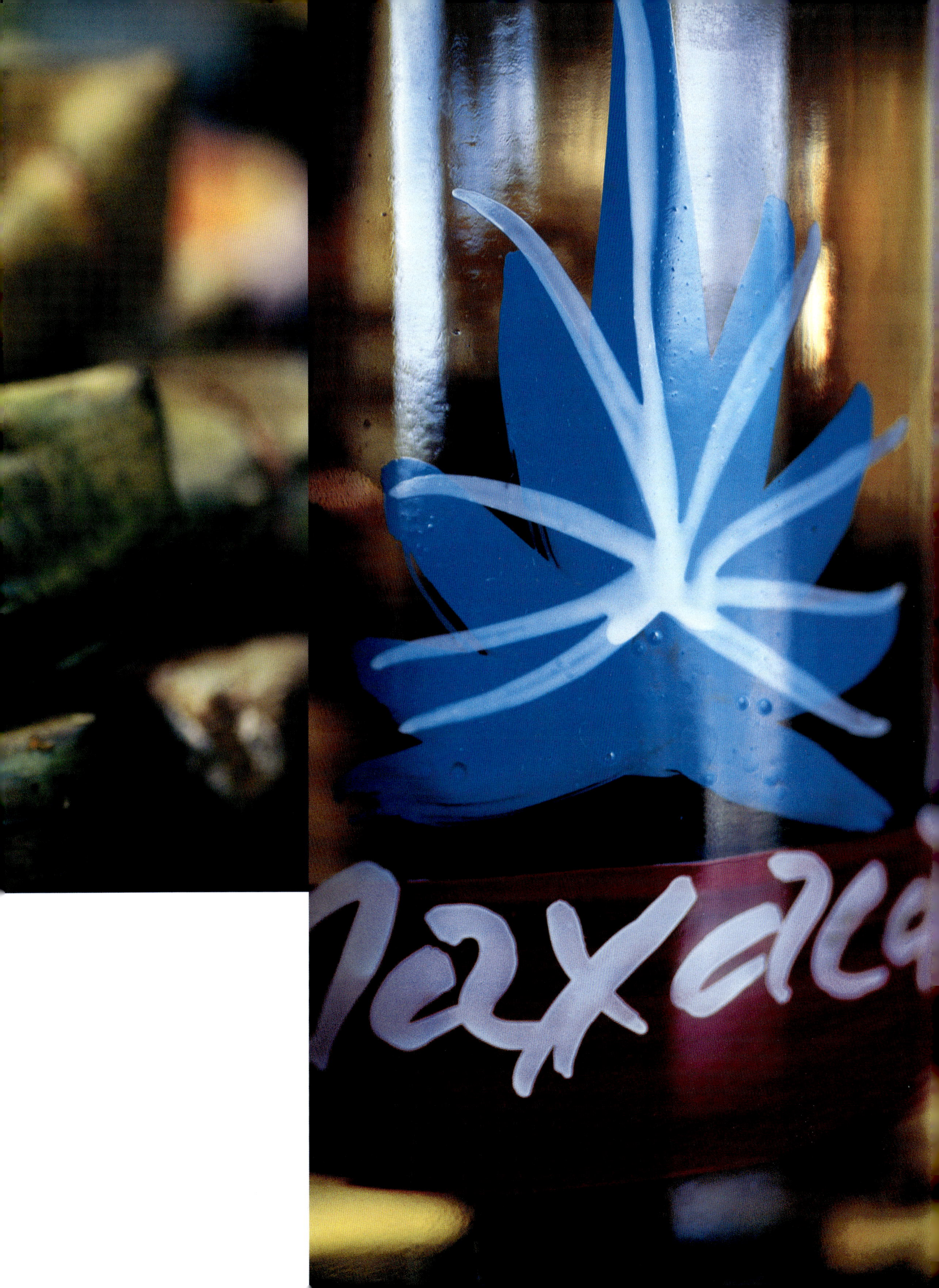

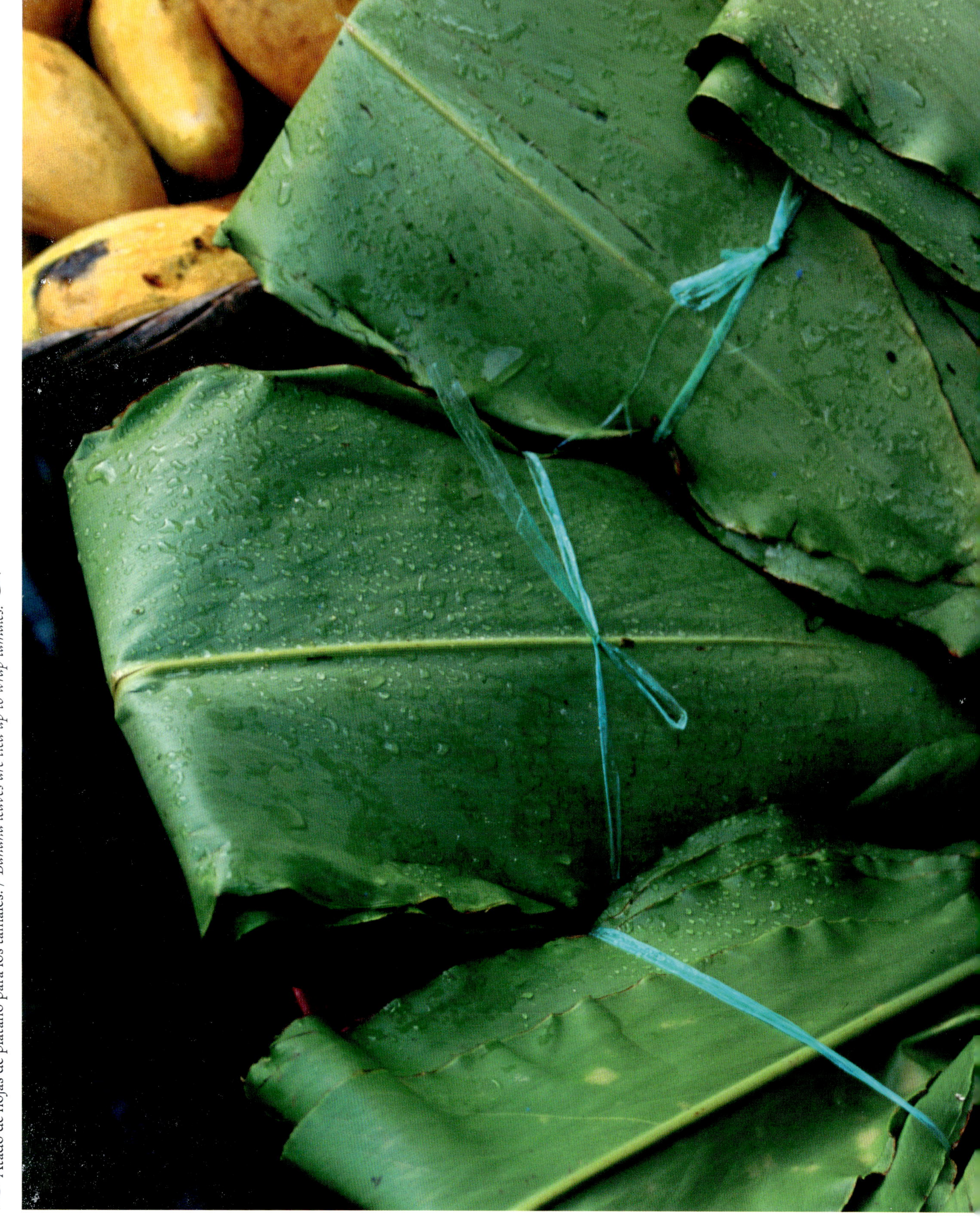

~ Atado de hojas de plátano para los tamales. / *Banana leaves are tied up to wrap tamales.* ~

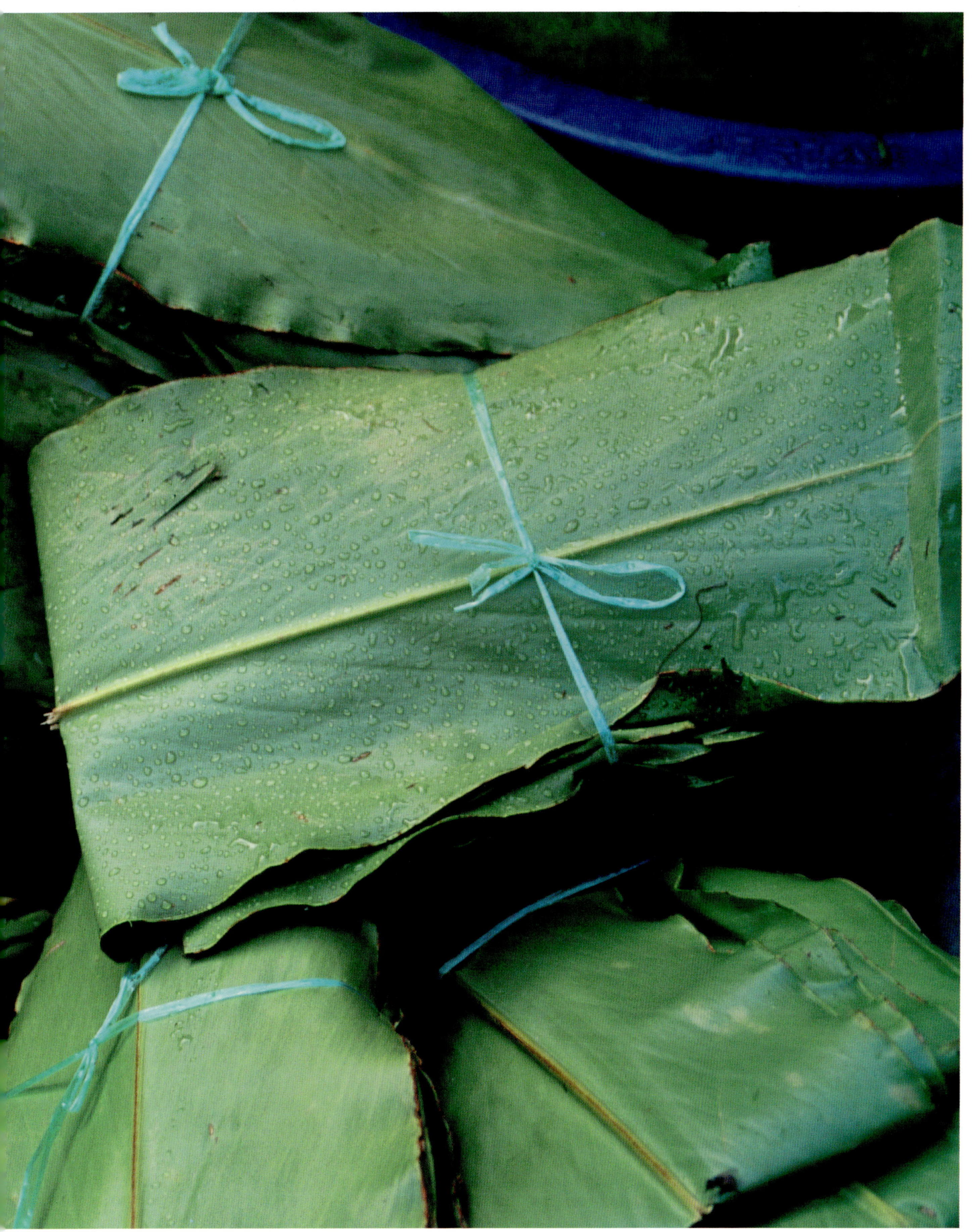

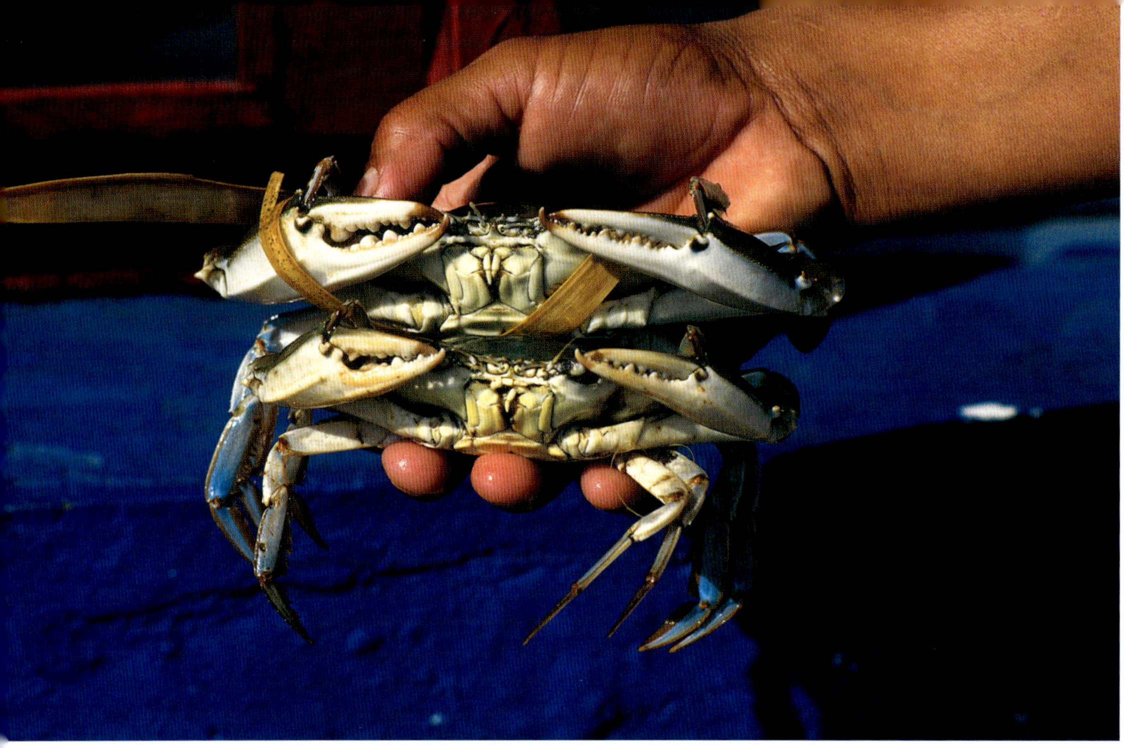

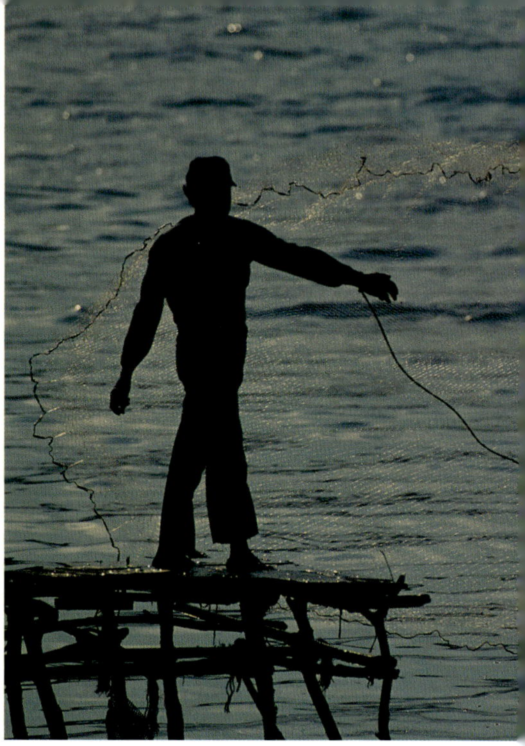

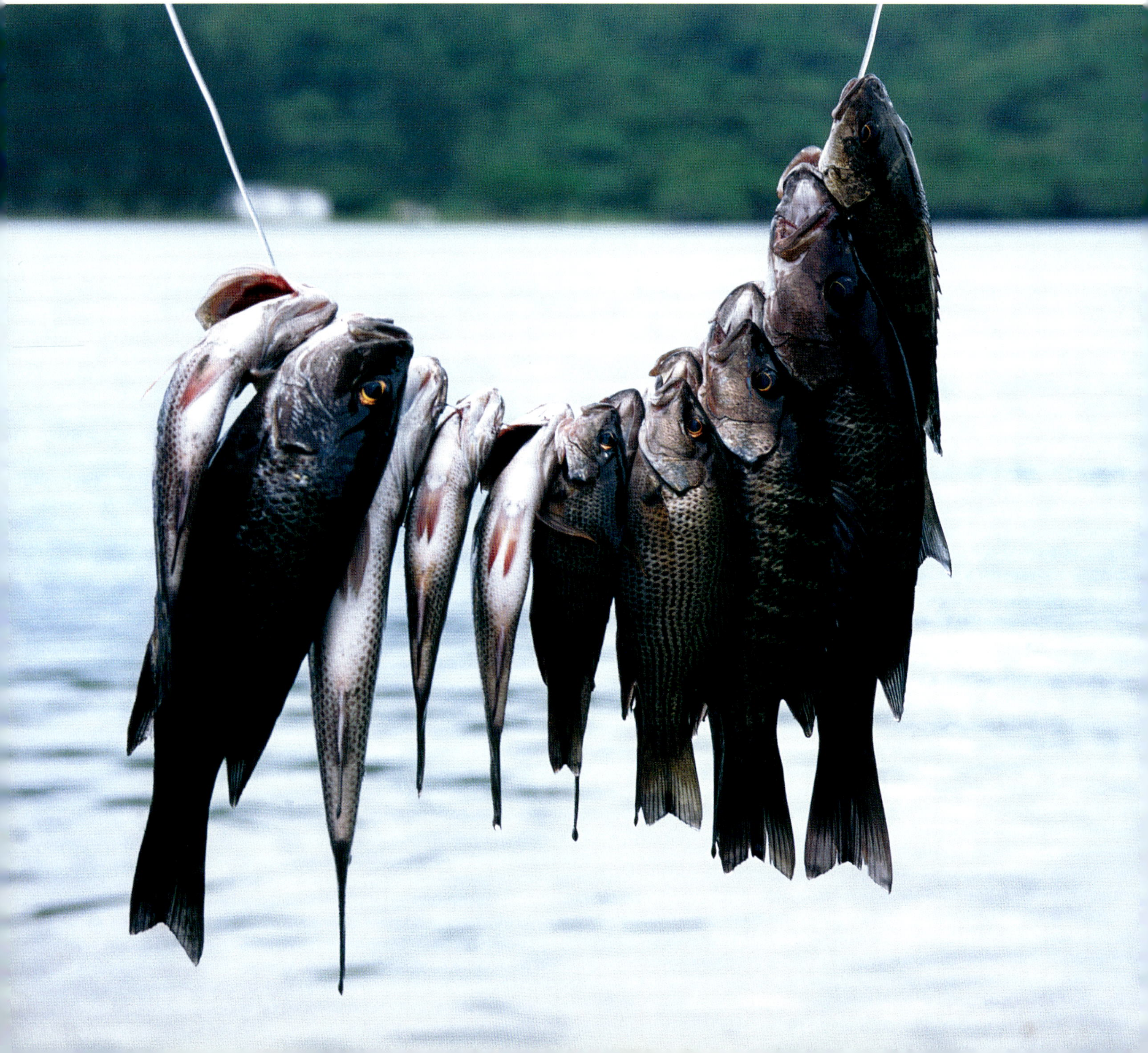

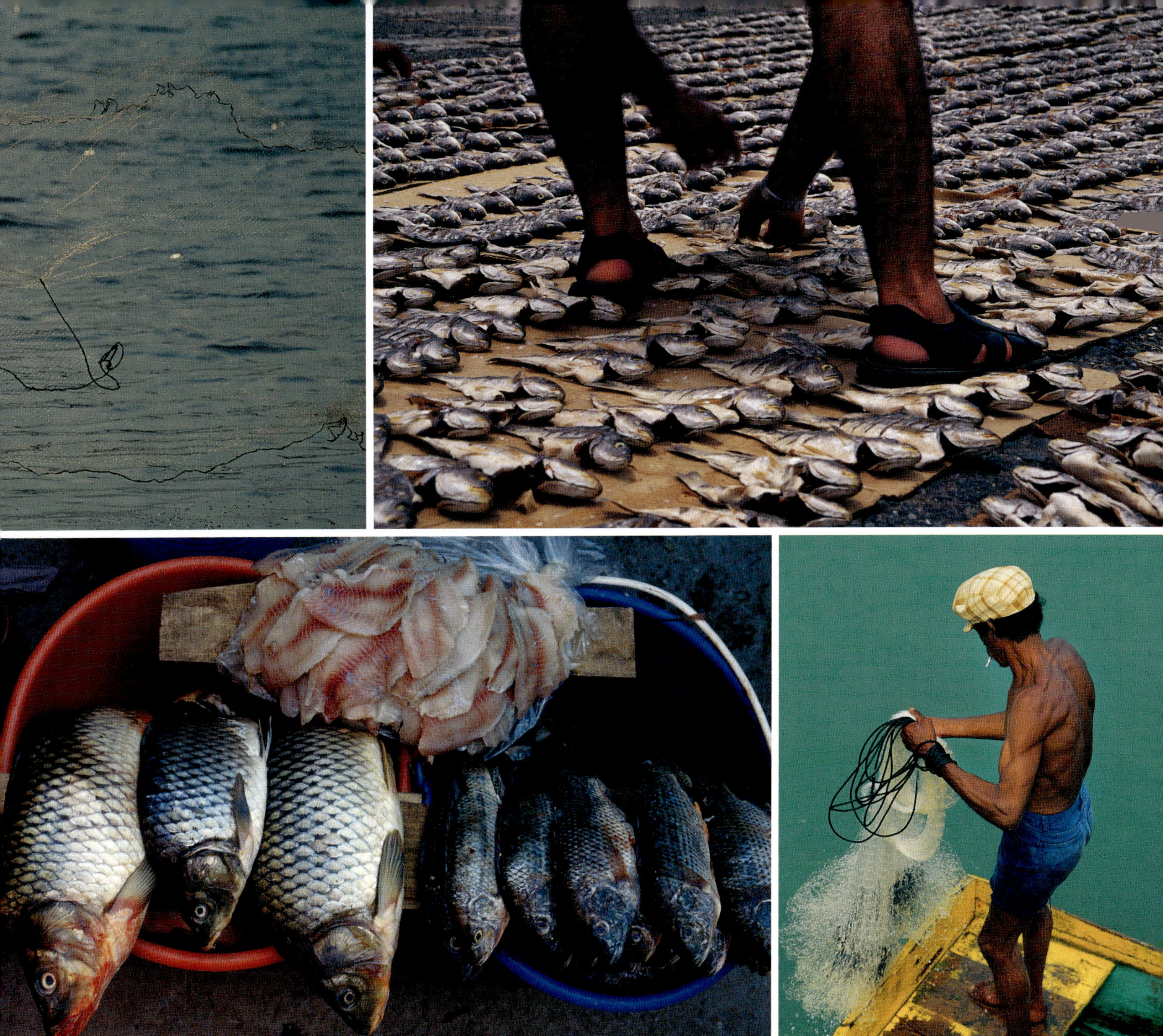

Los pescados y mariscos, con su enorme variedad,
hacen que la cocina mexicana sea de clase mundial.

~

Fish and seafood, with its huge variety,
make Mexican cuisine a world class act.

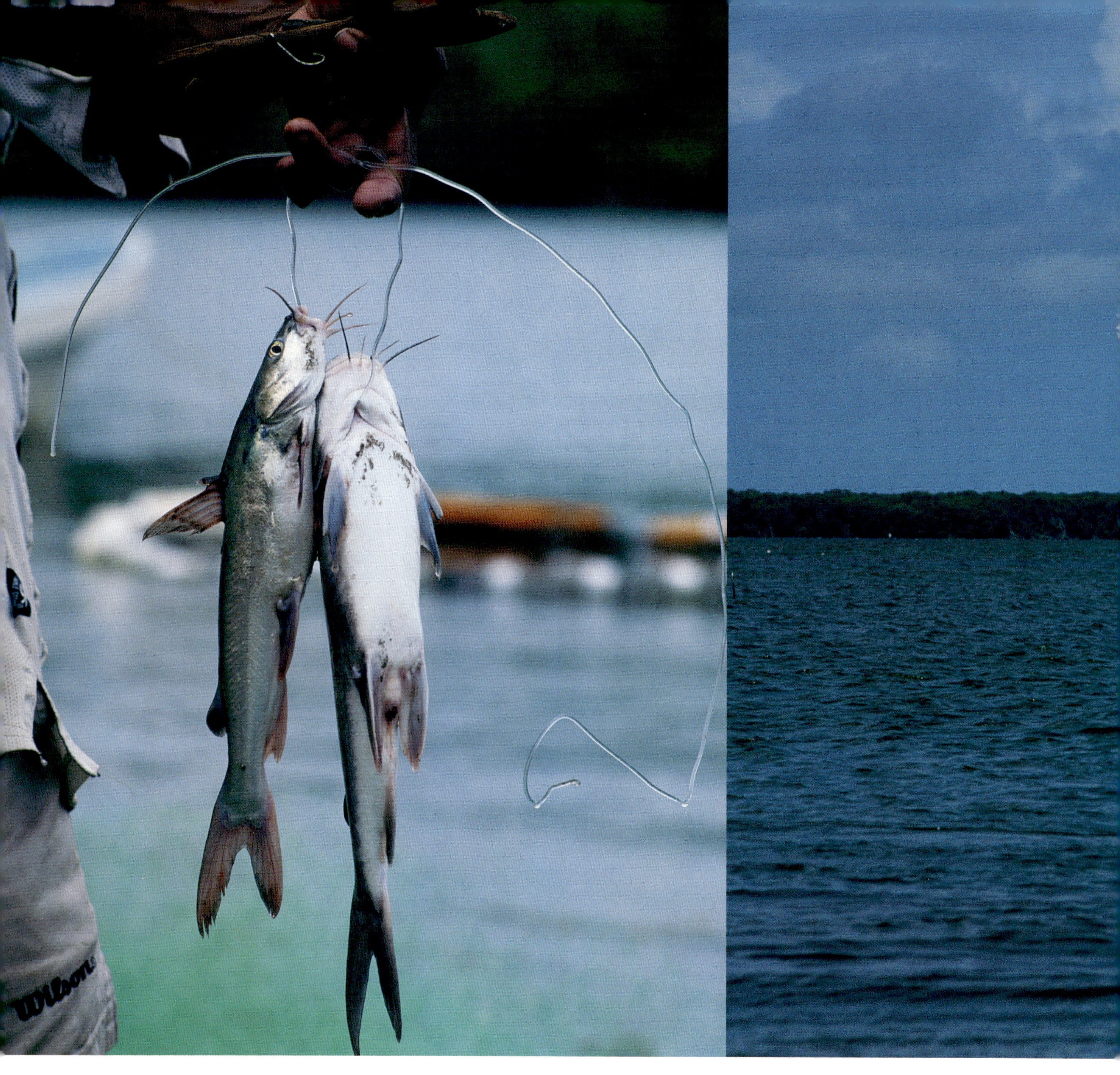
Wilson

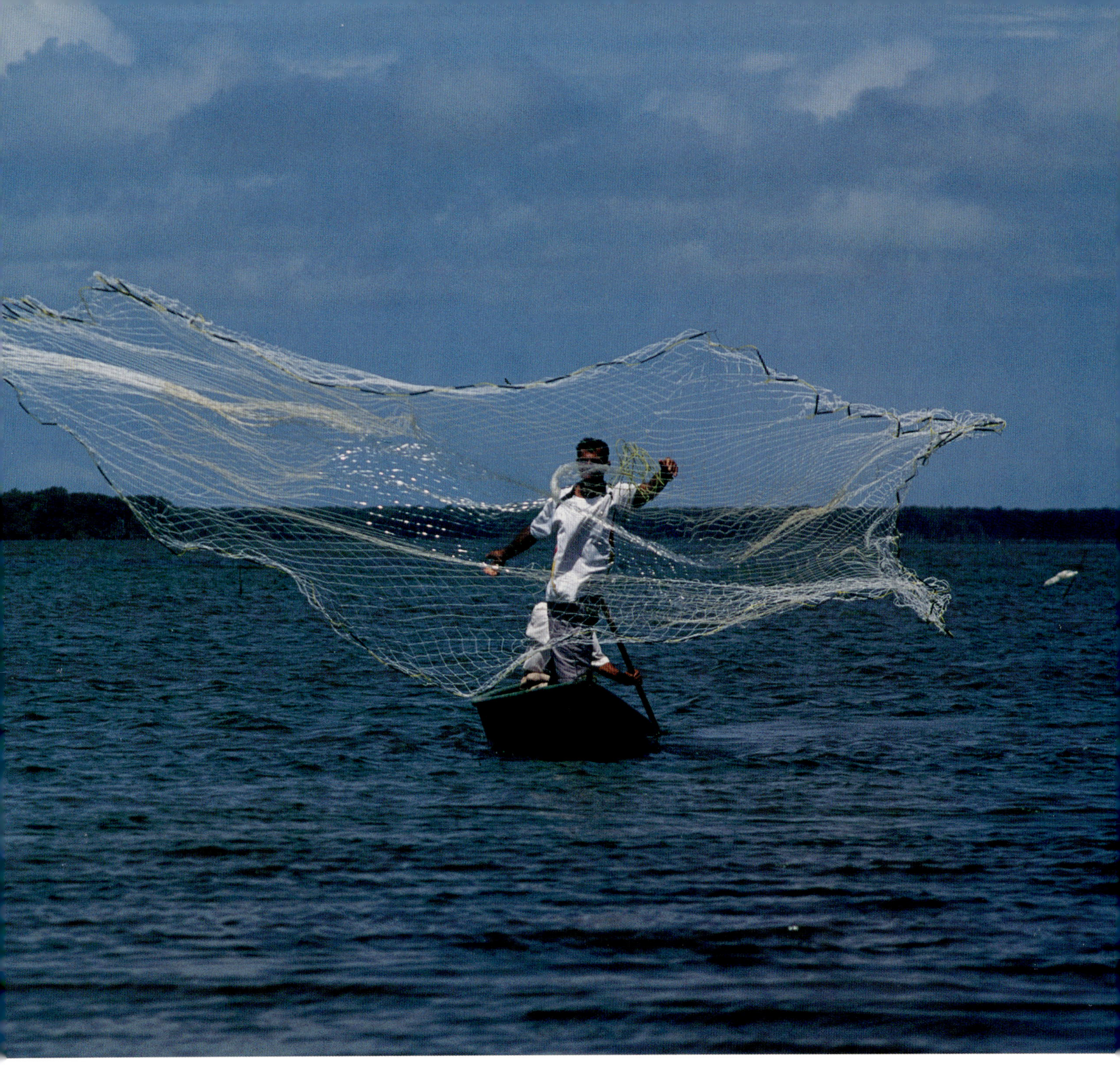

A la vista es muy sencillo pero sigue siendo un arte
lanzar la tarraya para pescar.

~

It looks very simple but throwing a fishing
net remains a noble art.

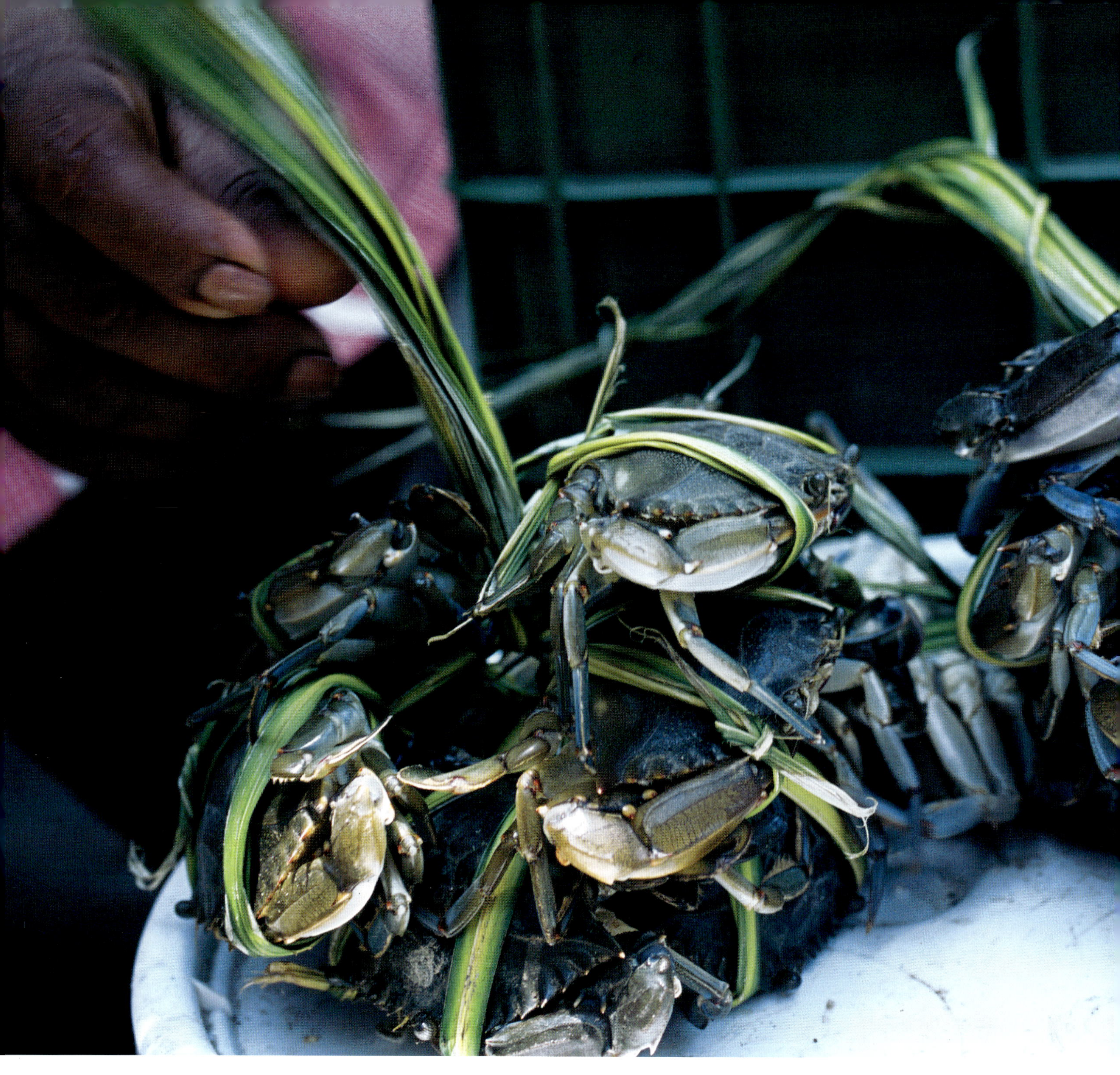

Su destino es ser materia prima
de una deliciosa sopa de cangrejo moro.

~

It was destined to be the raw material
for delicious stone crab soup.

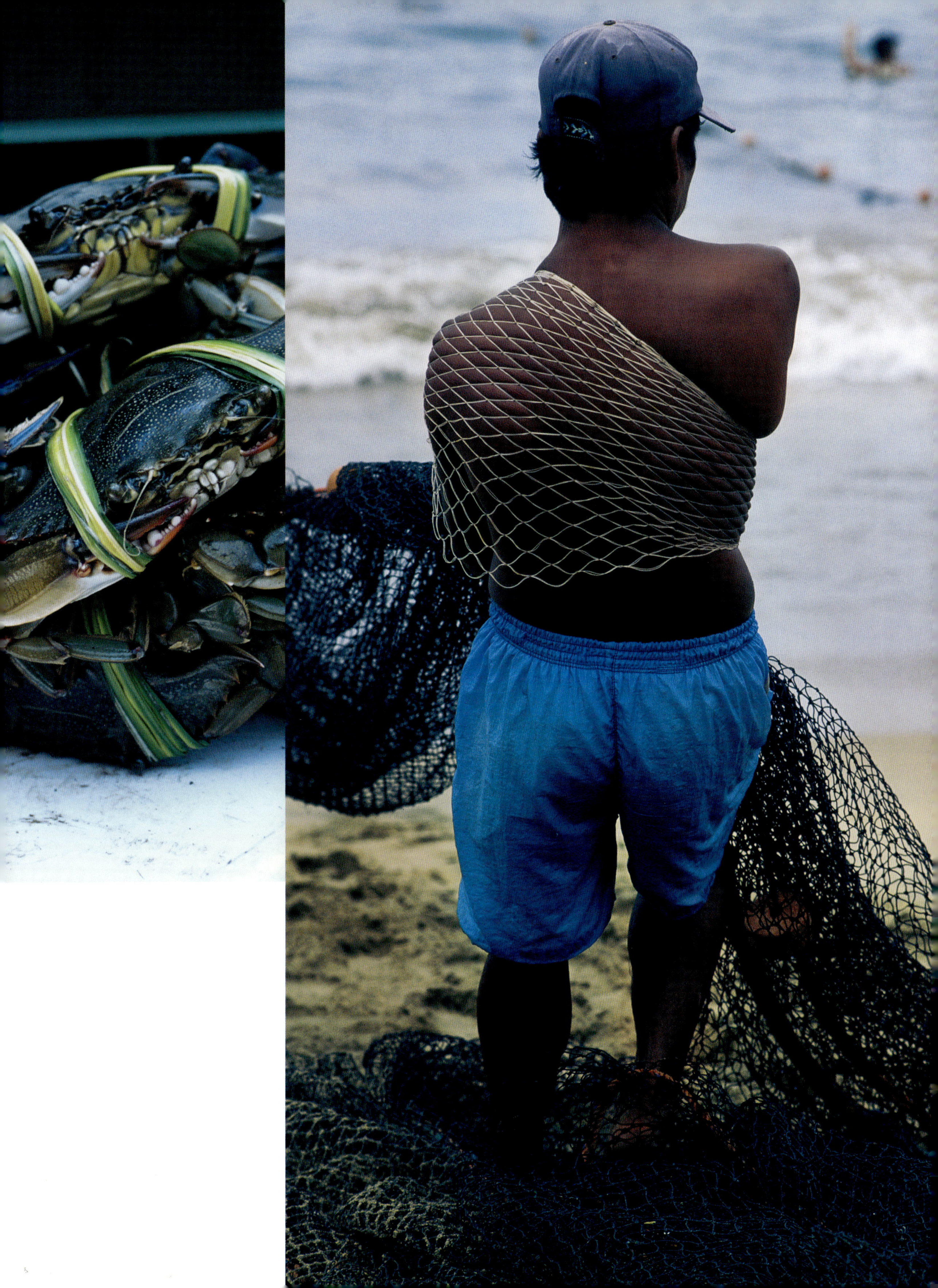

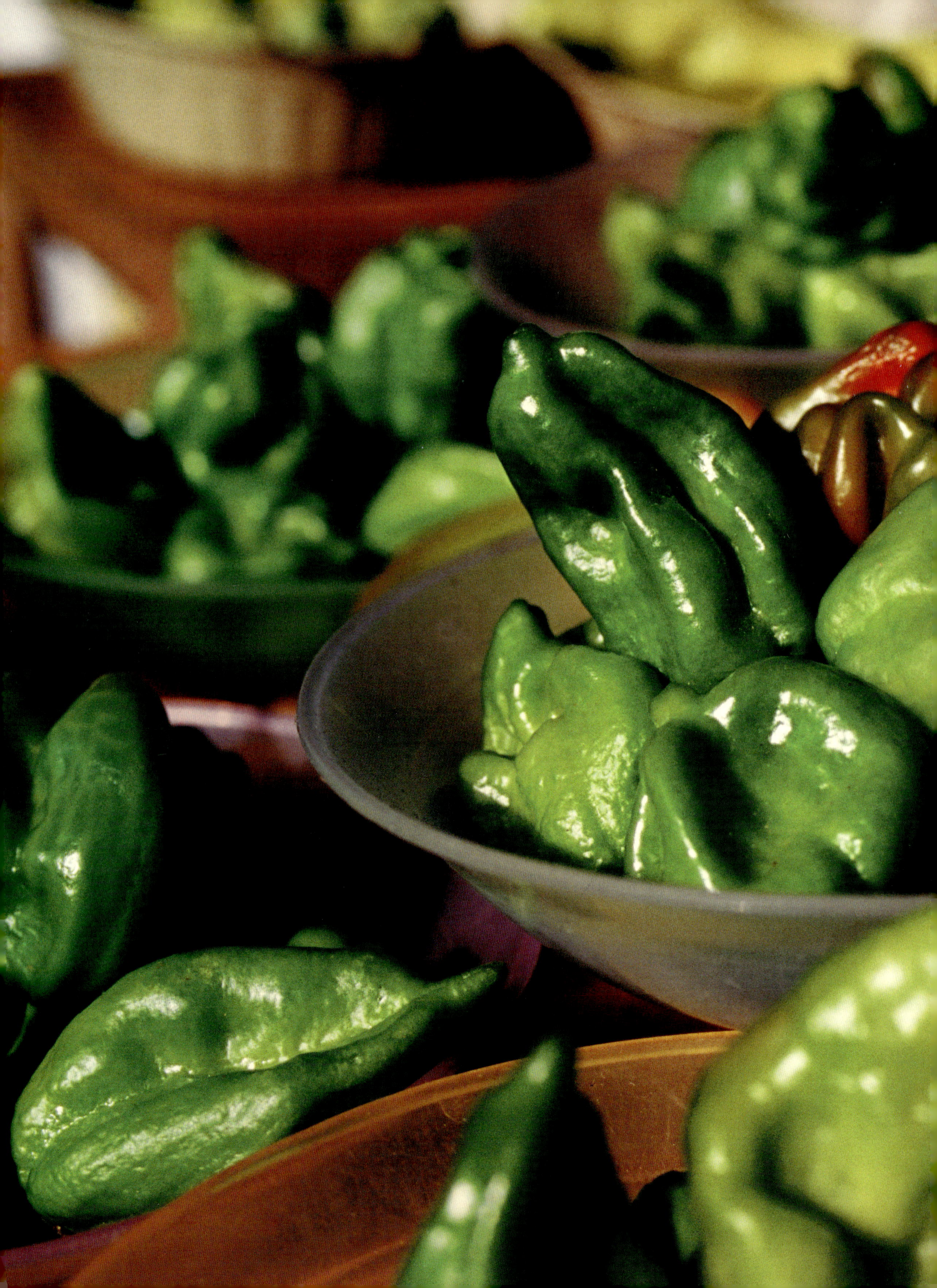

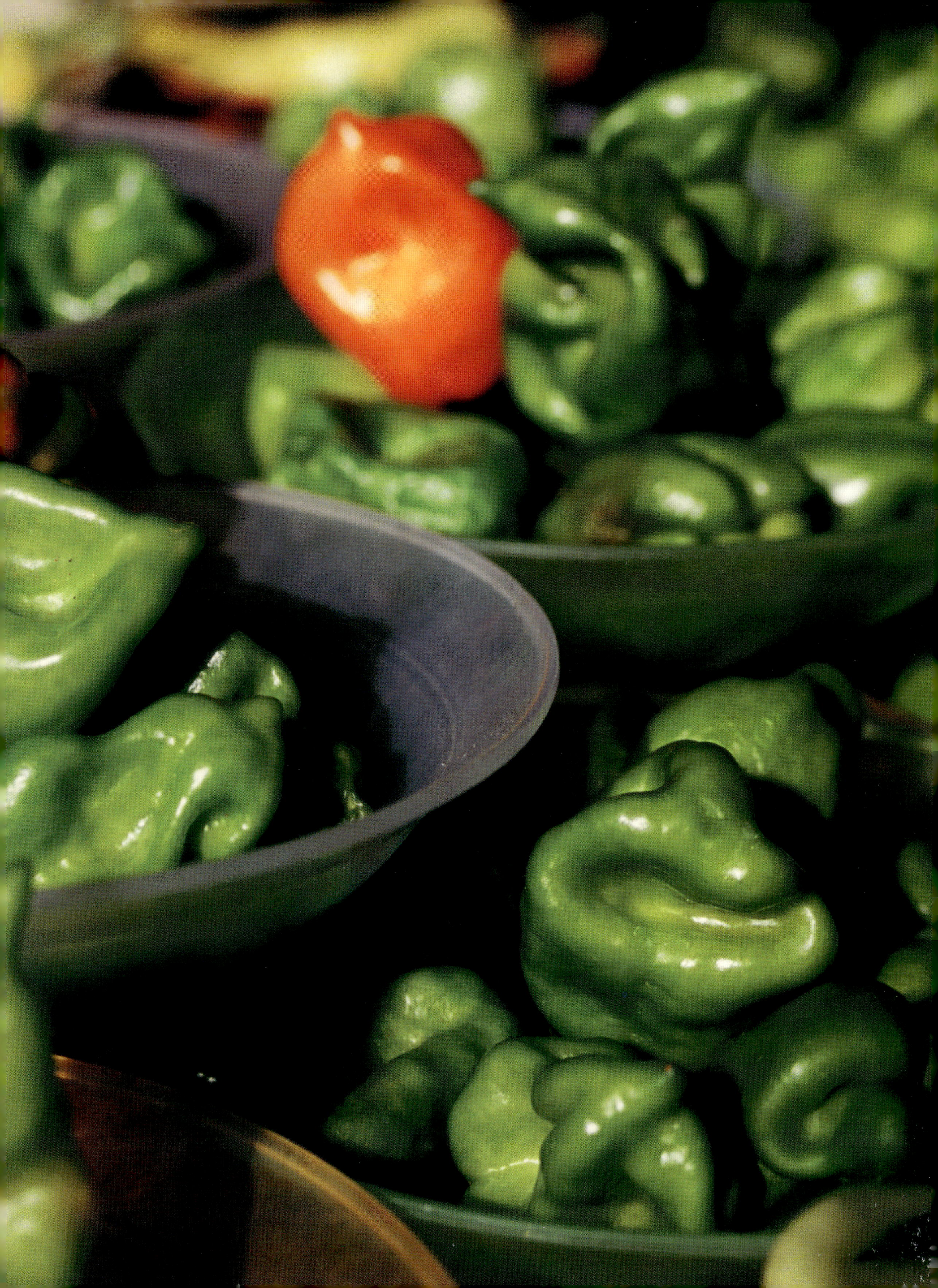

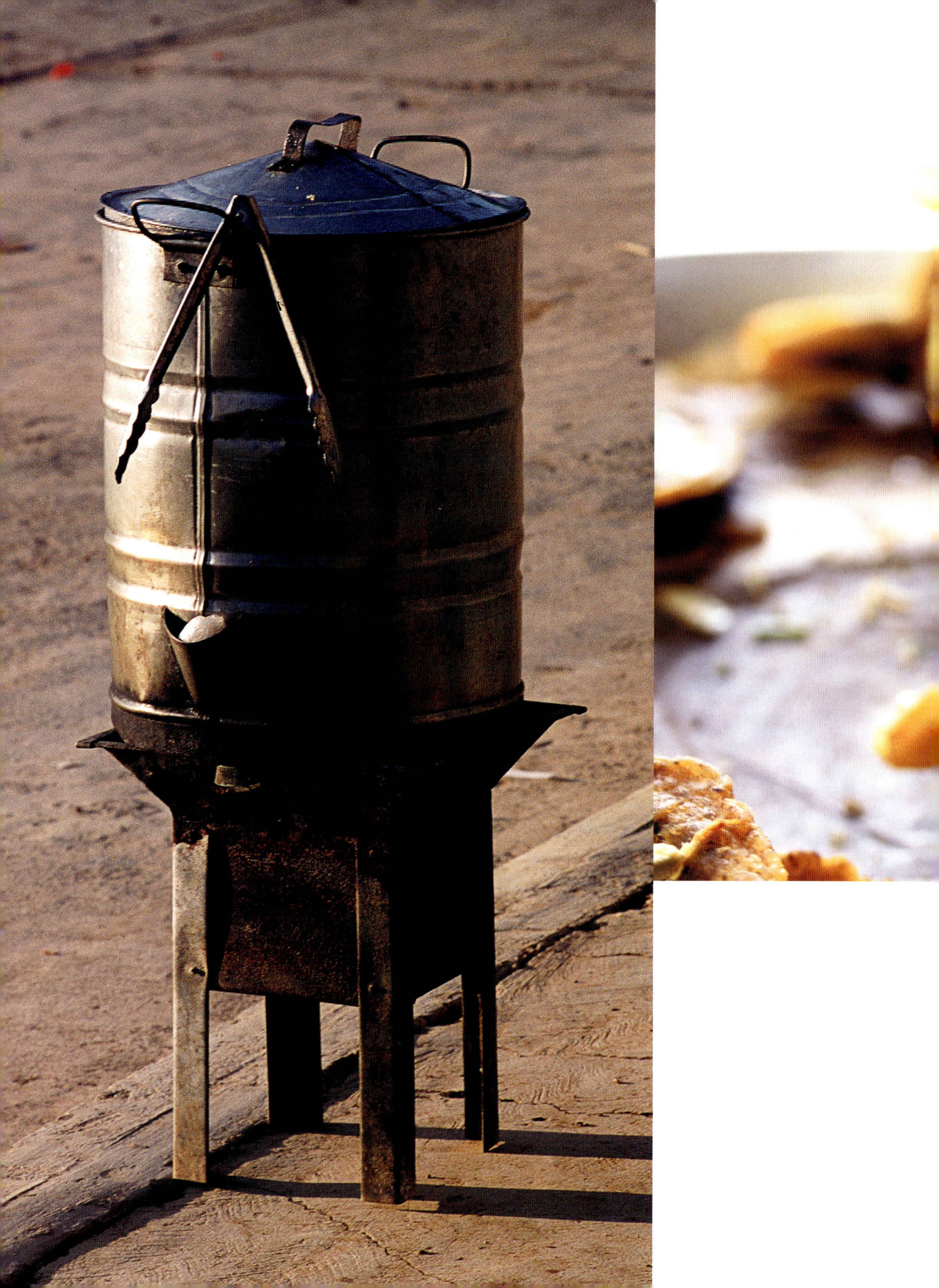

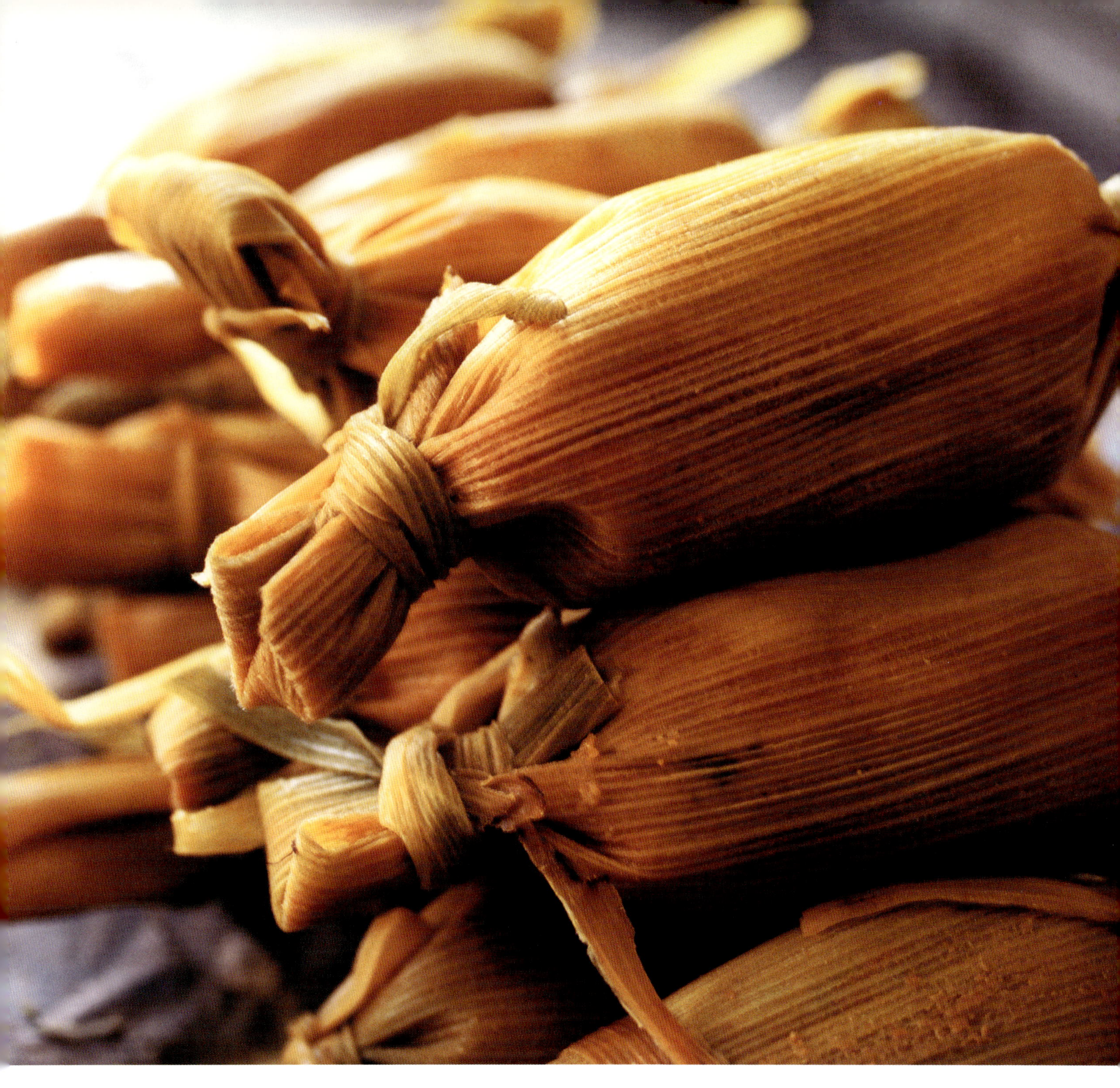

Con la masa de maíz se preparan los tamales,
se rellenan de carne, verduras o dulce y se envuelven como regalo.

~

They use corn dough to make tamales, then they stuff them with meat,
vegetables or sweet fillings and wrap them up like a gift.

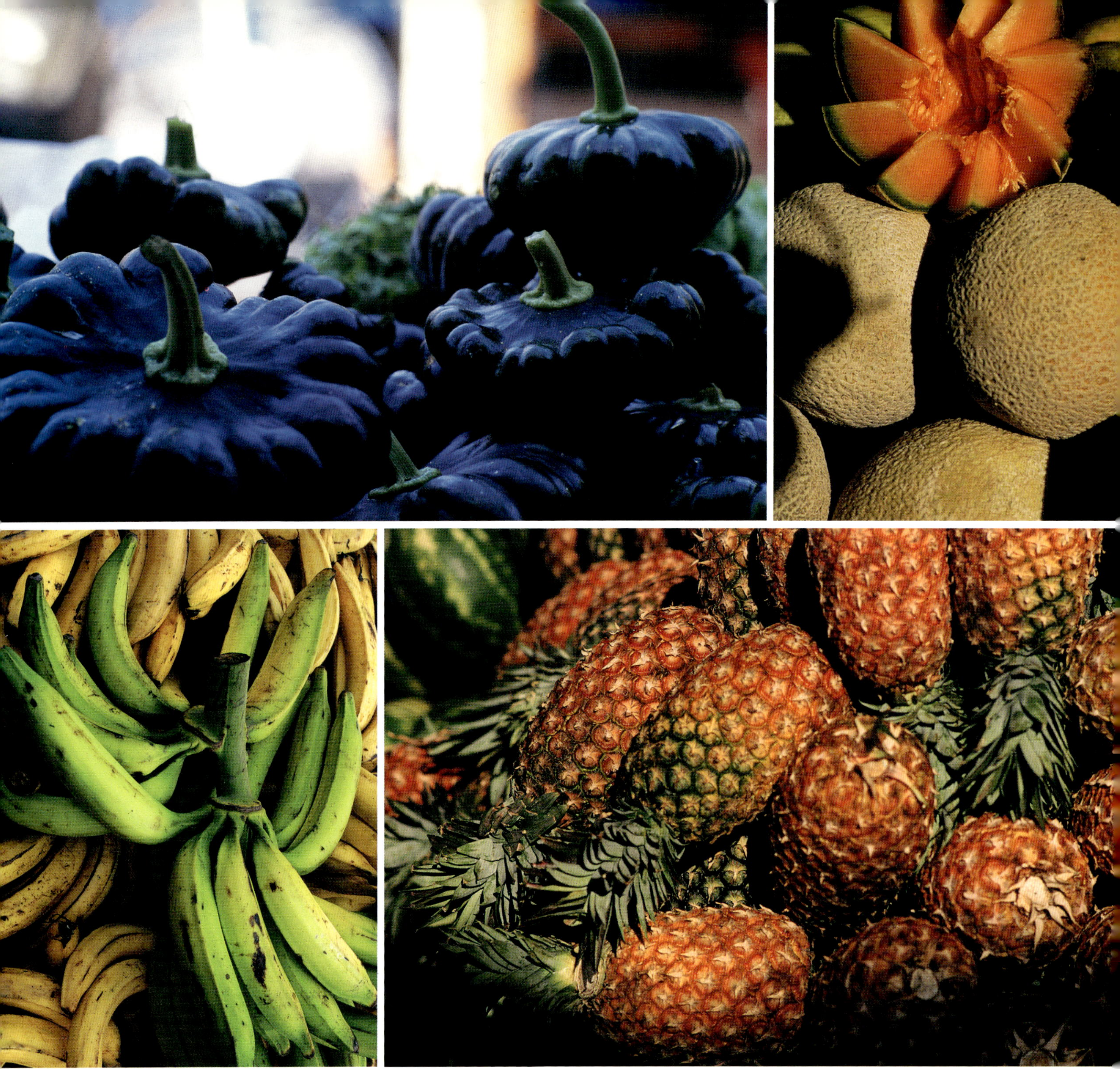

Al fin, cuanto al sabor y gusto humano, abril promete y mayo fructifica,
goza en estos jardines el hortelano.

~

At last, with human taste and flavors, April promises and May
bears fruit, the vegetable grower enjoys these gardens.

Bernardo de Balbuena

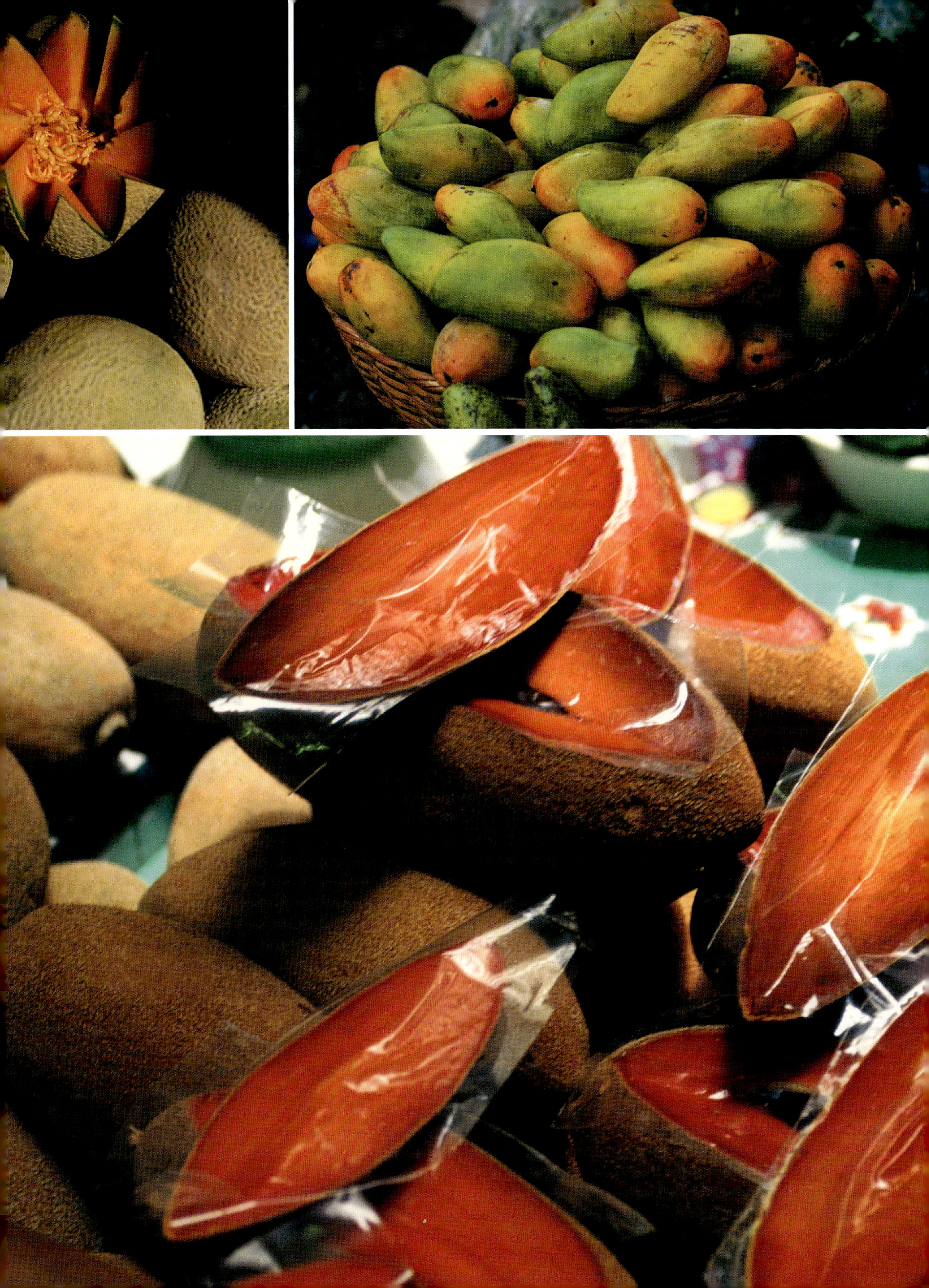

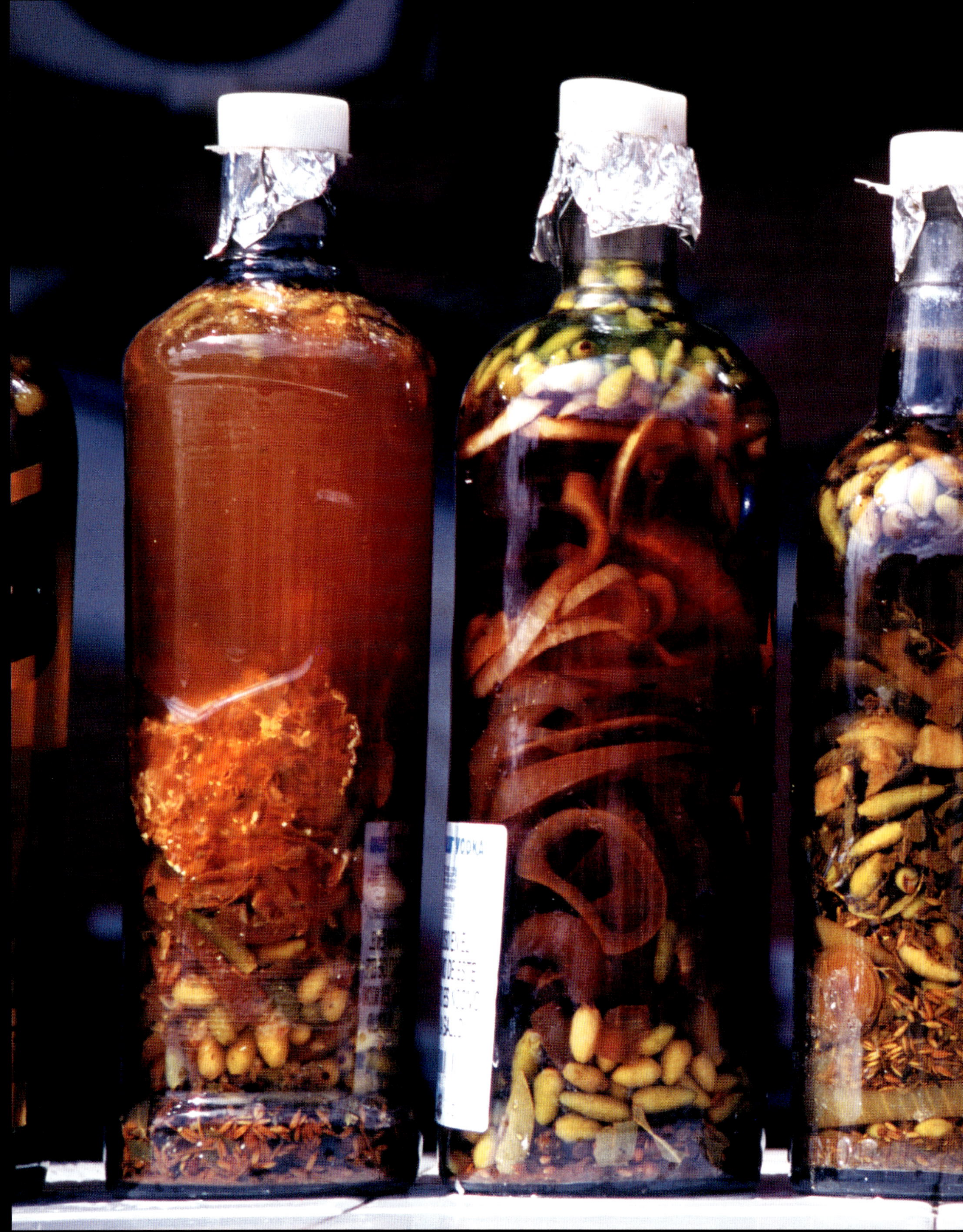

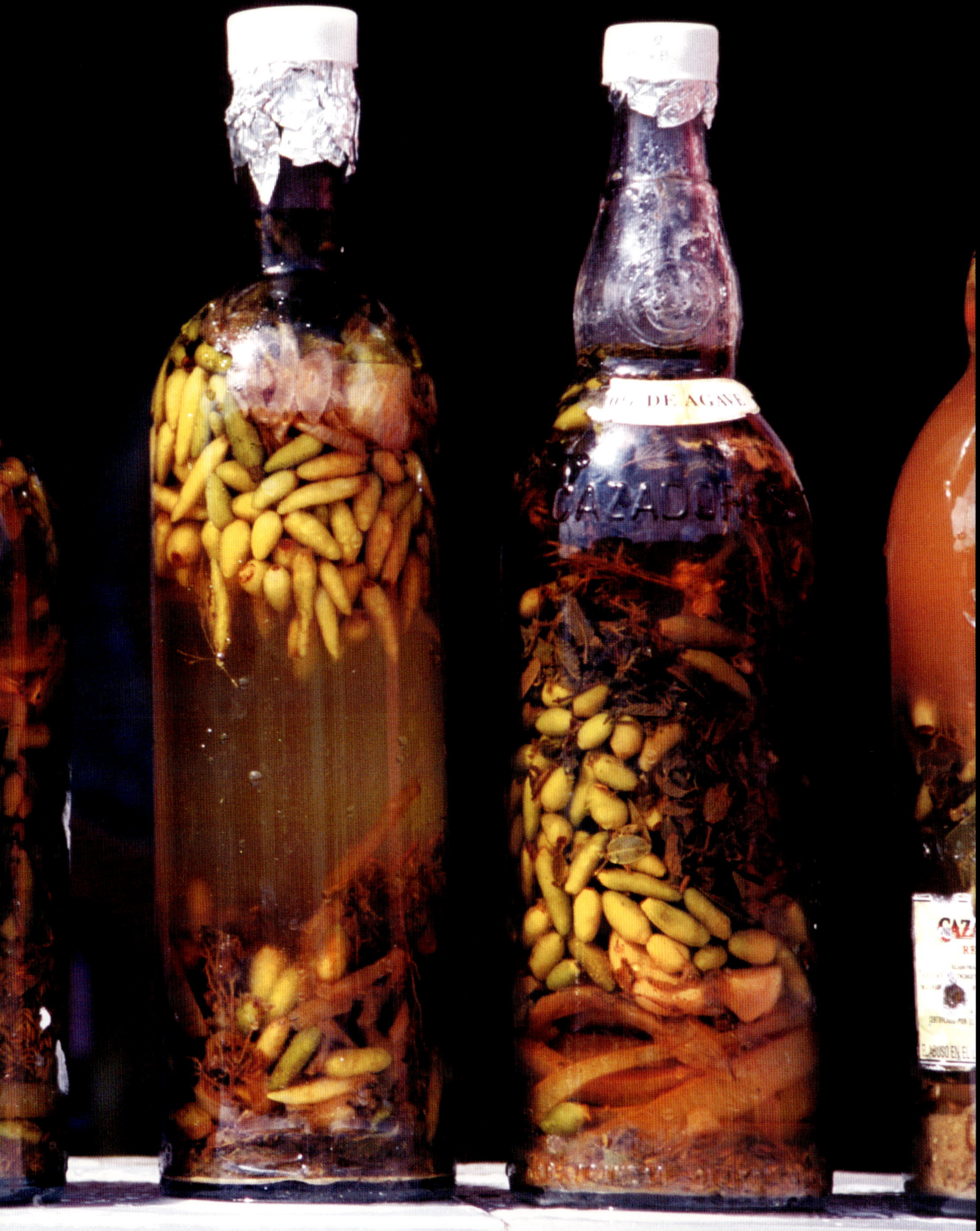
DE AGAVE

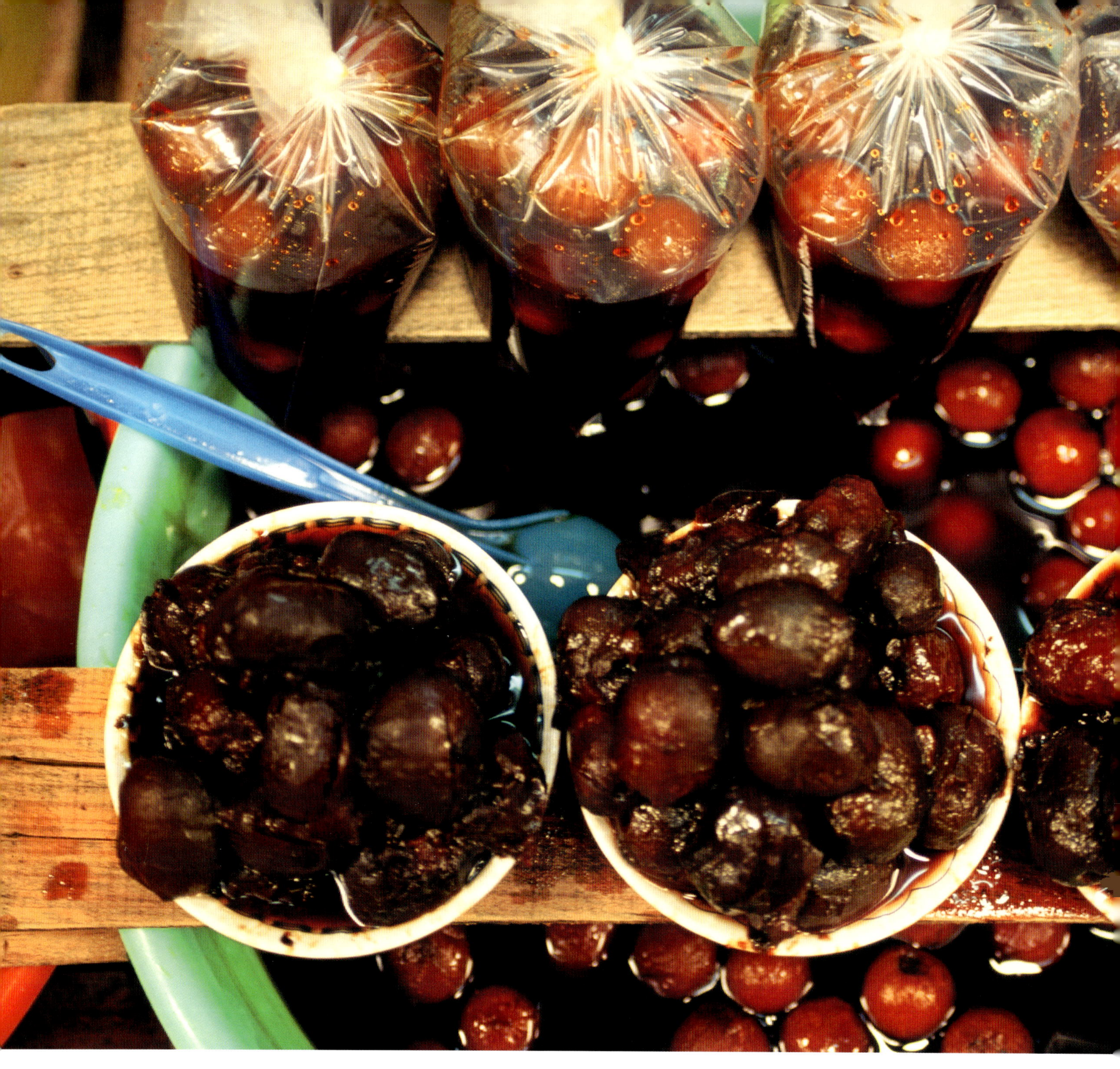

Amplio surtido de formas, una variedad sin igual,
frutas y dulces en conserva, golosina de inspiración celestial.

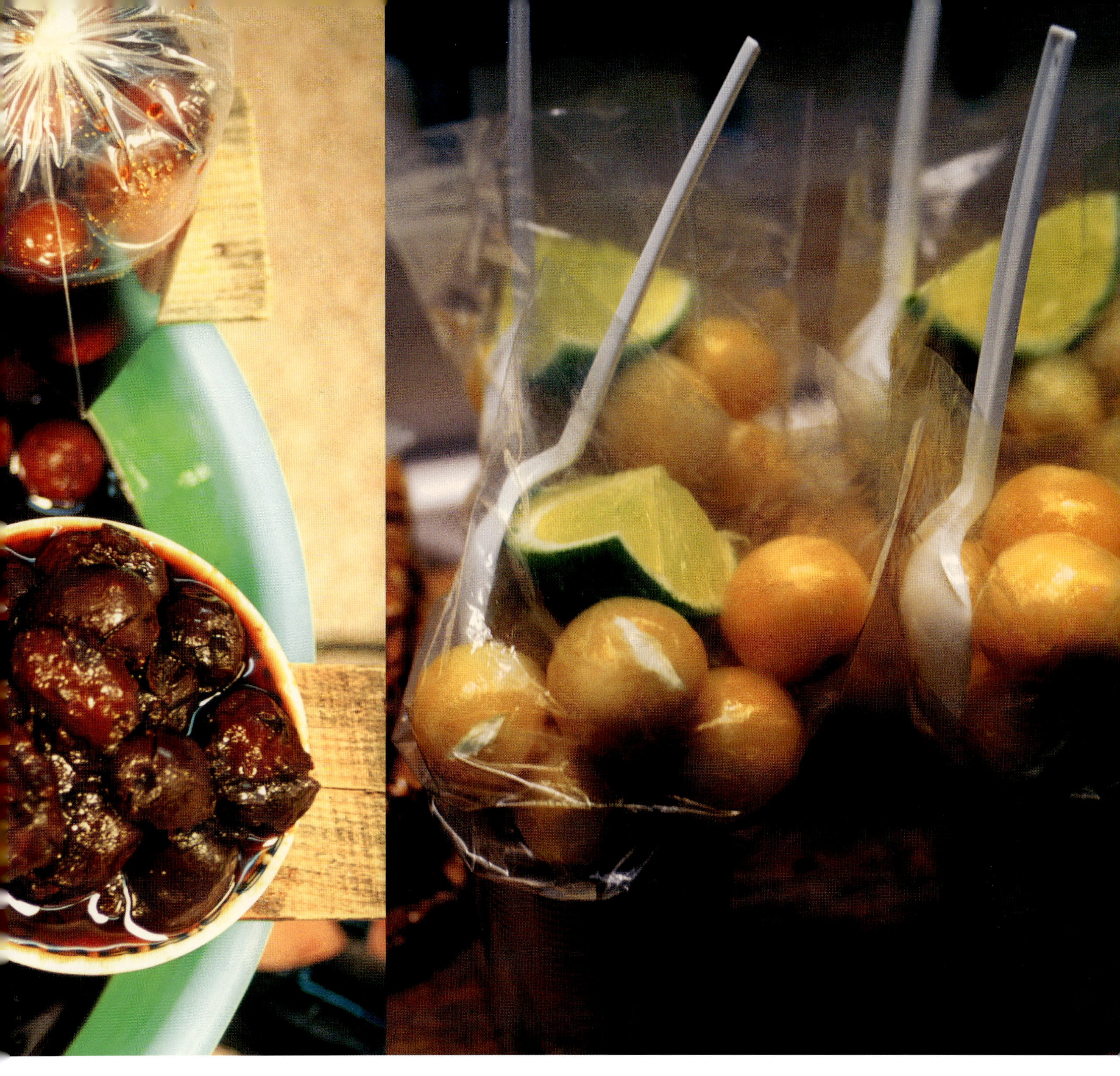

A broad array of shapes, unequalled in variety,
sweets and fruit preserves, delicacies of heavenly inspiration.

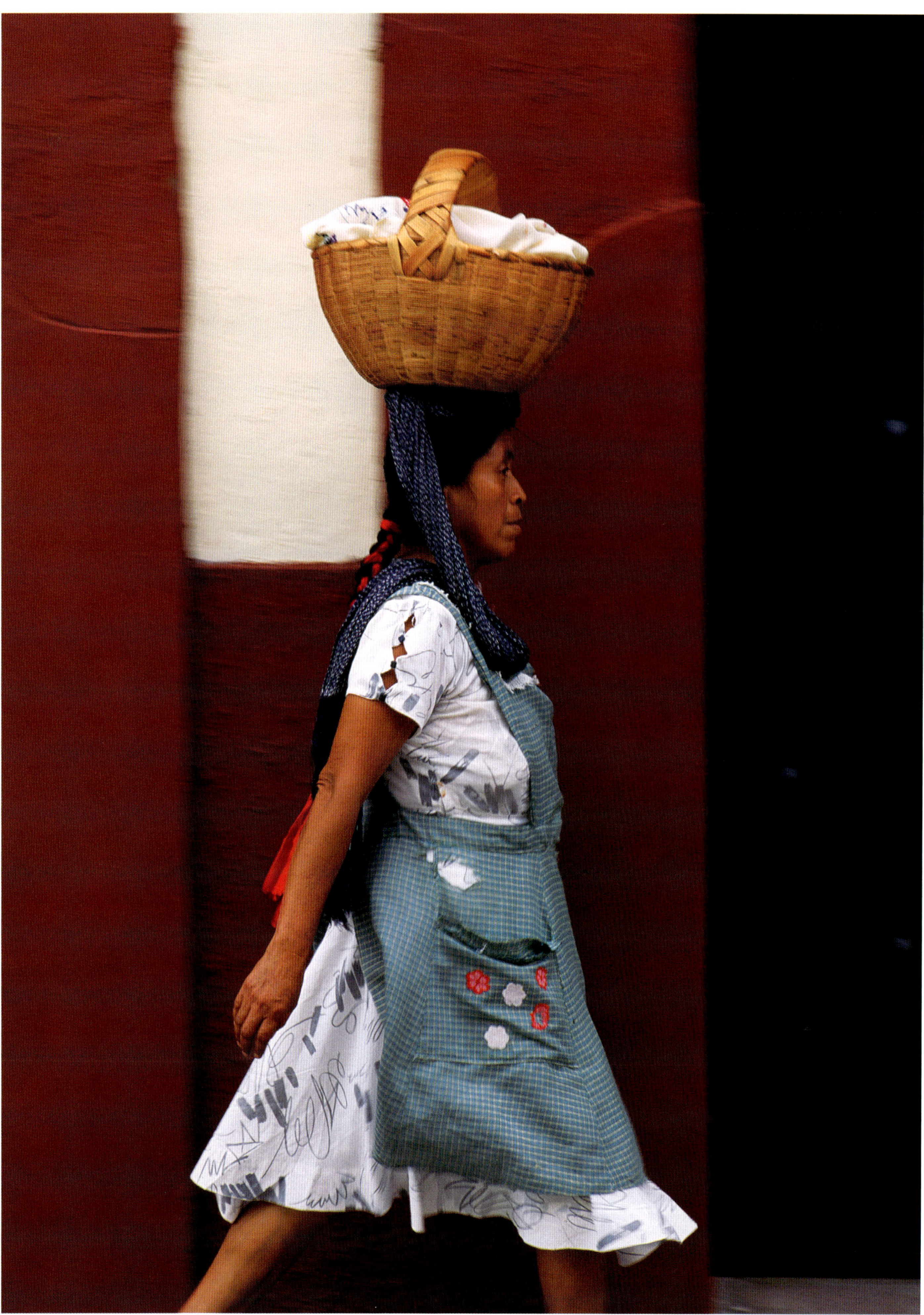

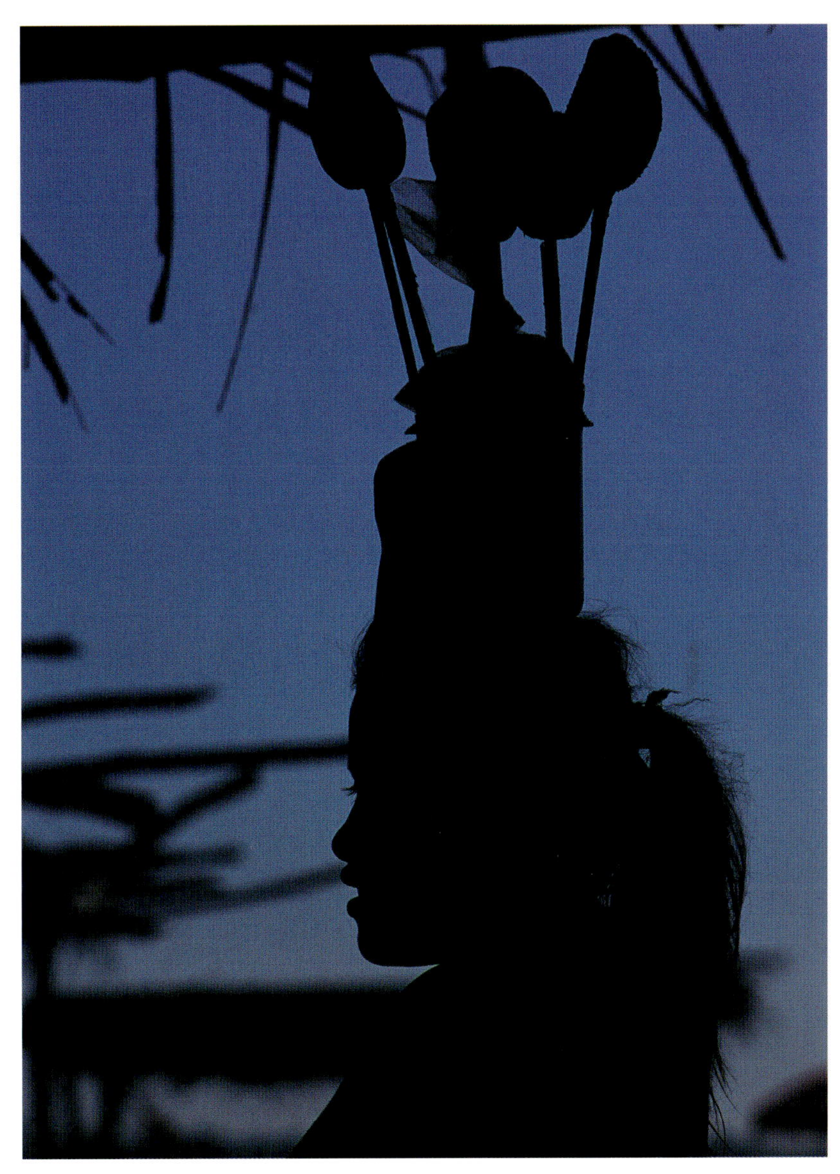

Una mujer con una canasta en la cabeza
es una imagen común en los pueblos del sur.

~

Women carrying baskets on their heads
are a common sight in the villages of southern Mexico.

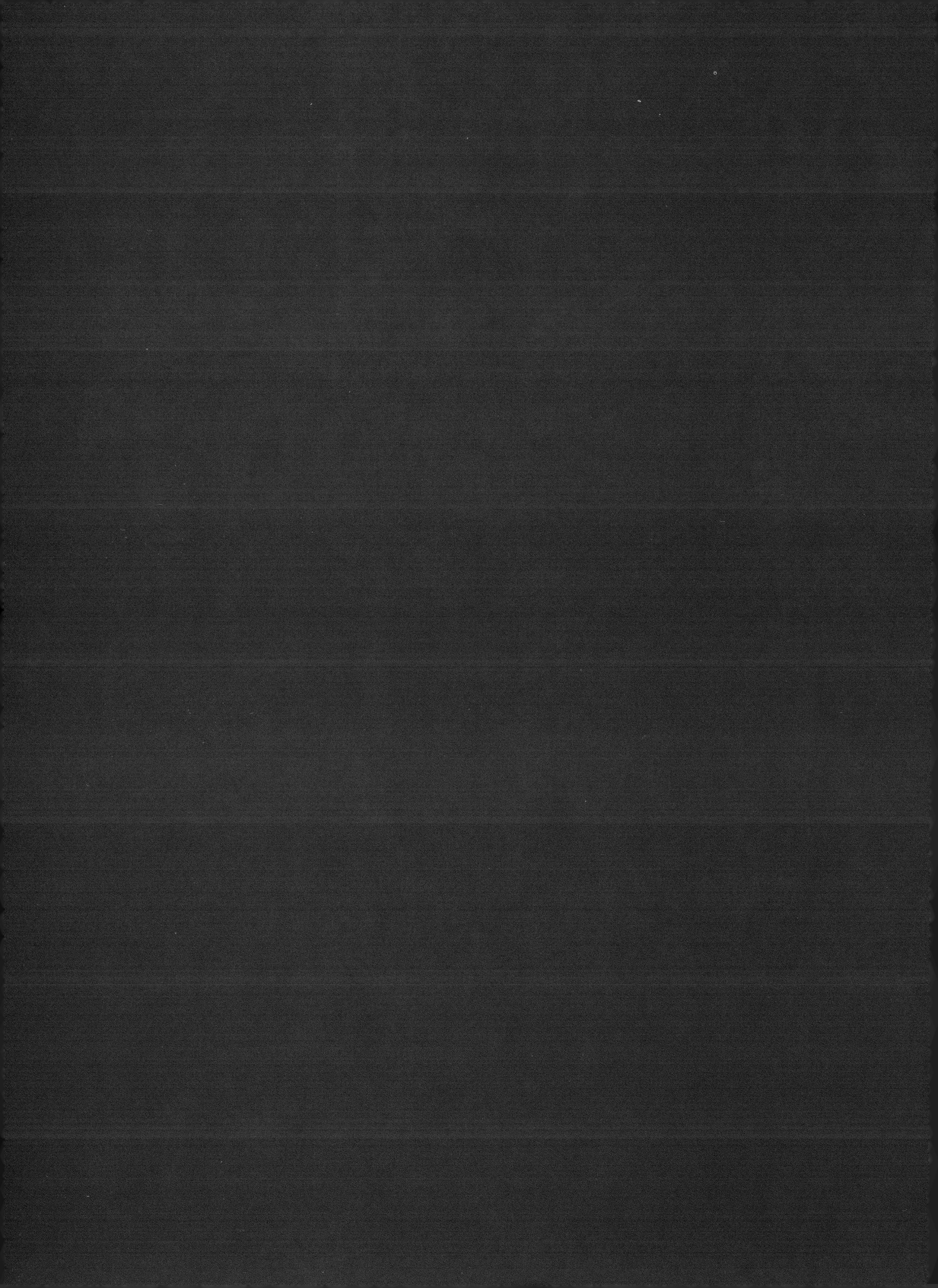

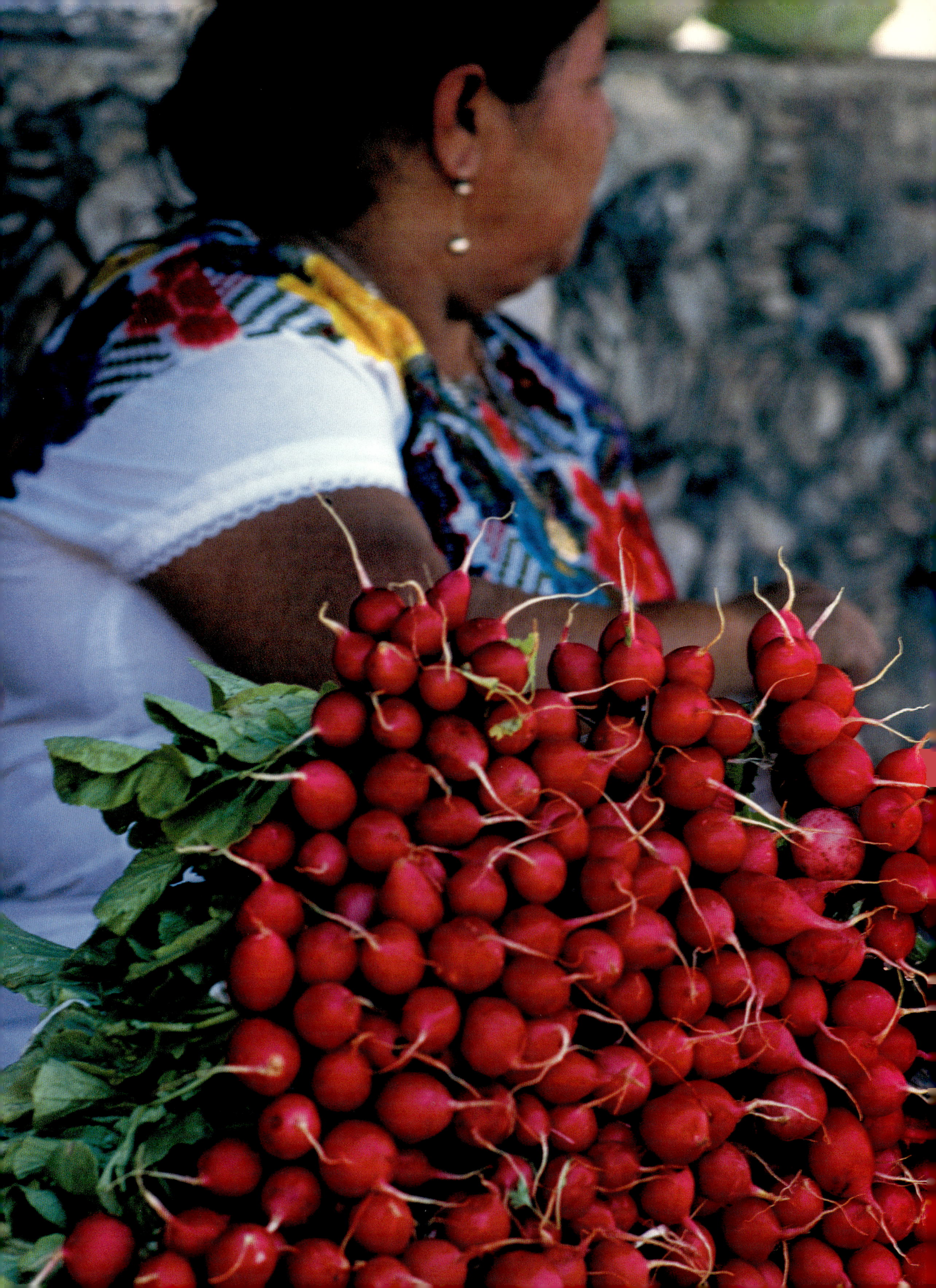

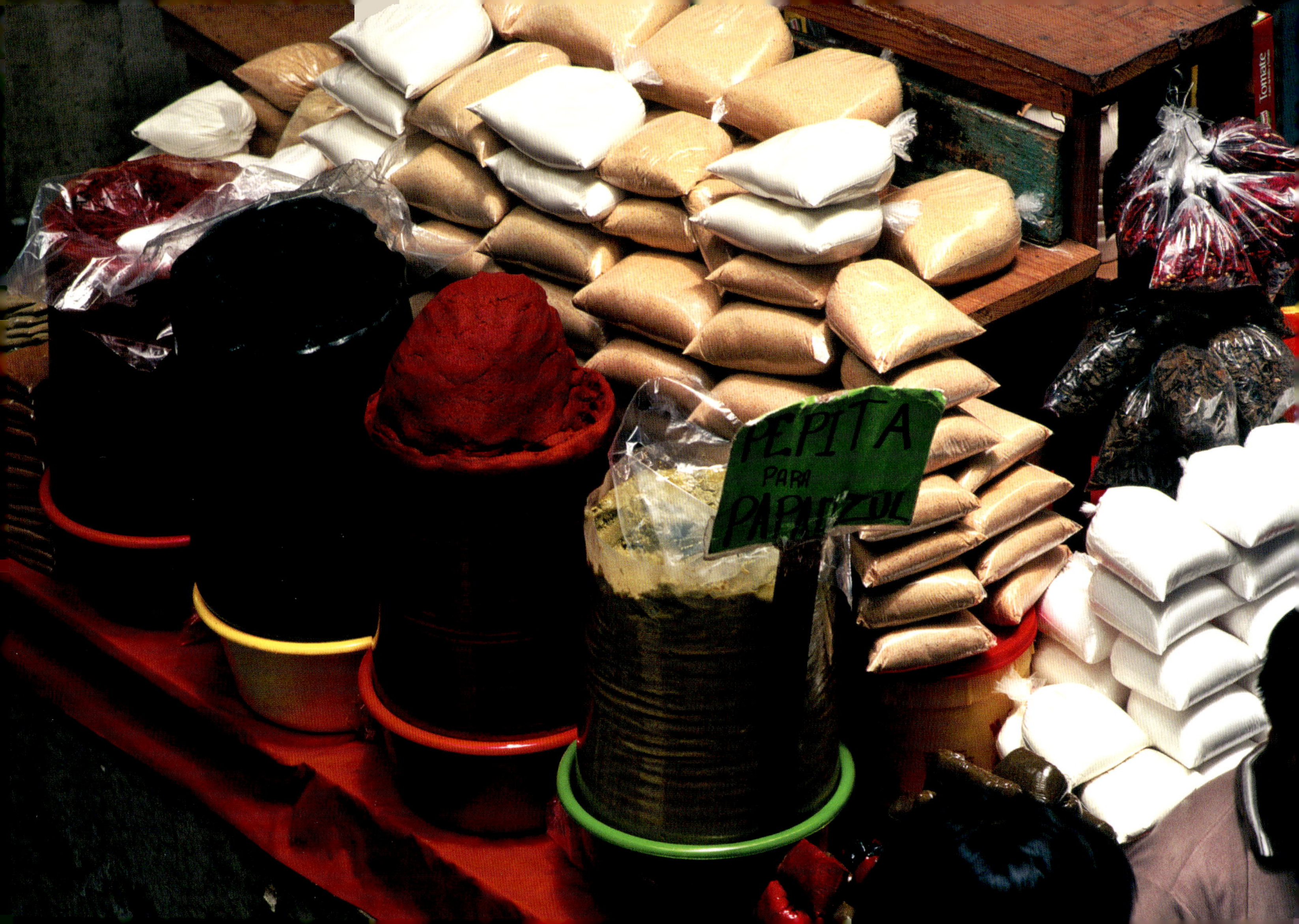
PEPITA
PARA
Tomate

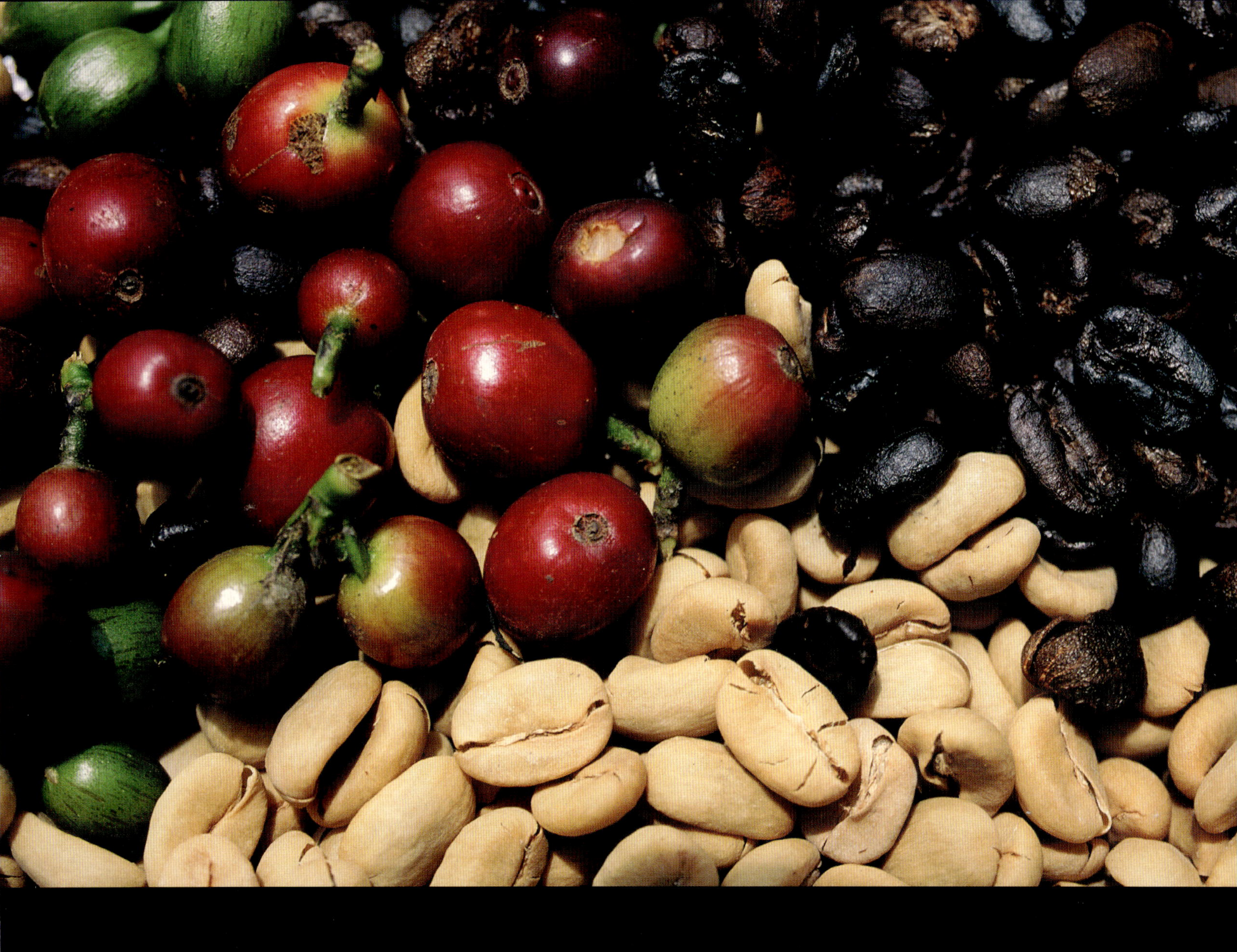

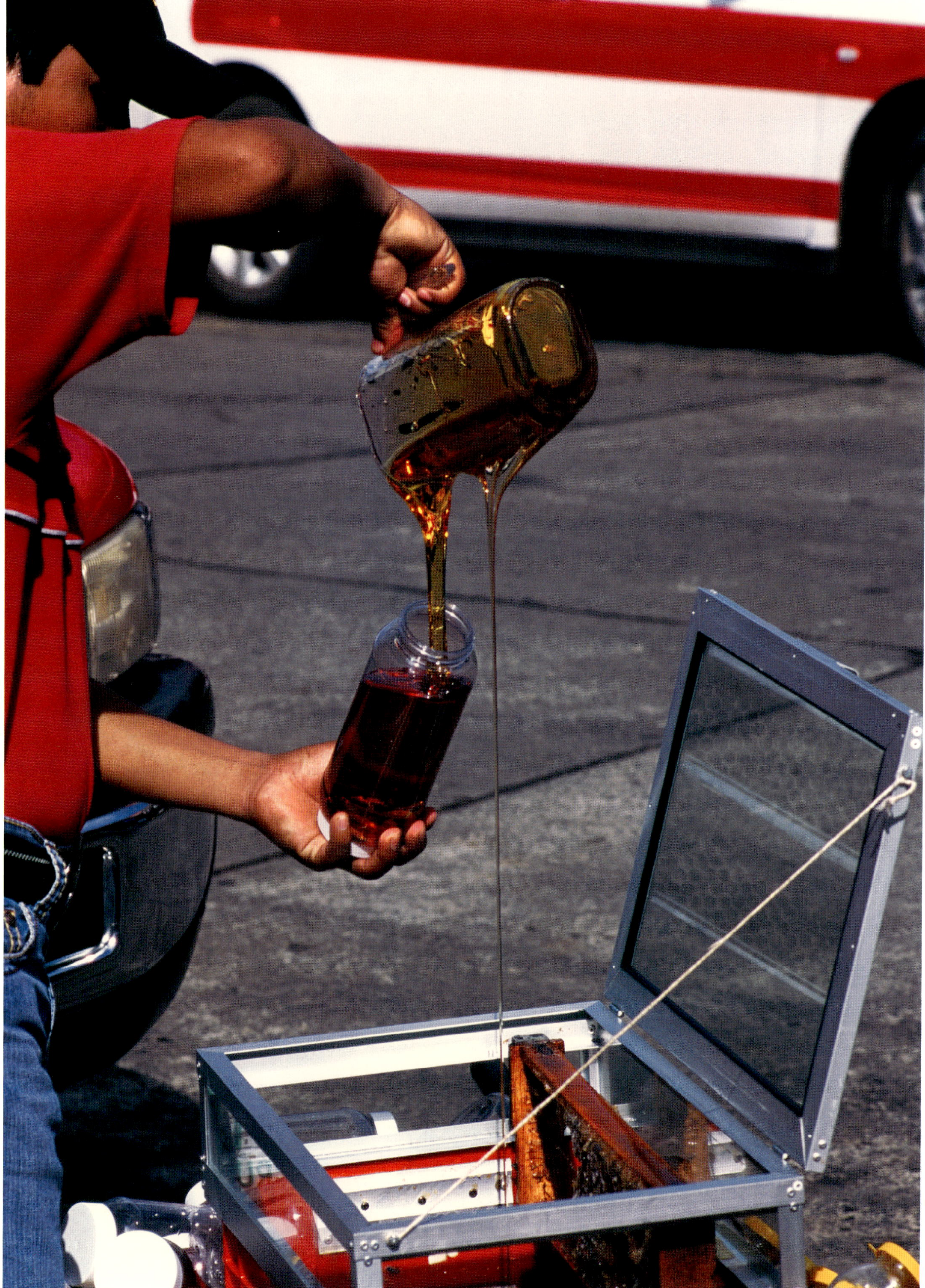

~ La miel del sureste es famosa en todo el mundo por su calidad y sabor. / *The flavor and quality of honey from the southeast are famous all over the world.* ~

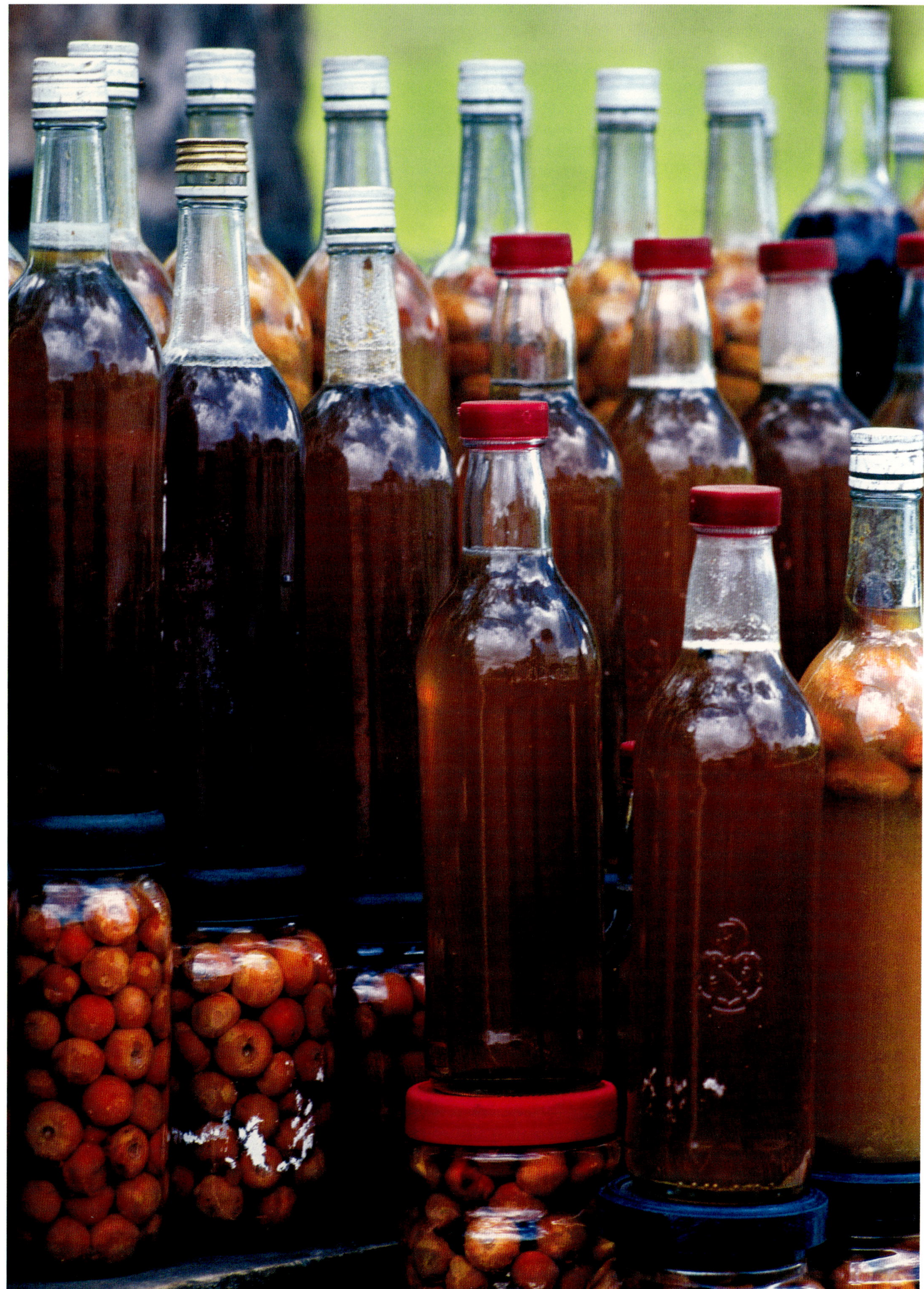

~ Conservas de nanches y otras frutas en miel. / *Preserves of nance and other fruits in honey.* ~

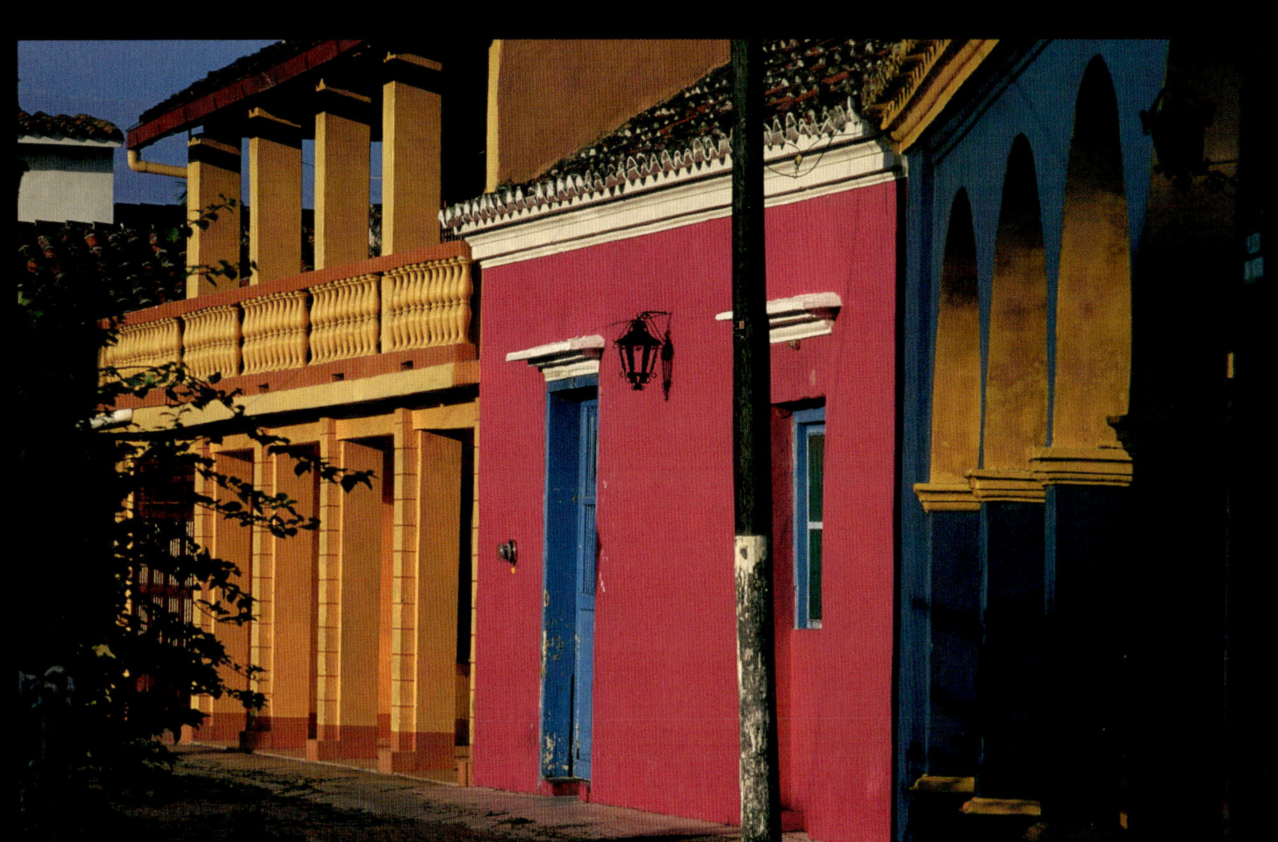

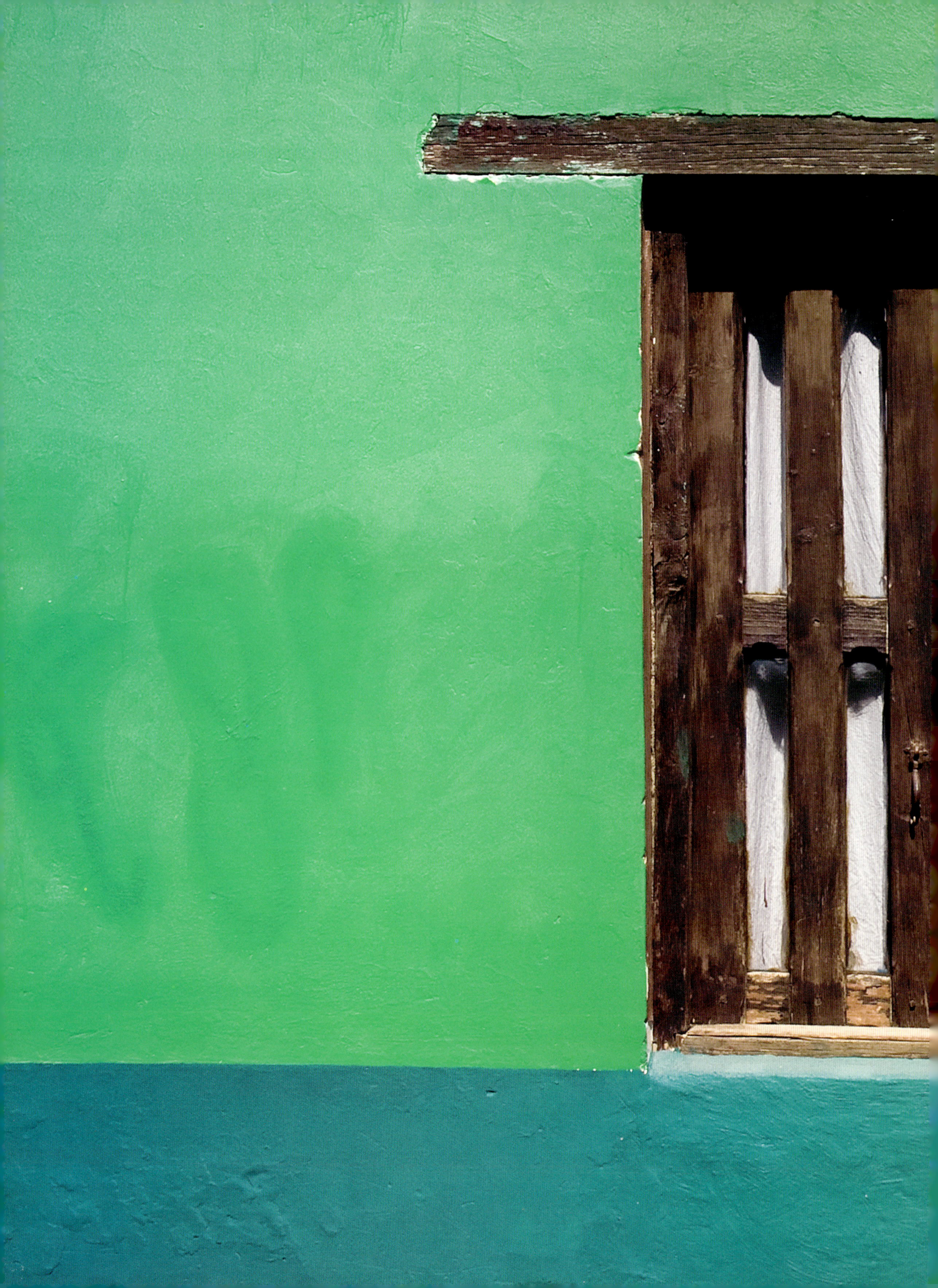

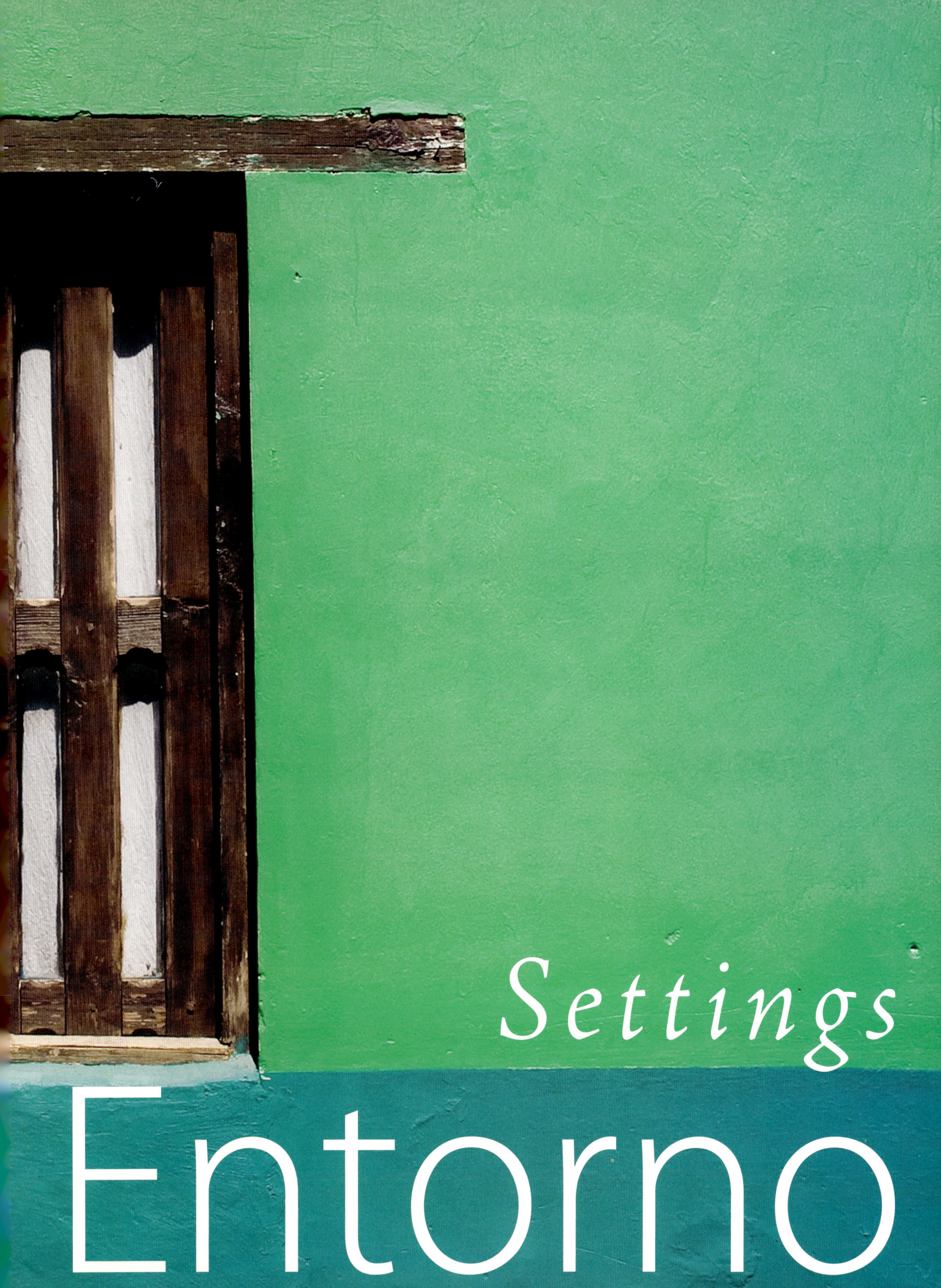

Settings

Entorno

El lenguaje de las piedras

Fue entre los mayas donde la cultura mesoamericana llegó a su máximo esplendor. Los primitivos pobladores, los itzaes, guiados por su jefe y sacerdote Zamná se asentaron en Chiapas y Tabasco, donde construyeron centros ceremoniales como Palenque y Bonampak. Seiscientos años más tarde, durante el siglo X, en una segunda época, la civilización maya alcanzaba una nueva cumbre, esta vez en el norte, en la península de Yucatán, donde levantaron ciudades como Uxmal y Chichén Itzá.

Sin explicación alguna, la civilización maya declinó bruscamente alrededor del siglo XV. Sus grandes ciudades quedaron desiertas y habían sido devoradas por la selva cuando llegaron los españoles. Muchos secretos religiosos han quedado ocultos en las grecas y en los frisos de sus añejas estructuras, pero aún se admiran la simetría, la proporción y el sello personal dejado ahí para la posteridad por la mano del hombre.

Las ciudades coloniales se desarrollan sobre estructuras ancestrales, muchas de ellas con fines específicos como la administración pública, la explotación agrícola, estrategia militar o minera. Oaxaca se desarrolló por razones estratégicas sobre una antigua ciudad mixteca, por su ubicación sobre la principal ruta hacia el sur y con el fin de explotar su rico potencial minero. El atrio almenado de los conjuntos monásticos en otras ciudades servía de fortaleza para los misioneros que temían el ataque y la rebelión de los pueblos indígenas. Los puertos, por razones de seguridad y protección, requerían de construcciones defensivas; a veces, las murallas rodeaban la ciudad, como en Campeche, aunque también era frecuente la construcción de un fuerte como los de San Juan de Ulúa en Veracruz y el de San Diego en Acapulco, por el temor que inspiraban a los españoles las incursiones de los piratas y de otros navegantes hostiles a España. Eran conscientes de la vulnerabilidad de los litorales frente a las epidemias y a la dureza del clima, debido al intenso calor y los continuos ciclones. Es explicable, por estas razones, el escaso desarrollo de las ciudades costeras, en contraste con lo que ocurría en el resto del territorio.

No obstante, en el sur hay numerosas muestras arquitectónicas de indiscutible valor como Oaxaca, Taxco, San Cristóbal de las Casas, Campeche y Mérida. En el sitio donde se estableció Mérida, existía una ciudad maya, con edificios tan notables que recordaban a los españoles las construcciones de la ciudad romana de Mérida (Emérita Augusta) de ahí el nombre que ahora lleva.

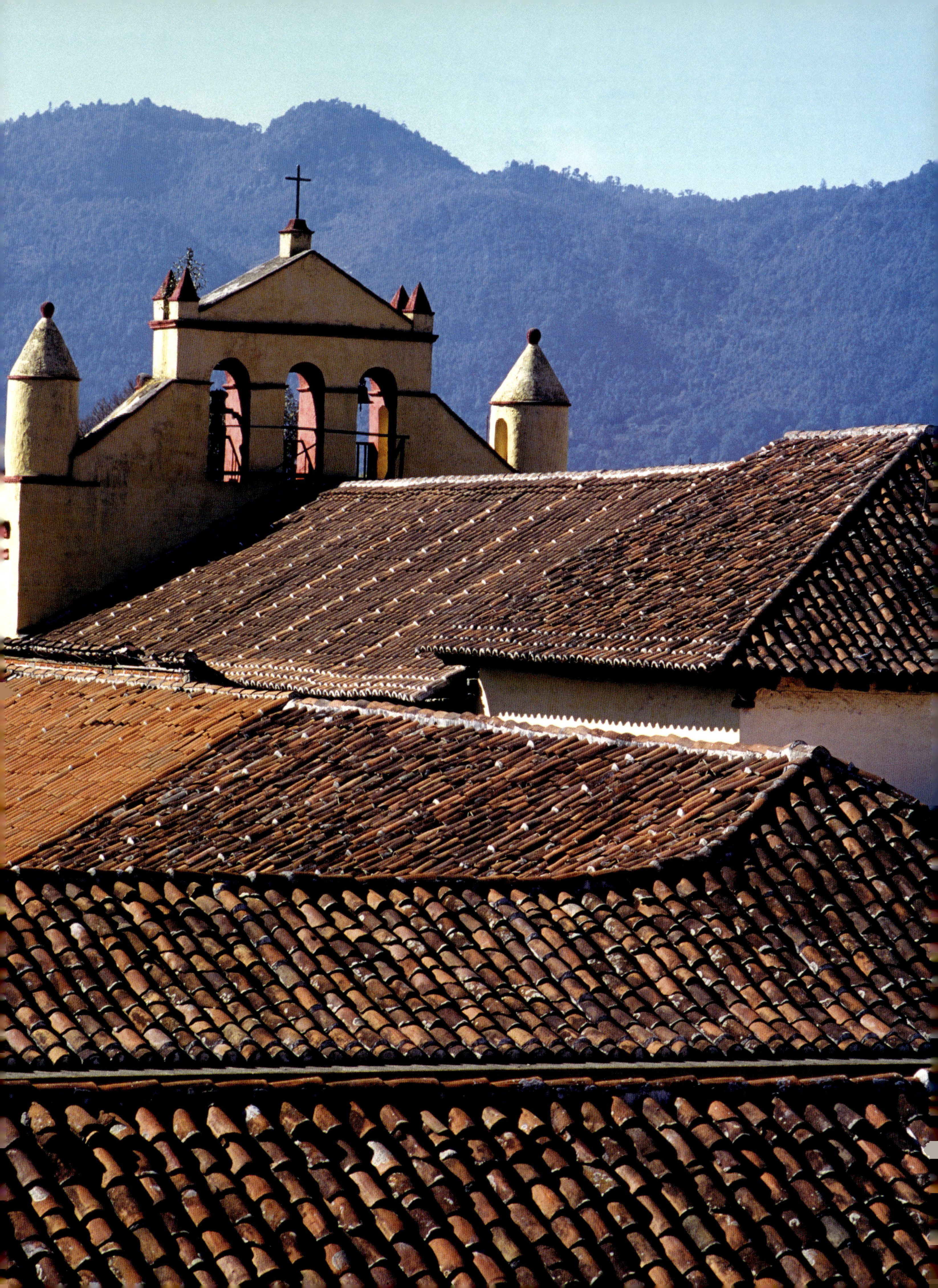

PUERTAS Y VENTANAS: El espíritu de los pueblos sureños se manifiesta en expresiones más personales, como el color que imprimen a sus fachadas, la forma como adornan y aderezan sus puertas y ventanas y el toque particular con que dan la bienvenida a sus visitantes. Por las condiciones del clima, la vida en las ciudades costeras se desarrolla a puertas abiertas; la tertulia familiar, al caer la tarde, tiene como escenario el pórtico de la casa, la calle se convierte en una extensión de la morada y se adorna con grandes macetones, poltronas, mecedoras y mesitas de té. Los muros se engalanan con las mejores muestras de la artesanía local, como el barro, la cerámica, el vidrio o la metalistería. En las ciudades coloniales cambia el concepto; aquí predomina el estilo que puede ir del gótico al neoclásico; del plateresco al barroco y de ahí al resto del catálogo de estilos, incluido el contemporáneo y la vanguardia. Balcones de hierro forjado, ventanas con marcos labrados, portones de madera con grandes aldabones y llamadores de sólidos metales; grandes ventanales abiertos al bullicio citadino, discretos balcones que dejan entrever la fina trama de cortinas y manteles artísticamente hechos a mano.

PLAZAS: Igual que en muchas ciudades medievales europeas, la urbanización colonial en América respondió a una mezcla de consideraciones militares, administrativas y religiosas. Aquí se parte siempre de la cuadrícula, uno de cuyos espacios centrales se destina a la plaza, flanqueada por la iglesia, la casa de gobierno y los comercios; a los costados se rodea con portales sostenidos por arquerías. Por regla general, el mercado semanal se instala bajo esos portales. En México, sobre todo en ciudades como Oaxaca y Mérida, la orientación se desvía ligeramente hacia la derecha, que obedece a una idea de lo sagrado y a la salida y la puesta del sol. Sin embargo, hay excepciones representadas por ciudades mineras como Taxco, que tuvieron que nacer y desarrollarse en condiciones topográficas generalmente vinculadas a yacimientos de metales preciosos enclavadas entre los cerros. Los estrechos caminos de mulas abiertos por los mineros se convertían paulatinamente en calles delimitadas por casas construidas al azar. Cuando varios de estos caminos confluían en un espacio relativamente plano, con espacio suficiente para dar lugar a un mercado, se establecía la plaza. Los urbanistas les dan el nombre de "plato roto" a este tipo de ciudades de calles empinadas y tortuosas que, no por ello, pierden su fisonomía y figuran entre las más atractivas para los visitantes, como la propia Taxco, Zacatecas o Guanajuato. Tlacotalpan, es una ciudad de calles oblicuas y curvas, tiene siete plazas, todas ellas pintorescas, como la plazuela de Doña Marta, con sus bancas de mampostería. En sus calles es notable la aportación al paisaje urbano de una interpretación popular de la sobria y elegante arquitectura decimonónica, con la construcción de casas que respetan el estilo pero se terminan con vivos colores y cubiertas de teja, que responden más a la comodidad y a la adaptación al clima tropical, que a preservar la pureza del estilo.

Las plazas son los sitios de reunión, escenarios de los encuentros pero también vestíbulos comunes y áreas distribuidoras, como una continuación de los ámbitos privados, lo que obliga a los habitantes a componer las fachadas. En Tabasco las plazas son espacios abiertos a los que se han agregado fachadas que definen el contexto a que están destinadas, ya sea la vivienda o la sede de los poderes terrenal o espiritual.

ESCULTURAS: Los españoles reconocieron que los indígenas poseían gran habilidad para esculpir la piedra a pesar de que no conocían el hierro: "labraban la piedra sin hierro ni acero, ni más cincel que un pedernal" dice en su crónica fray Bartolomé de las Casas, gran defensor de los indígenas. En los talleres conventuales aprendieron a trabajar conforme a las técnicas europeas y no sólo tuvieron que utilizar las nuevas herramientas de metal sino que debieron acostumbrarse a copiar los modelos de las estampas religiosas que les proporcionaban los frailes maestros. En las plazas y paseos, en las grandes avenidas, en los parques y glorietas decoran el espacio esculturas de todo tipo, religiosas, civiles, conmemorativas, alegóricas o artísticas, trabajadas en los más diversos materiales, piedras, maderas o metales; obras monumentales o pequeños retablos, producto de legados ancestrales, patrimonio histórico o creación de artistas contemporáneos y de vanguardia cuyo denominador común es el talento y la capacidad expresiva.

TALLADO EN PIEDRA: Los frisos de Mitla y Montealbán, de Palenque o Bonampak, de El Tajín o Uxmal y Chichén Itzá, rebelan un talento ancestral para labrar la piedra que encuentra nuevas expresiones en los frontones y fachadas, en las molduras de los edificios coloniales, civiles o religiosos de diferentes estilos, y hoy se manifiesta, con la misma calidad, en las más depuradas muestras del urbanismo y la arquitectura de nuestros días.

CATEDRALES, IGLESIAS Y CONVENTOS: La mayoría de los edificios coloniales de Oaxaca data de los siglos XVII y XVIII, aunque algunos se iniciaron en el siglo XVI y se reconstruyeron posteriormente, entre ellos destacan la catedral, cuyos muros han sido engrosados varias veces a causa de los temblores; el templo y ex convento de los jesuitas, conocido como La Compañía; la iglesia de La Soledad, de fachada esculpida, y las iglesias de San Felipe y de La Sangre de Cristo.

En Taxco se distingue una de las obras más refinadas de la última etapa del barroco, el templo de Santa Prisca, donde ya no es sólo la cantidad de los ornamentos lo que llama la atención, sino la concepción decorativa. Una obra de gran elegancia. En San Cristóbal de las Casas, el templo del Carmen, que data de finales del siglo XVI; el de Santo Domingo, con una decorativa portada de argamasa de carácter popular; la catedral con su fachada policromada, del siglo XVII, y el de la Caridad, del XVIII. En Campeche, el templo de San Francisco, ubicado fuera de la zona amurallada, del siglo XVI; la antigua parroquia de La Concepción, convertida en catedral en el siglo XIX. En Mérida la obra religiosa más importante es la Catedral, del siglo XVI. Su exterior es austero y el interior se ajusta al rigor del clasicismo renacentista. Conviene notar las nervaduras que dividen algunas bóvedas con una cuadrícula esférica de gran exactitud en el corte de la piedra.

Torre con reloj, una tradición europea.
The clock tower, a European tradition.

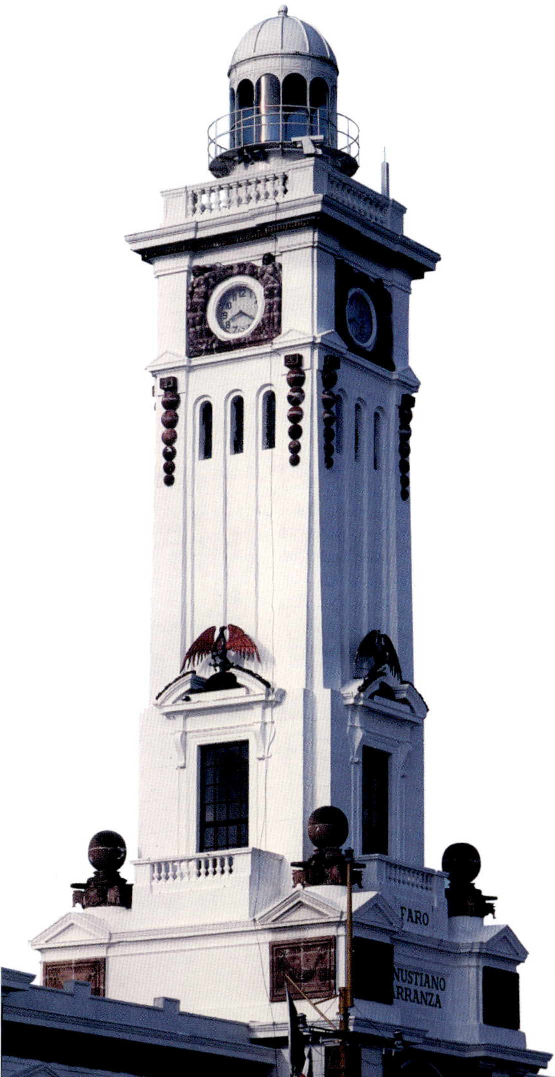

The language of the stones

Mesoamerican culture reached its apex under the Mayas. The early settlers, the Itzaes, were led by their chief and priest into modern-day Chiapas and Tabasco, where they built ceremonial centers such as Palenque and Bonampak. Six hundred years later, in the Tenth Century, the Mayan civilization enjoyed a second golden age, this time further north, in the Yucatán peninsula, where cities like Uxmal and Chichén Itzá sprang up.

Then, around the Fifteenth Century, the Mayan civilization fell into decline for no apparent reason. Its great cities were abandoned and, by the time the Spaniards arrived, had been swallowed up by the jungle. Many religious secrets were lost in the fretwork and friezes of their age-old structures, but the symmetry, proportions and personal seal left for posterity by skilled hands are still there for everyone to admire.

Colonial cities were then built on top of pre-Hispanic structures. Many of these buildings were designed for specific roles, such as public administration, agriculture, military strategy or mining. Building work was carried out, for instance, on top of an old Mixtec city because its strategic location on the main southbound route made it ideal for exploiting the area's great mining potential. The crenellated atriums of monastic complexes in other cities acted as forts for missionaries fearful of uprisings and attack by the indigenous communities. Ports were in need of defensive constructions for security and protection; sometimes cities were walled, like Campeche, and a number of forts were also built, such as San Juan de Ulúa in Veracruz and San Diego in Acapulco, to protect the Spaniards from attacks by pirates and other naval forces hostile to Spain. They were only too aware of the coast's vulnerability to epidemics and severe weather conditions, because of the intense heat and endless storms. It is because of this that the development of coastal cities was limited compared to what would happen in the rest of the country. Nonetheless, Southern Mexico boasts a huge array of outstanding architectural jewels such as Oaxaca, Taxco, San Cristóbal de las Casas, Campeche and Mérida. The site on which Mérida was built was once occupied by a Mayan city, with buildings that were so magnificent they reminded the Spaniards of the Roman city of Mérida (Emérita Augusta), which is where it got its name from.

DOORS AND WINDOWS: *The spirit of the peoples from the south is expressed in more personal ways, too, such as the colors used for façades, the decorations on doors and windows, and the particular way guests are received. Life in coastal cities is lived largely with open doors due to weather conditions; in the evening the family gathers on the porch and the street becomes an extension of the home, decorated with large plant pots, easy chairs, rocking chairs and tea tables. Walls are embellished with the finest examples of local art using earth, ceramics, glass and metal. But the conception of colonial cities is different. Here, styles range from gothic to neoclassic, or plateresque to baroque, covering the full spectrum of trends over the centuries, including contemporary and avant-garde. Examples include wrought iron balconies, windows with crafted frames, large wooden doors with heavy doorknockers and solid metal bells, large windows open to the hubbub of the city and discrete balconies revealing the fine mesh of artistically handcrafted curtains and tablecloths.*

SQUARES: *Like in many medieval cities in Europe, colonial urbanization in the Americas took into account a number of military, administrative and religious considerations, but the basis was always the grid. The central area of this grid housed the plaza or square, flanked by the church, the government buildings and businesses, which often sat behind archways overlooking the main square. The weekly market would set up under these archways. In Mexican cities such as Oaxaca and Mérida, the alignment veered off slightly to the right, in keeping with religious beliefs and the rising and setting of the sun. But there were also exceptions, as is the case of mining towns like Taxco, which emerged* *and flourished under topographic conditions determined by the location of precious metal deposits in the mountains. The narrow mule tracks scratched out by miners gradually became streets shaped by randomly built homes. When a number of these roads converged on a relatively flat area of land, spacious enough to hold a market, a plaza was created. Town planners have coined the term "broken plate" for this type of towns with steep and winding roads that, nonetheless, manage to retain their charming features and rank among the most attractive destinations for visitors, such as Taxco, Zacatecas and Guanajuato. Tlacotalpan is a city of slanting, curved streets. It has seven plazas, all of which are picturesque, such as Doña Marta with its crafted stone benches. The simple but tasteful influence of a popular version of Nineteenth Century architecture on the urban landscape is clearly illustrated by houses built in this style but then painted in bright colors and crowned with tiles, more in keeping with the need for comfort in a tropical climate than with loyalty towards the purity of the style. The plazas are meeting points as well as common areas and thoroughfares, like an extension of private spaces, which meant the inhabitants had to make the façades themselves. In Tabasco the plazas are open spaces to which façades have been added to define the intended use of the surrounding buildings, which could be homes or the seat of both earthly and heavenly powers.*

SCULPTURES: *The Spaniards recognized the great skill of the indigenous people in sculpting stone, even though they had no knowledge of iron: "they work stone without iron or steel, using only flint as a chisel" noted friar Bartolomé de las Casas, the great defender of the indigenous communities, in his chronicles. Workshops were set up in convents to teach them European techniques in which they used new metal tools and learned to copy the religious markings provided by Catholic clergymen.*

The plazas and streets, the main avenues, parks and traffic circles are adorned by an impressive array of sculptures, including religious, civic, commemorative, allegorical and artistic creations, made from a very broad range of materials, such as stone, wood or metal. The common denominator of these works, be they monumental feats or small altarpieces, the product of ancestral heritage, historic patrimony or masterpieces of contemporary and vanguard artists, is sheer talent and expressive abilities.

CARVED FROM STONE: *The friezes of Mitla, Monte Albán, Palenque, Bonampak, El Tajín, Uxmal and Chichén Itzá all point towards an ancestral skill in working stone that finds new expression in the pediments, façades and moldings of civic and religious colonial architecture of every style, and which is now illustrated with the same panache by the purest examples of modern-day town planning and architecture.*

CATHEDRALS, CHURCHES AND CONVENTS: *Most of the colonial architecture in Oaxaca dates back to the Seventeenth and Eighteenth Centuries, although some buildings were first made in the Sixteenth Century and then rebuilt subsequently. The finest examples include the cathedral, whose walls have been reinforced several times because of earthquakes; the church and former Jesuit convent, known as La Compañía; the church of La Soledad, with its sculpted façade, and the churches of San Felipe and La Sangre de Cristo. Taxco is home to one of the most splendid creations of the latter baroque style, the church of Santa Prisca, where the sheer volume of adornment and the decorative quality itself are worthy of note. It is a very elegant masterpiece. In San Cristóbal de las Casas there is the church of Carmen, dating back to the end of the Sixteenth Century; the church of Santo Domingo, with its decorative mortar façade made in the popular style; the cathedral with its polychrome façade from the Seventeenth Century, and the Eighteenth Century church of La Caridad. Campeche boasts the church of San Francisco, which stands outside the walled area, from the Sixteenth Century, along with the former parish church of La Concepción, which was converted into a cathedral in the Nineteenth Century. The most important religious building in Mérida is the Sixteenth Century Cathedral, which is austere on the outside, while the inside is dominated by the Classic Renaissance style. It is worth noting the ribs that divide some of the vaults with a spherical grid made with very precisely cut stone.*

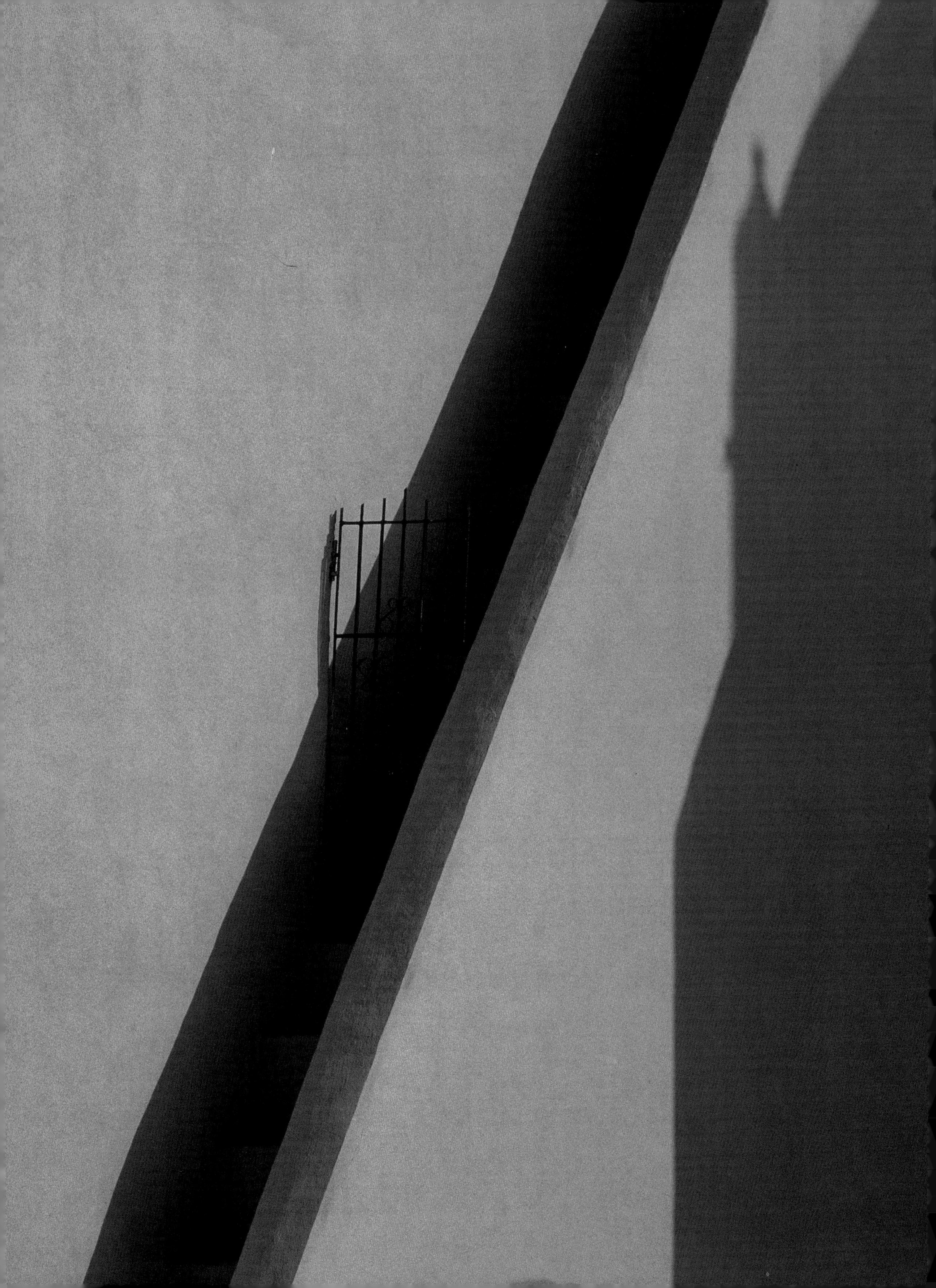

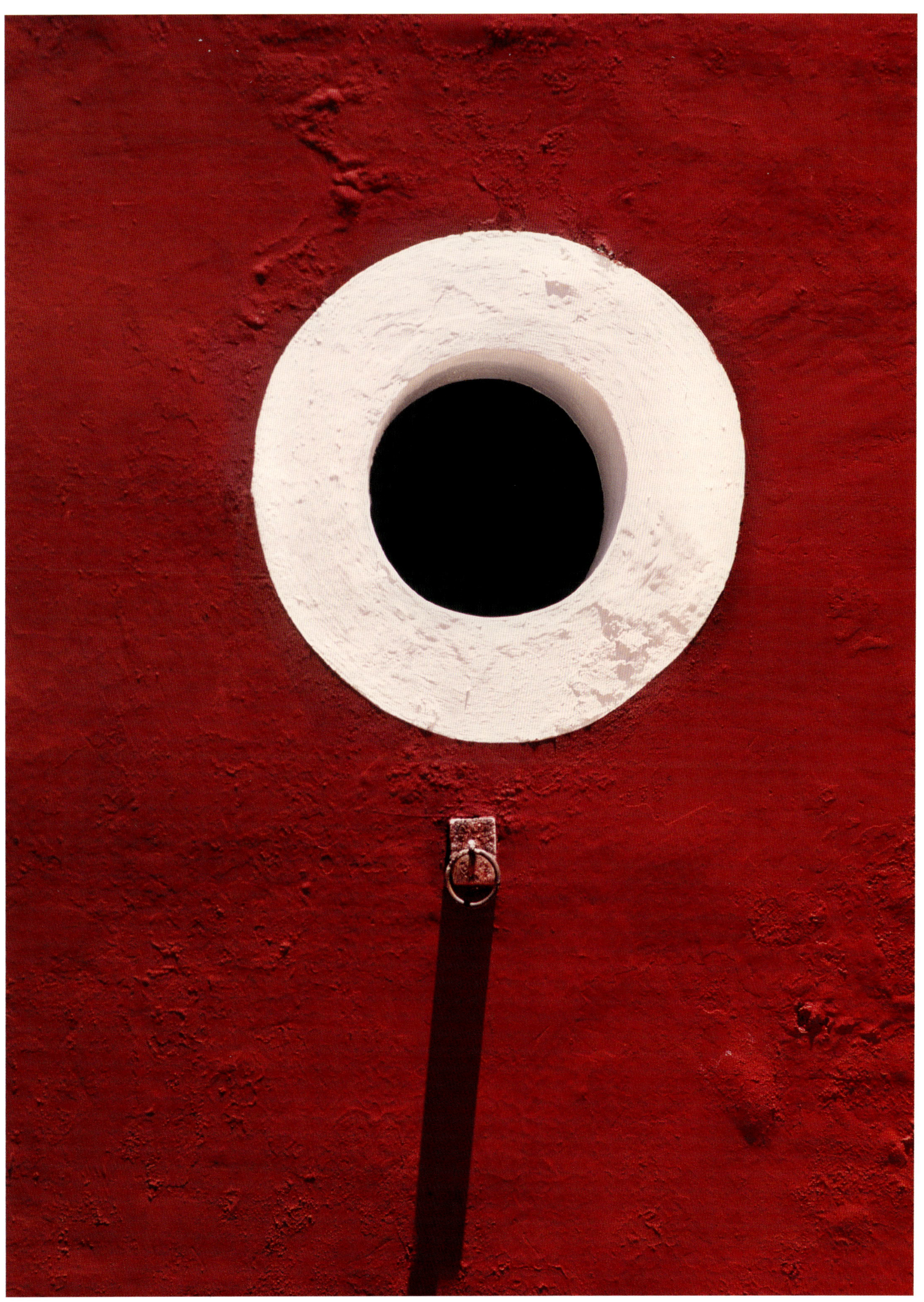

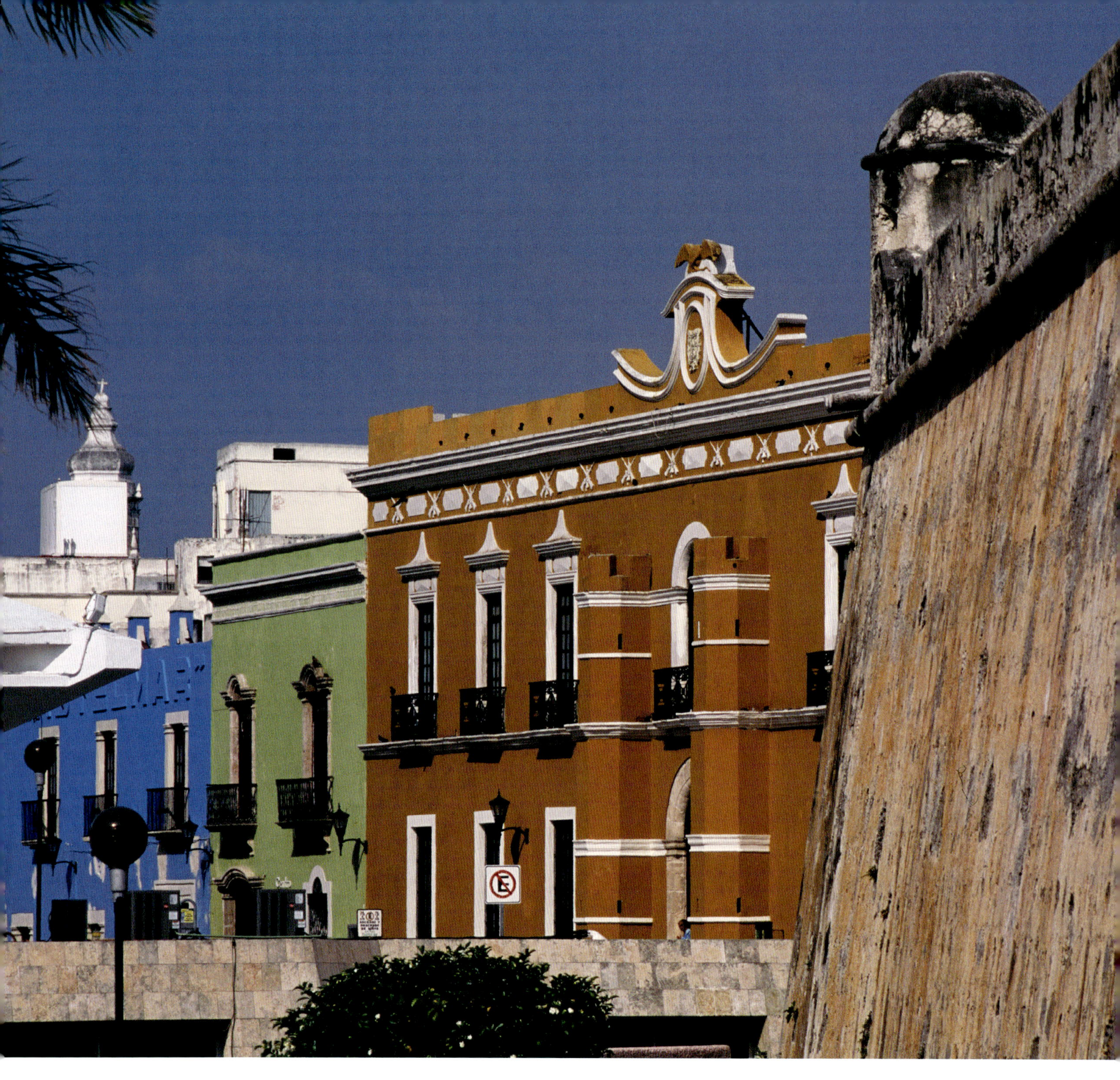

Campeche ciudad bella, de arquitectura colonial, los contrastes de colores la enriquecen y la solidez de sus murallas acentúan su sello de identidad.

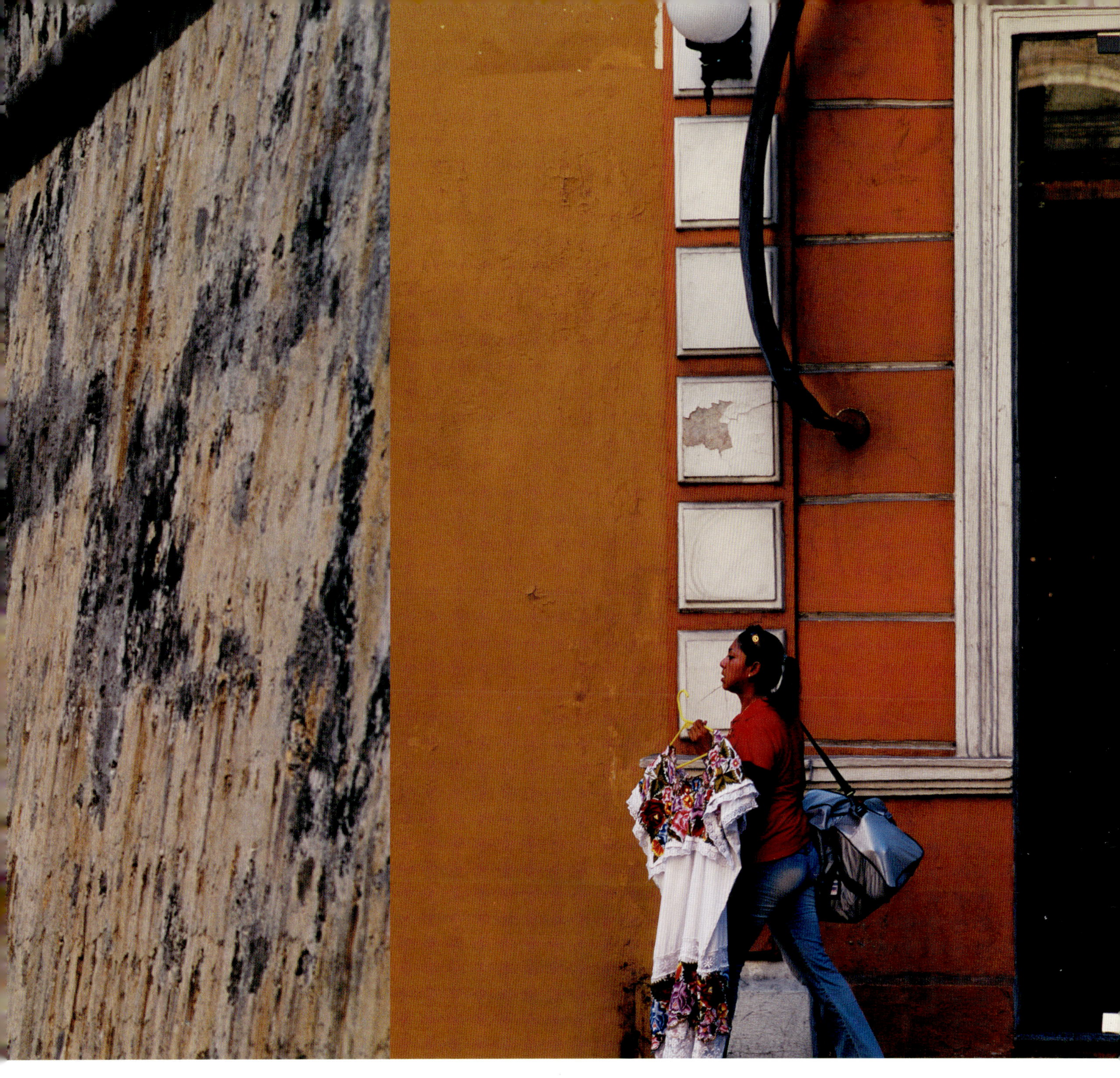

The beautiful city of Campeche, with its colonial architecture, is enriched by contrasting colors, while its solid walls bring out the hallmark that is its very own.

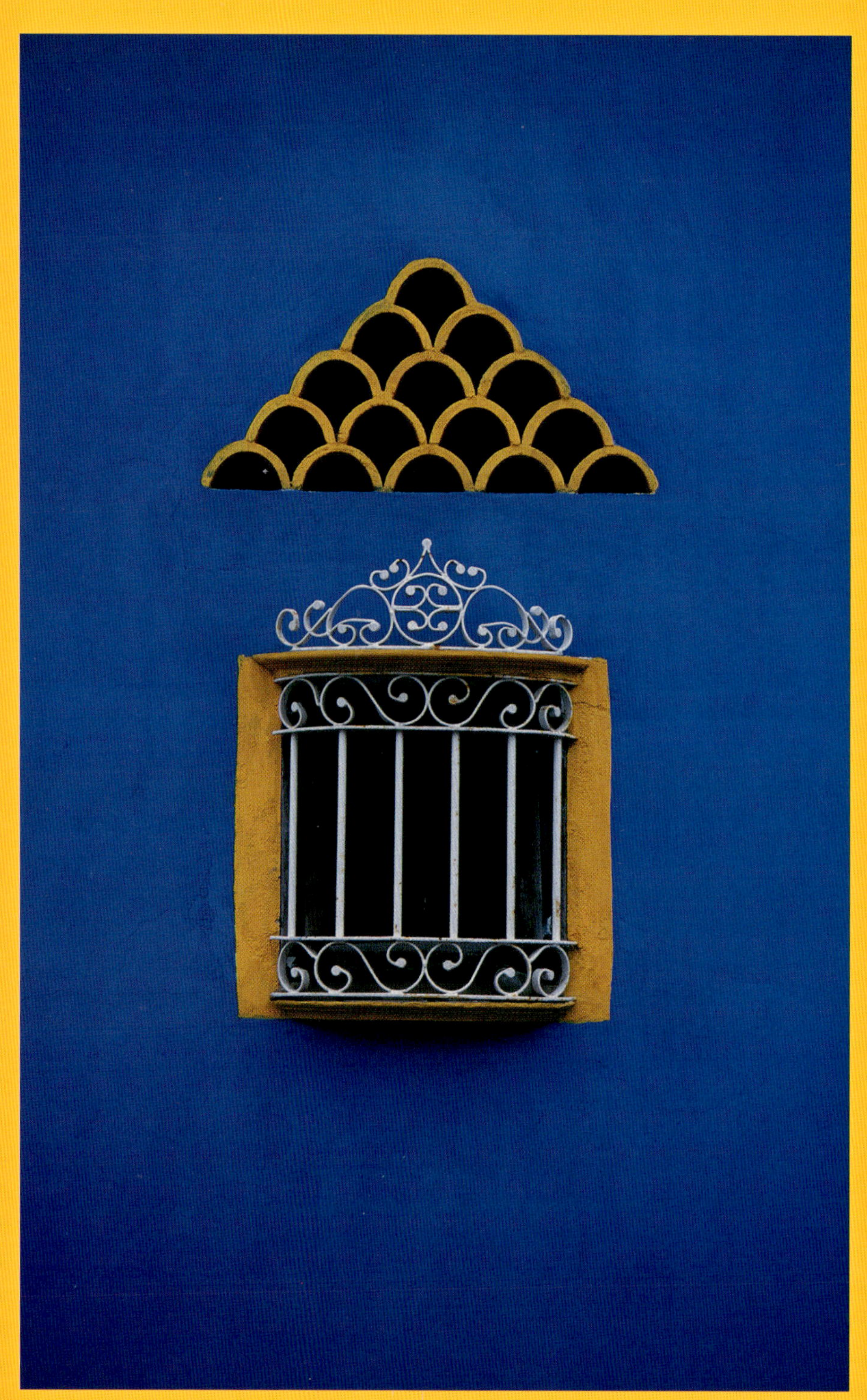

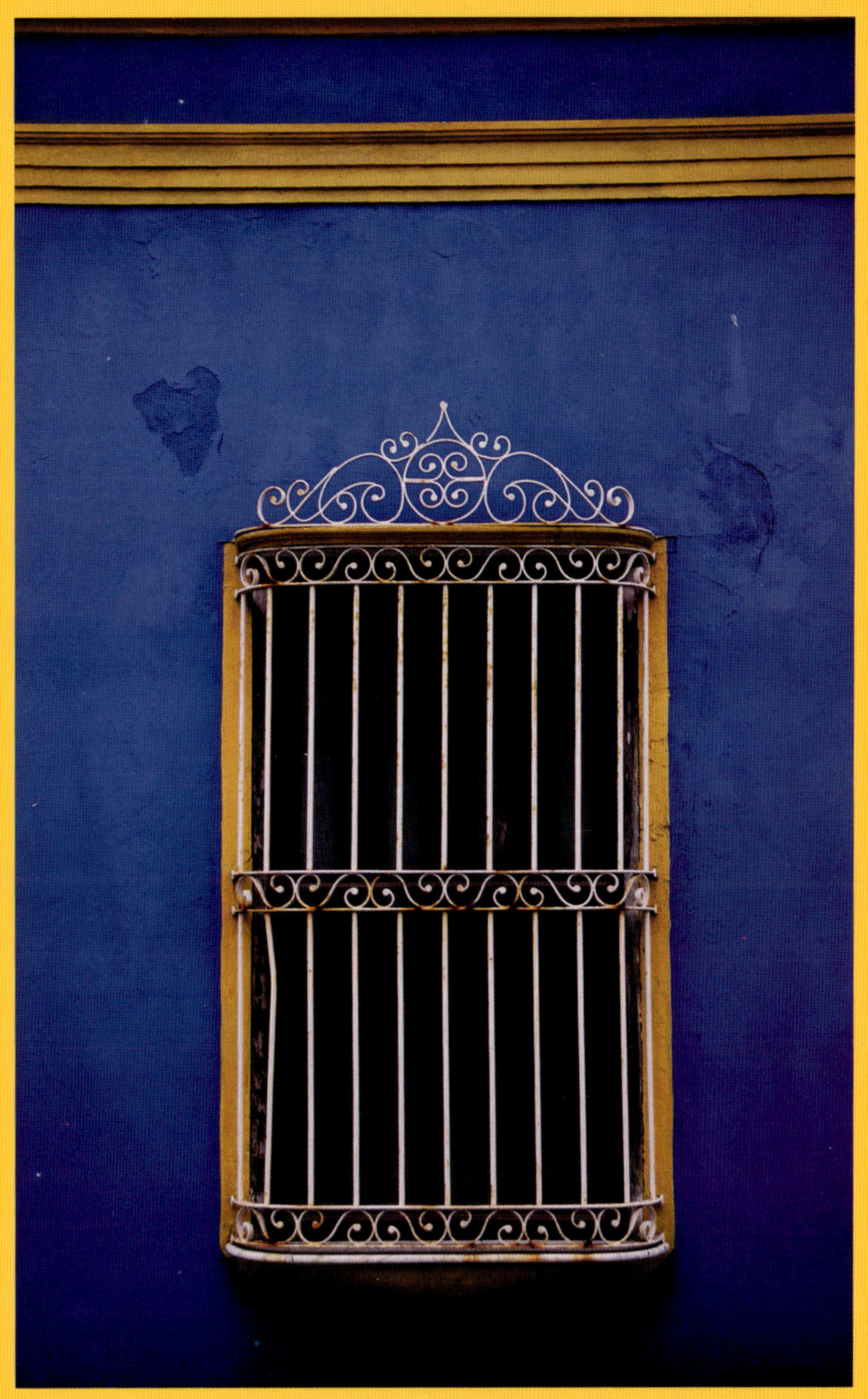

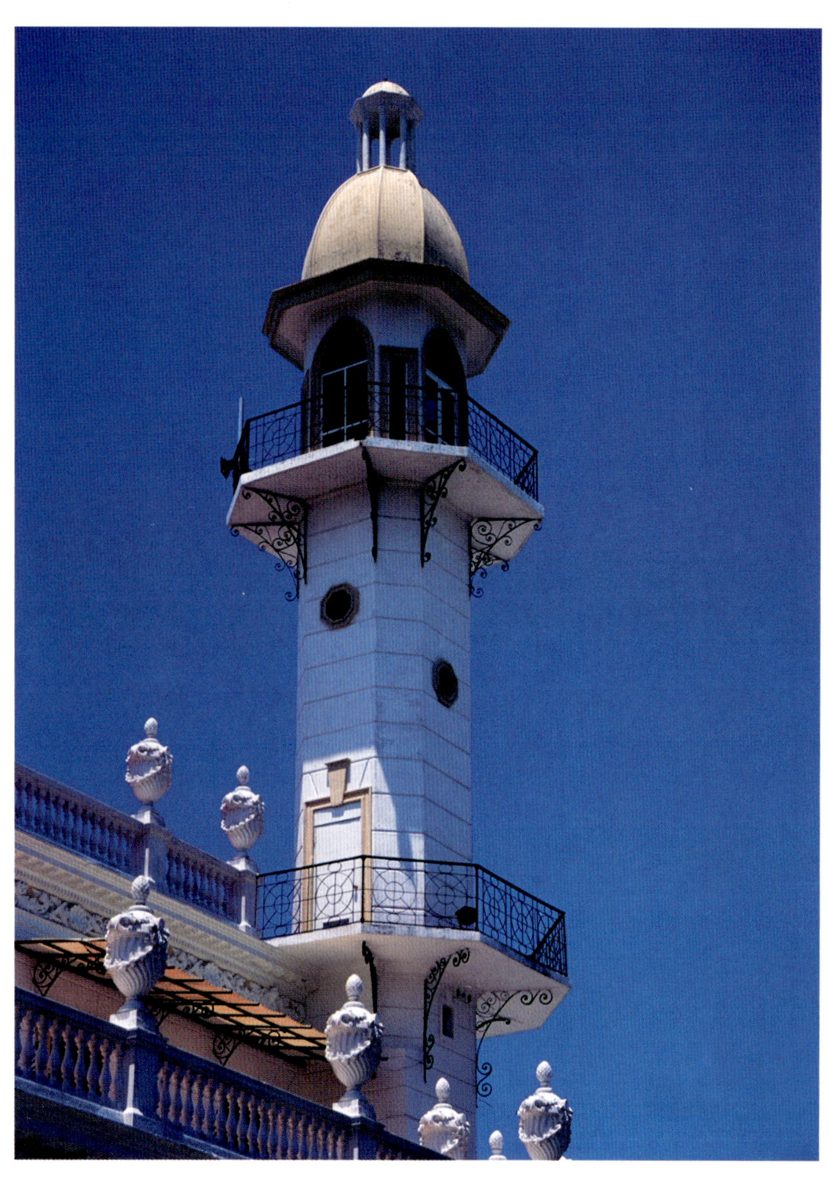

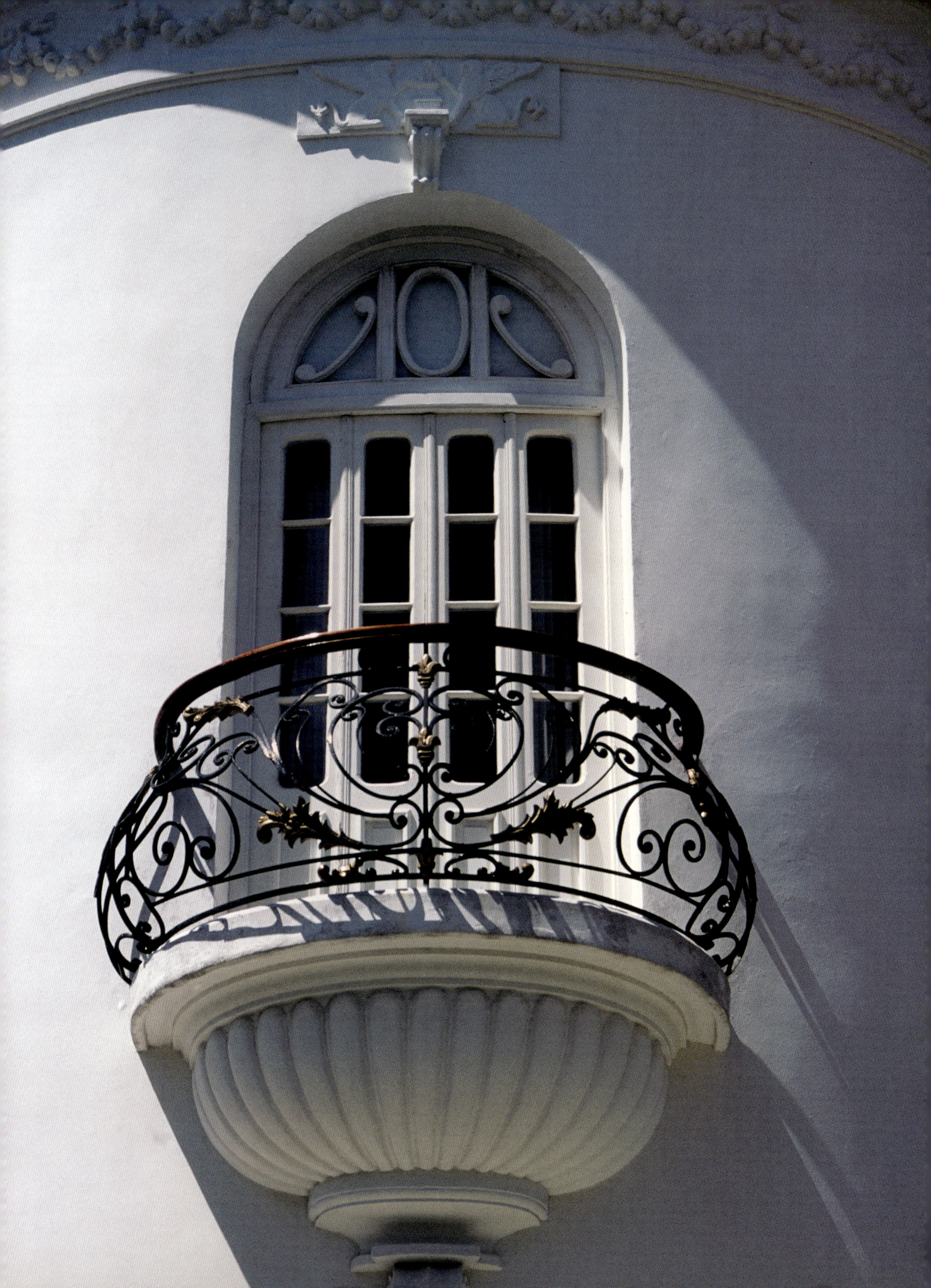

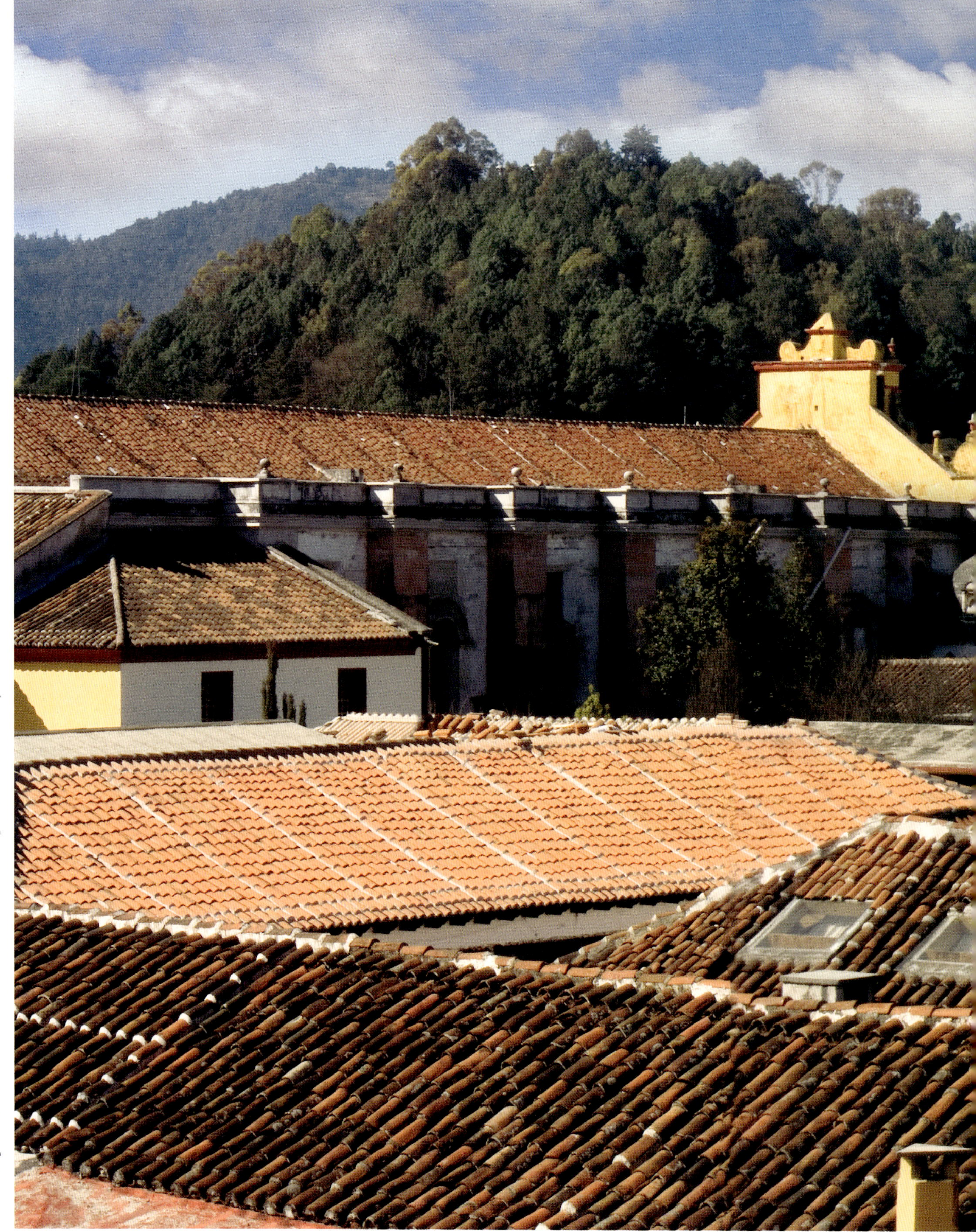

Vista panorámica de San Cristóbal de las Casas, Chiapas. / *A scenic view of San Cristóbal de las Casas, Chiapas.*

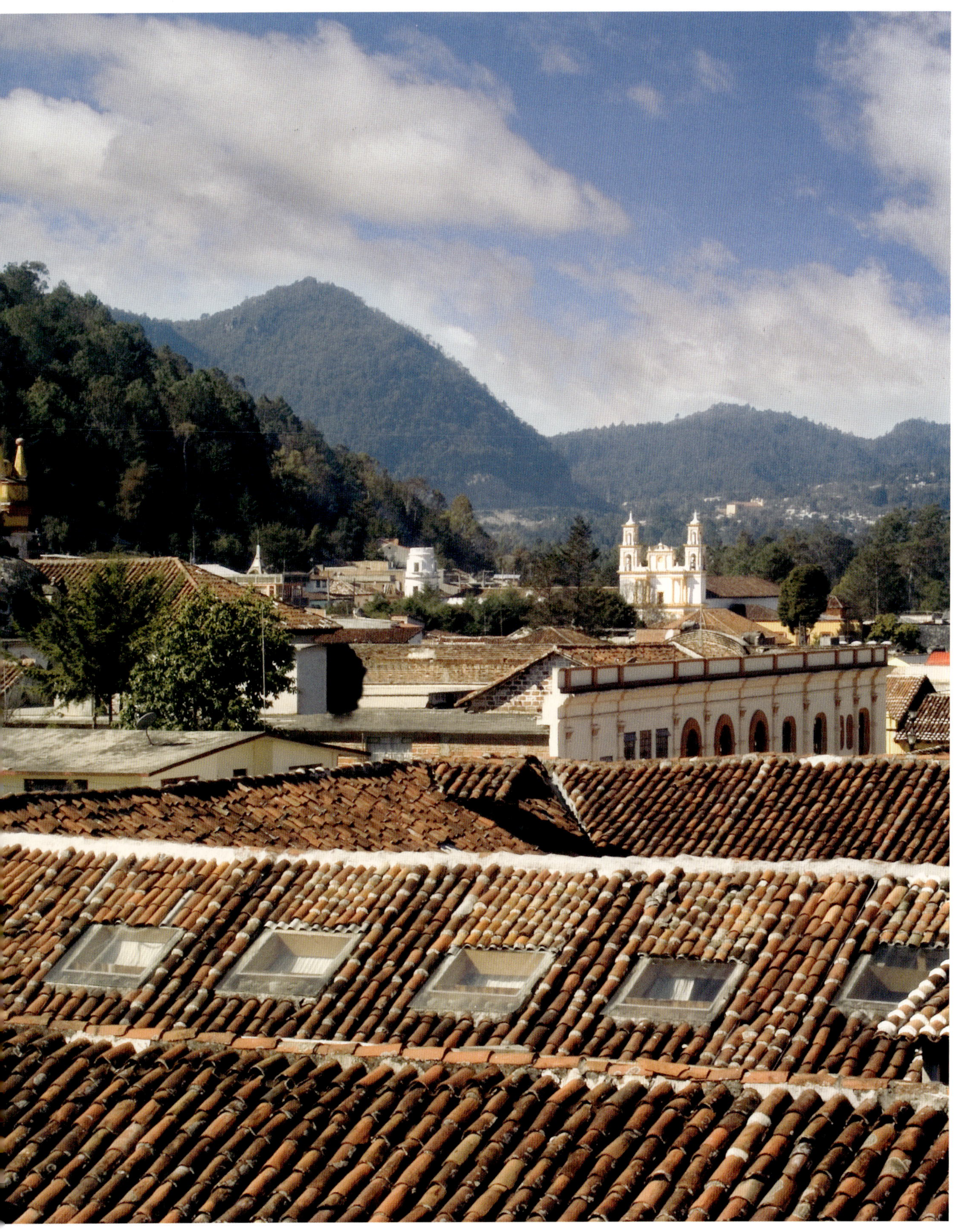

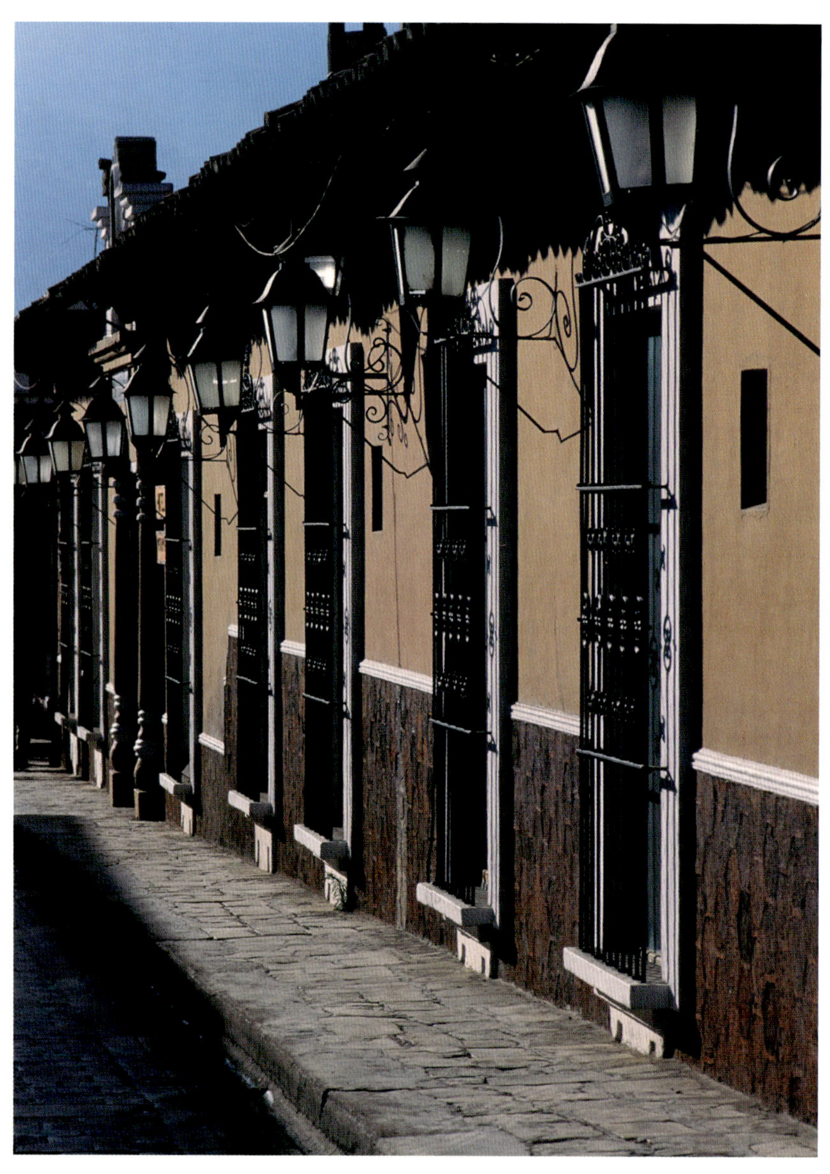

San Cristóbal de las Casas, antigua Villa Real, donde comparten espacio la traza de una ciudad española y un pueblo mexicano tradicional.

~

San Cristóbal de las Casas, the old Royal Villa, where a space is shared by the blueprint of a Spanish city and a traditional Mexican village.

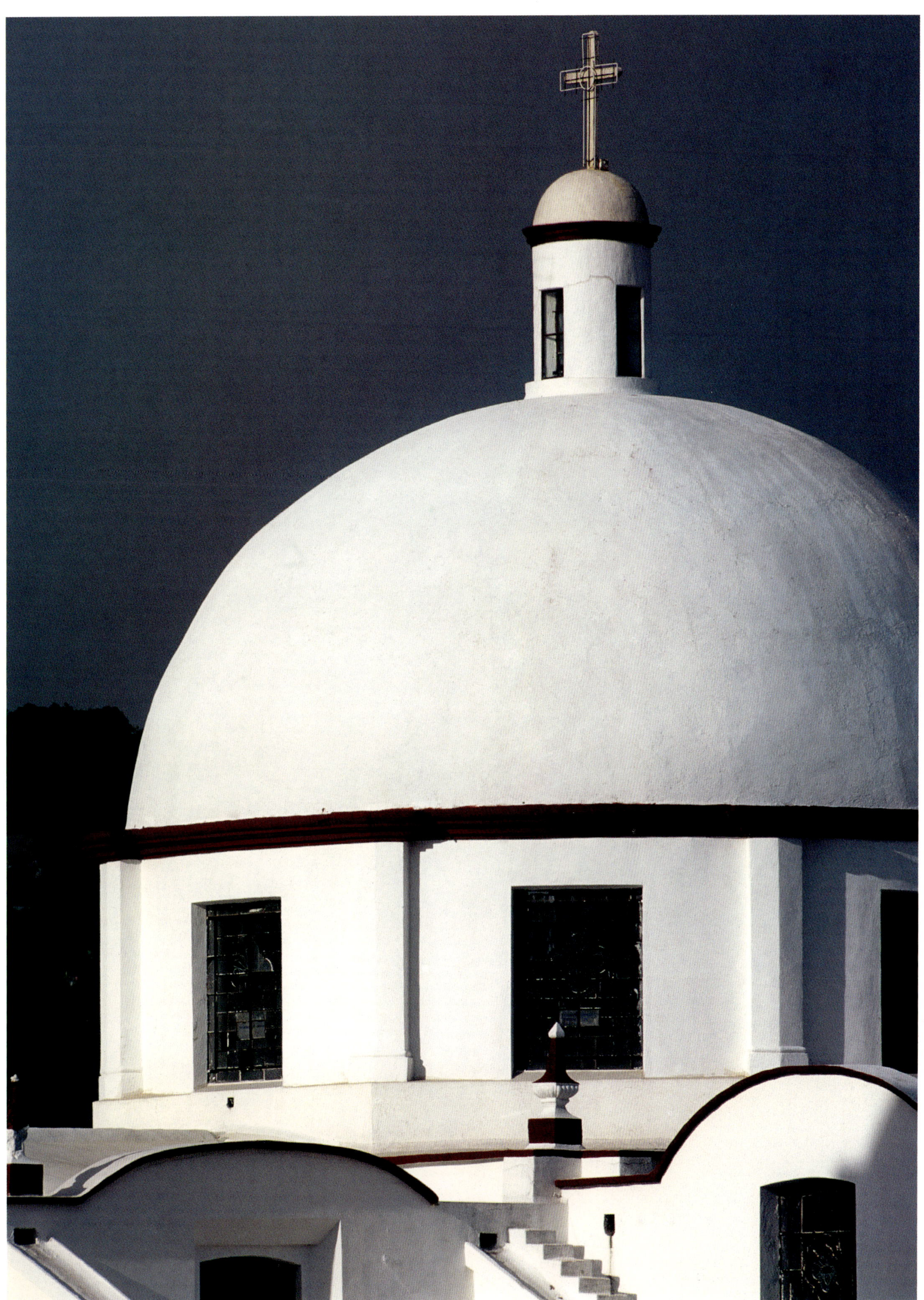

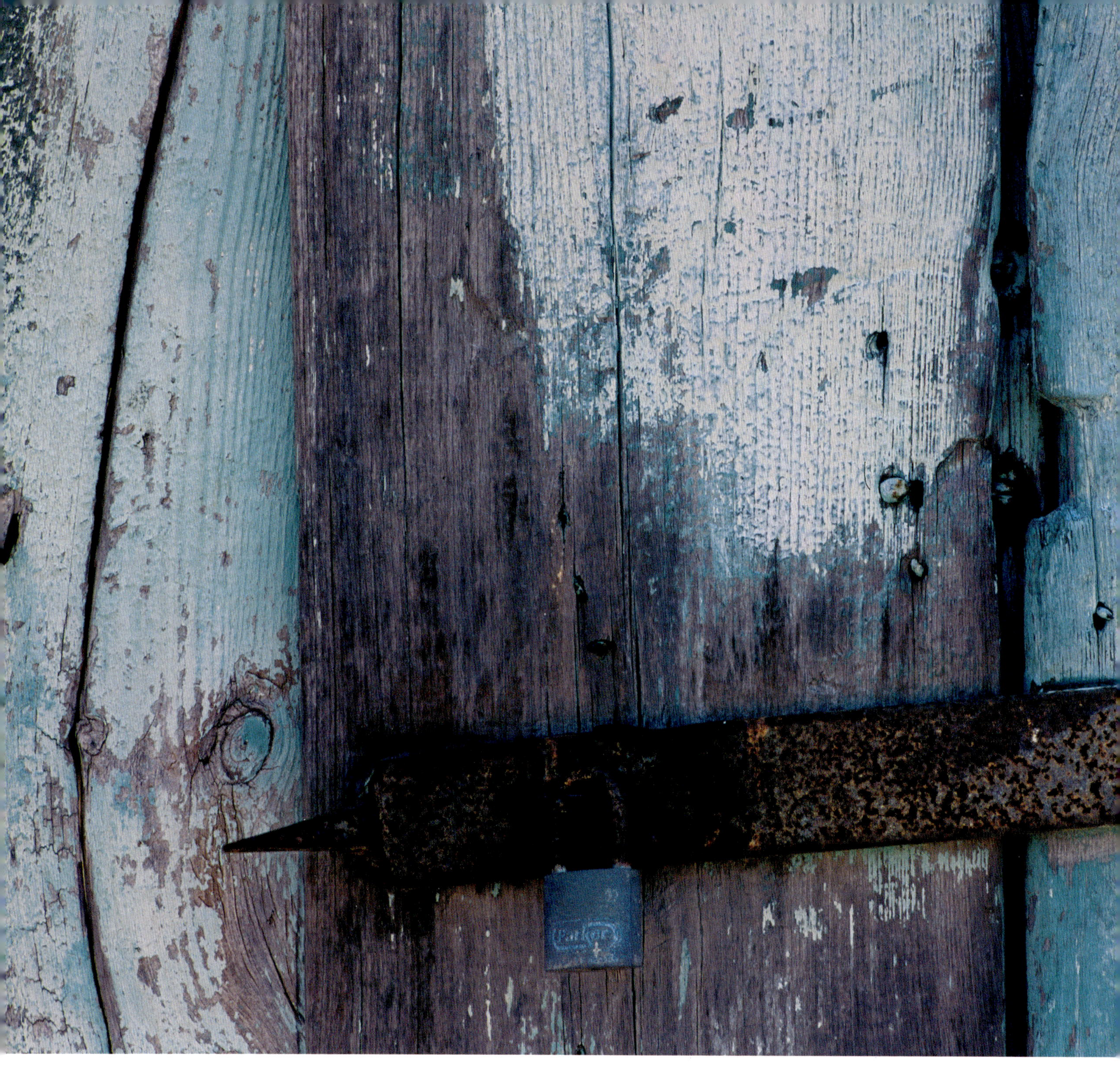

Viejos portones con aldaba, niegan el paso a la modernidad,
pero guardan como joya el secreto de su intimidad.

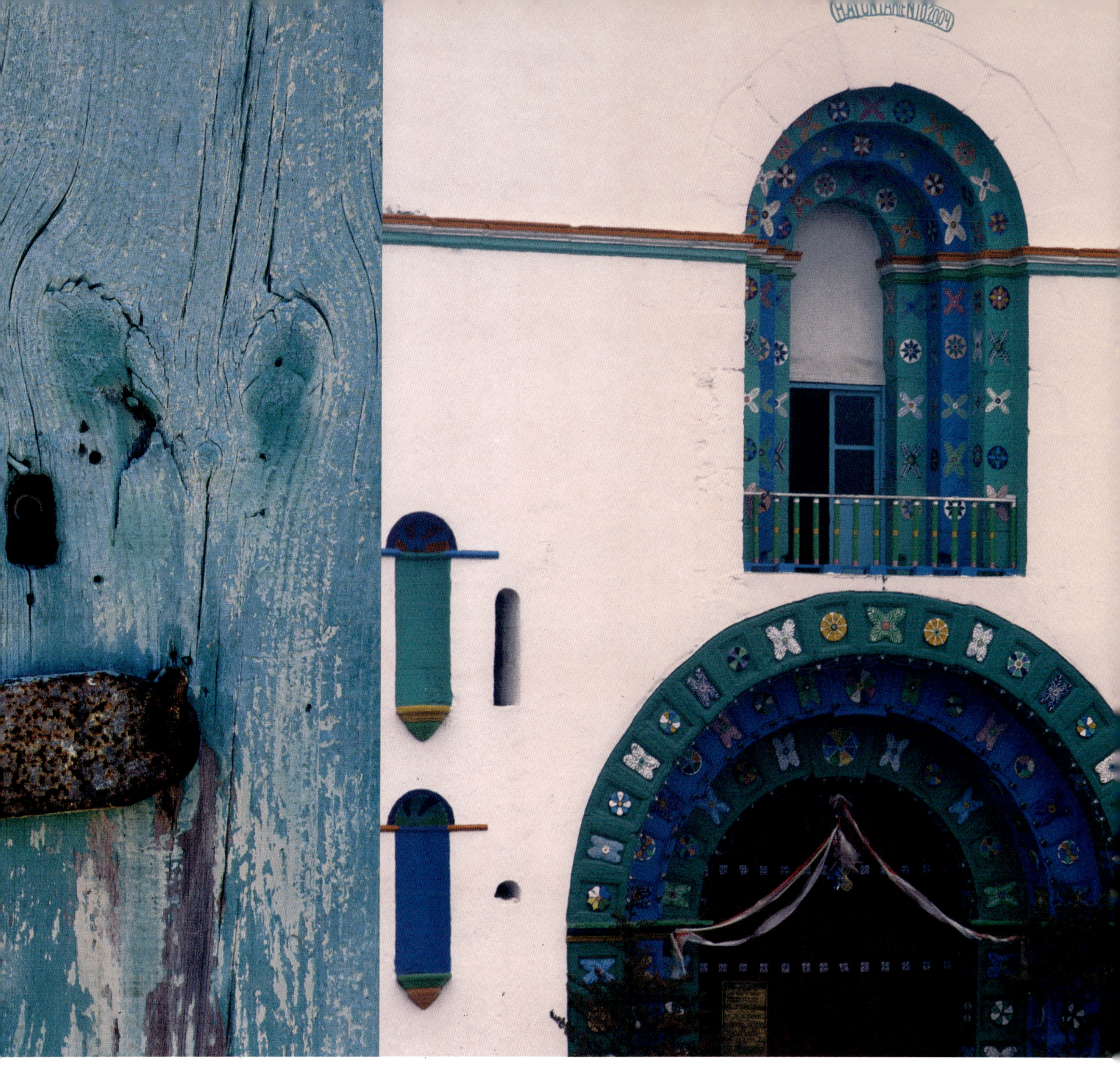

Old doorways with a doorknocker keep modernity at bay,
but retain the secrets of intimacy like a treasured jewel.

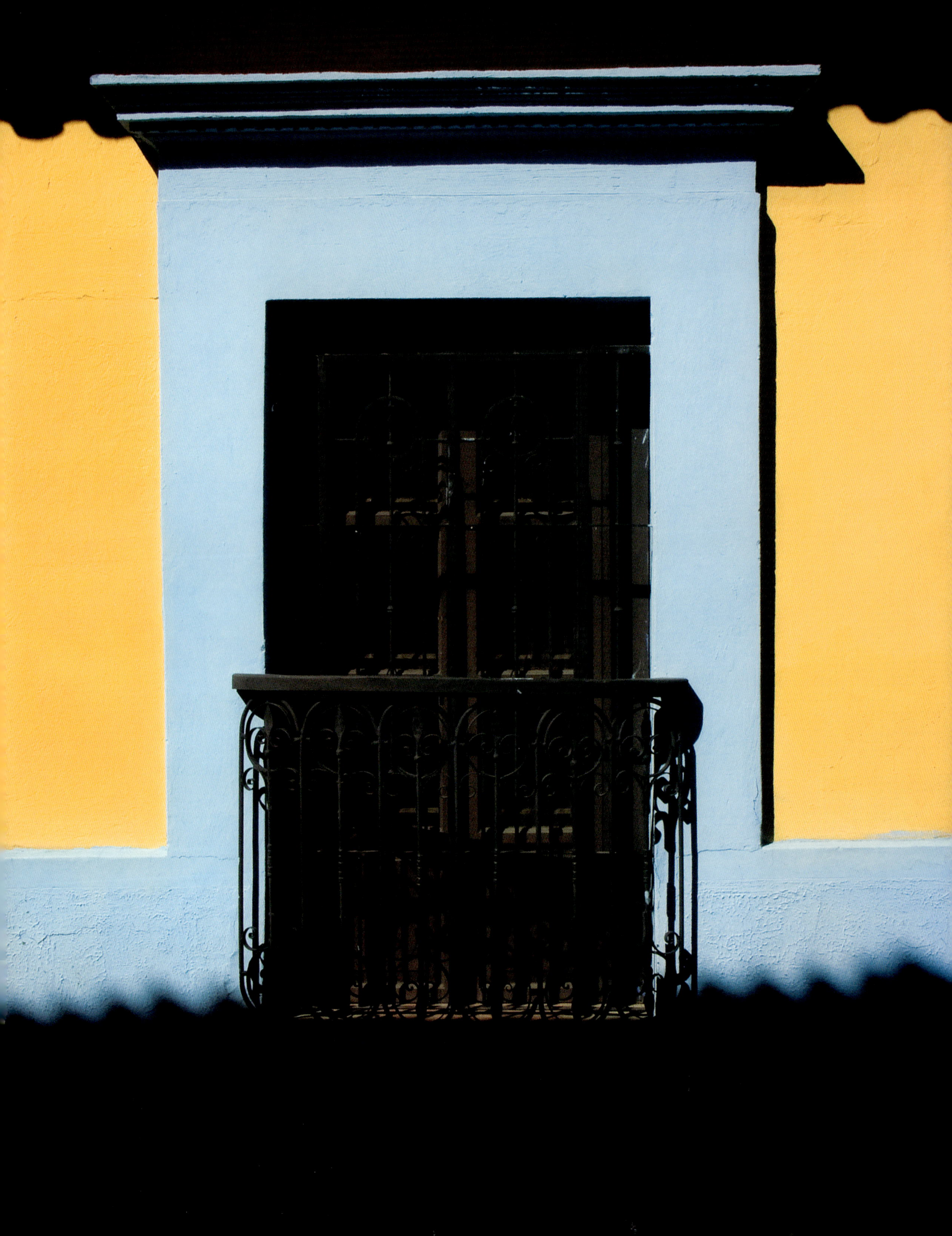

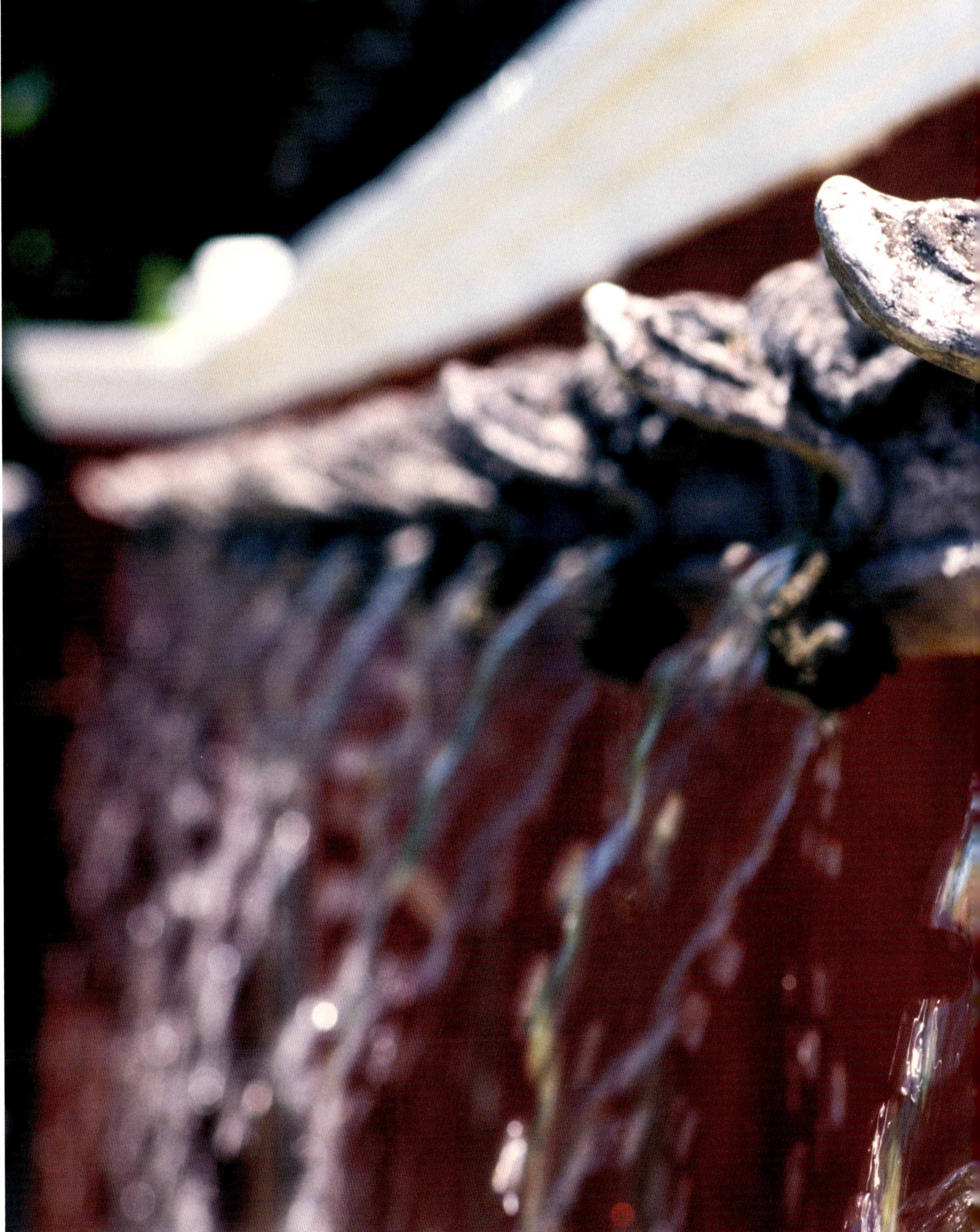

~ Antigua fuente escultural en la hacienda de Tamozán, Yucatán. / *An old sculptured fountain in the hacienda of Tamozán, in Yucatan* ~

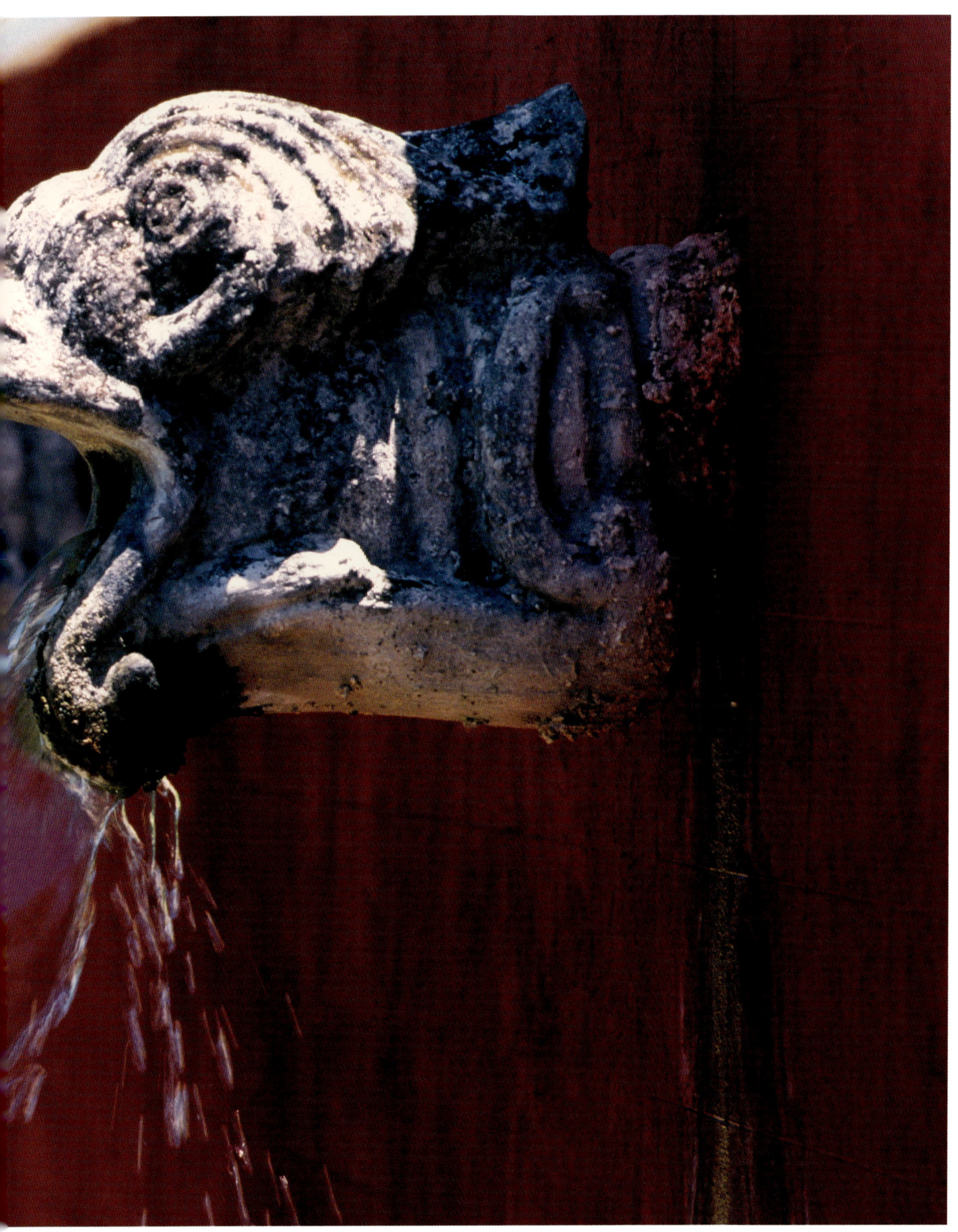

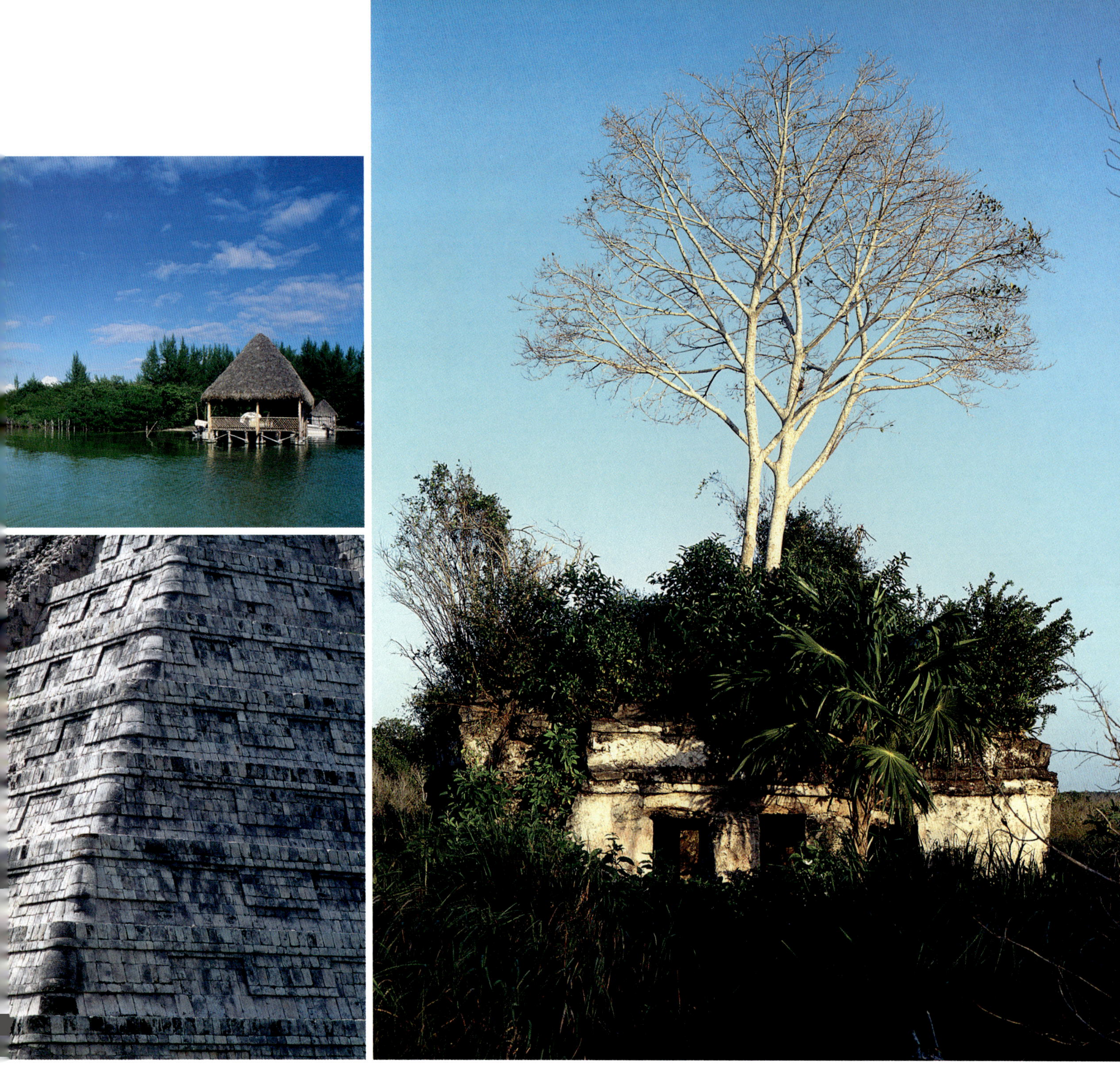

La vivienda es muy modesta, sólo exige comodidad.
La divinidad, en cambio, merece suntuosidad.

~

A dwelling place is very modest and merely requires comfort.
Divinity, on the other hand, is worthy of sumptuousness.

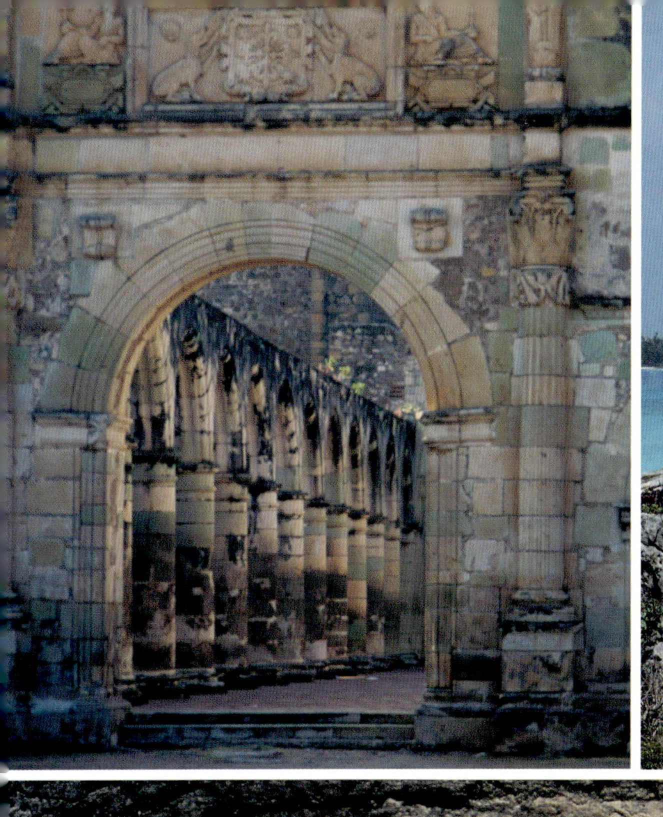

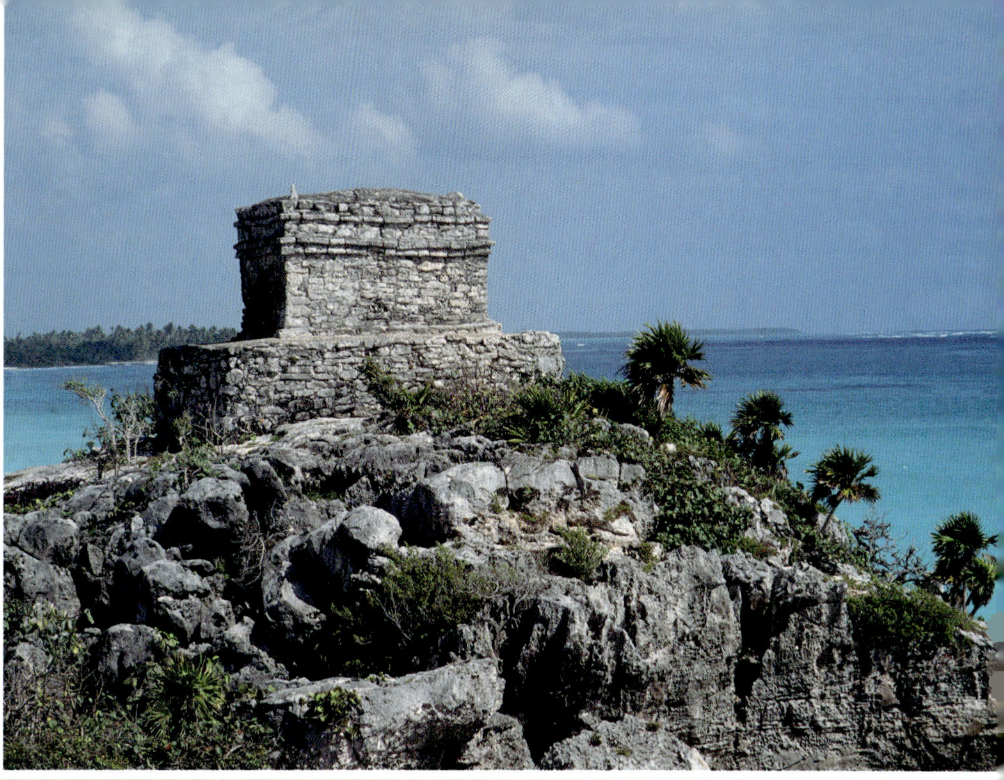

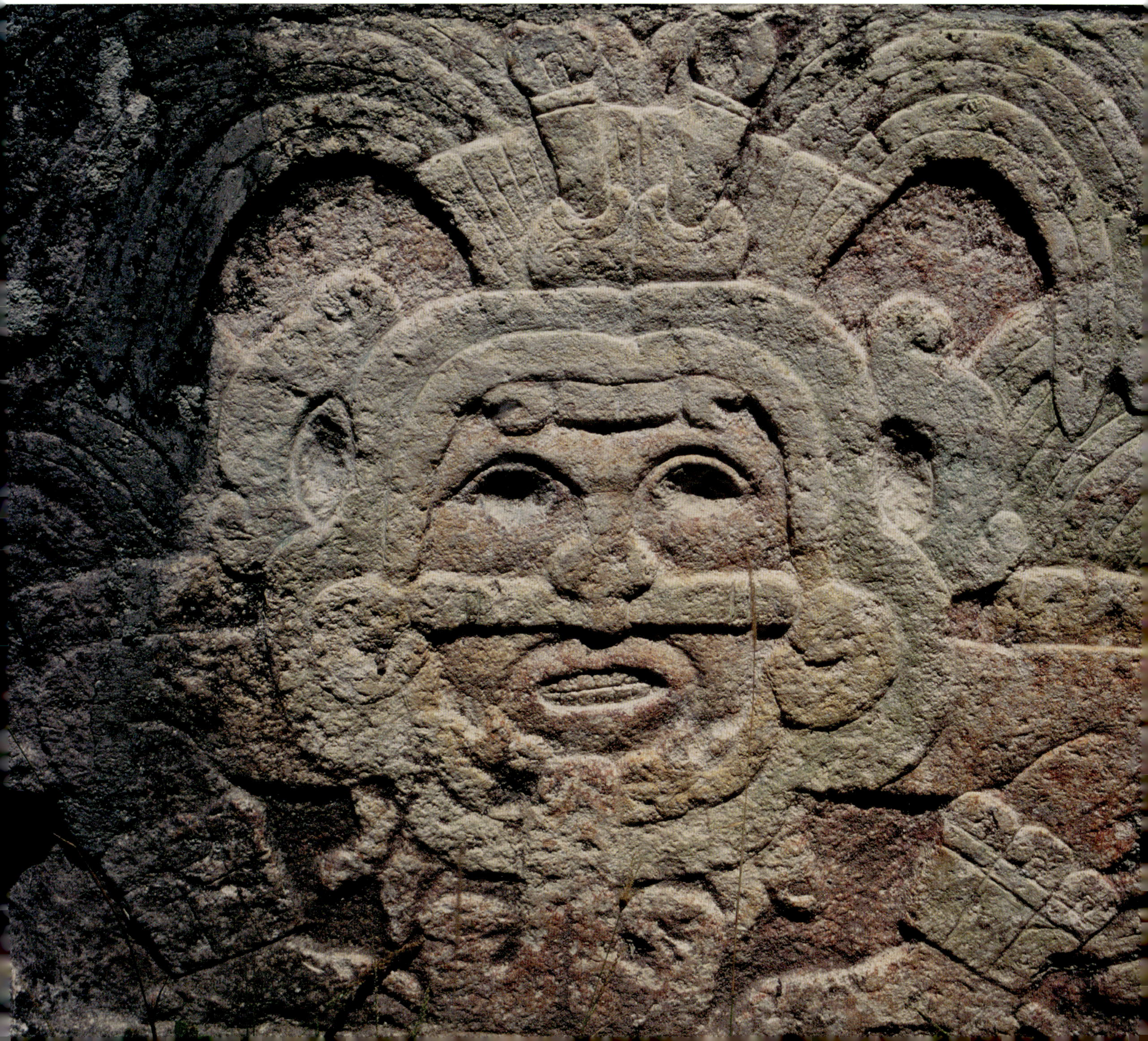

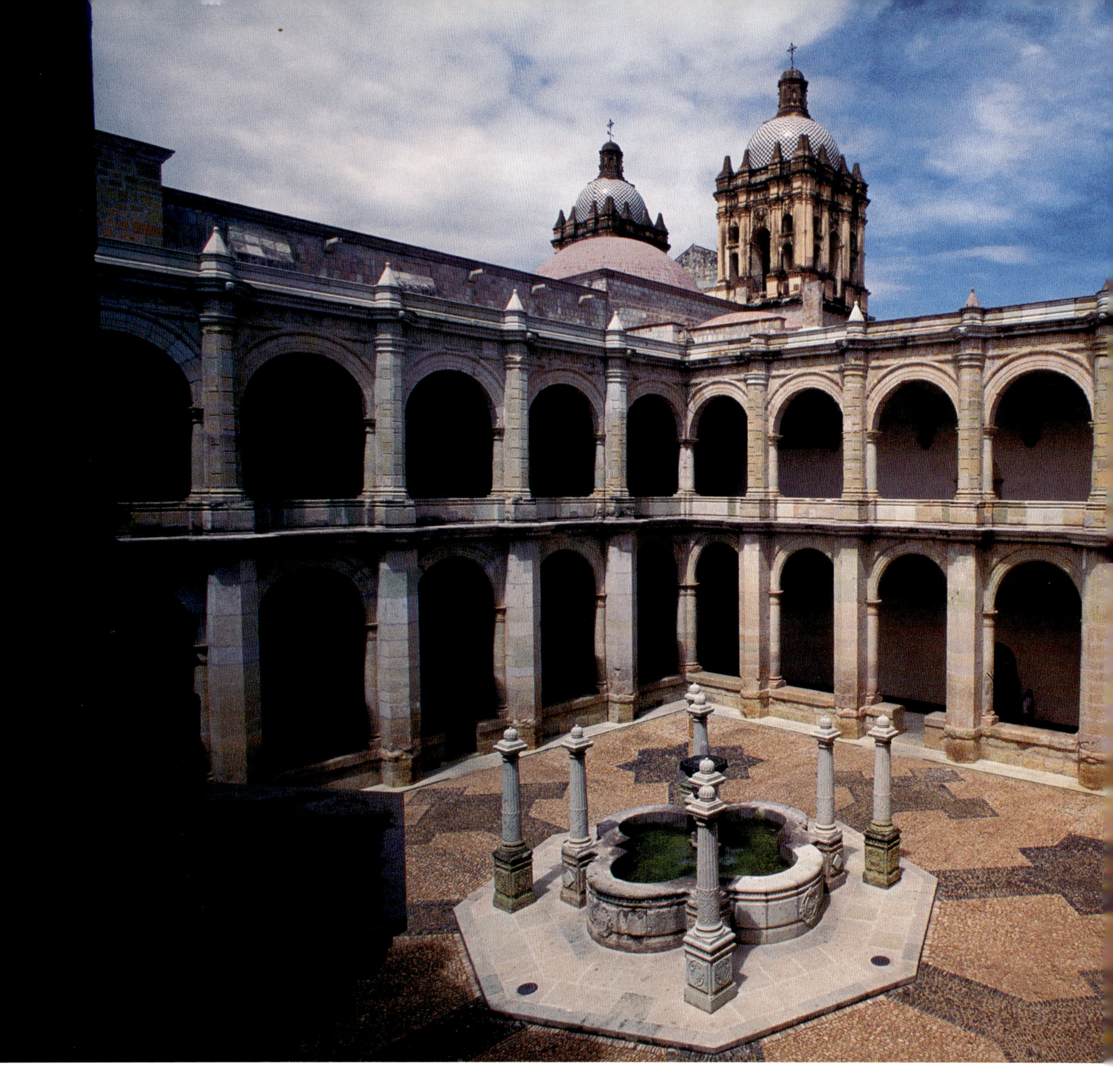

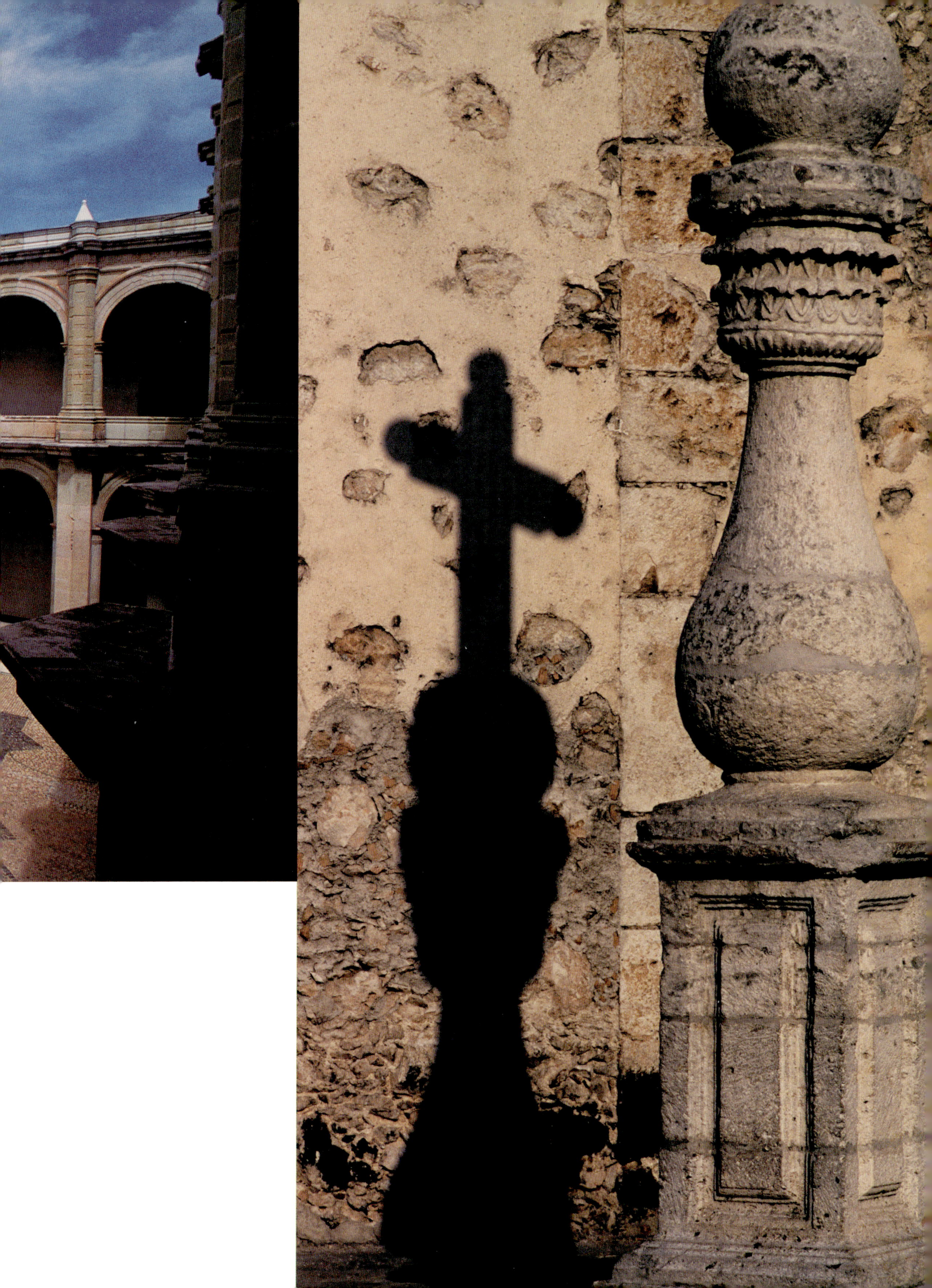

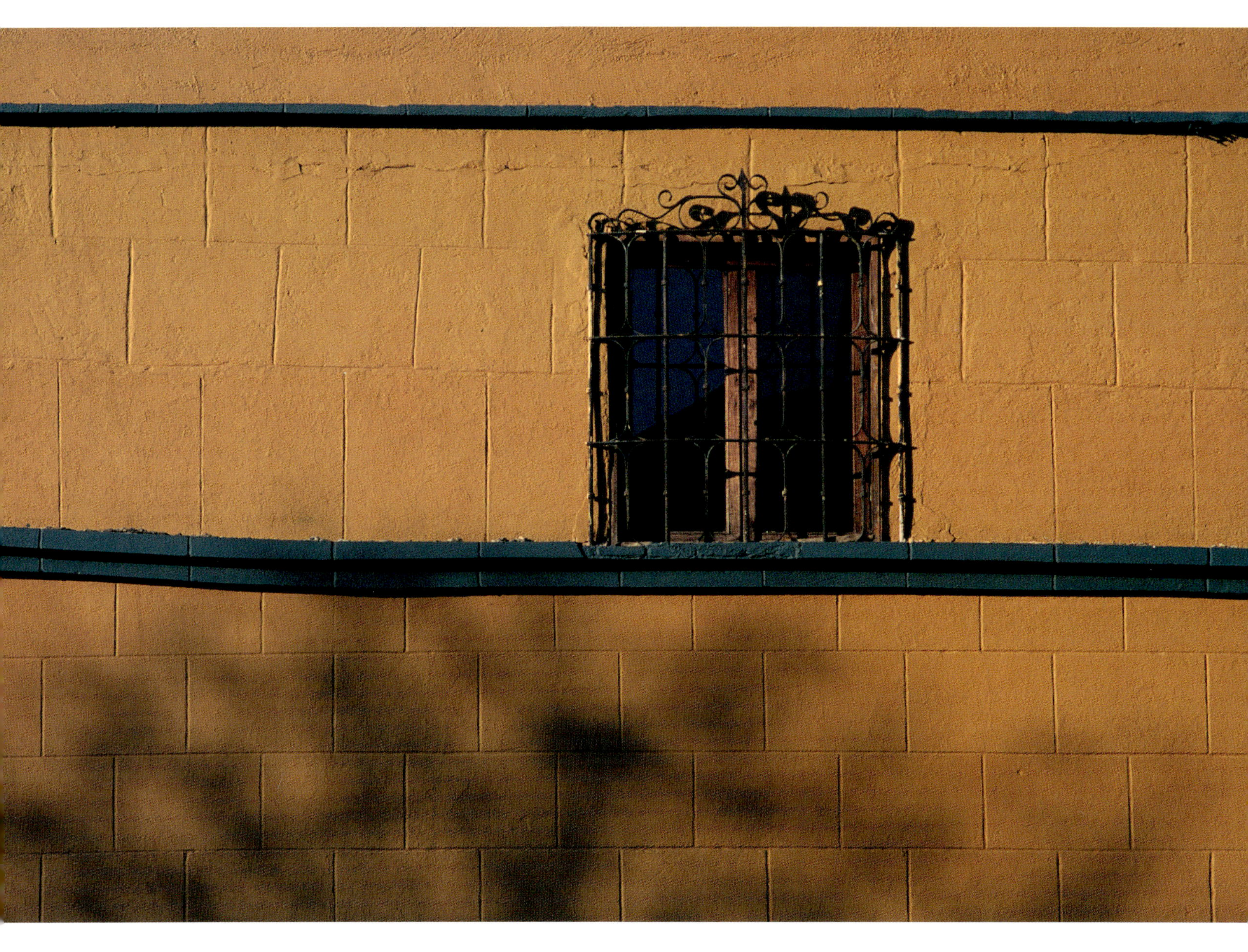

Una brocha y un pincel bastan para darle actualidad a un edificio colonial.

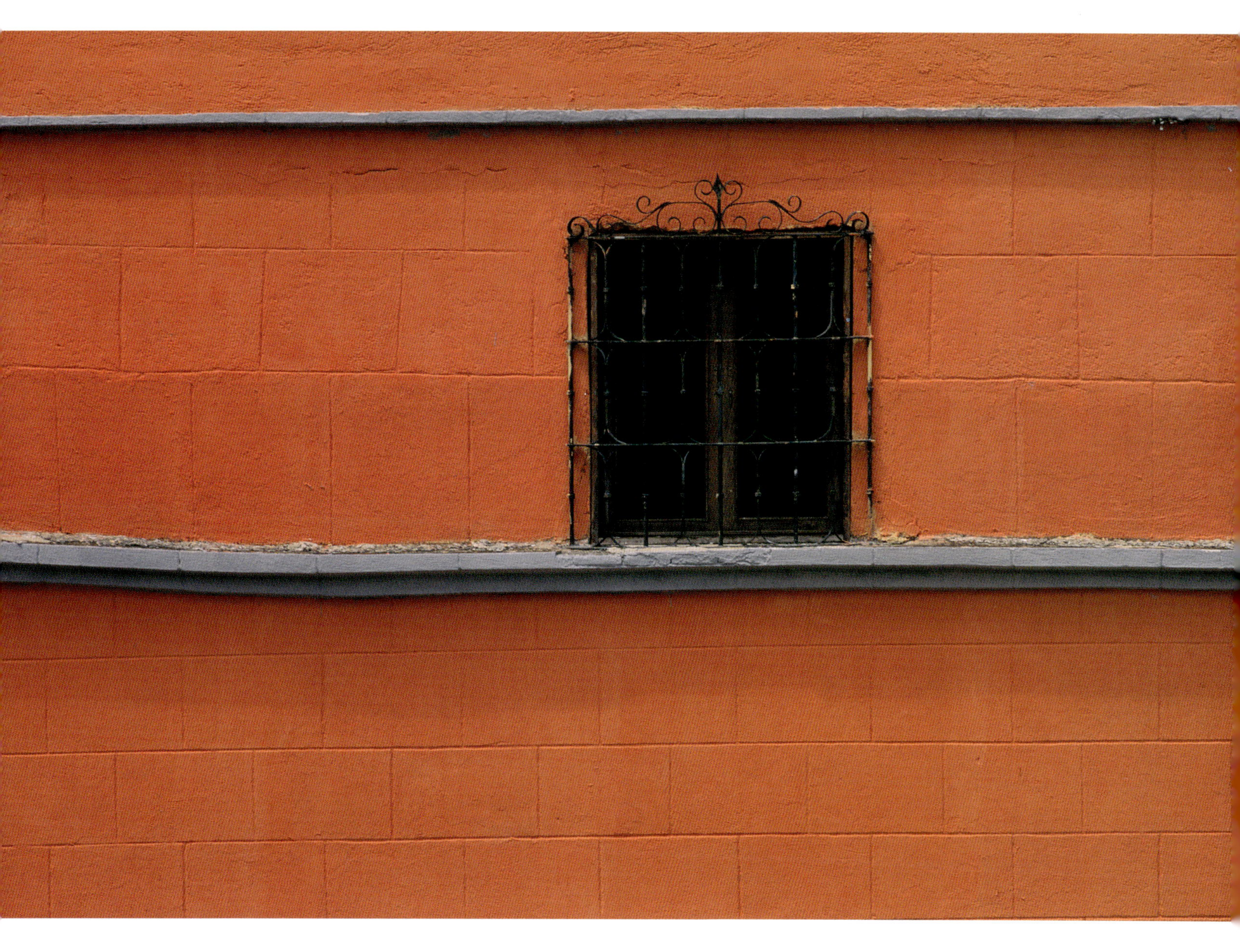

A couple of paintbrushes are enough to bring a colonial building to the modern day.

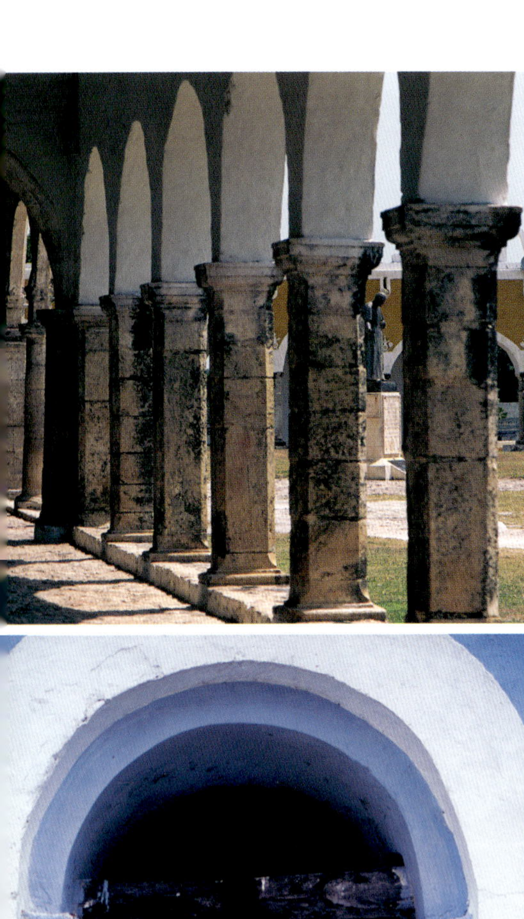

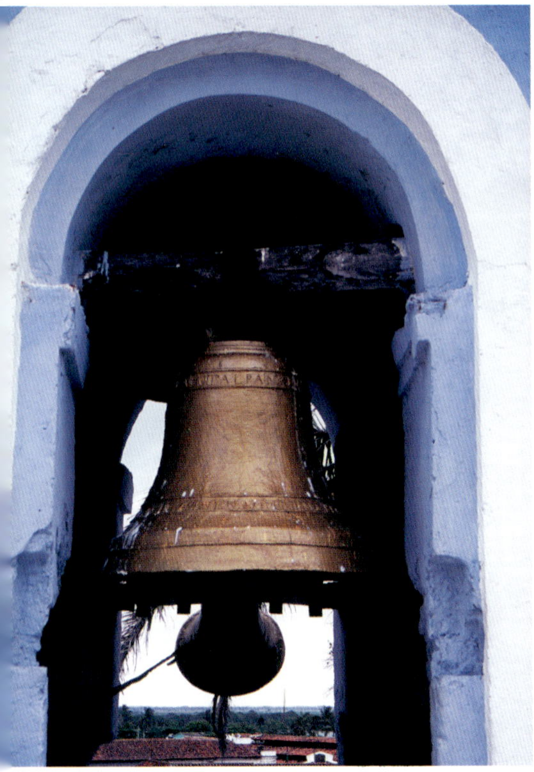

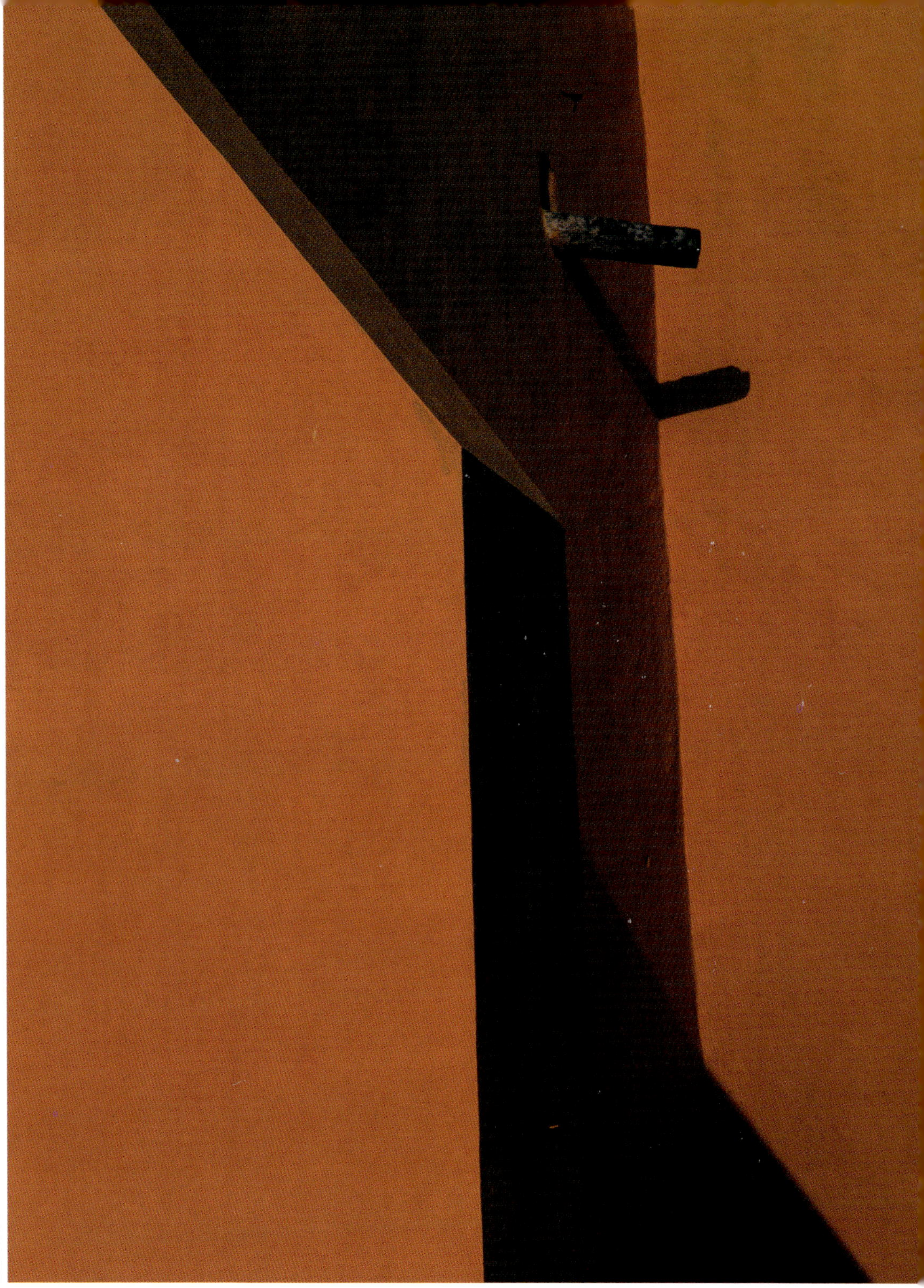

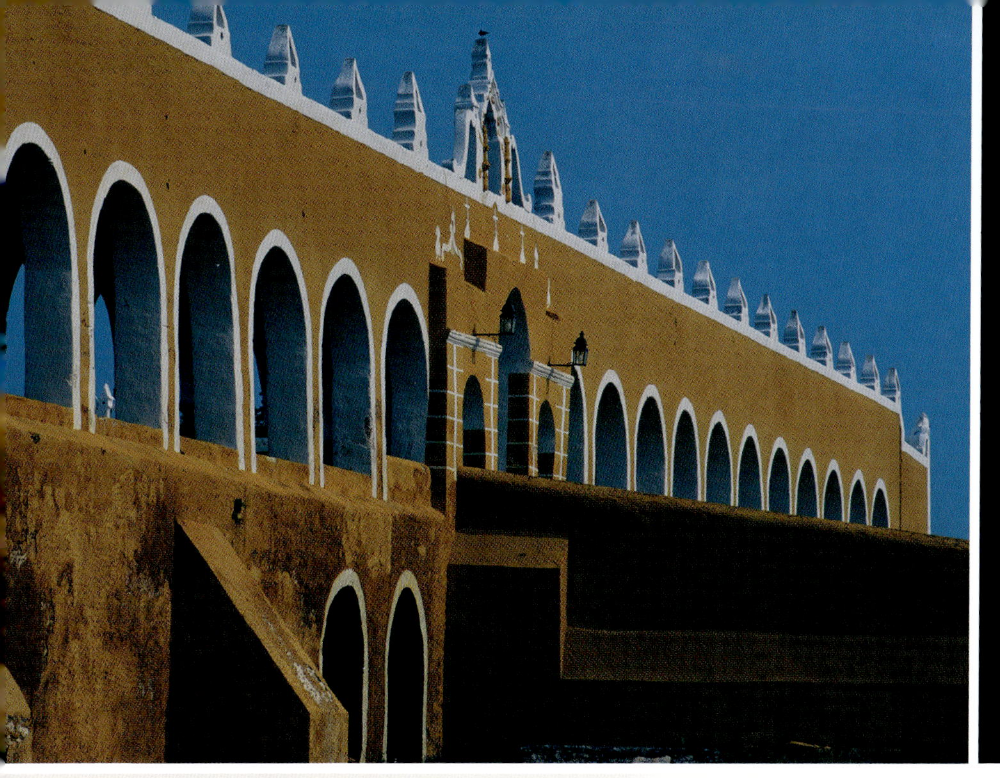

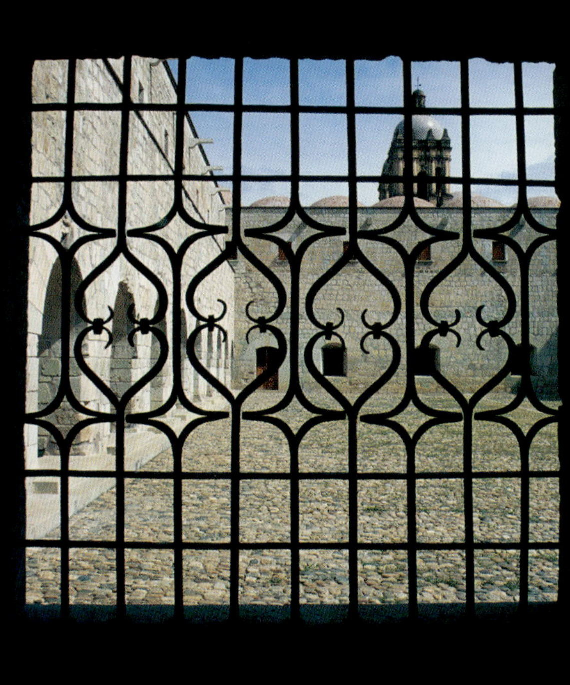

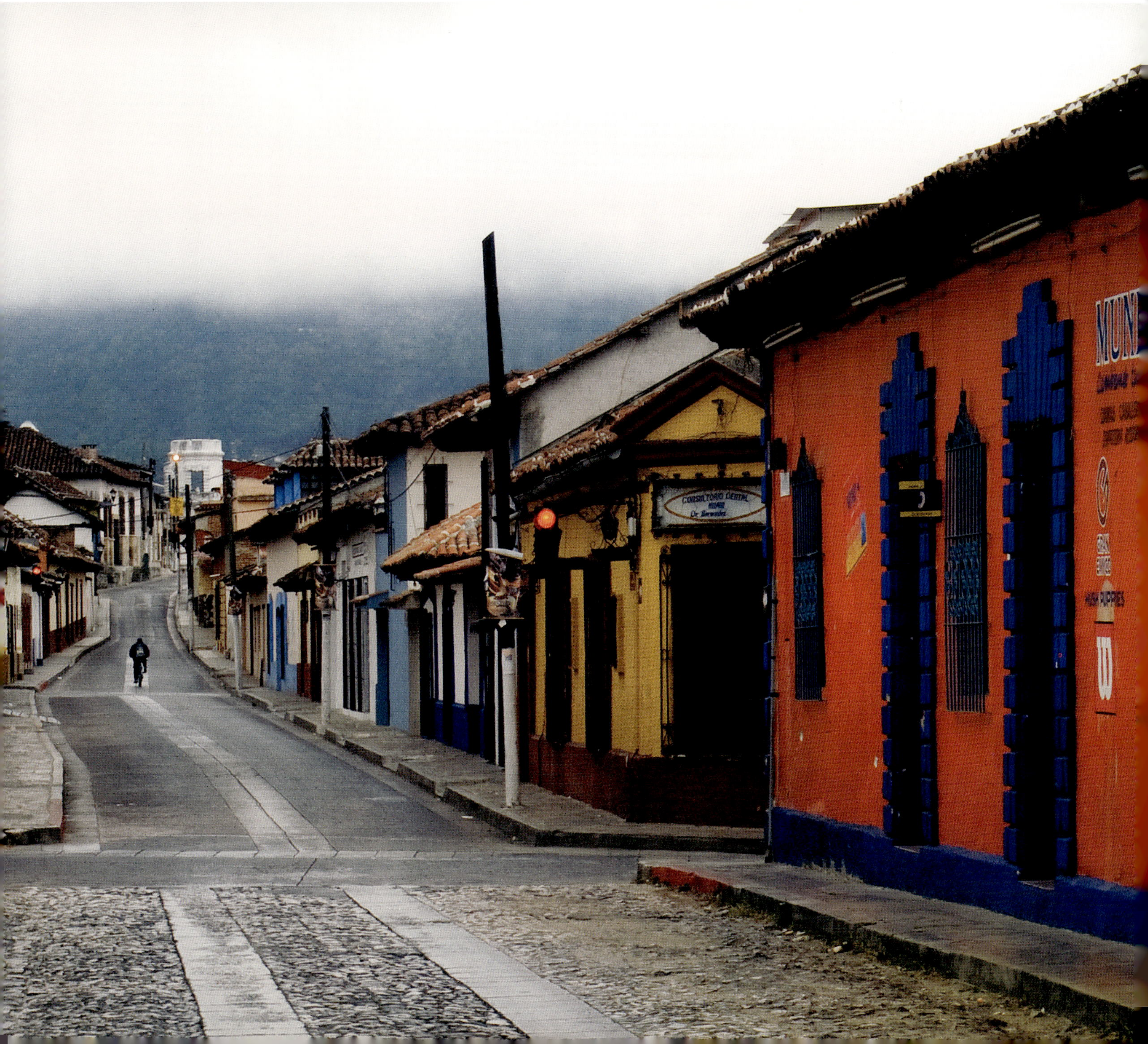

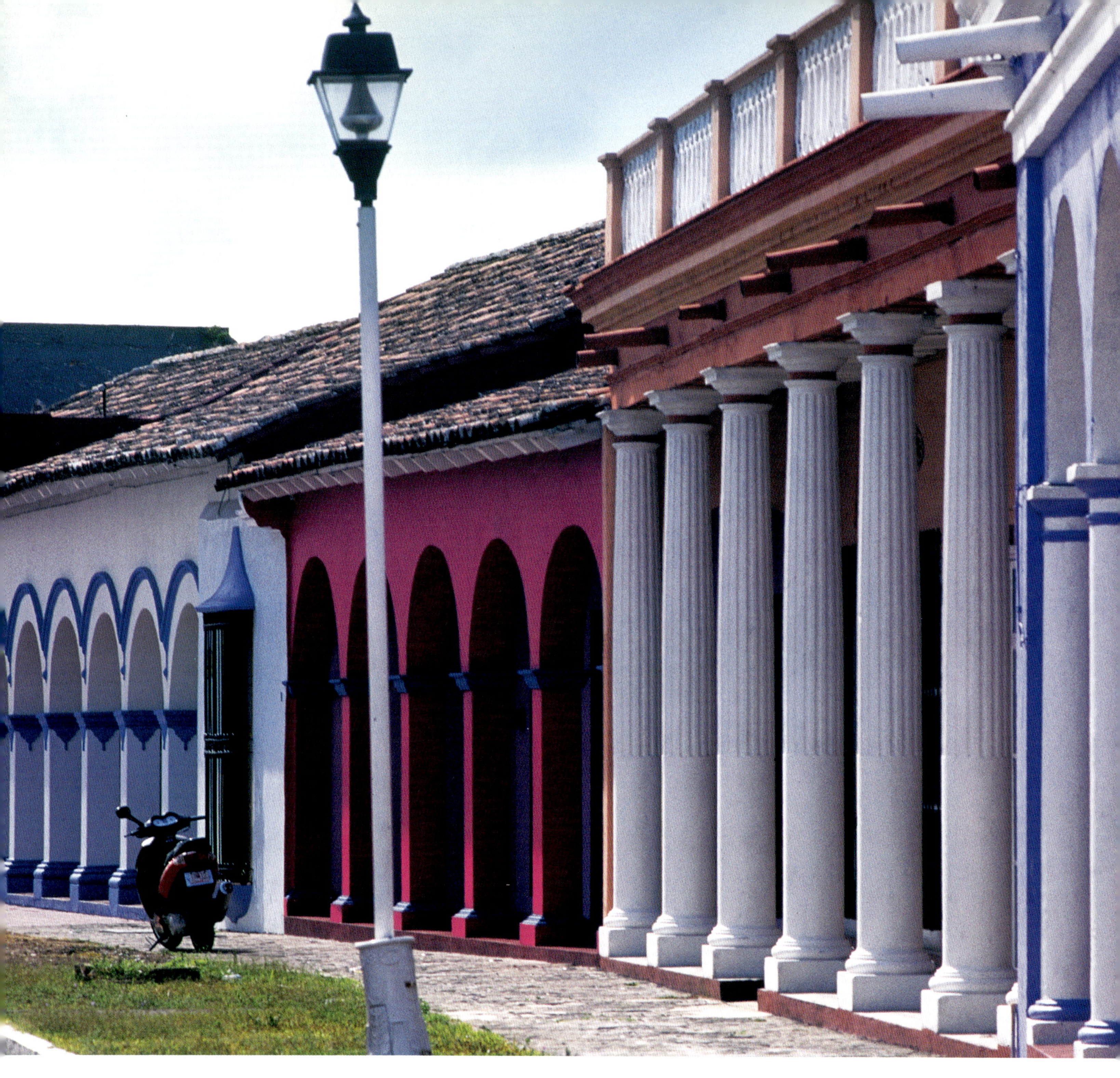

Arquitectura vernácula tropical de enorme calidad, rasgo distintivo de Tlacotalpan, orgullosamente inscrita en el patrimonio cultural de la humanidad.

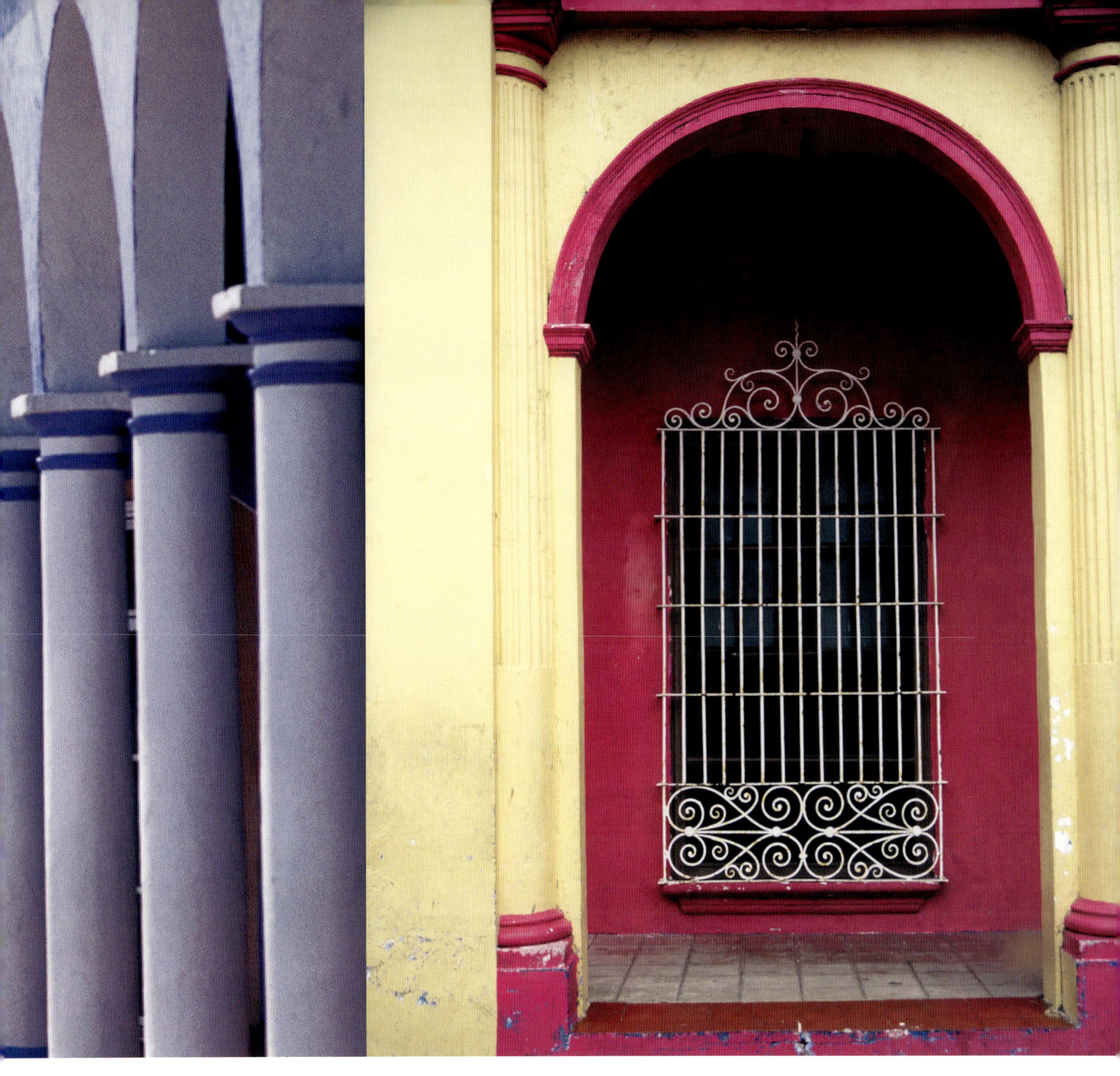

Tropical vernacular architecture of outstanding quality, the unmistakable feature of Tlacotalpan, proudly inscribed in the cultural heritage of humanity.

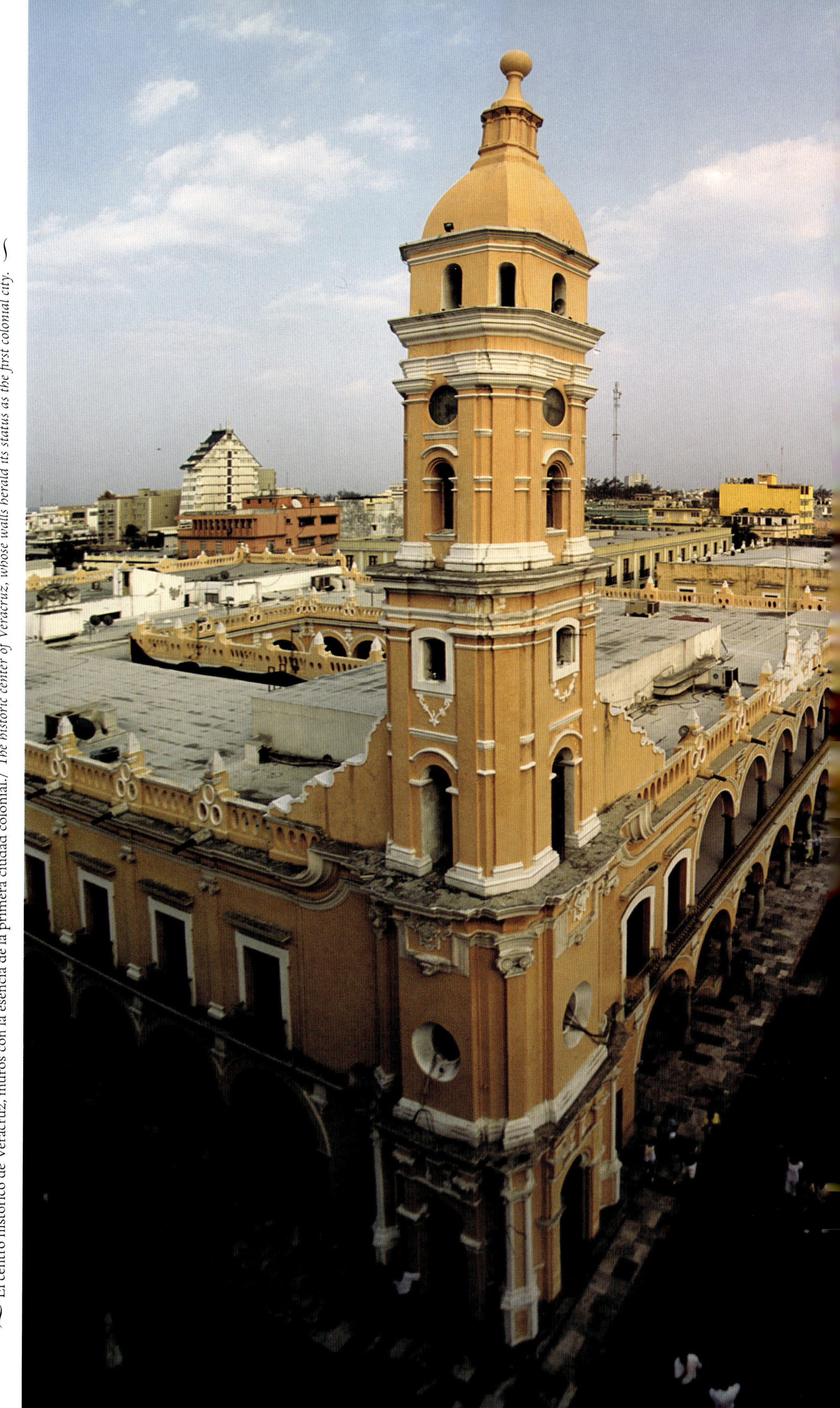

El centro histórico de Veracruz, muros con la esencia de la primera ciudad colonial./ *The historic center of Veracruz, whose walls herald its status as the first colonial city.*

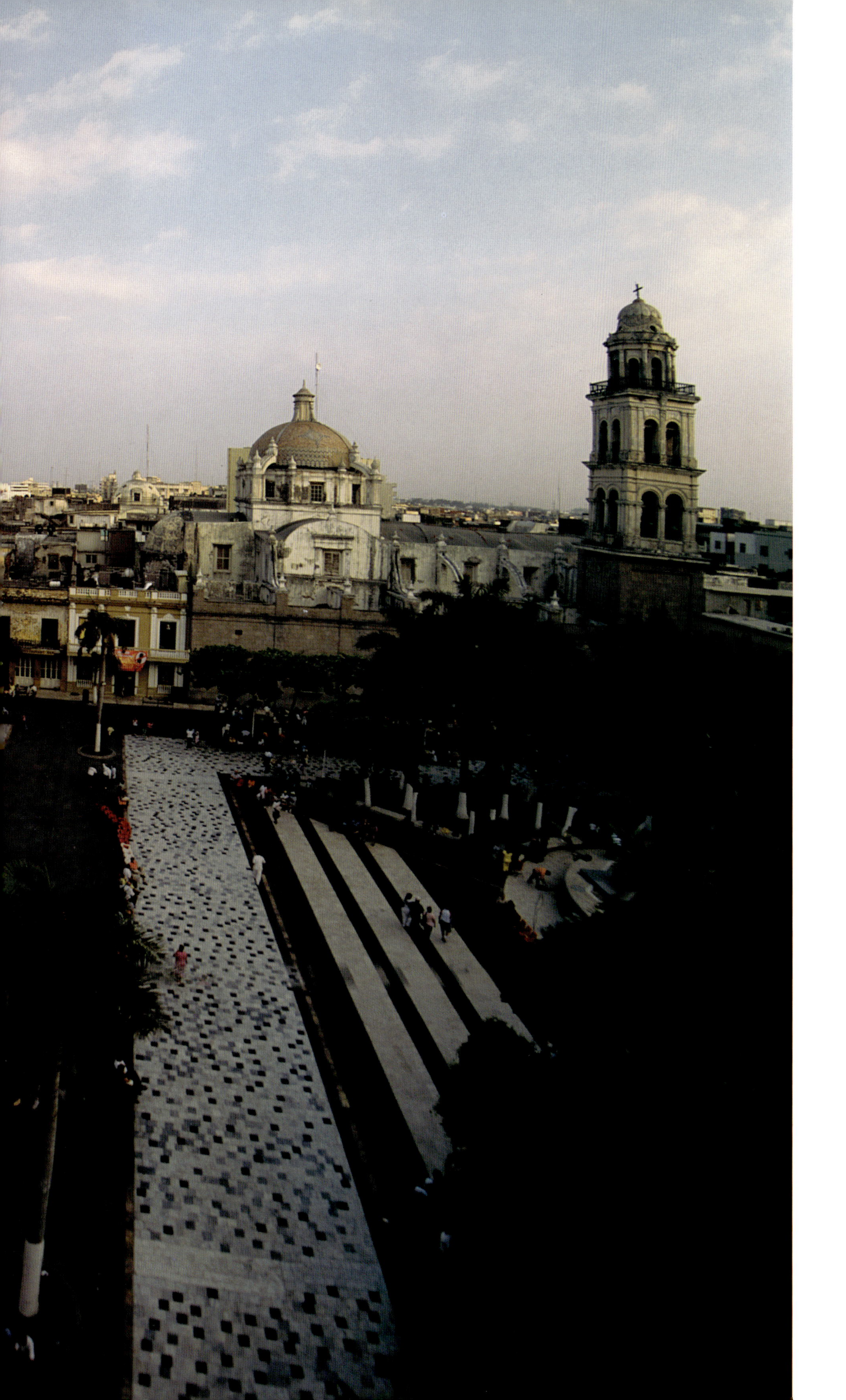

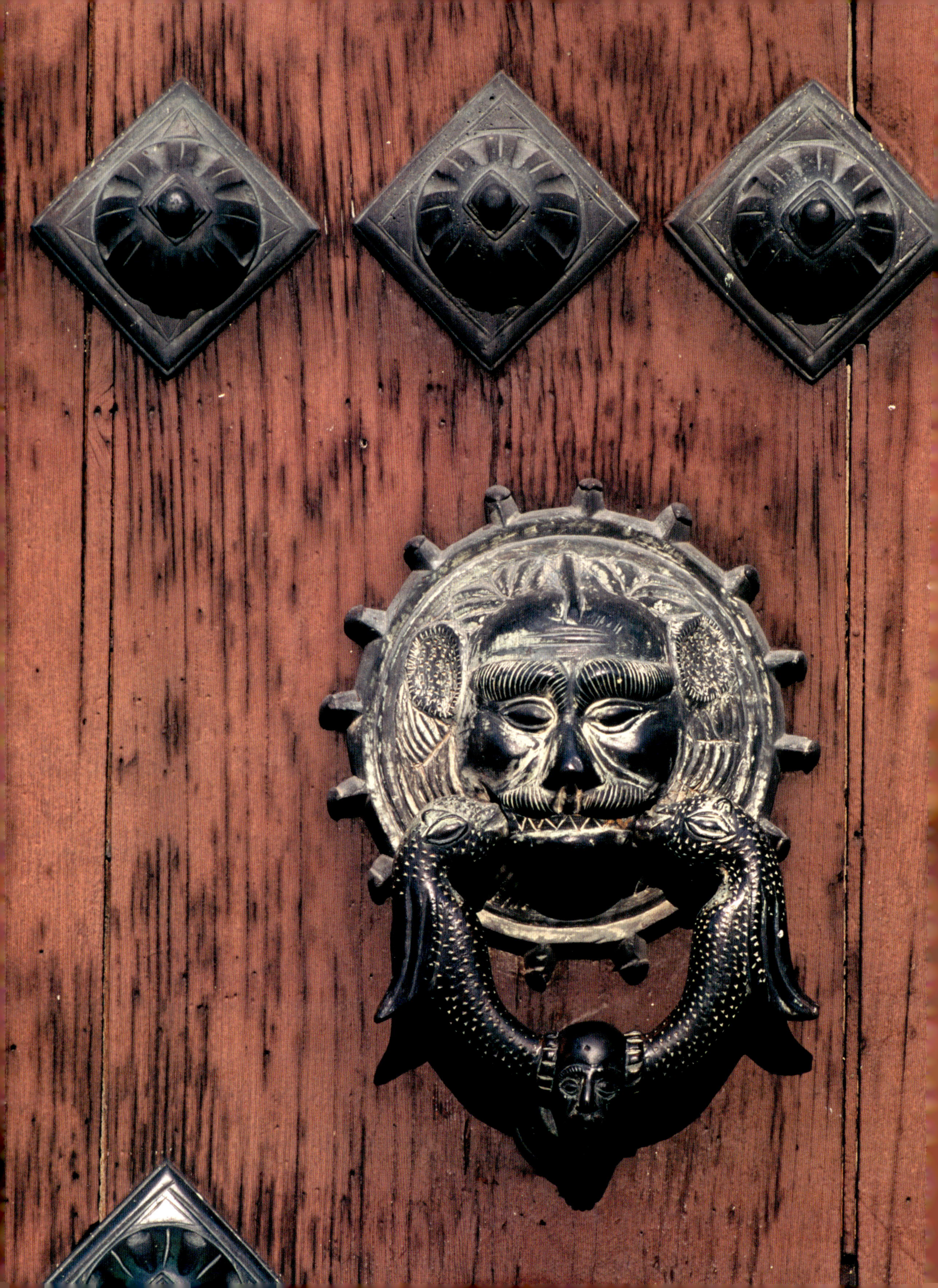

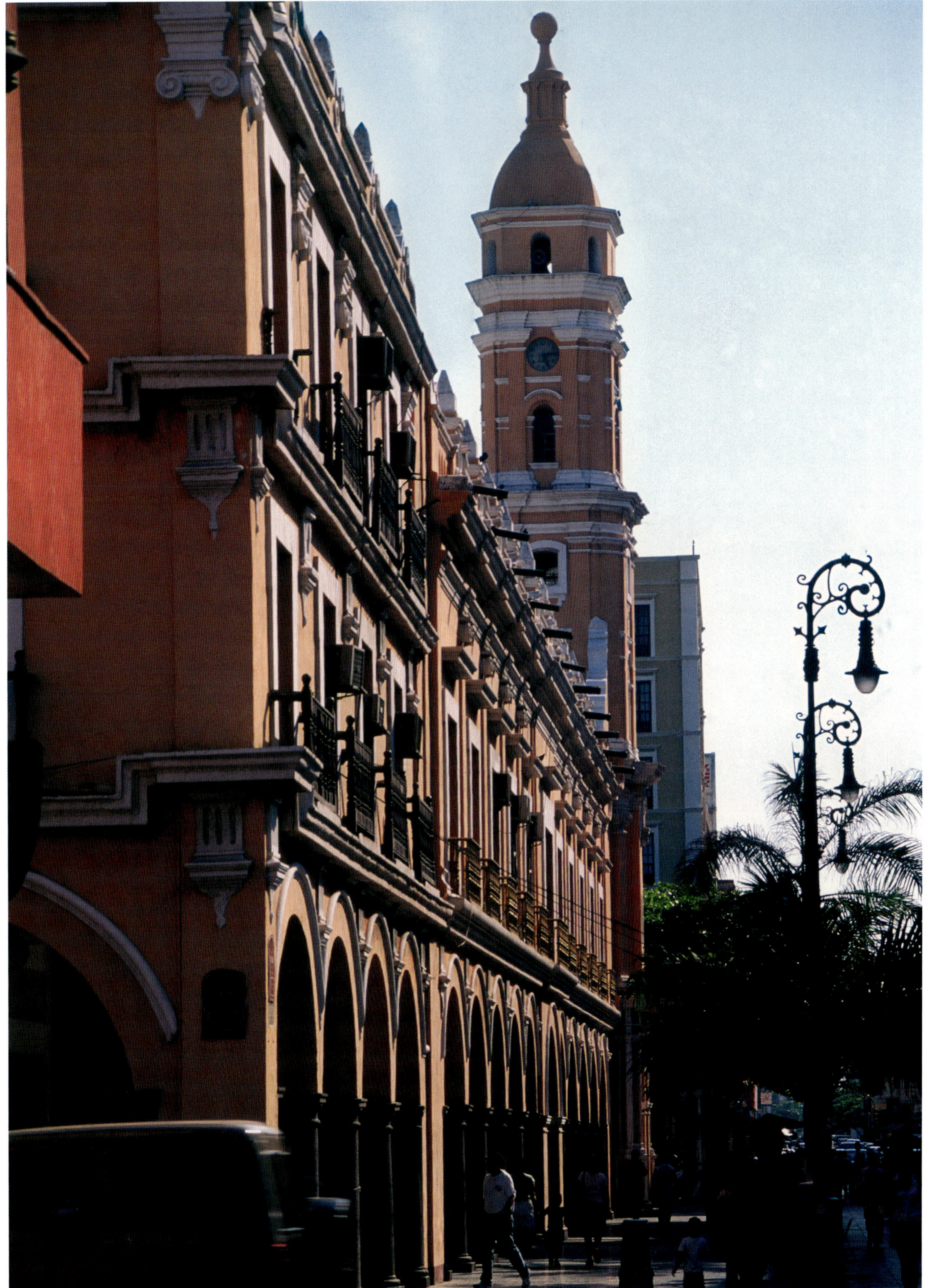

Aldabones y fachadas en el centro histórico de Veracruz. / *Doorknockers and facades in the historic center of Veracruz.*

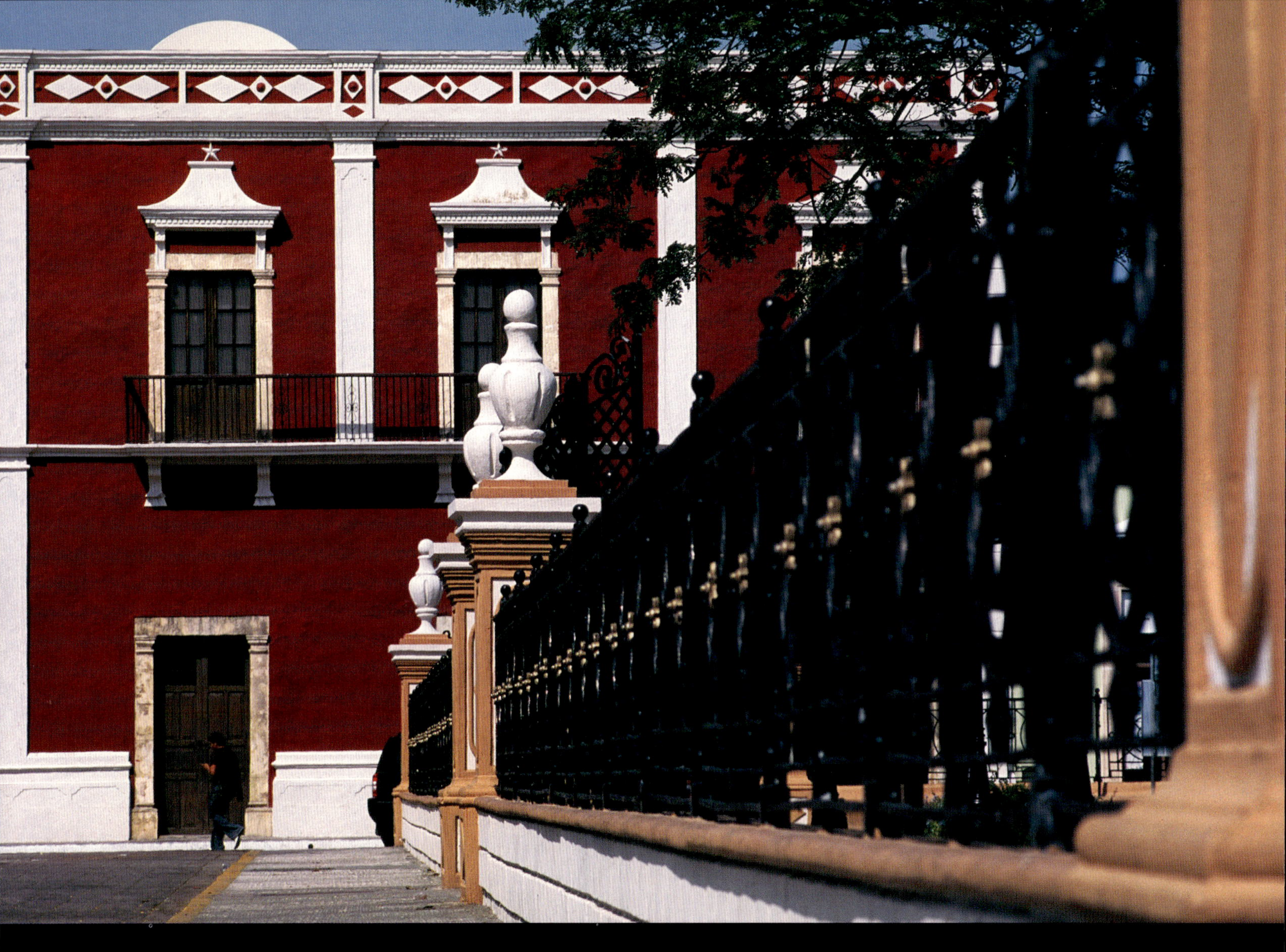

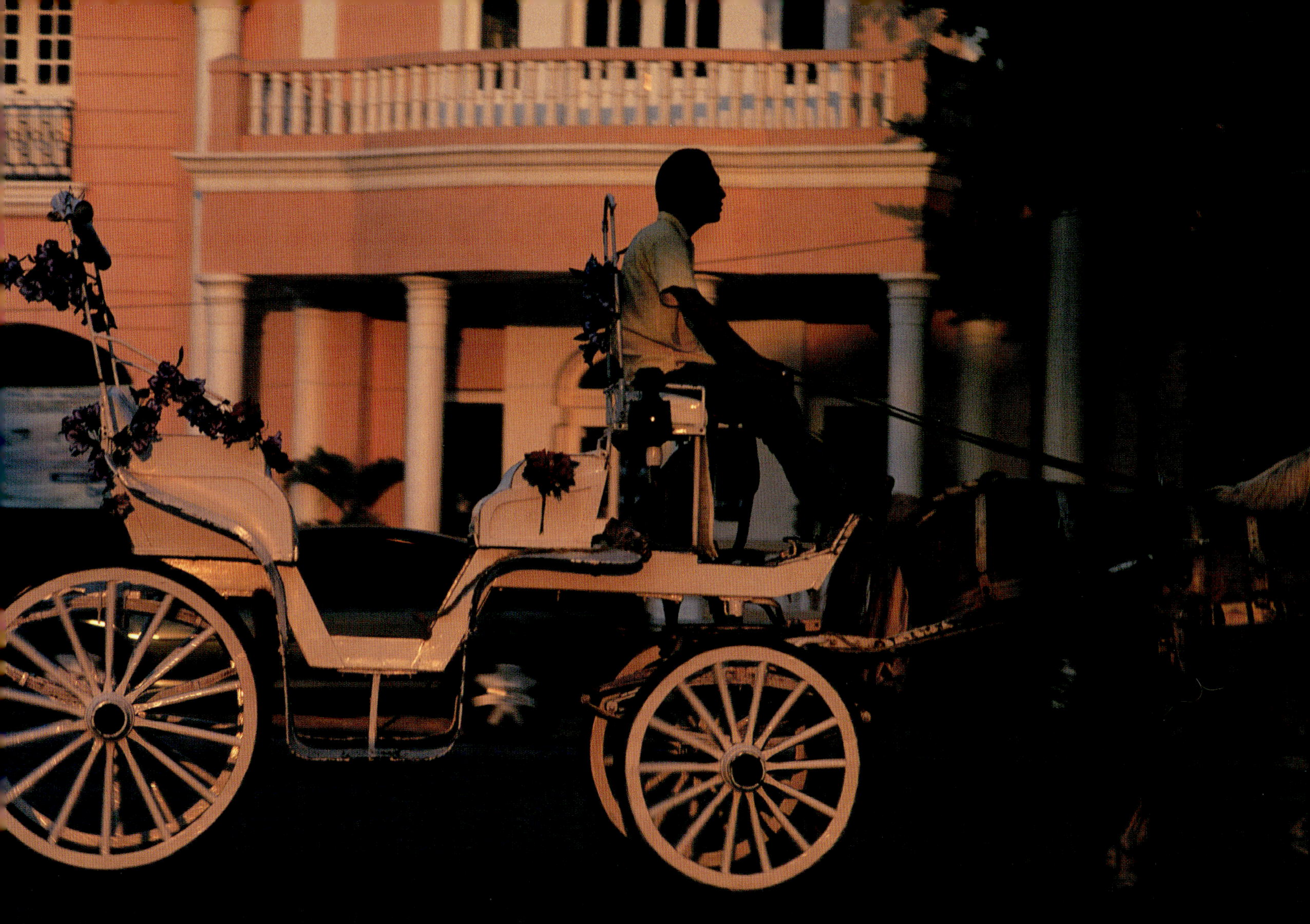

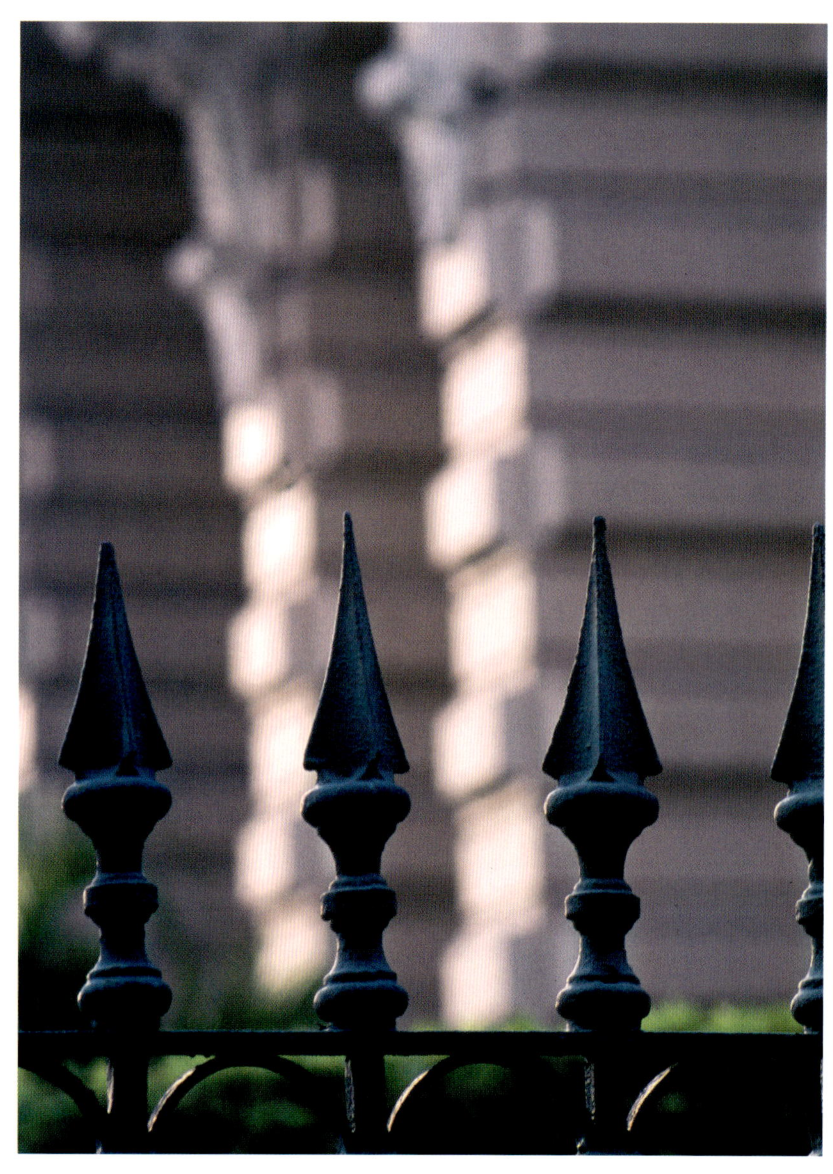

Paseo Montejo en Mérida, Yucatán, señorial y aristocrático enclave de la mezcla cultural del México contemporáneo.

~

Paseo Montejo in Mérida, Yucatán, majestic and aristocratic enclave of contemporary Mexico's cultural mix.

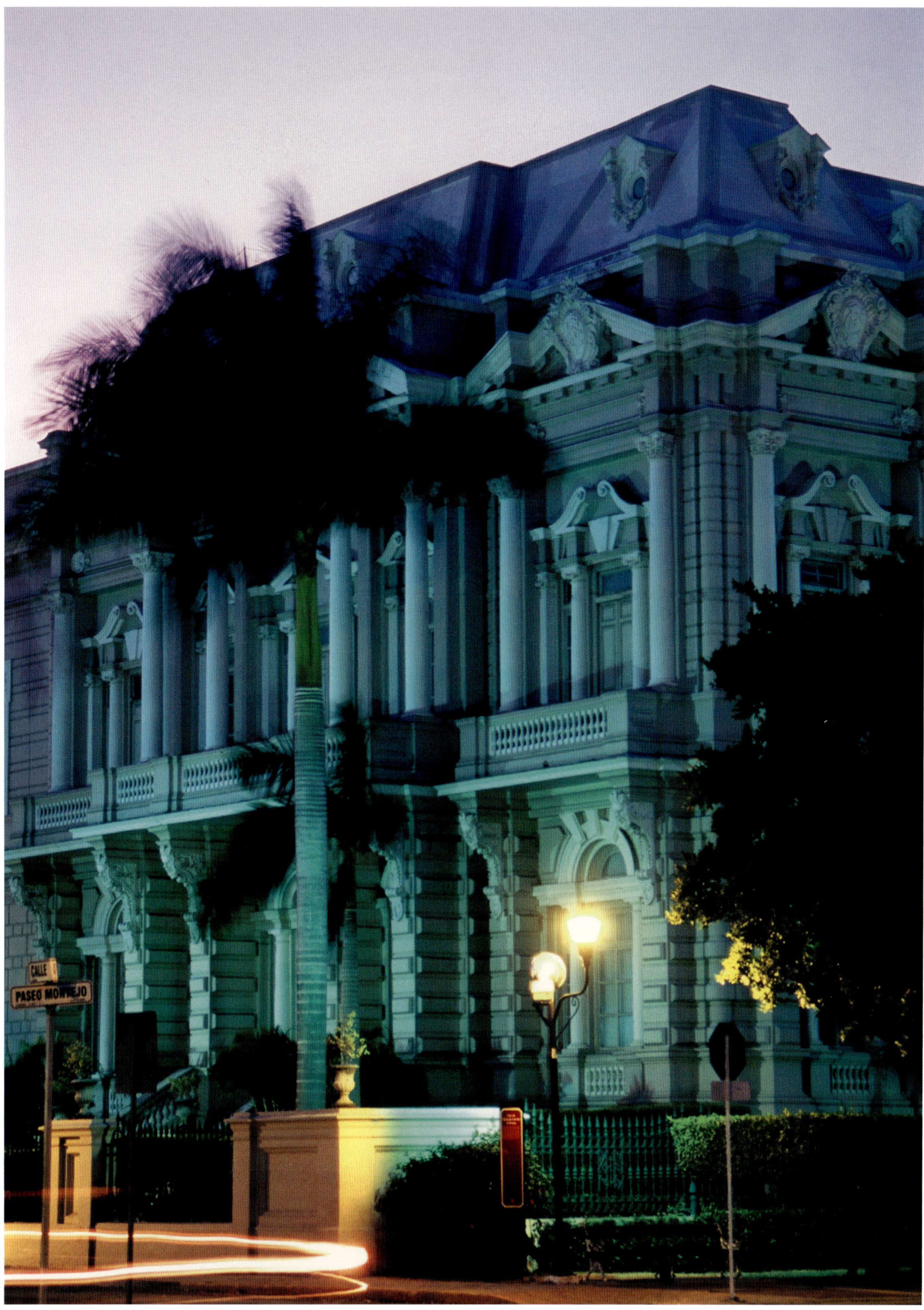
CALLE
PASEO

índice fotográfico

photographs

Yucatán

Yucatán es sin duda uno de los estados más emblemáticos del sur de nuestra república. A sus insuperables bellezas naturales se suma la presencia de joyas arquitectónicas de enorme valor, como los prodigiosos monumentos que testimonian el esplendor de la cultura maya -algunos de ellos calificados como patrimonio de la humanidad- y los elegantes vestigios de la época colonial. Pero a todo ello agrega además artesanías bellísimas y muy variadas, su folklore, sus trajes regionales, sus danzas y canciones -muchas de fama universal- y, como sello distintivo, una de las expresiones gastronómicas más apreciadas y más delicadas de México y el mundo.

Yucatán is without doubt one of the most emblematic states in the south of our country. Its unrivaled physical beauty is enhanced by priceless architectural jewels, such as the majestic monuments that bear witness to the splendor of the Mayan culture -some of which have been awarded the status of cultural heritage- and the elegant vestiges of the colonial era. All of this is graced further still by the huge spectrum of splendid handcrafts, folklore, regional attire, dances and songs -many of worldwide fame- and the pleasures of one of the finest and most popular cuisines in Mexico and the world.

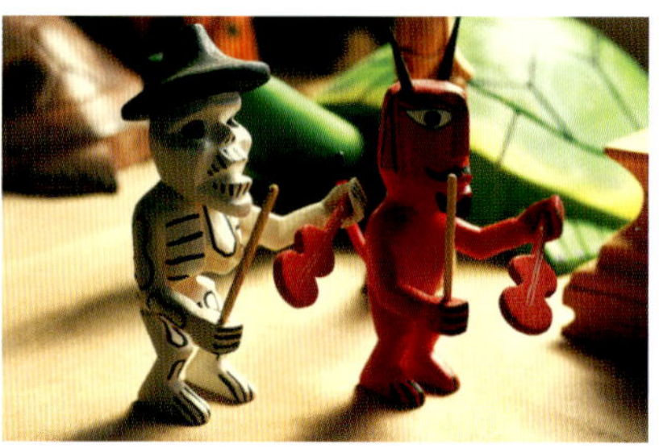

Pequeñas y graciosas figuras de madera.
Small and graceful wood figurines.

Yucatán
p.p. 84-85

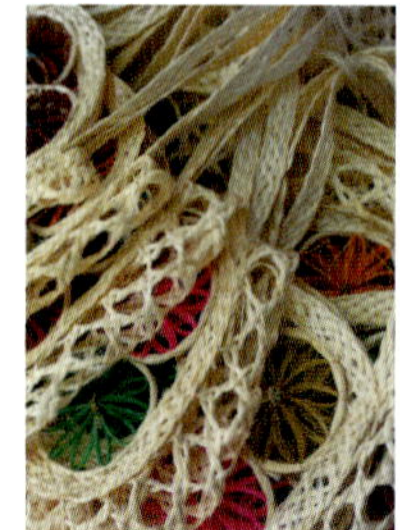

Bolsos de henequén para dama.
Henequen bags for women.

Yucatán
p. 46

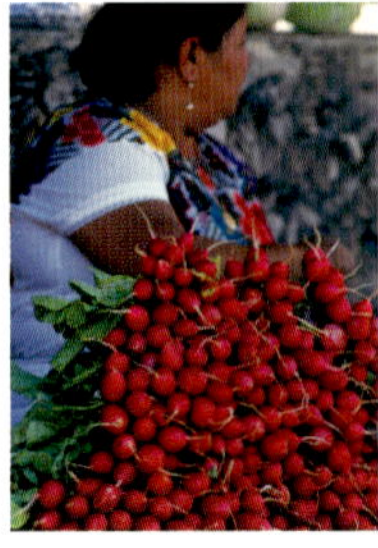

Rábanos, intensidad de color y de sabor.
The intense color and flavor of radish.

Yucatán
p. 157

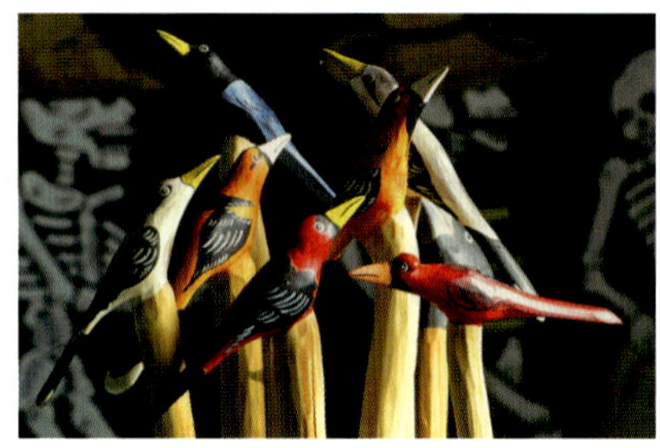

Originalidad y colorido en las figuras de madera.
Original and colorful wooden figures.

Yucatán
p. 86

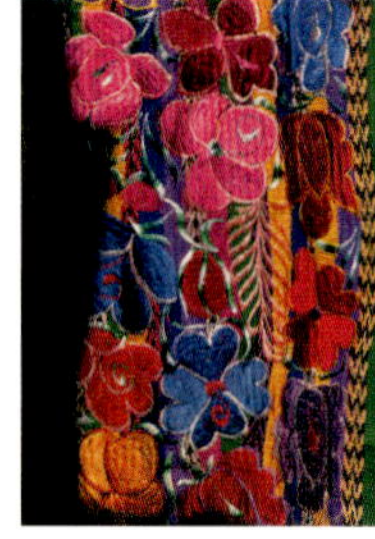

Bordado de flores multicolores.
Multicolored embroidered flowers.

Yucatán
p. 42

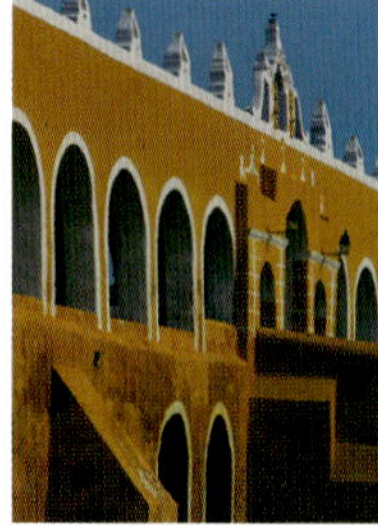

Izamal, una de las más antiguas poblaciones yucatecas.
Izamal, one of Yucatán's oldest communities.

Yucatán
p. 197

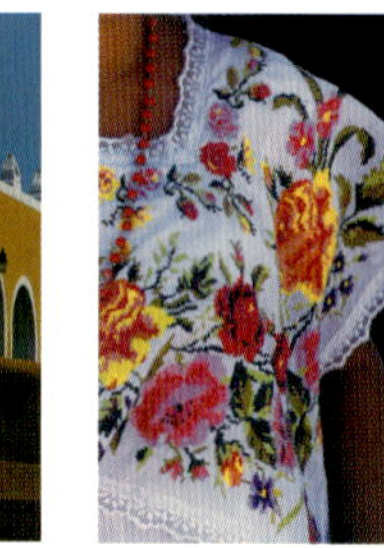

La tradición de los trajes regionales.
The tradition of regional suits.

Yucatán
p. 16

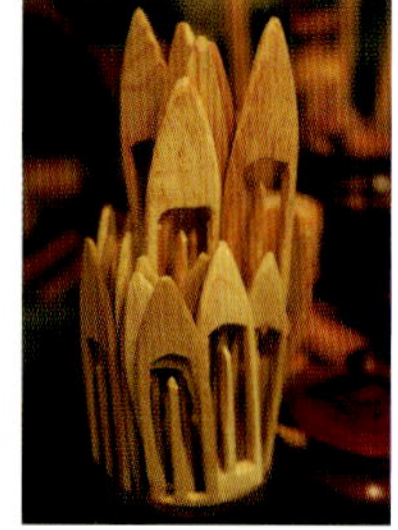

Huso de madera para tejer hamacas.
Wooden spindle for weaving hammocks.

Yucatán
p. 17

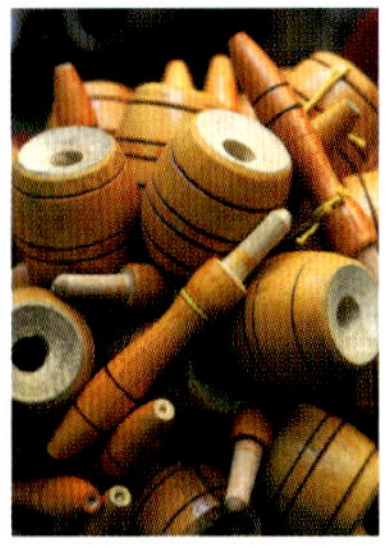

Juguetes de madera.
Wooden toys.

Yucatán
p. 87

Palacio Cantón.
Cantón Palace.

Mérida, Yucatán
p. 207

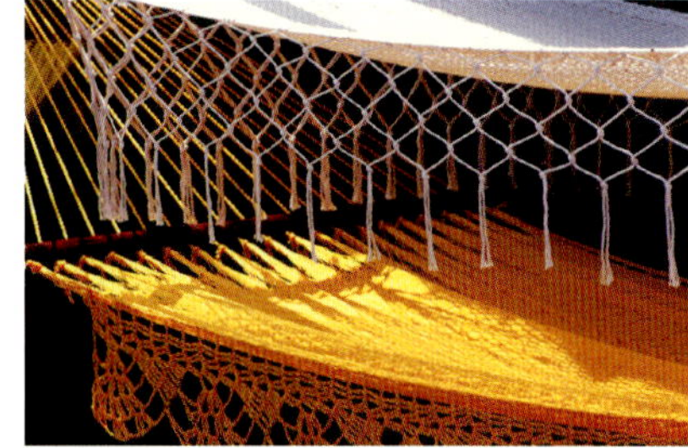

Exhibición de hamacas.
Hammocks on display.

Yucatán
p. 69

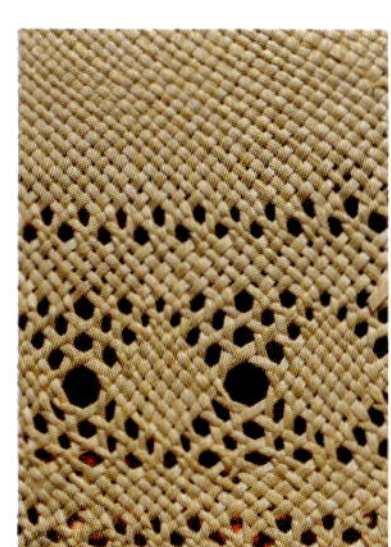

Sombrero de palma.
Palm hat.

Yucatán
p. 16

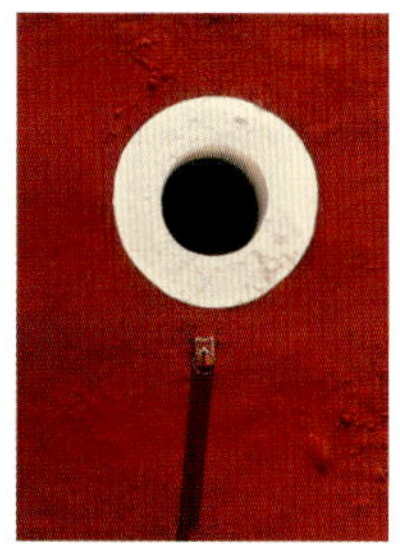

Colorido e imaginación en la arquitectura.
The color and imagination of architecture.

Yucatán
p. 173

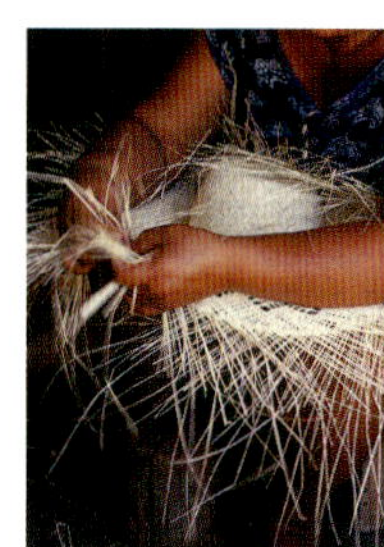

Antigua técnica para tejer sombreros que continúa vigente.
Old methods for weaving hats are still being used.

Yucatán
p. 55

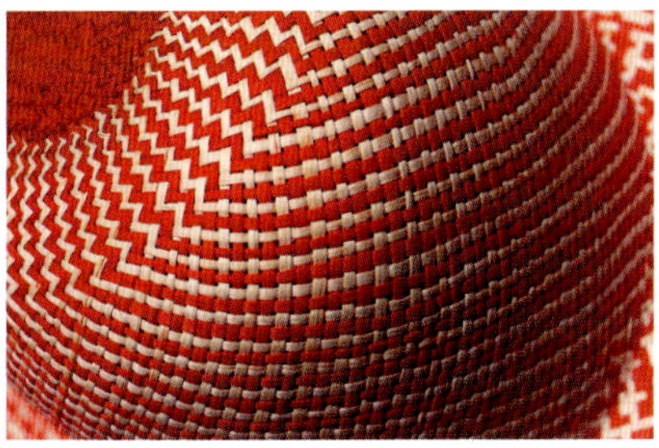

Elegante dibujo en un sombrero de palma.
Elegant drawing on a palm hat.

Yucatán
p.p. 22-23

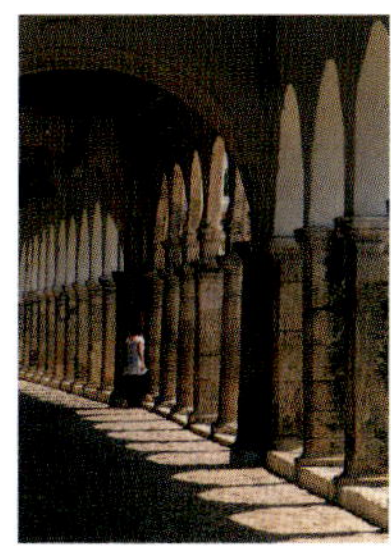

Arcos de medio punto en la plaza principal.
Semi-circular arch in the main plaza.

Izamal, Yucatán
p. 196

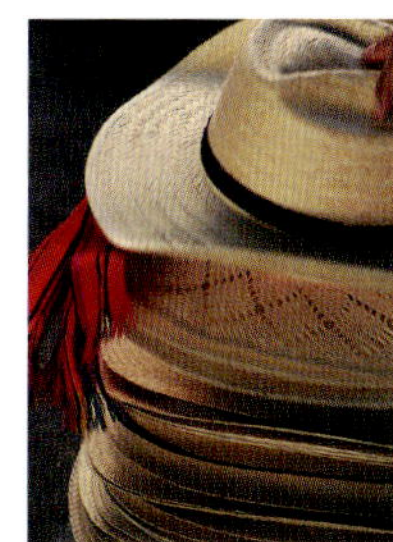

Gran variedad de sombreros tejidos.
A whole range of woven hats.

Yucatán
p. 54

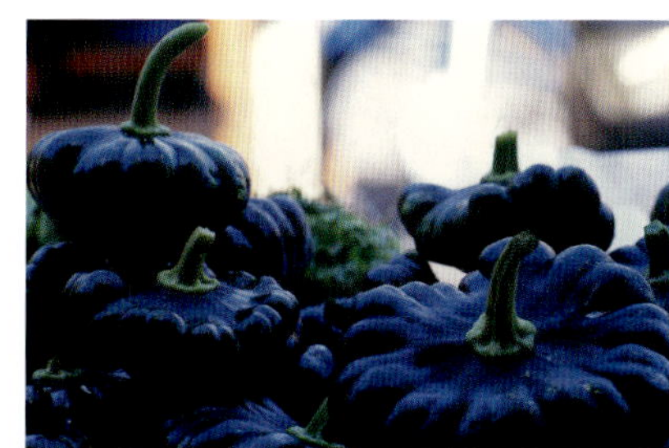

Las calabazas, de colores muy brillantes, se venden a granel en el mercado.
Brightly-colored squash is sold in bulk at the market.

Yucatán
p. 148

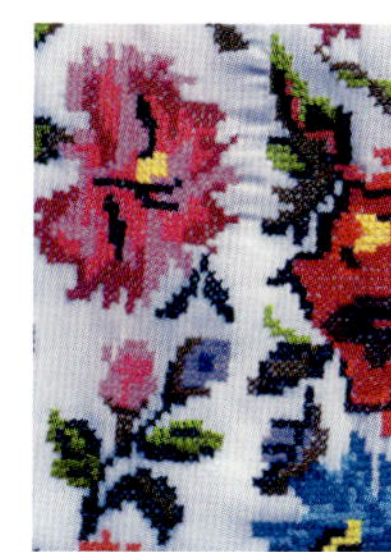

Tejido de punto de cruz.
The art of cross-stitching.

Kimbala, Yucatán
p. 35

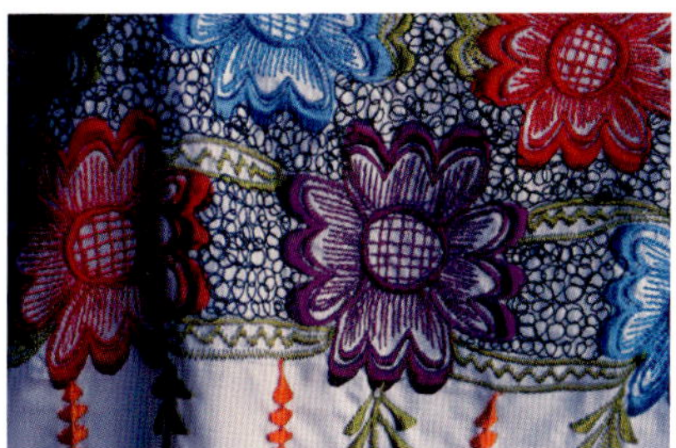

El fino bordado de flores en el traje de la mestiza.
Fine flowers embroidered on the garments of the mestiza woman.

Yucatán
p.p. 64-65

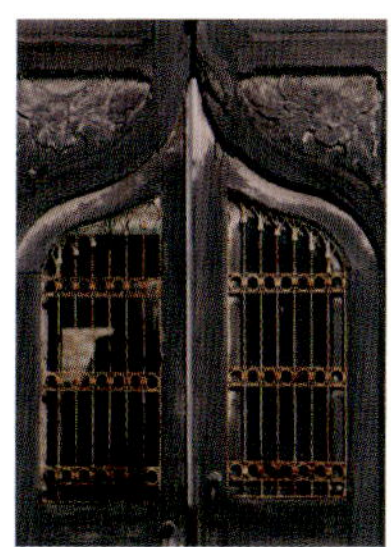

Vistoso enrejado de una puerta antigua.
The elegant lattice of an old door.

Mérida, Yucatán
p. 17

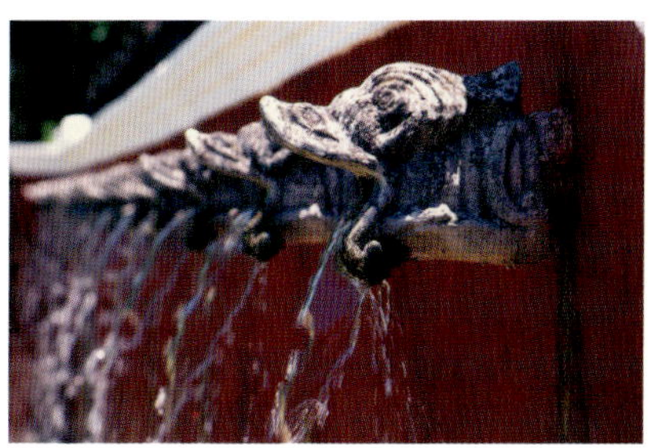

Detalle de una fuente de piedra con formas fantásticas, en la hacienda de Temozón.
A stone fountain with fantastic shapes in the Temozón hacienda.

Yucatán
p.p. 188-189

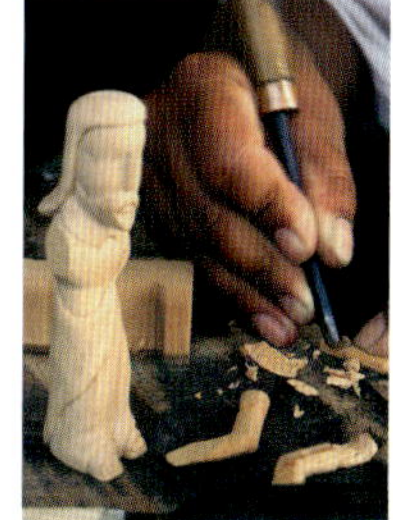

Trabajo fino y delicado.
Fine and delicate work.

Yucatán
p. 86

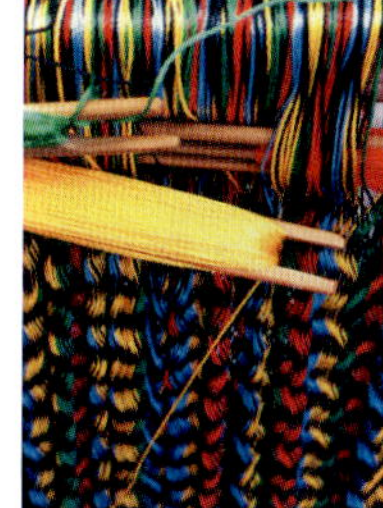

Cómo se fabrica una hamaca.
A slick method for making hammocks.

Tixkokob, Yucatán
p.p. 110-11

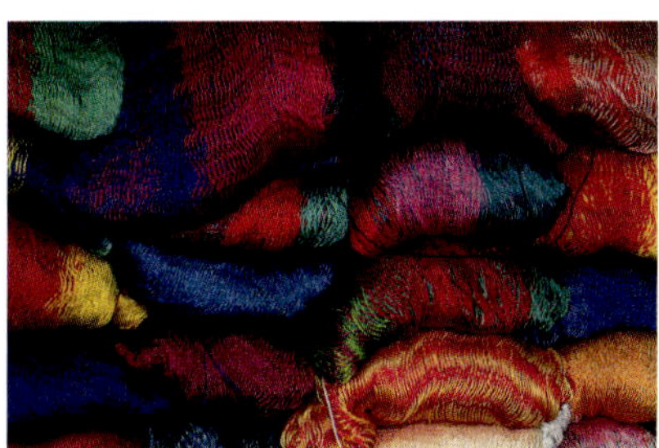

En Yucatán, las hamacas se fabrican en colores al gusto de los compradores.
In Yucatán, hammocks are made in colors chosen by buyers.

Tixkokob, Yucatán
p. 17

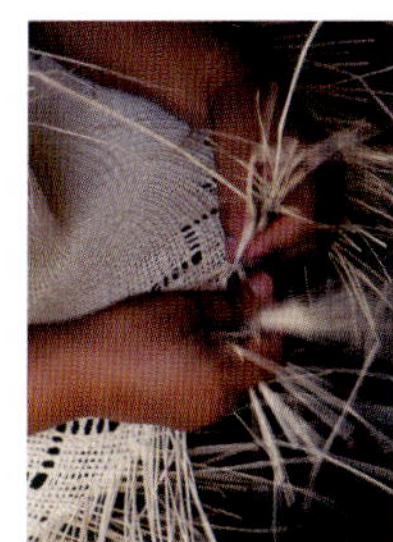

El tejido de un sombrero.
The weave of a hat.

Siho, Yucatán
p. 54

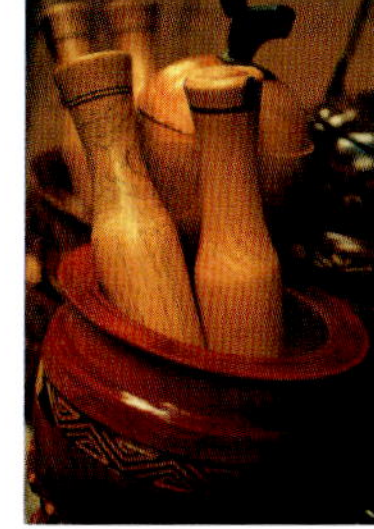

Artesanías de madera.
Wooden handcrafts.

Yucatán
p. 87

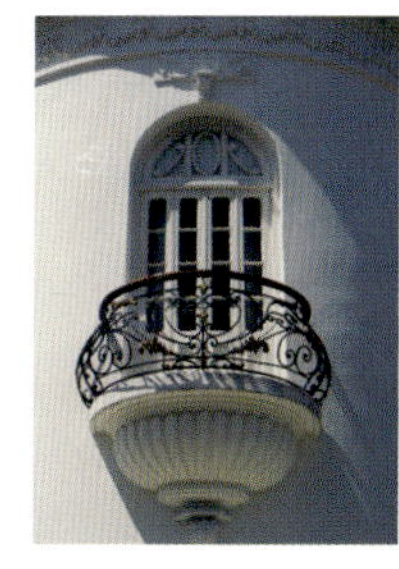

Ventanita colonial.
Colonial window.

Mérida, Yucatán
p. 179

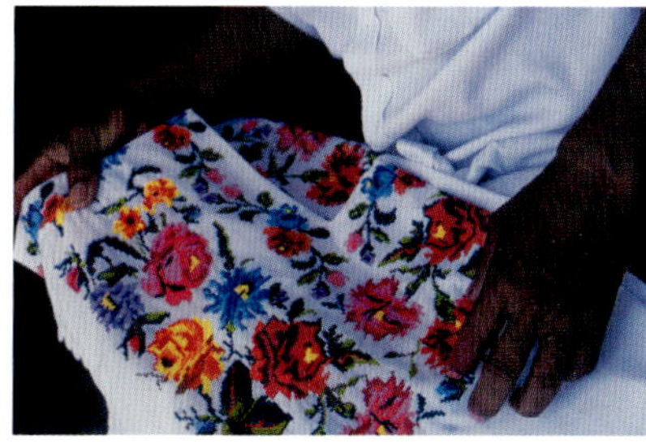

Hermoso bordado en el vestido para la fiesta.
Beautiful embroidery on a dress for festivals.

Kimbala, Yucatán
p. 63

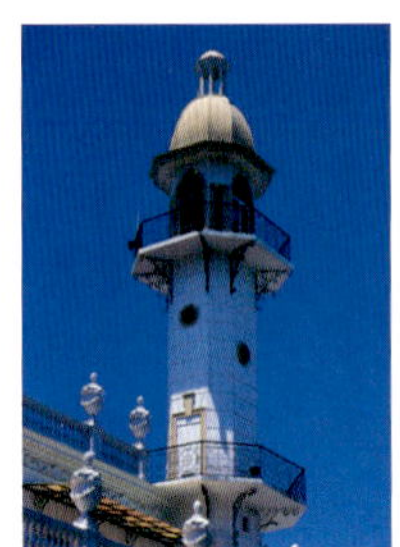

Remate en forma de torre en un edificio colonial en el Paseo Montejo.

Tower-shaped finish on a colonial building on Paseo Montejo.

Mérida, Yucatán
p. 178

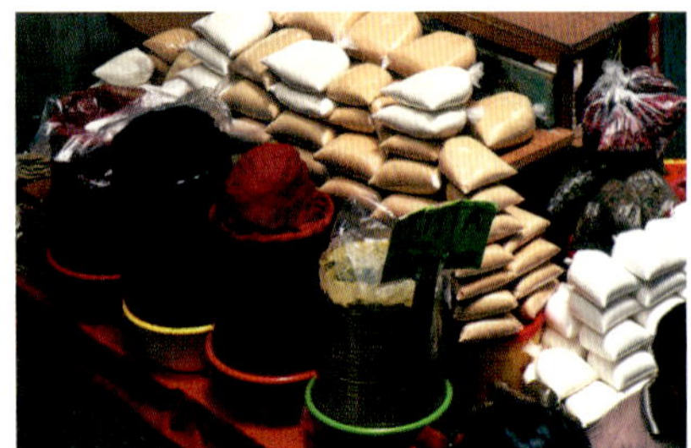

La materia prima para los moles.

The raw material for mole.

Yucatán
p. 158

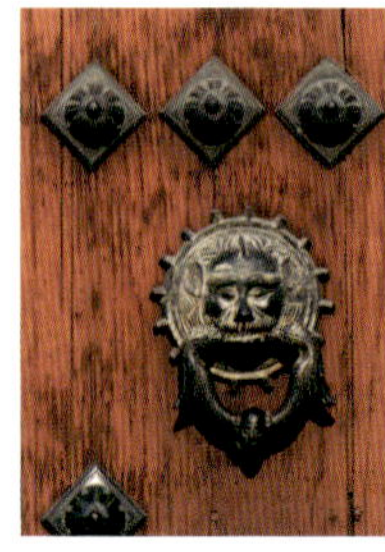

Aldabones y remaches de metal en una puerta antigua.

Metal door knockers and bolts on an old door.

Mérida, Yucatán
p. 202

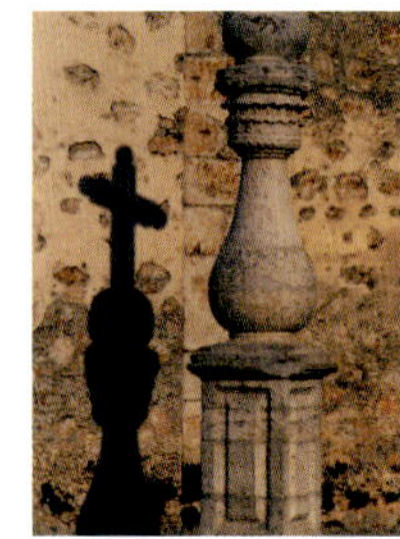

Fachada de la catedral de Mérida.

The façade of Mérida's cathedral.

Mérida, Yucatán
p. 193

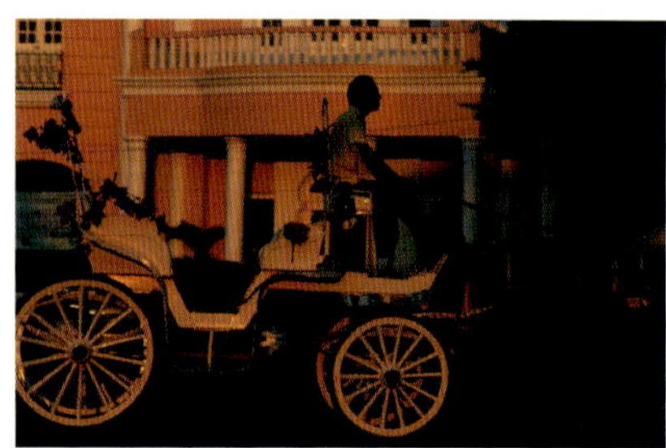

Calesa en el Paseo Montejo.

Carriage on Paseo Montejo.

Mérida, Yucatán
p. 205

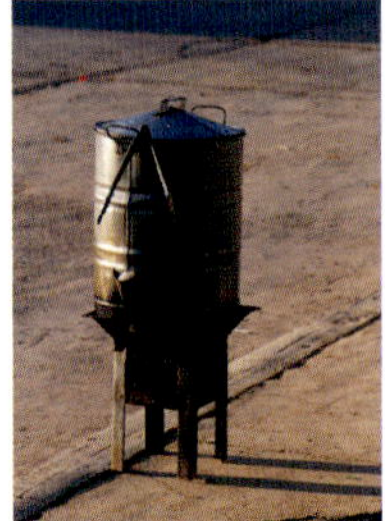

Humeante olla de tamales.

A steaming pot of tamales.

Mérida, Yucatán
p. 146

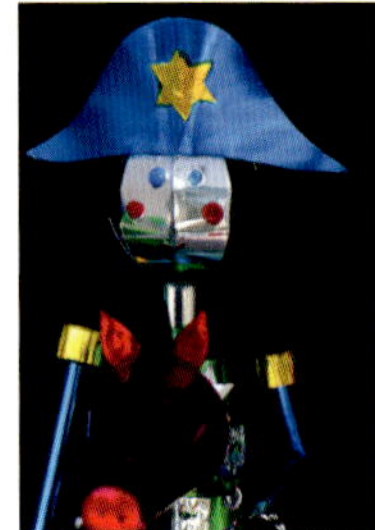

Soldadito de jueguete hecho de hoja de lata.

Little toy soldier made of tin.

Mérida, Yucatán
p. 91

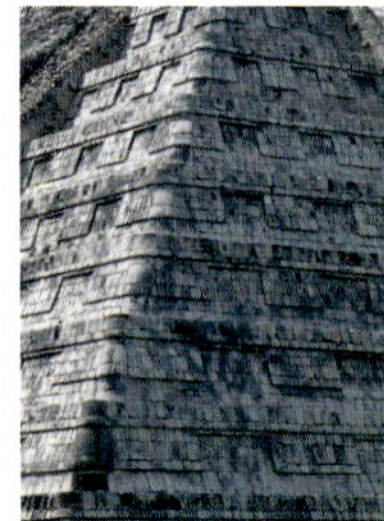

Detalle de El Castillo en Chichén Itzá.

The Castle at Chichén Itzá.

Yucatán
p. 190

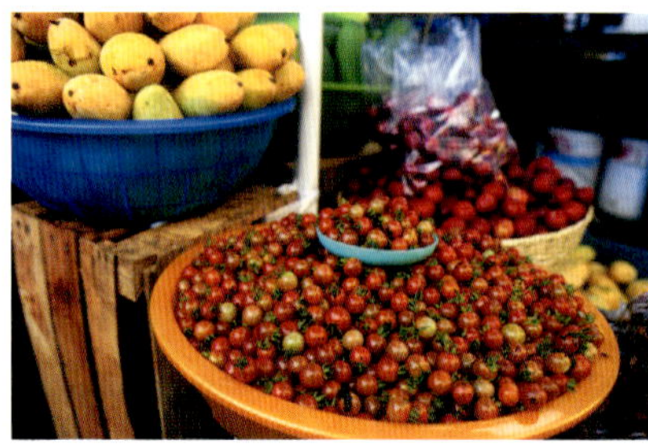

Venta de frutas y verduras en el mercado.

Fruit and vegetables on sale in the market.

Mérida, Yucatán
p. 133

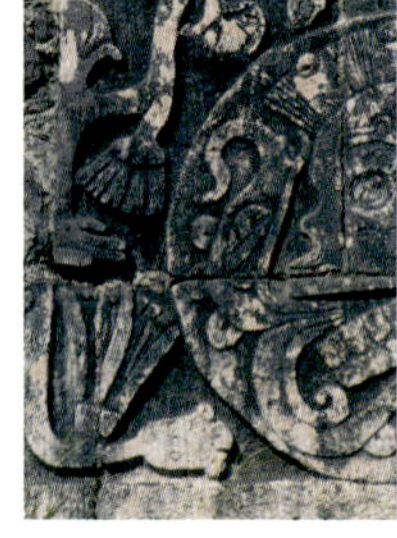

Parte de un grabado en piedra en el Juego de Pelota.

Part of a stone engraving in the game of Pelota.

Chichen Itzá, Yucatán
p. 17

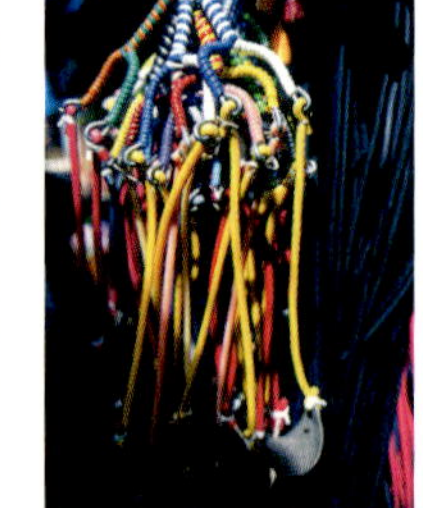

Resorteras que hoy en día son hechas de plástico y con hule de colores.

Slings, made today from colored plastic and rubber.

Yucatán
p. 90

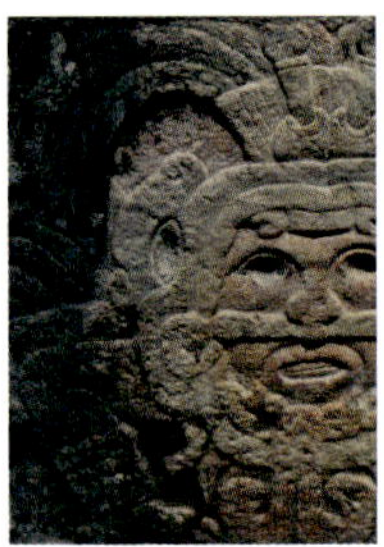

Detalle de una divinidad en el Juego de Pelota.

A figure of a deity in the game of Pelota carved into stone.

Chichen Itzá, Yucatán
p. 191

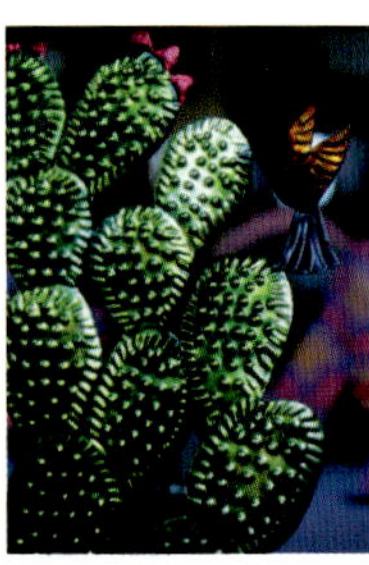

Figura de cactus hecha de lata.

A cactus figure made of tin.

Yucatán
p. 88

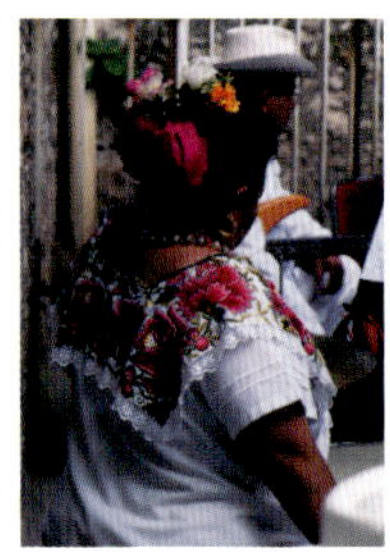

Vestido típico yucateco.

Typical attire of Yucatán.

Mérida, Yucatán
p. 62

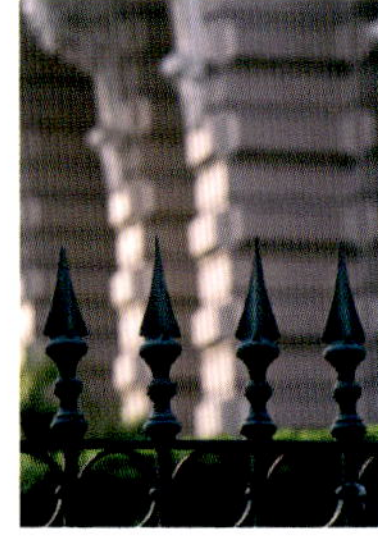

Remates en forma de lanza en una reja colonial.

Ornaments in the form of a spear on colonial railings.

Mérida, Yucatán
p. 206

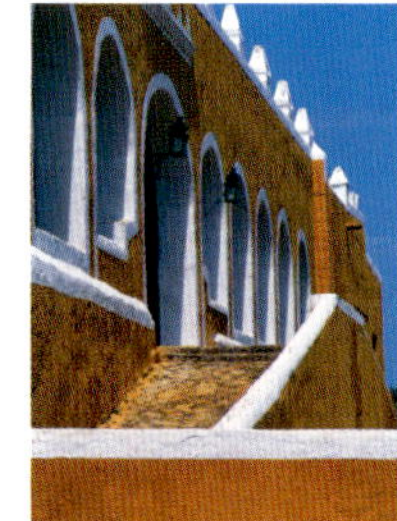

Perspectiva de los arcos de Izamal.

A view of the arches of Izamal.

Izamal, Yucatán
p. 16

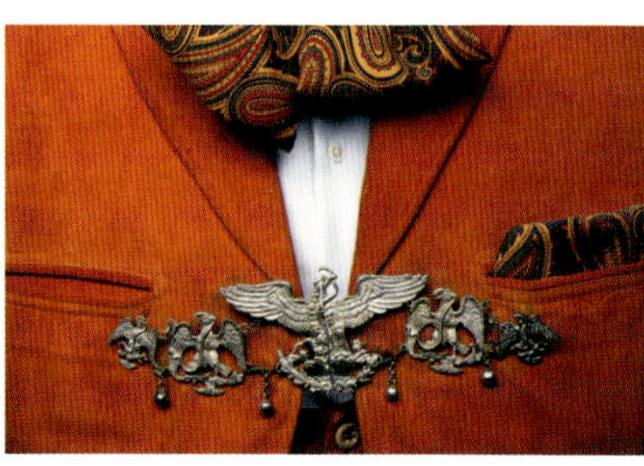

Traje de charro, antiguo, con botonadura de plata.

A traditional silver-buttoned charro suit.

Yucatán
p.p. 56-57

Quintana Roo y Chiapas

La belleza de las playas de Quintana Roo combinadas con algunos de sus sitios arqueológicos, proporcionan un ambiente de irrealidad sólo interrumpido por la presencia del turismo y sólo comparable con la magnificencia del paisaje chiapaneco, bello en sus lagunas, cascadas, ríos, montañas y precipicios y en la extravagancia de su flora y fauna. A ese encanto se suman sus zonas arqueológicas como Bonampak y Palenque, de imponente arquitectura; los conventos dominicos, huellas de la época colonial; y la gran variedad de etnias que ahí coexisten sin mezclarse -por cuestiones geográficas-, con sus diferentes rasgos distintivos que enriquecen la cultura nacional y diversifican la esencia de nuestros orígenes.

The beautiful beaches of Quintana Roo join forces with the archaeological sites to create a realm that exists beyond reality, interrupted only by the presence of tourists and comparable only with the splendor of the countryside of Chiapas with its stunning lakes, waterfalls, rivers, mountains and cliffs and extravagant flora and fauna. This enchanting panorama is further enriched by archaeological sites like Bonampak and Palenque, with their imposing architecture, the Dominican convents of the colonial era, and the vast range of ethnic groups that share the same corner of the world but -for geographical reasons- have never interbred, each with their own distinguishing features that add to the wealth of both Mexican culture and the very essence of our origins.

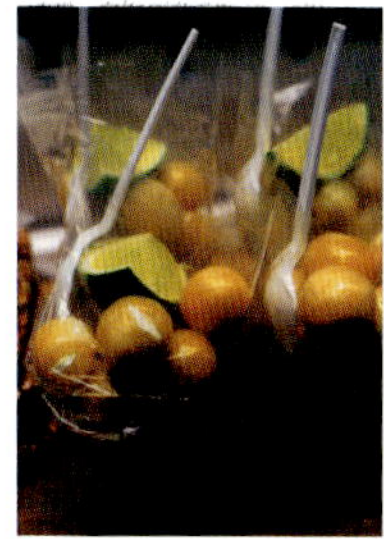

Nanches en conserva.
Nance preserves.

Quintana Roo
p. 153

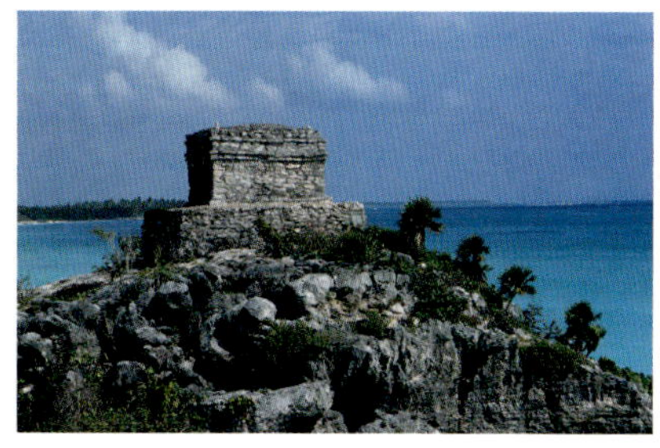

Las ruinas de Tulúm.
The ruins of Tulúm.

Quintana Roo
p. 191

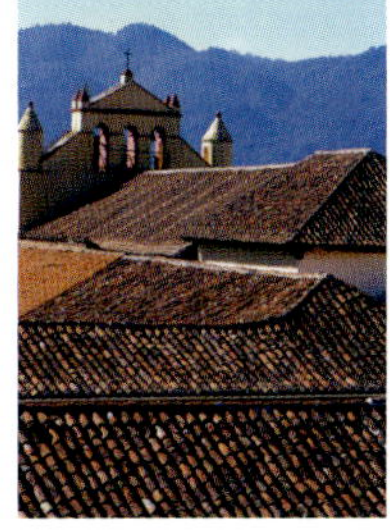

Detalle techos de casas.
Detail roofs of houses.

San Cristóbal de las Casas, Chiapas
p. 167

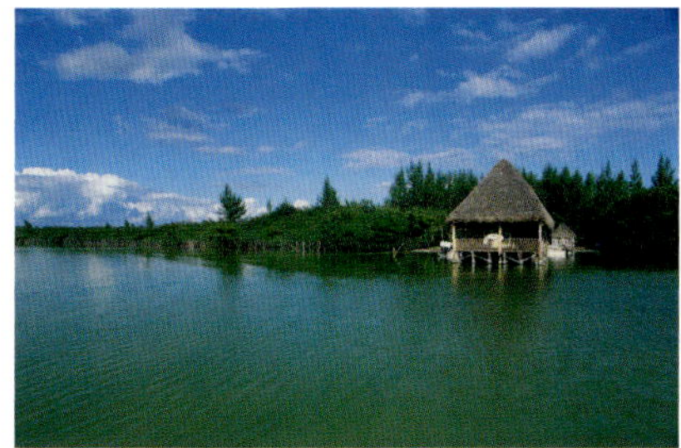

Sian Kaan, reserva de la biosfera, en Quintana Roo.
The ecological reserve of Sian Kaan in Quintana Roo.

Quintana Roo
p. 190

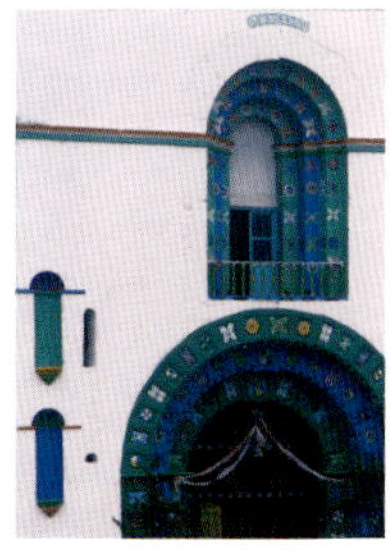

Balcón con marco decorado.
A balcony with an ornate handrail.

San Juan Chamula, Chiapas
p. 185

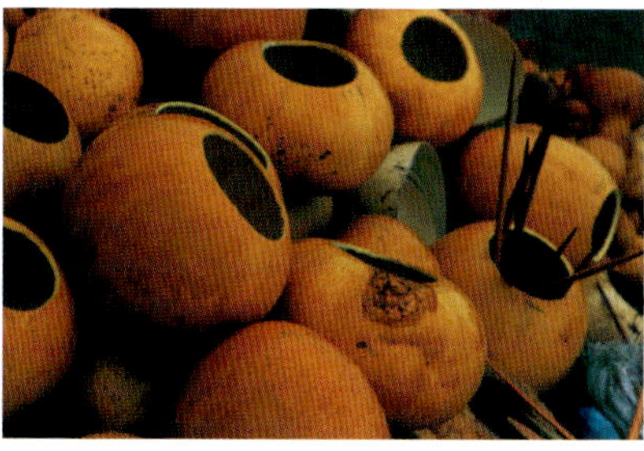

Venta de guajes en un mercado chiapaneco.
"Guajes" on sale in a market in Chiapas.

Chiapas
p. 17

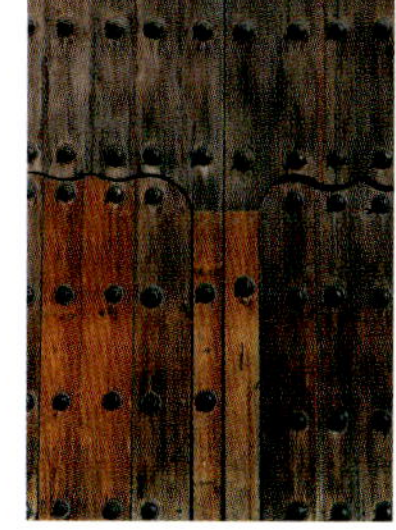

Portón antiguo.
An old large door.

San Cristóbal de las Casas, Chiapas
p. 16

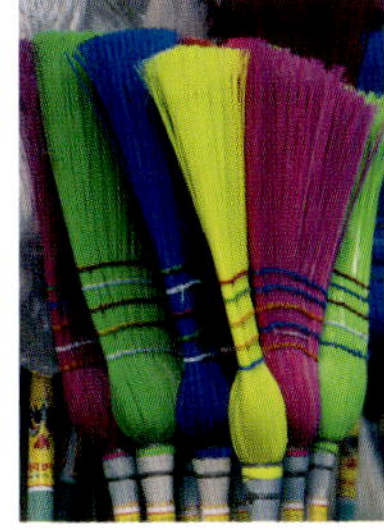

Escobas de plástico muy coloridas.
Brightly-colored plastic brooms.

Chiapas
p. 16

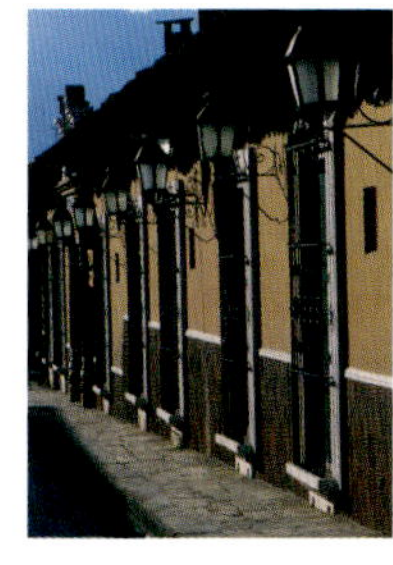

Fachadas en San Cristóbal de las Casas.
Uniform façades on a street in San Cristóbal de las Casas.

Chiapas
p. 182

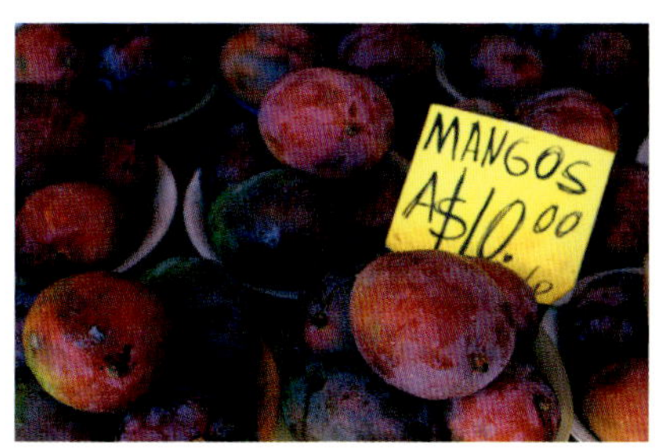

Venta de mangos en el mercado municipal.
Mangos on sale in the municipal market.

Quintana Roo
p. 132

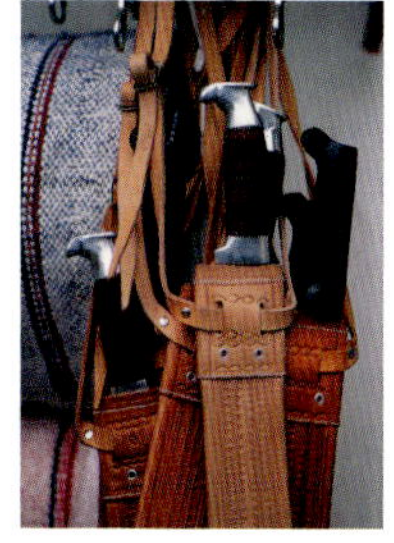

Fundas para machetes.
Crafted leather sheaves for machetes.

Chiapas
p. 16

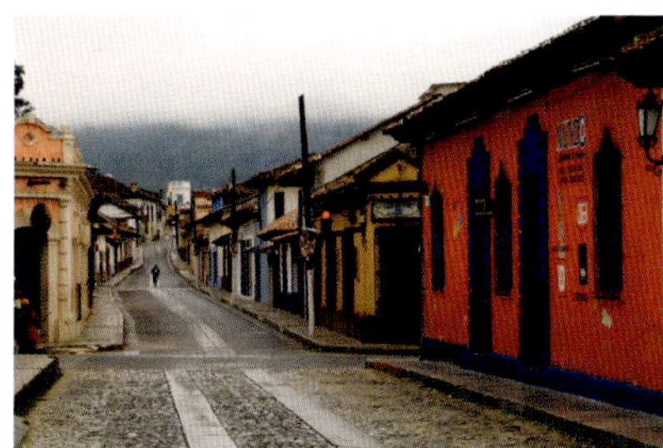

Apacible panorama de San Cristóbal de las Casas.
A tranquil view of San Cristóbal de las Casas.

Chiapas
p. 197

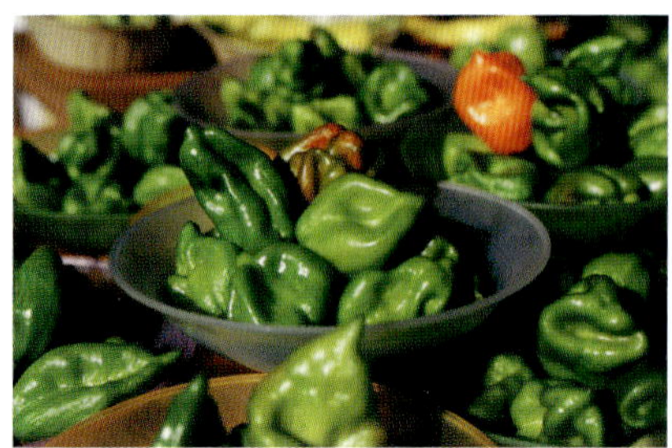

El famoso chile habanero.
The famous "habanero" chili.

Quintana Roo
p.p. 144-145

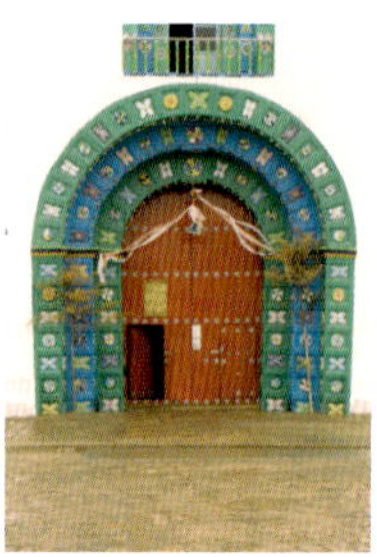

Iglesia con originales arcos decorados.
A church with its original decorated arches.

San Juan Chamula, Chiapas
p. 10

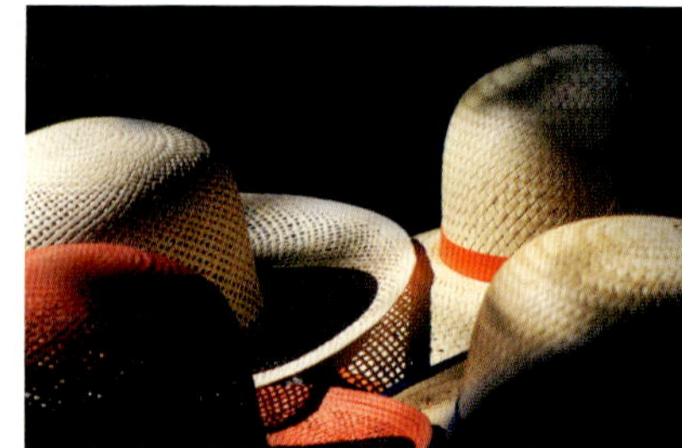

Exhibición de sombreros de palma.
Palm hats on display.

Cancún, Quintana Roo
p.p. 52-53

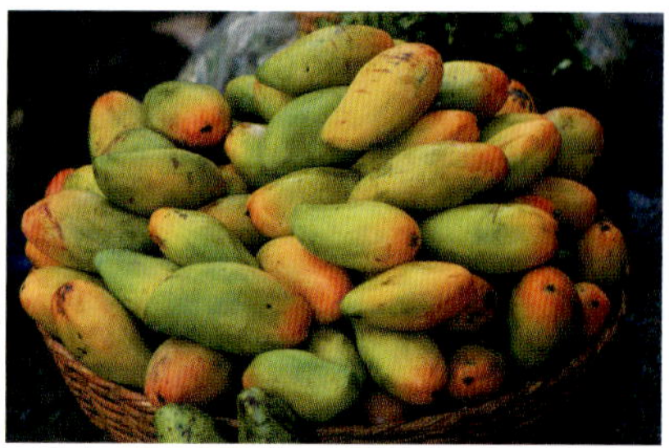

Mangos frescos en el mercado popular.
Fresh mangos in a local market.

Chiapas
p. 149

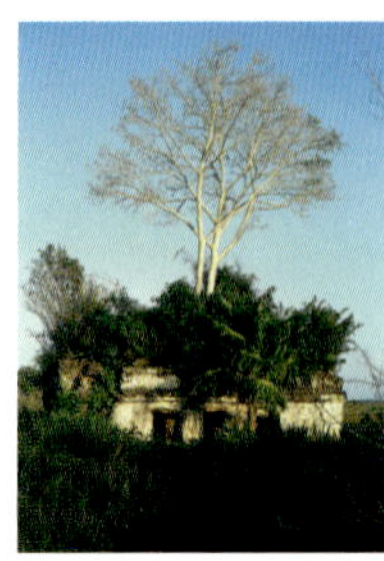

Pirámide en Sian Kaan.
Pyramid in Sian Kaan.

Quintana Roo
p. 190

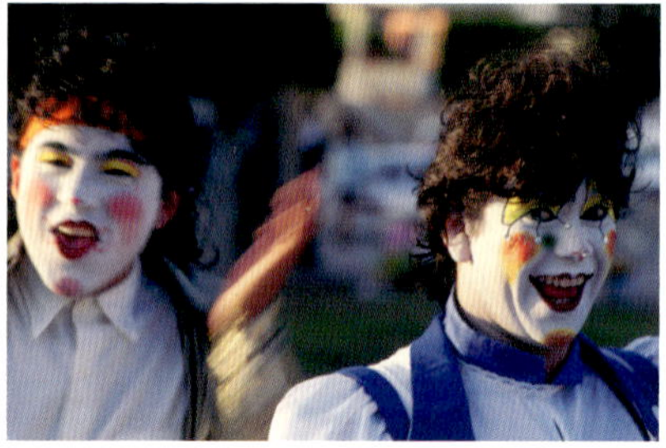

Payasitos en la feria popular.
Clowns in the local fair.

Chiapas
p.p. 44-45

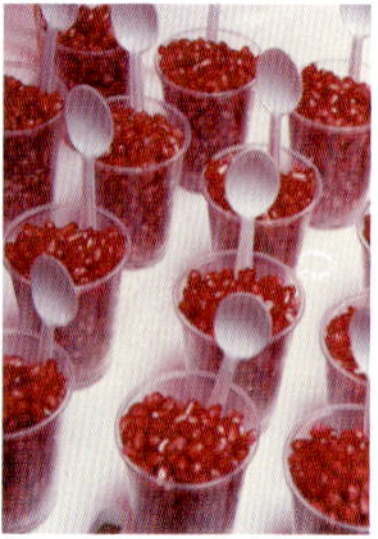

Vasitos de granada.
Cups of grenadine.

Chiapas
p. 121

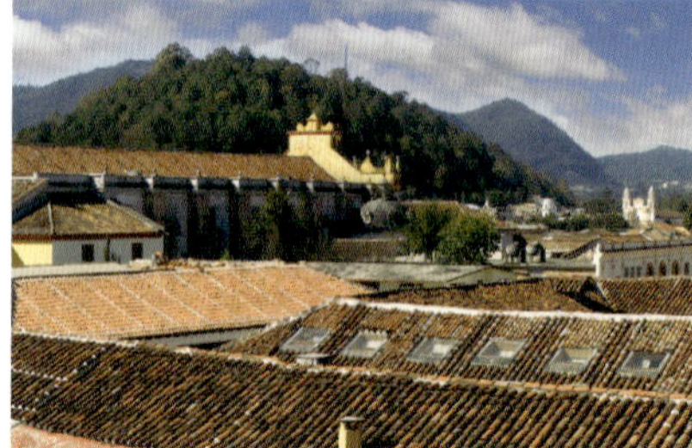

Vista panorámica de San Cristóbal de las Casas.
A scenic view of San Cristóbal de las Casas, Chiapas.

Chiapas
p.p. 180-181

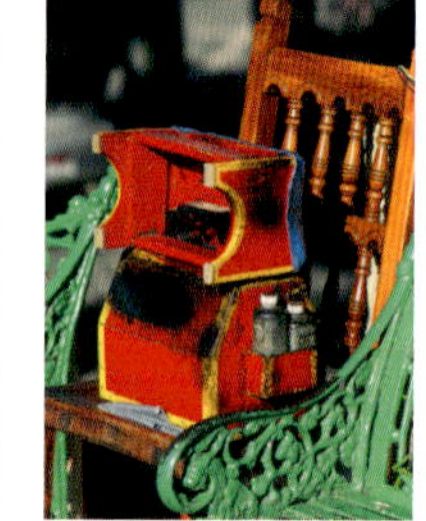

Cajón para bolear artísticamente decorado.
An artistically decorated box for cleaning shoes.

Chiapas
p. 17

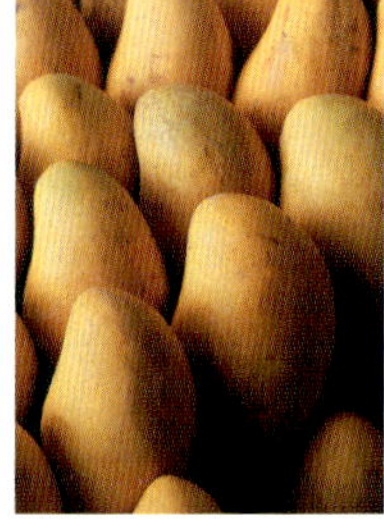

Mangos artísticamente alineados.
Creatively arranged mangos.

Quintana Roo
p. 16

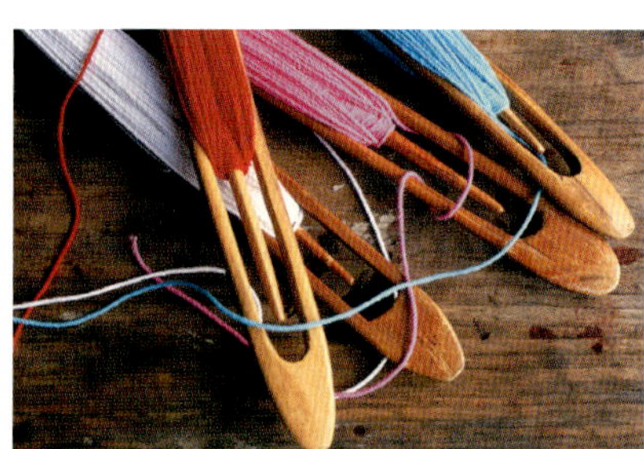

Utensilios para tejer hamacas; uno para cada color.
Utensils for weaving hammocks; one in each color.

Quintana Roo
p. 112

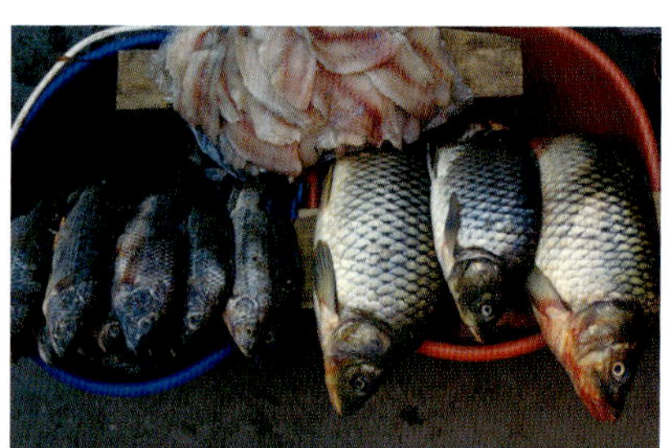

Peces recién salidos del mar, a la mesa del comensal.
Fish straight out of the sea and onto the dinner table.

Cancún, Quintana Roo
p. 139

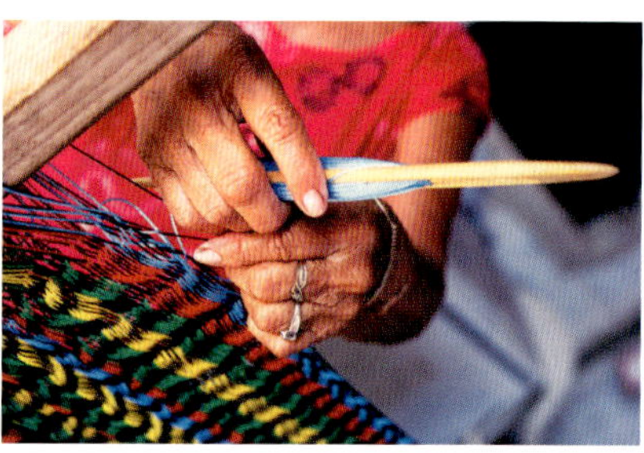

Tejedores de hamacas.
Hammock weavers.

Quintana Roo
p. 113

Oaxaca

El cristalino mar con sus delfines y sus playas de vegetación tropical; los grandiosos sitios arqueológicos de Monte Albán y Mitla, construidos por los mixteco zapotecas; la arquitectura colonial expresada en templos, plazas, calles y edificios públicos, que han hecho de su centro histórico un patrimonio cultural de la humanidad; el mayor número de etnias de toda la república, con la riqueza propia de la diversidad cultural; sus montañas de vegetación cerrada que dan lugar a profundos abismos igualmente poblados; sus típicas tehuanas y yalaltecas; su exquisita joyería de filigrana de oro; sus fiestas tradicionales como la Guelaguetza y su deliciosa cocina, permiten decir que Oaxaca, además de bello, es un lugar privilegiado.

The crystalline sea with its dolphins and beaches flanked by tropical vegetation; the magnificent archaeological sites of Monte Albán and Mitla built by the Mixtec Zapotecs; colonial architecture in the form of churches, plazas, streets and public buildings that have made the city's historic center a world cultural heritage site; the biggest number of ethnic groups in the whole country, with the great wealth afforded by this cultural diversity; its stark, vegetation-lined mountains that suddenly plunge into deep chasms; its typical tehuanas and yalaltecas; its exquisite gold filigree jewelry; its traditional festivals like the Guelaguetza, and its delicious cuisine together lead visitors to the inevitable conclusion that beautiful Oaxaca is like no other place in the world.

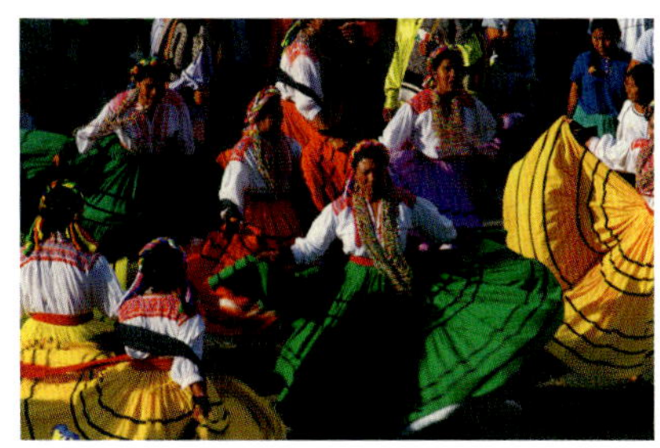

Calenda callejera en la Guelaguetza.
The street Calenda parade in the Guelaguetza festival.

Oaxaca
p.p. 38-39

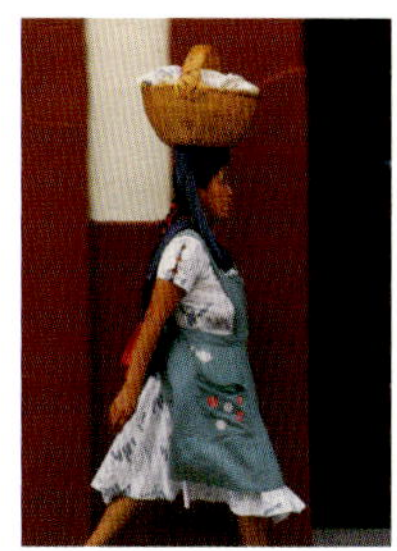

El garbo de las mujeres oaxaqueñas.
The poise of women from Oaxaca.

Oaxaca
p. 154

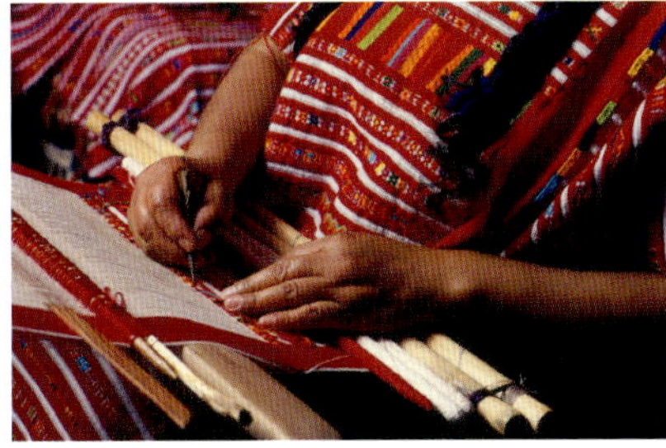

Mujer triqui en su labor de tejido.
A Triqui woman weaving.

Oaxaca
p. 21

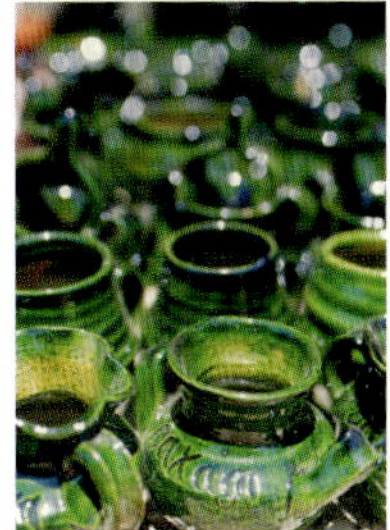

Vasija de barro.
An earthen vase.

Oaxaca
p. 105

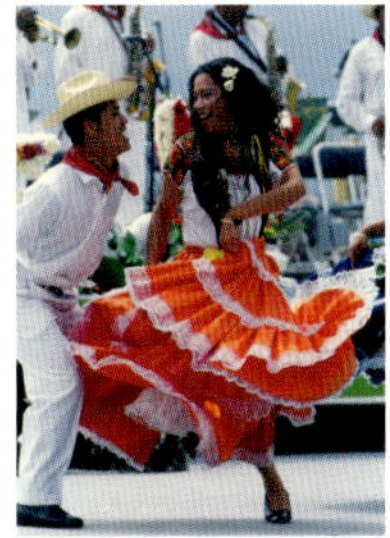

Sones y chilenas en la Guelaguetza.
Sones and chilenas in the Guelaguetza festival.

Oaxaca
p. 32

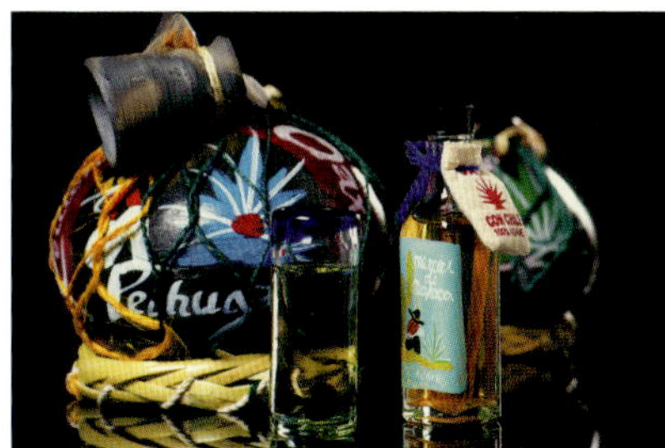

Mezcal de Oaxaca en su envase original.
Mezcal from Oaxaca in its original container.

Oaxaca
p. 6

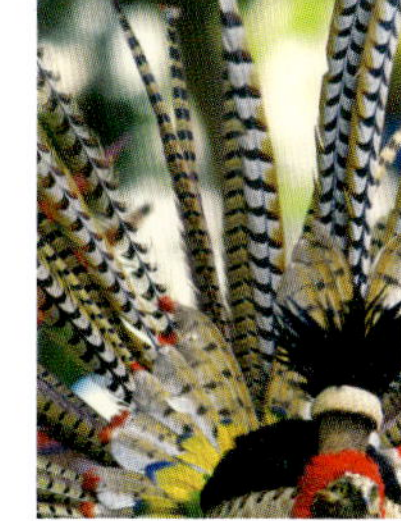

Vistoso penacho de plumas de un danzante.
The lively feather headdress of a dancer.

Oaxaca
p. 50

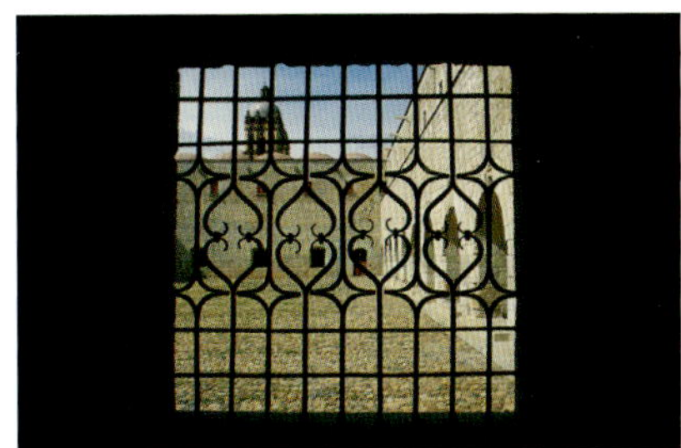

Ventana con herrajes en el templo de Santo Domingo.
Window with ironwork in the church of Santo Domingo.

Oaxaca
p. 197

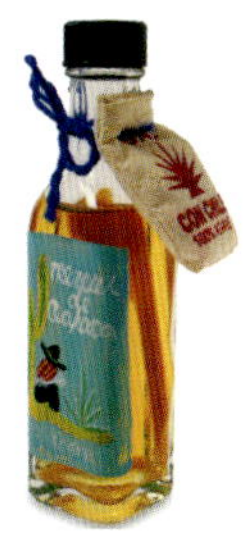

Botellita de mezcal con gusano.
Bottle of mezcal with worm.

Oaxaca
p. 131

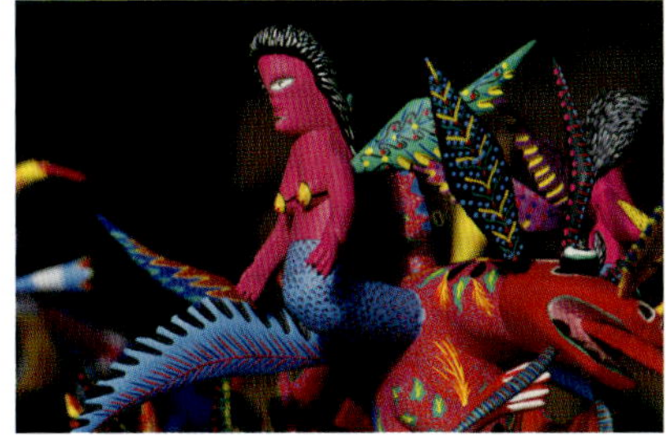

Colorido y candor de los alebrijes.
The colors and candidness of alebrije.

Oaxaca
p.p. 70-71

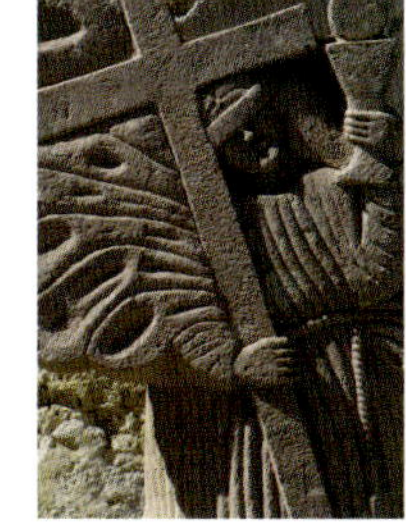

Imagen grabada en piedra en una iglesia de Mitla.
Image engraved in stone in a church in Mitla.

Oaxaca
p. 16

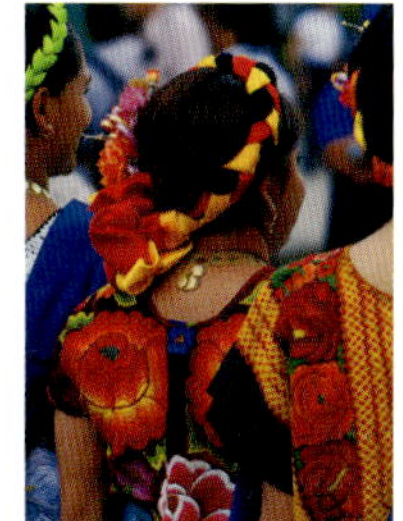

Colores luminosos en el arreglo de la juchiteca.
Brightly colored juchiteca.

Oaxaca
p. 37

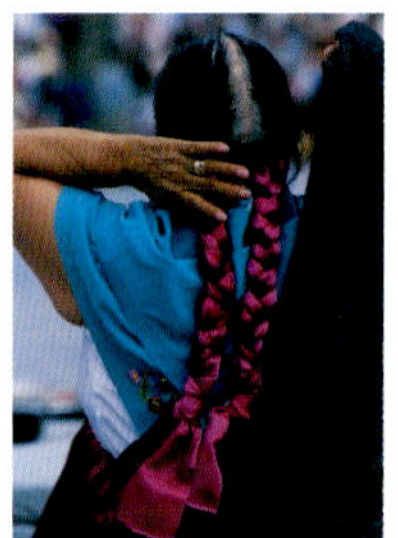

Trenzas adornadas con listones de colores.

Braids decorated with colored ribbons.

Oaxaca
p. 41

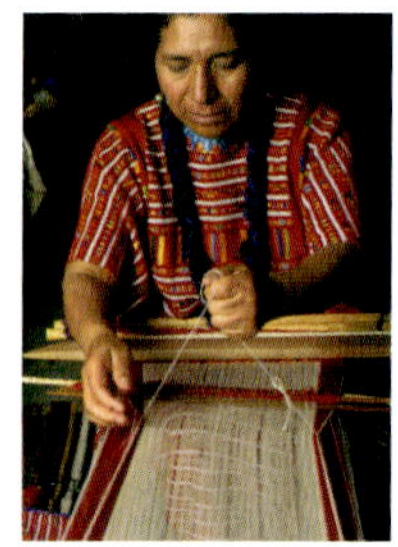

Una mujer que logra un bello diseño en su telar de cintura.

A woman creating a beautiful design on her waist loom.

Oaxaca
p. 66

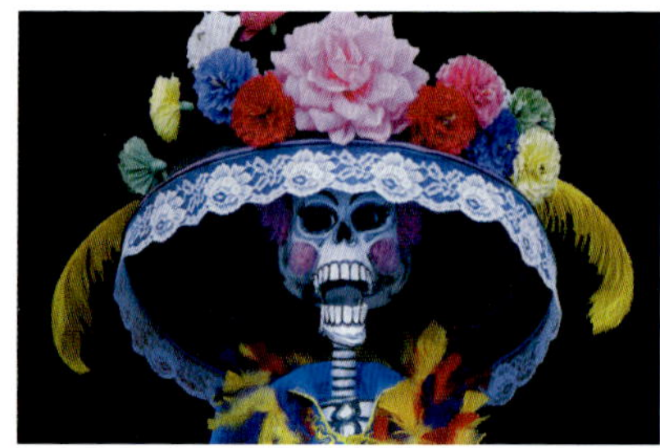

Una catrina muy espectacular.

A very spectacular catrina death figure.

Oaxaca
p.p. 48-49

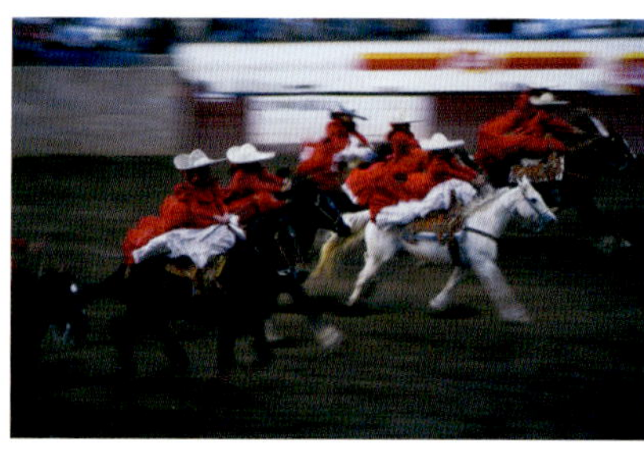

La escaramuza charra, color en movimiento.

The escaramuza charra, color in motion.

Oaxaca
p. 58

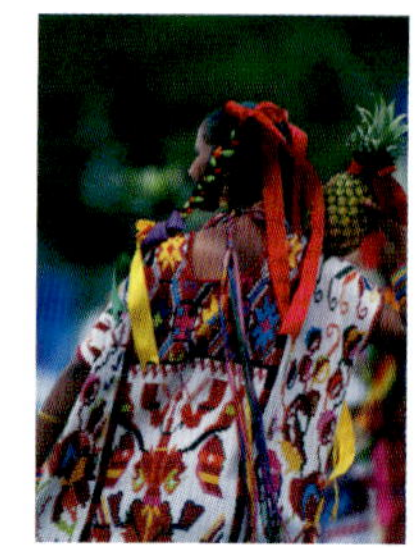

Baile Flor de Piña en la Guelaguetza.

The Flor de piña dance in the Guelaguetza festival.

Oaxaca
p. 25

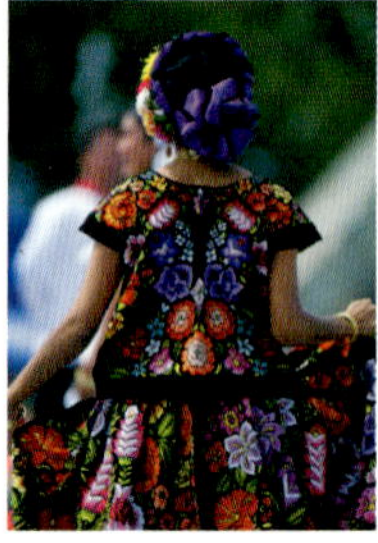

El suntuoso traje para la Guelaguetza.

The exquisite attire of the Guelaguetza festival.

Oaxaca
p. 43

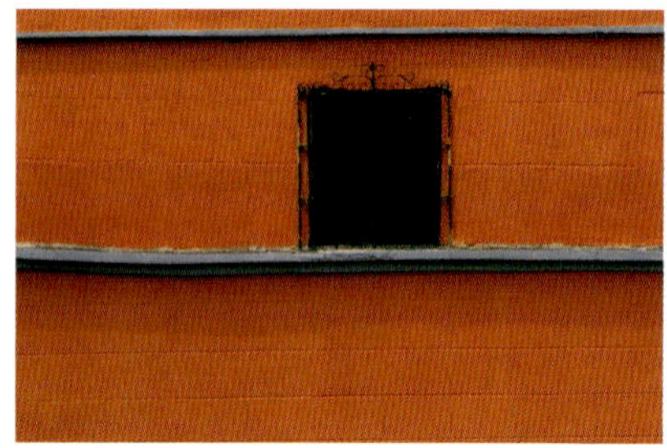

Ventana en un edificio colonial.

A window of a colonial building.

Oaxaca
p. 195

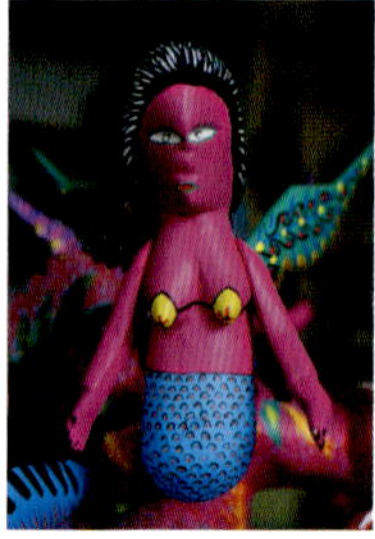

Formas fantásticas en los alebrijes.

The fantastic shapes of alebrijes.

Oaxaca
p. 9

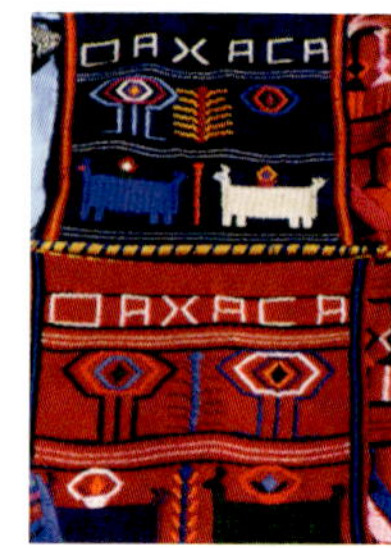

Prenda bellamente tejida, para los turistas.

A beautiful woven garment, a delight for tourists.

Oaxaca
p. 72

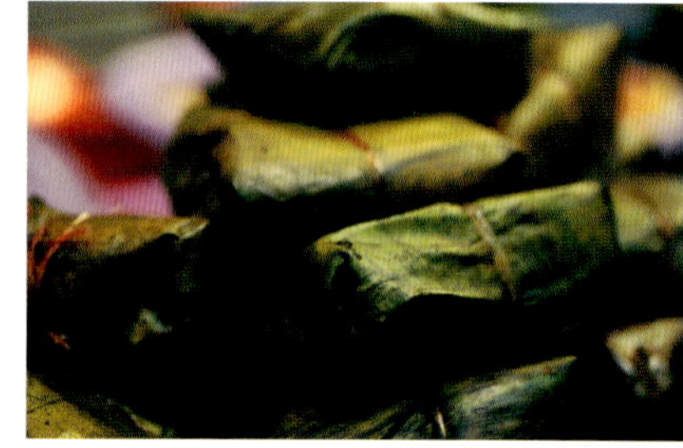

Tamales rellenos de carne y verduras.

Tamales stuffed with meat and vegetables.

Oaxaca
p. 134

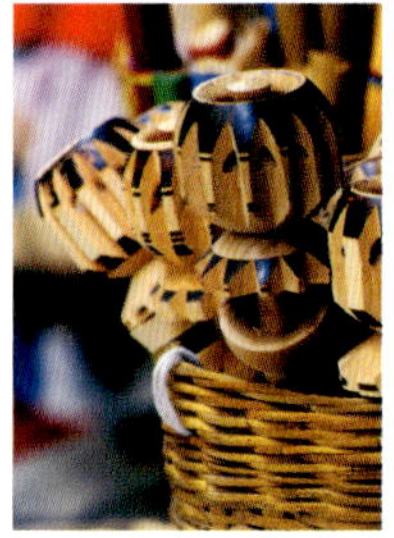

Molinillos de madera con su bella y práctica forma tradicional.

Wooden mills with their beautiful and practical traditional shape.

Oaxaca
p. 94

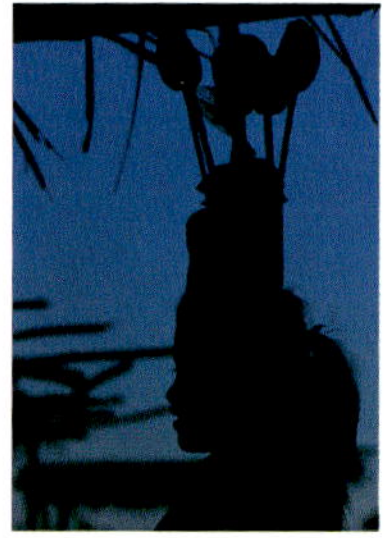

Silueta de una vendedora de mangos.

Silhouette of a woman selling mangos.

Oaxaca
p. 155

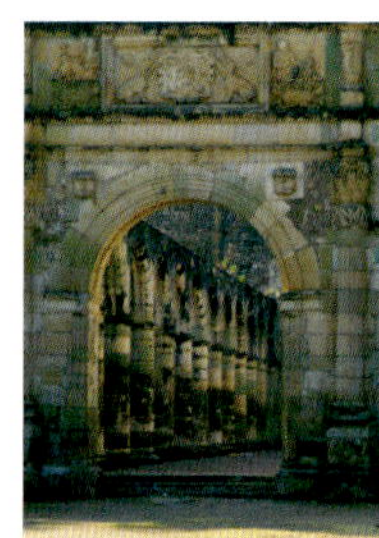

Arcos en el ex convento de Cuilapan.

The arches of the former convent of Cuilapan.

Oaxaca
p. 191

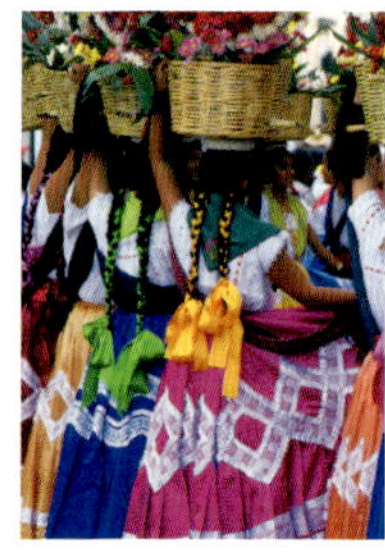

Jarabe, danza de la Guelaguetza.

The jarabe is a typical dance of the Guelaguetza festival.

Oaxaca
p. 33

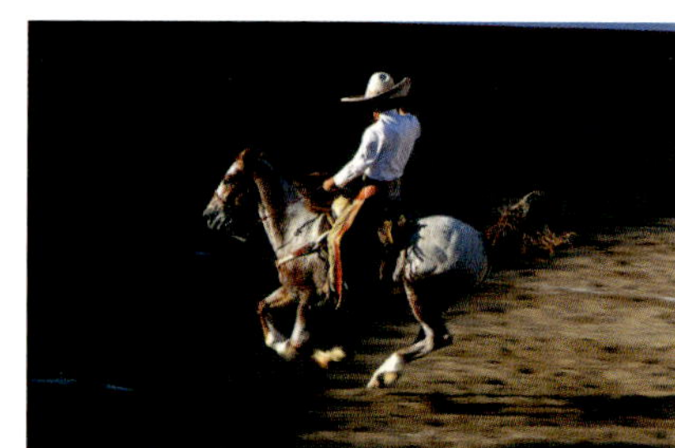

Jaripeo en la fiesta popular.

Jaripeo in the popular festival.

Oaxaca
p. 55

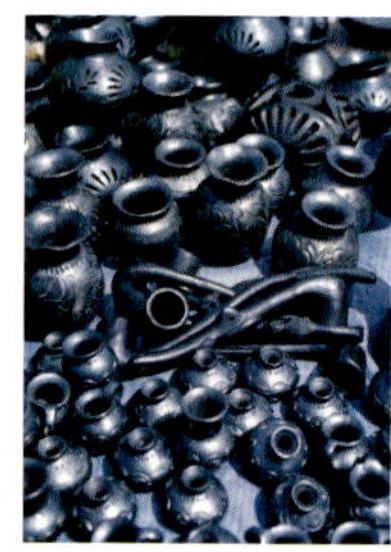

Finas piezas de barro negro.

Fine black clay items.

Oaxaca
p. 102

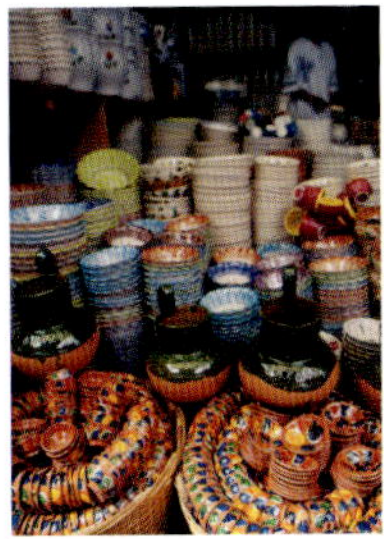

Puesto de barro y cerámica en un mercado.

A clay and ceramics stall in a market.

Oaxaca
p. 104

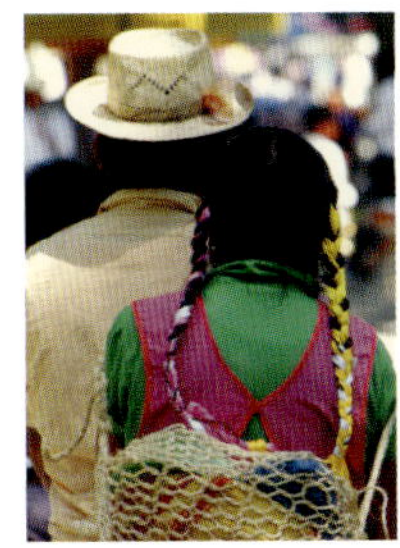

Vestidos típicos de uso cotidiano.

Typical daily dresses.

Oaxaca
p. 47

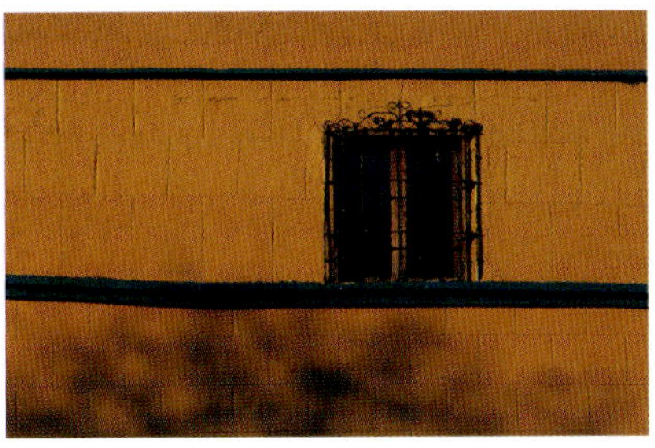

Ventana con enrejado en una casa colonial.

Window with iron railings in a colonial house.

Oaxaca
p. 194

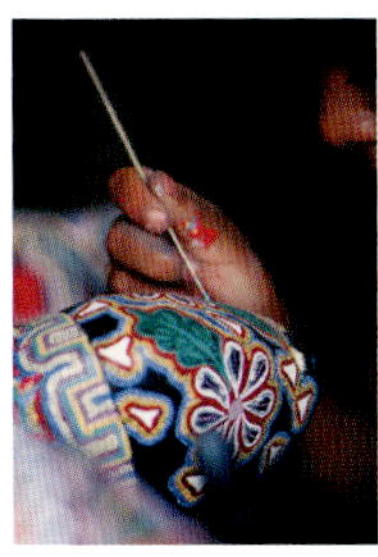

Manos femeninas decorando una vasija.

Female hands decorating a vase.

Oaxaca
p. 98

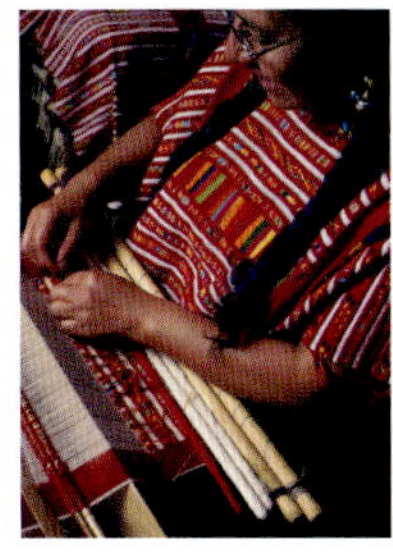

En la comunidad triqui las mujeres siguen usando el telar artesanal.

The women of the Triqui community still use the traditional loom.

Oaxaca
p. 67

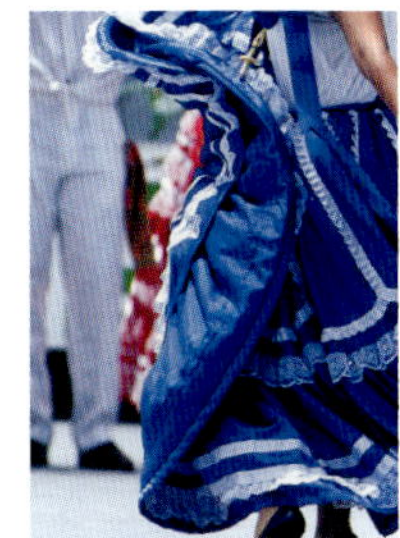

Bellos colores y encaje fino y delicado en el traje para la Guelaguetza.

The splendid colors and exquisite lace of garments for the Guelaguetza festival.

Oaxaca
p. 13

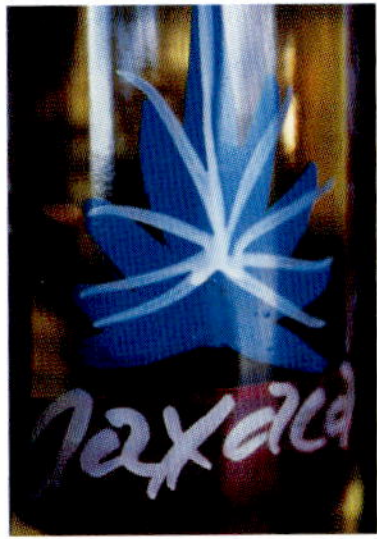

Botella de mezcal.

A bottle of mezcal.

Oaxaca
p. 135

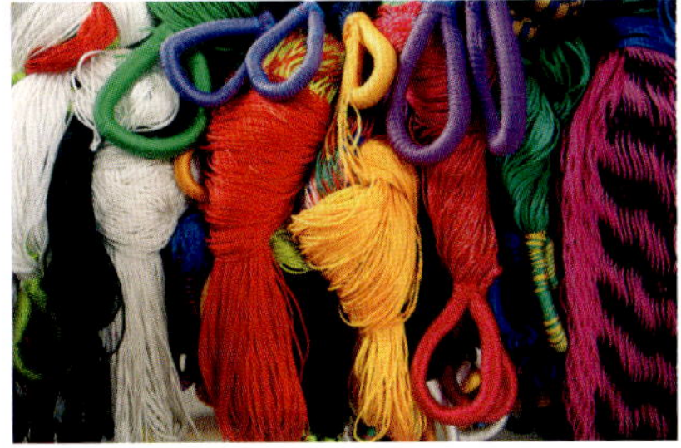

Una gama infinita de colores en las hamacas de hilo.

The full spectrum of colors in woven hammocks.

Oaxaca
p. 108

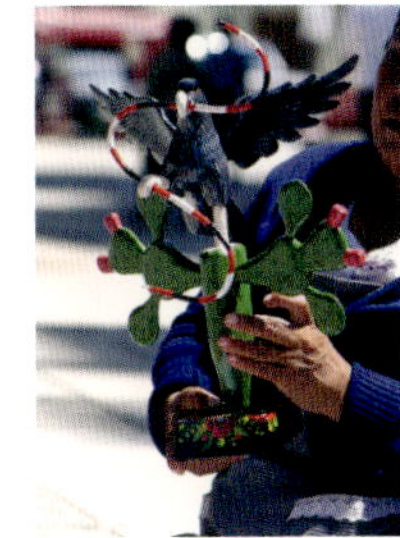

Vendedora de artesanías de hojalata.

A woman selling tin handcrafts.

Oaxaca
p. 89

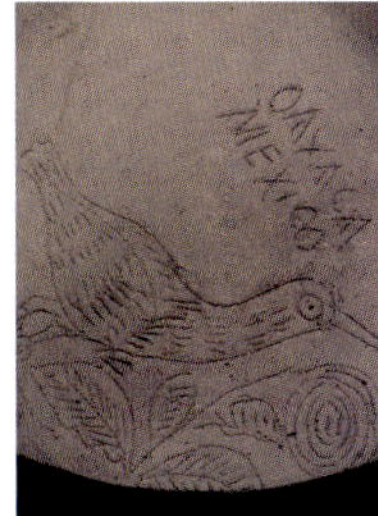

Vasija de barro de Oaxaca, grabada para el recuerdo.

A clay vase from Oaxaca with engravings.

Oaxaca
p. 103

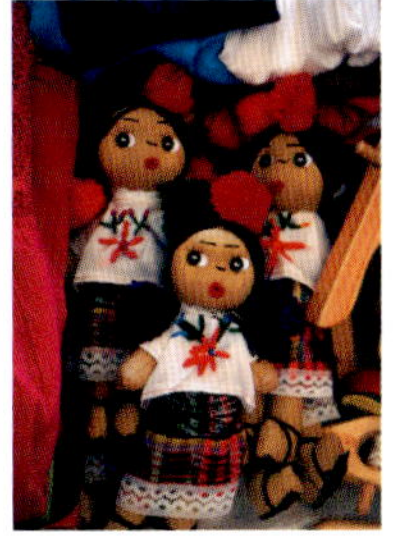

Muñequitas hechas con tela.

Little rag dolls.

Oaxaca
p. 115

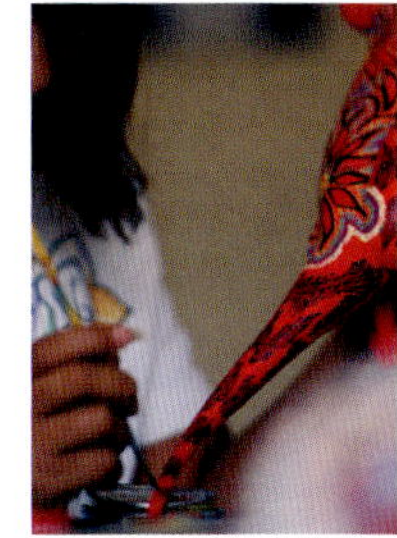

Trabajo fino y cuidadoso con el pincel.

Fine and meticulous work performed with a paintbrush.

Oaxaca
p. 99

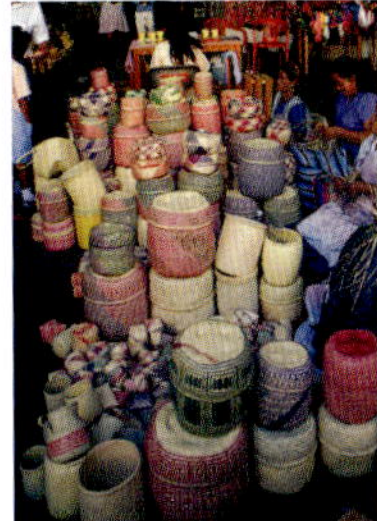

Variedad de mercancía en un mercado popular.

The array of wares on offer at a local market.

Oaxaca
p. 17

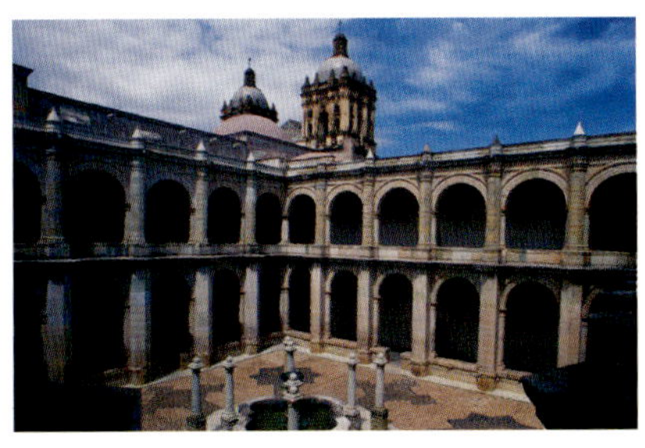

Convento de Santo Domingo.

The church of Santo Domingo.

Oaxaca
p. 192

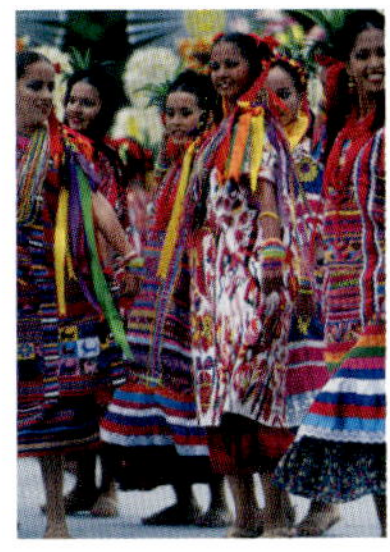

Flor de piña en la Guelaguetza.

A pineapple flower in the Guelaguetza.

Oaxaca
p. 51

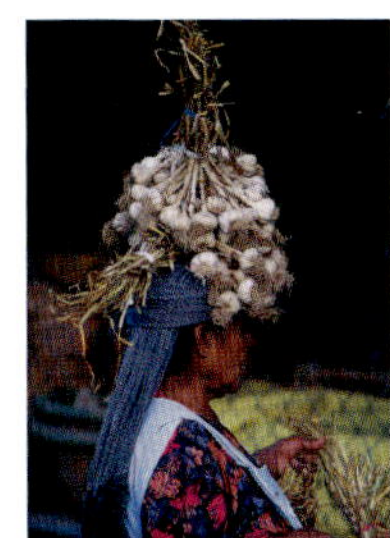

Mujer con un atado de ajos en la cabeza.

A woman with a bunch of garlic on her head.

Oaxaca
p. 17

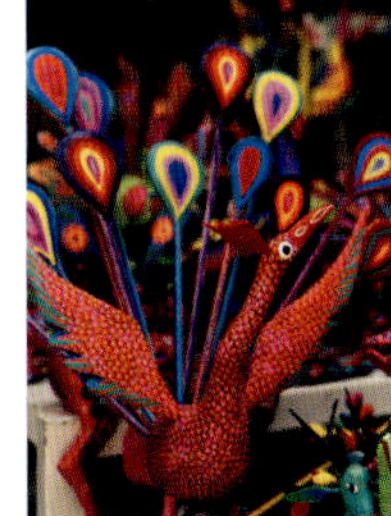

Alebrije de formas fantásticas y vivos colores.

The fantastic shapes and lively colors of the alebrije.

Oaxaca
p. 119

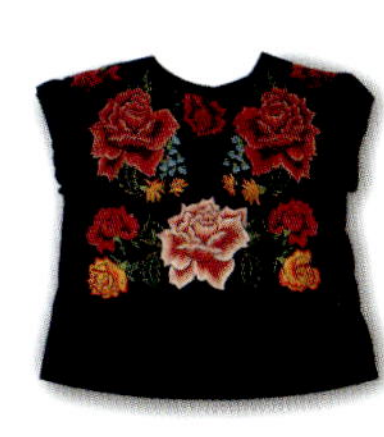

Blusa sin mangas, bellamente bordada.

A beautifully embroidered sleeveless blouse.

Tehuantepec, Oaxaca
p. 30

Veracruz

Veracruz es el origen de importantes civilizaciones prehispánicas como la totonaca, cuyos vestigios subsisten en la zona de El Tajín, enclavada entre una abundante vegetación, con la maravillosa arquitectura de sus pirámides que continúa asombrando al mundo. Conserva tradiciones ancestrales como los Voladores de Papantla junto con otras menos antiguas, pero alegres y bullangueras, como los fandangos jarochos, que deleitan con el ingenio de sus creadores, mientras se saborean deliciosos platillos con abundantes productos del mar. Ríos, manglares, montes y selvas forman un paisaje inolvidable, donde puede vivirse el turismo de aventura en toda su intensidad, en medio del incitante aroma de la vainilla.

Veracruz is the birthplace of some of pre-Hispanic Mexico's most important civilizations, such as the Totonacs, whose legacy still stands amid the lush vegetation of the archaeological site of El Tajín, where the architectural splendor of their pyramids continues to astonish the world. Ancestral traditions such as the Voladores of Papantla have been preserved, along with more recent but livelier and more colorful customs, like the fandangos of Veracruz, which are a pleasure to behold, especially if accompanied by some of the great regional fish and seafood dishes. Rivers, mangrove swamps, mountains and jungles come together like the pieces of a vast jigsaw puzzle to create an unforgettable landscape, where you can enjoy adventure tourism to the full, in the midst of the evocative aroma of vanilla.

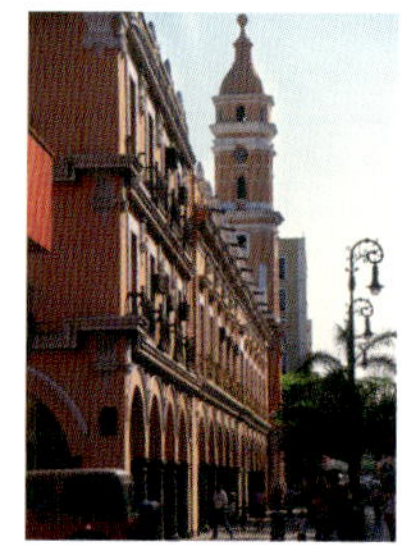

Centro histórico de la ciudad.

The historic center of the city.

Veracuz
p. 203

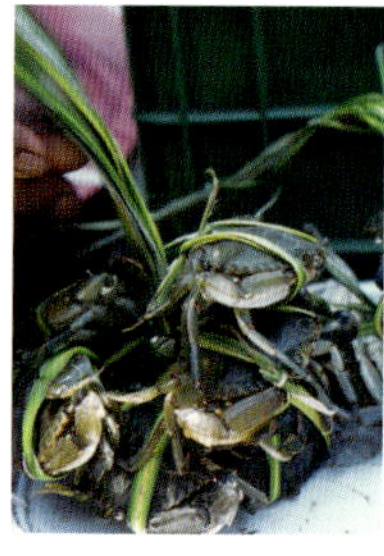

Racimo de jaibas vivas para la típica cocina veracruzana.

Live crabs for the typical cuisine of Veracruz.

Catemaco, Veracuz
p. 142

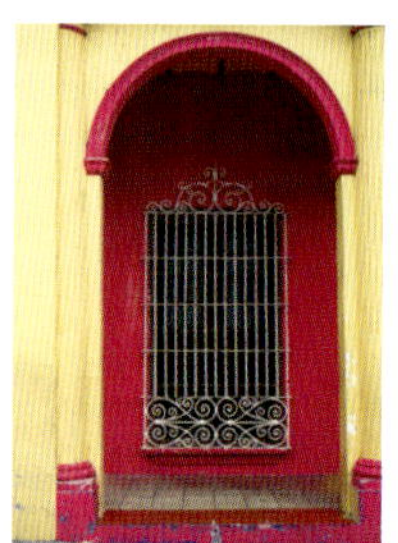

Ventana típica de Tlacotalpan.

A typical window of Tlacotalpan.

Tlacotalpan, Veracuz
p. 199

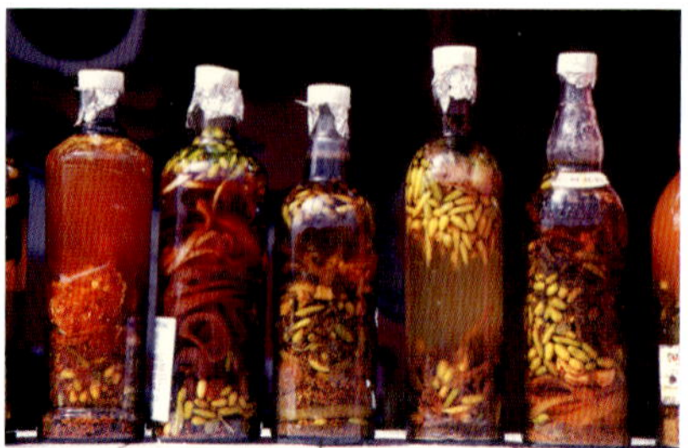

Apetitosos chiles en conserva.

Appetizing chilies in vinegar.

Tlacotalpan, Veracuz
p.p. 150-151

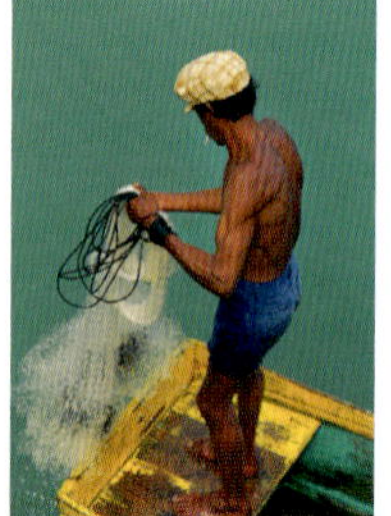

Pescador preparando la red para la jornada del día.

Fisherman preparing nets for the day's work.

Tuxpan, Veracruz
p. 139

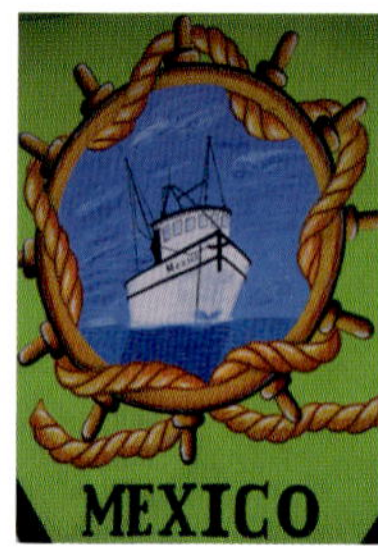

Dibujo de inspiración náutica.

The handcrafts of Veracruz include nautical drawings.

Alvarado, Veracruz
p. 96

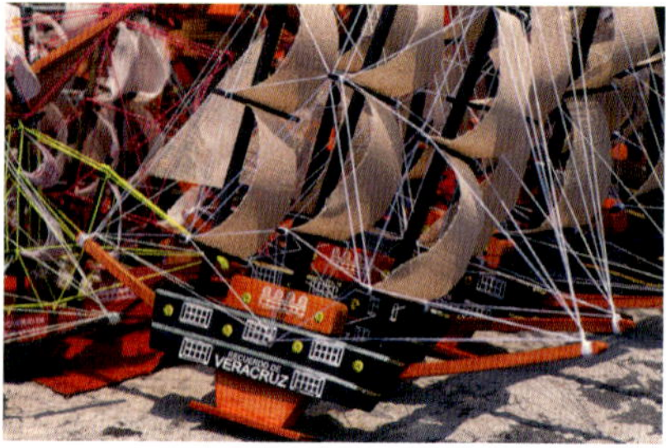

Barquitos de madera, en el puerto de Veracruz.

Wooden boats on sale on the market of Veracruz port.

Veracruz
p. 96

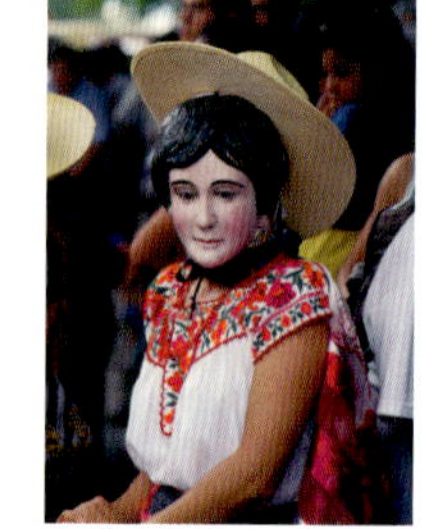

Mujer danzante con una máscara.

Woman dancer with her mask.

Papantla, Veracruz
p. 55

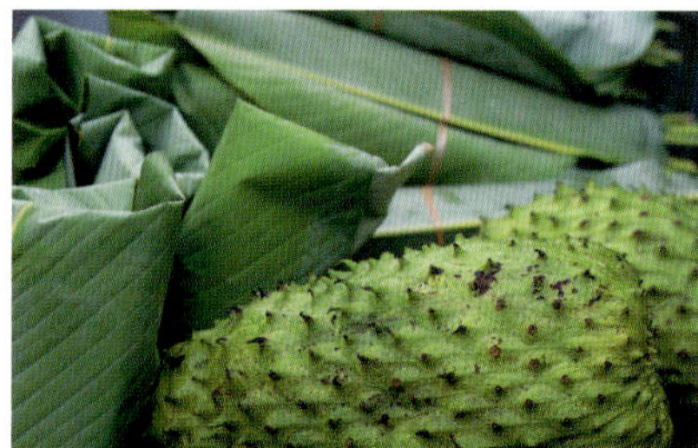

Guanábana fresca y hojas para tamal.

Fresh soursop and leaves for tamales.

Los Tuxtlas, Veracruz
p. 16

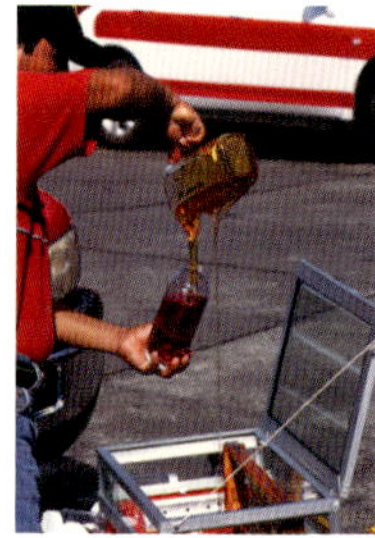

Miel, dulce y cristalina.

Honey, sweet and crystalline.

Jalapa, Veracruz
p. 160

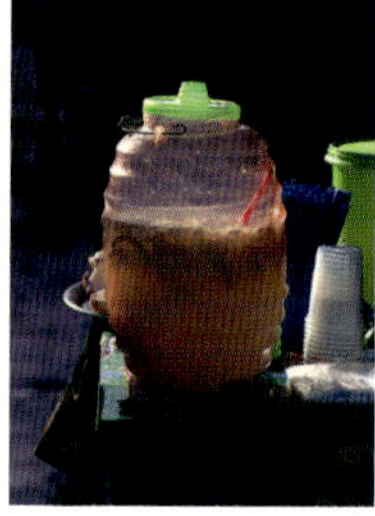

Garrafón de agua de frutas.

Large carafe of fruit drink.

Los Tuxtlas, Veracruz
p. 16

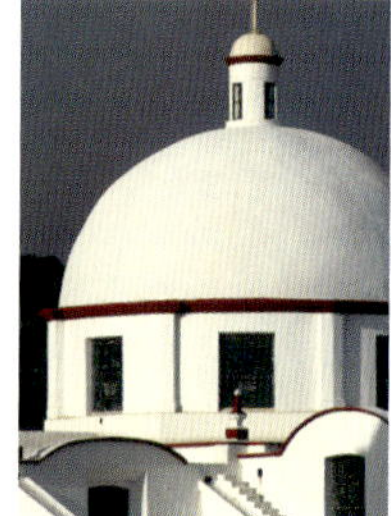

Cúpula de una iglesia en San Andrés Tuxtla.

A church dome in San Andrés Tuxtla.

Tuxtla, Veracruz
p. 183

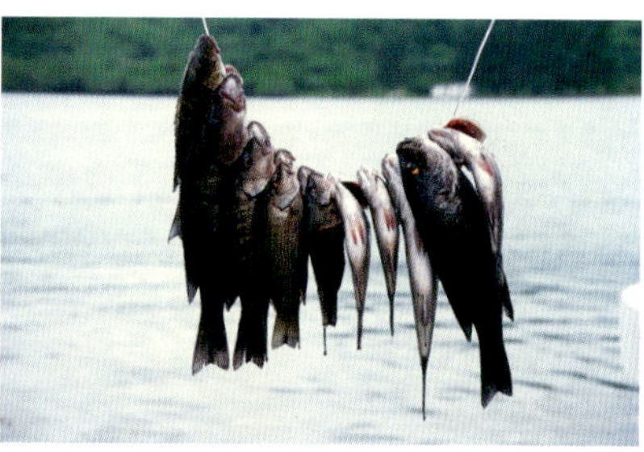

El producto de la pesca del día.

The day's catch.

Sontecomapan, Veracruz
p. 138

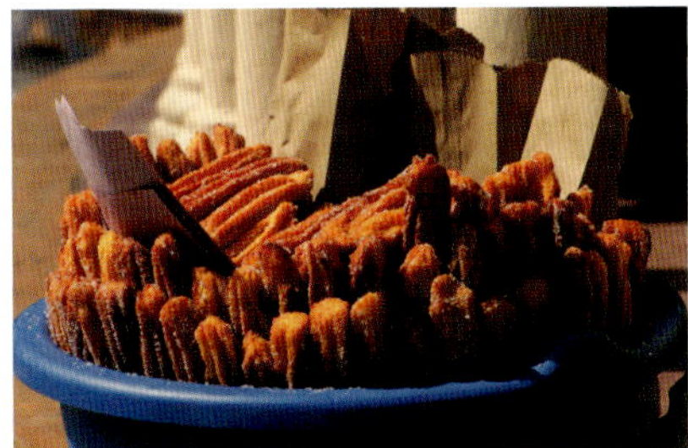

Churros para acompañar el chocolate.
Churros to go with some chocolate.

Jalapa, Veracruz
p.p. 122-123

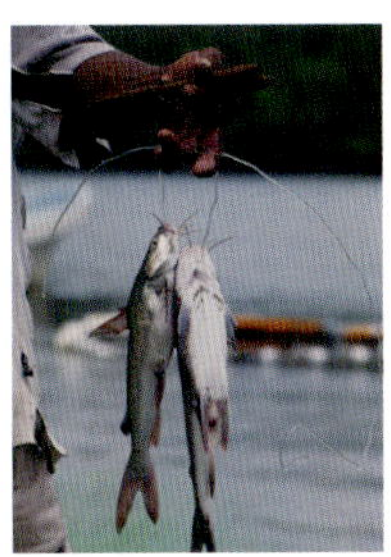

Pescado fresco para el almuerzo.
Fresh fish for lunch.

Sontecomapán, Veracruz
p. 140

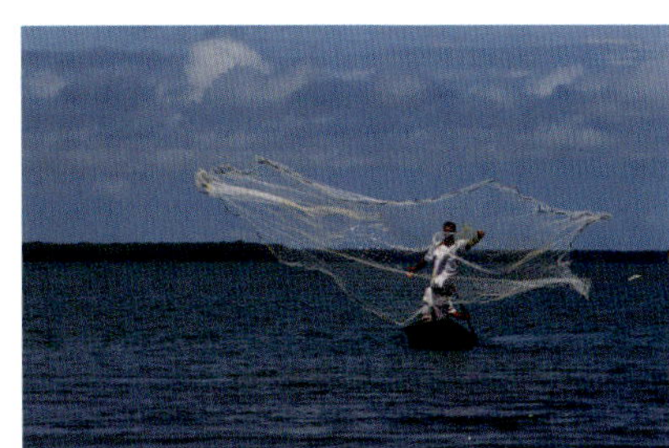

La pesca con tarraya exige una técnica depurada.
Fishing with the tarraya net is a real test of skill.

Alvarado, Veracruz
p. 141

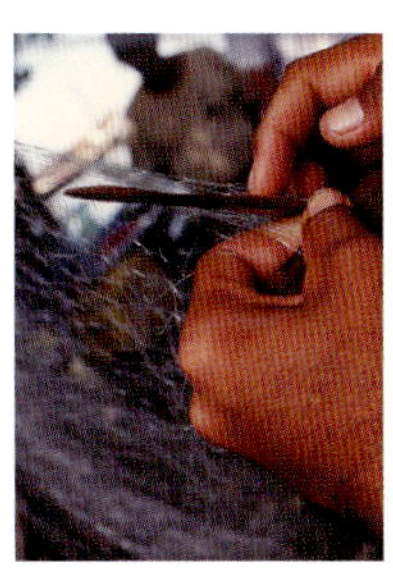

Un pescador revisando la red antes de la jornada de pesca.
A fisherman checks his net before going fishing for the day.

Alvarado, Veracruz
p. 97

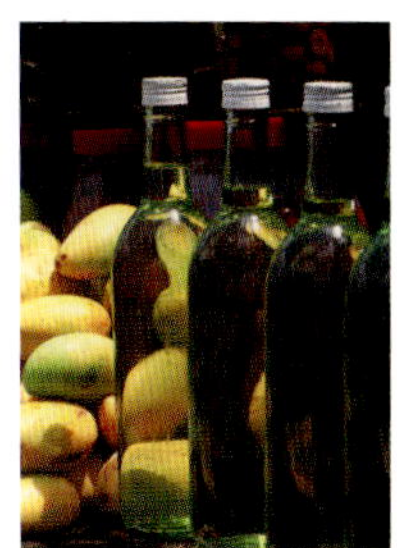

Translúcida miel de pequeñas abejas negras.
Translucent honey made by small black bees.

Los Tuxtlas, Veracruz
p. 125

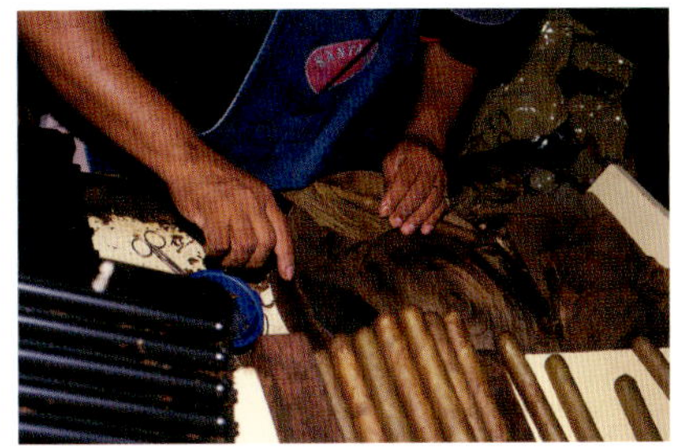

Elaboración de puros.
Cigar making.

San Andrés Tuxtla, Veracruz
p. 92

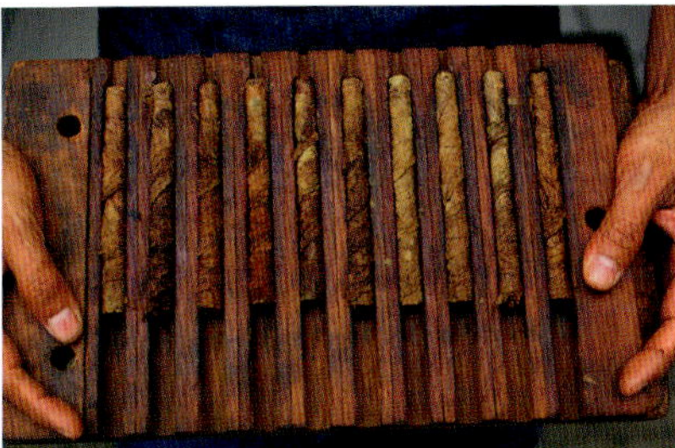

Tabacos finos en Coscomatepec, Veracruz
Fine tobacco in Coscomatepec, Veracruz.

Coscomatepec, Veracruz
p. 93

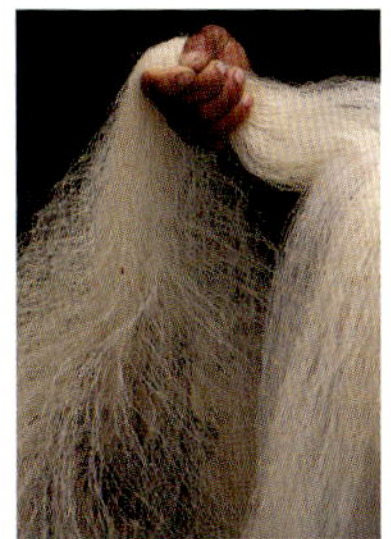

El fino tejido de la tarraya para pescar.
The fine weave of the tarraya fishing net.

Alvarado, Veracruz
p. 96

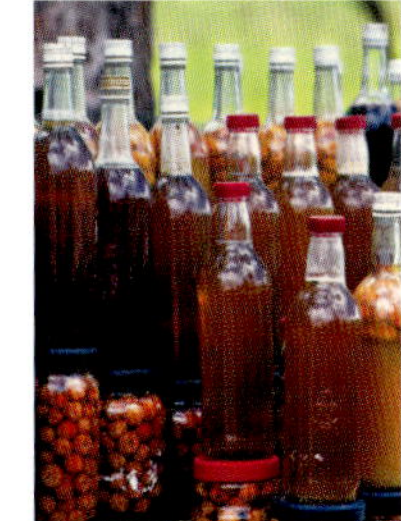

Mieles y almíbares.
Honey and syrup.

Jalapa, Veracruz
p. 161

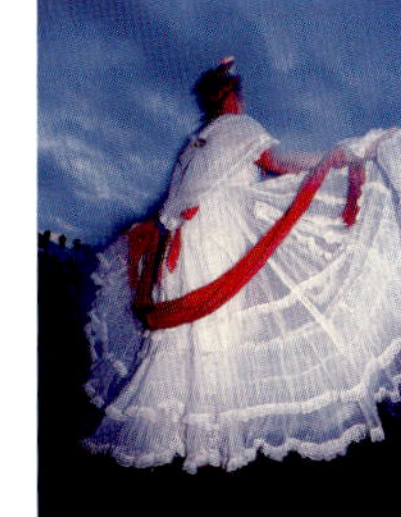

Mujer en baile veracruzano.
A beautiful local woman in the festival.

Veracruz
p. 16

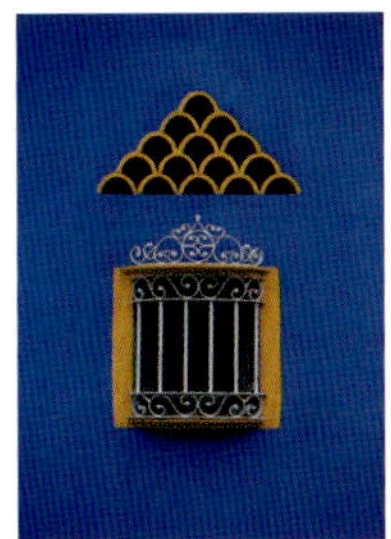

Originalidad tropical en el diseño del balcón.
A small window with a tropically original design.

Tlacotalpan, Veracruz
p. 176

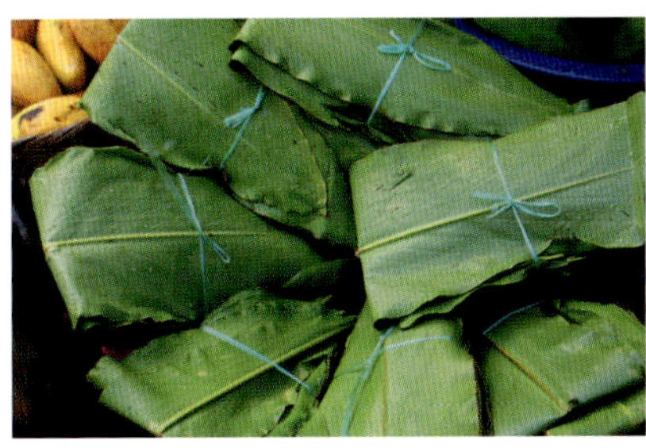

Verdes hojas de plátano para los tamales.
Green banana leaves for tamales.

Los Tuxtlas, Veracruz
p.p. 136-137

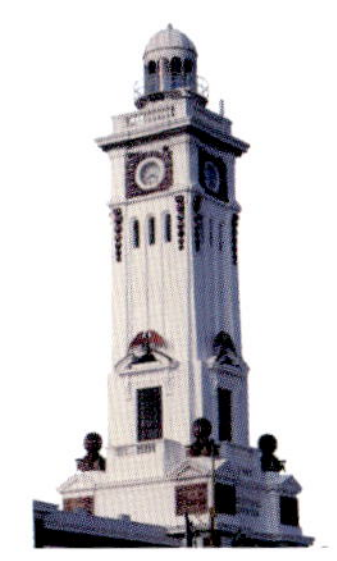

Torre con reloj, una tradición europea.
The clock tower, an European tradition.

Veracruz
p. 169

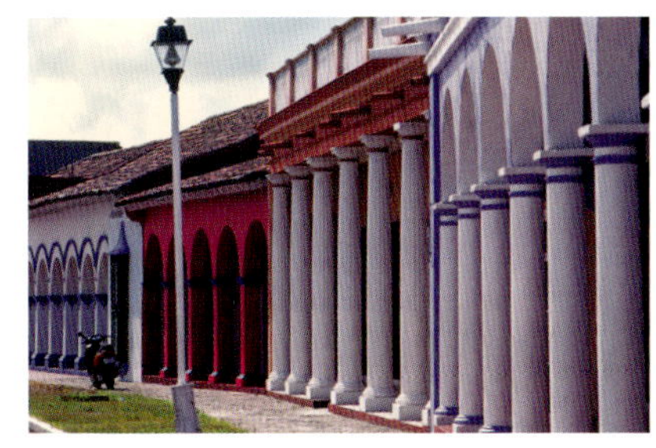

Tlacotalpan, patrimonio cultural.
Tlacotalpan, a cultural heritage site.

Tlacotalpan, Veracruz
p. 198

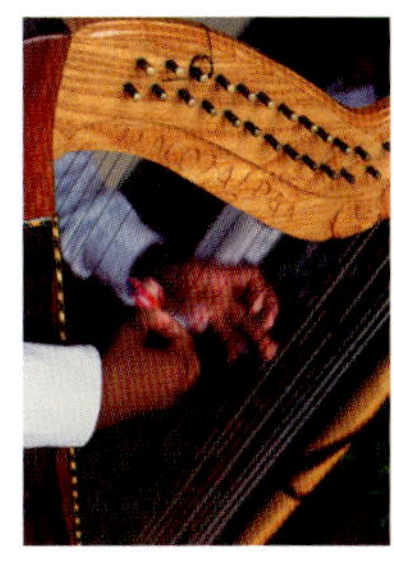

Arpa con alma jarocha.
Harp with the soul of Veracruz.

Veracruz
p. 82

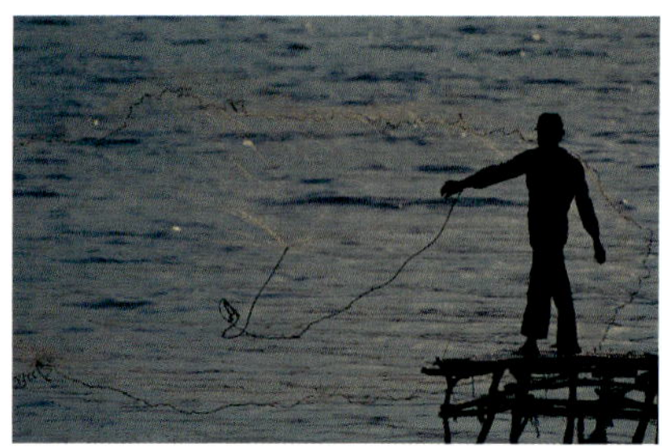

El arte de lanzar la tarraya.
Not everyone masters the art of throwing the tarraya net.

Tuxpan, Veracruz
p. 138

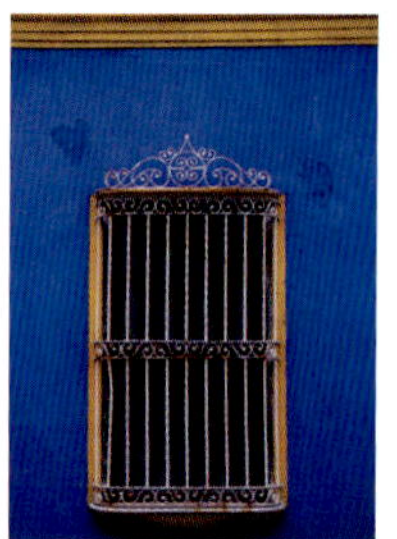

Balcón de llamativos colores.
Colored balcony.

Tlacotalpan, Veracruz
p. 177

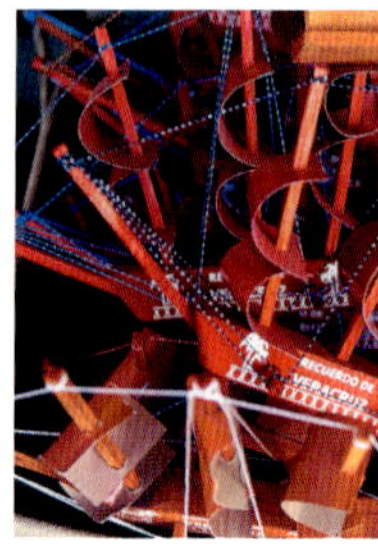

Barquitos de juguete.
Toy boats.

Veracruz
p. 16

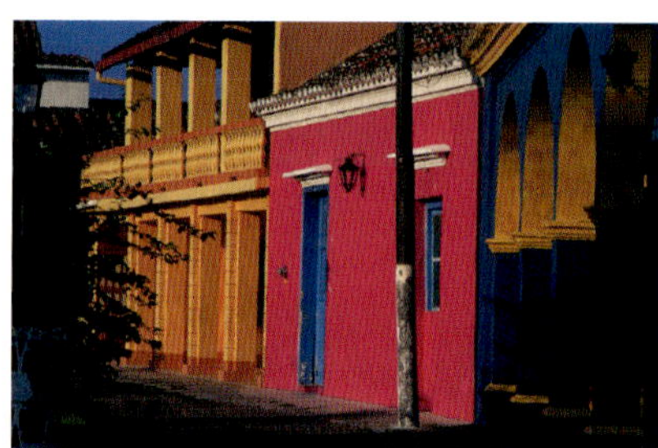

Calles llenas de color.
Streets full of color.

Tlacotalpan, Veracruz
p. 163

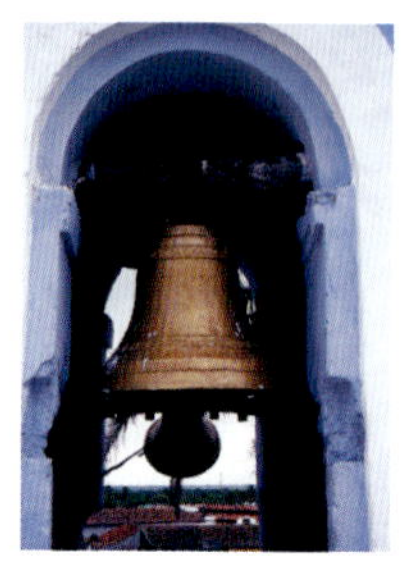

El campanario de un templo antiguo.
The bell tower of an old church.

Veracruz
p. 196

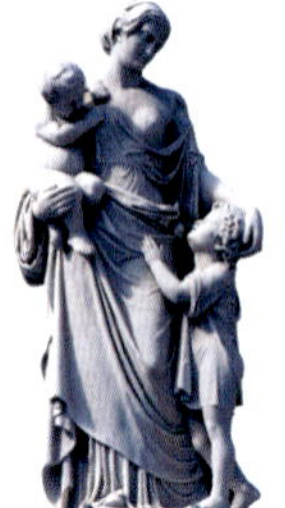

Monumento a la maternidad.
Monument to maternity.

Veracruz
p. 15

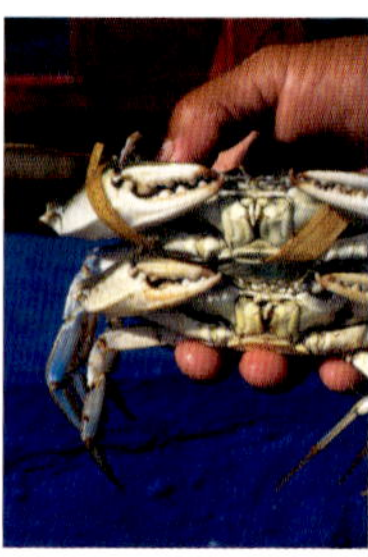

Banquete de jaibas en Tlacotalpan.
A feast of fresh crab.

Tlacotalpan, Veracruz
p. 138

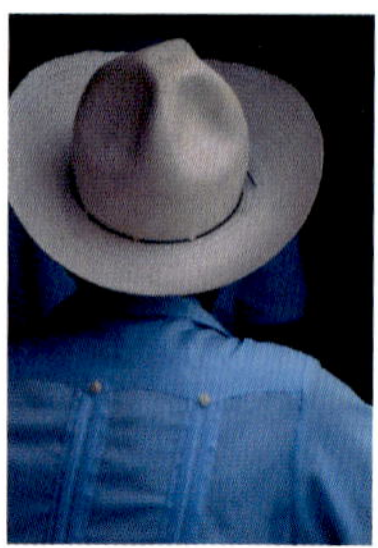

Sombrero de palma, fresco y liviano.
Fresh and light palm hat.

Los Tuxtlas, Veracruz
p. 54

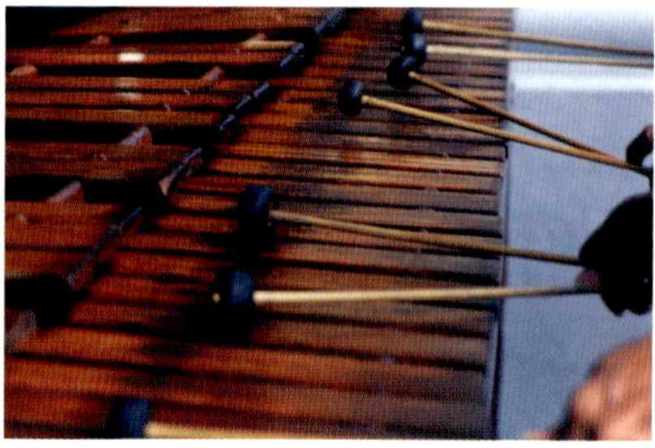

Marimbas de fina madera y bello sonido.
The beautiful sound of marimbas made of fine wood.

Tuxpan, Veracruz
p. 83

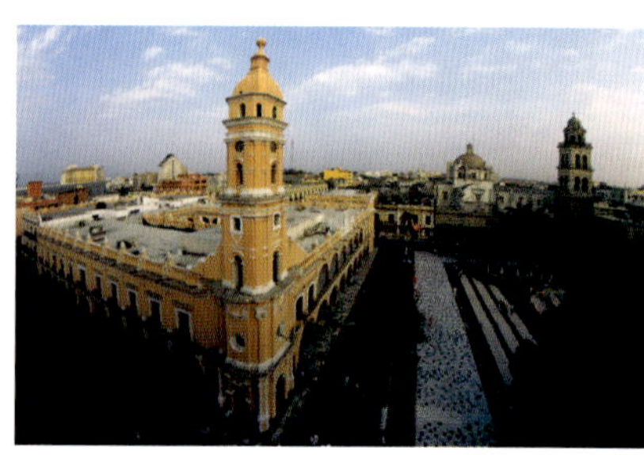

Veracruz, ciudad colonial.
The colonial city of Veracruz.

Veracruz
p.p. 200-201

Campeche

Campeche es rico en sitios arqueológicos que muestran la magnificencia de los constructores mayas, como Calakmul, Edzná o Champotón; cuenta además, con una ciudad histórica -otro patrimonio de la humanidad ubicado en territorio mexicano- rodeada de una muralla del siglo XVII con puertas y baluartes que servían como defensa en contra de los ataques de los corsarios que asolaban el puerto. La ciudad antigua permanece sin cambios. Pasear por sus calles, sus fuertes y sus plazas es remontarse a la época virreinal, sentir que el tiempo no ha transcurrido e imaginar que en cualquier momento avistaremos los buques que en el palo mayor lucen una bandera negra con su enorme calavera.

Campeche boasts numerous archaeological sites evidencing the majestic prowess of their Mayan builders, such as Calakmul, Edzná or Champotón. It also has a historic city, another of Mexico's world cultural heritage sites, surrounded by a Seventeenth Century wall with gates and bulwarks affording protection against frequent attack by Corsairs. The old city remains unchanged. A stroll through its streets, its forts and its plazas is to be whisked back to the colonial era by a feeling that time stands still there and that, at any moment, ships sporting the Jolly Roger will appear on the horizon ready to attack.

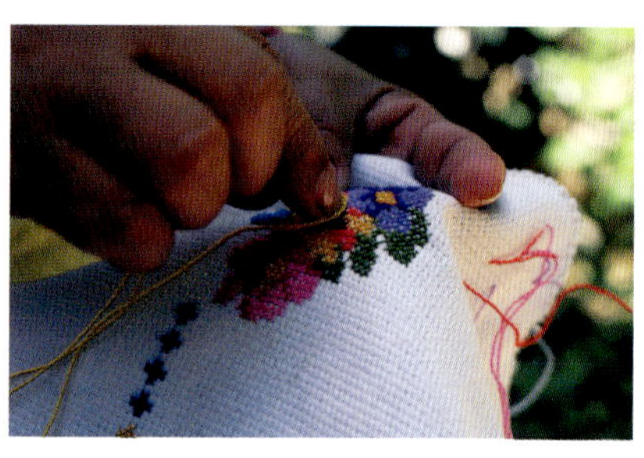

El tejido de punto de cruz.
An example of cross-stitching.

Pomuch, Campeche
p. 34

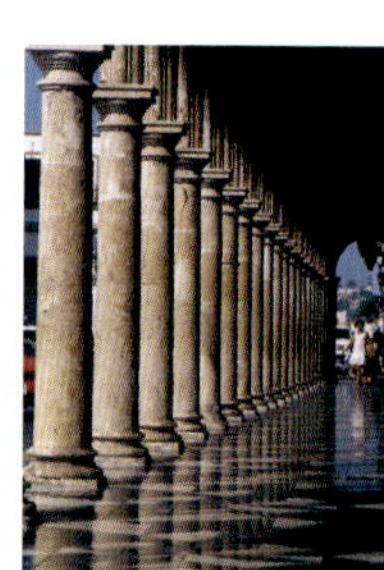

Portales en la plaza principal.
Arches in the main plaza.

Campeche
p. 17

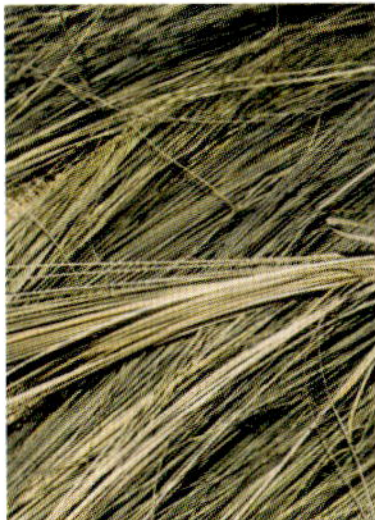

La paja, materia prima versátil.

Straw is a versatile raw material.

Campeche
p. 95

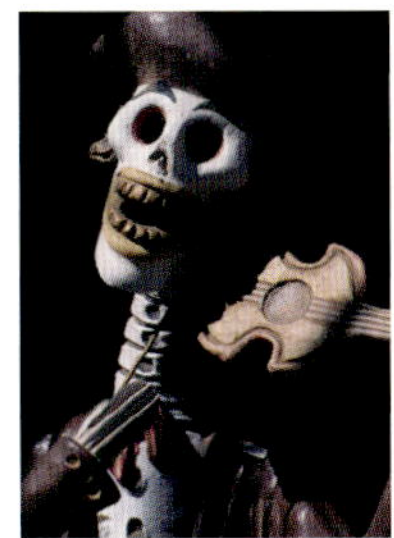

La calaca, una fantasía popular.

Calaca, a popular fantasy.

Campeche
p. 76

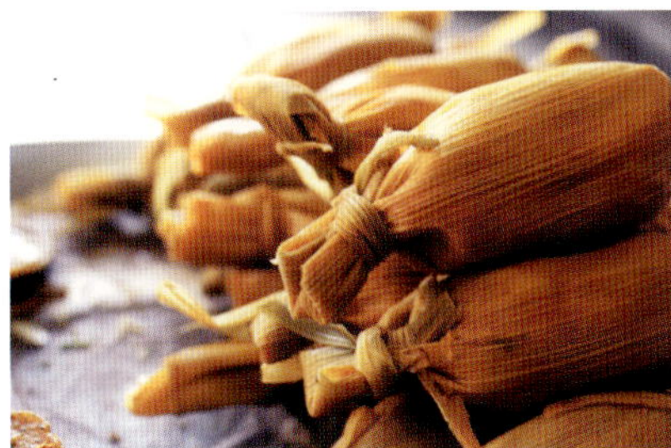

Tamales, de chile, de dulce y de manteca.

Tamales, sweet, with chili or with lard.

Campeche
p. 147

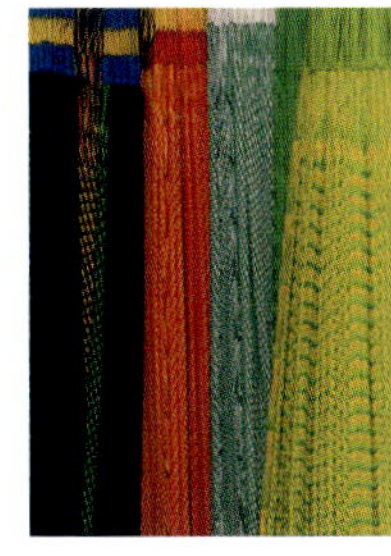

Colores vivos y alegres para las hamacas.

Bright and joyful colors for hammocks.

Campeche
p. 4

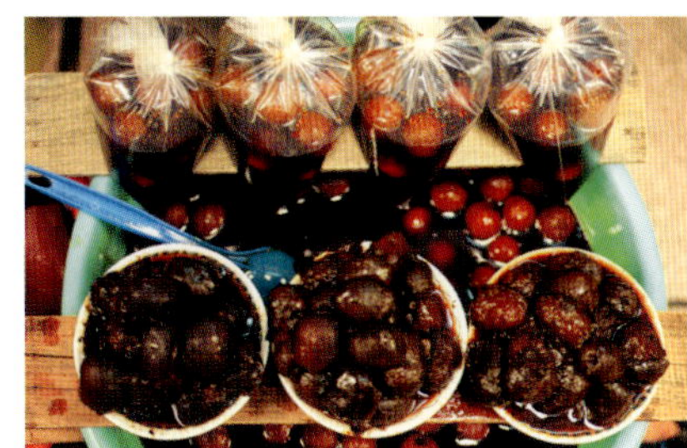

Frutas de la región en almíbar.

Regional fruit in syrup.

Campeche
p. 152

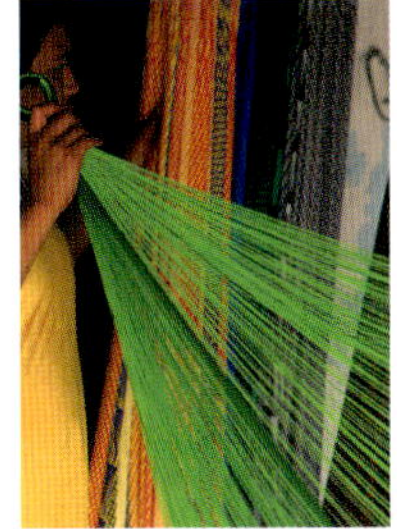

El mercado de la hamaca.

The hammock market.

Campeche
p. 16

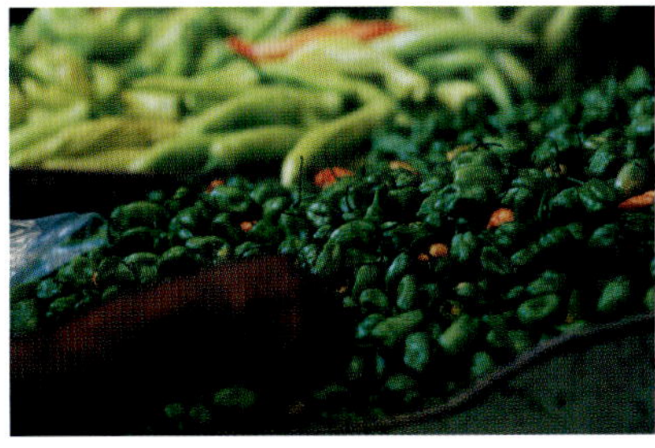

Gran variedad de chiles.

A whole host of chilies.

Campeche
p. 128

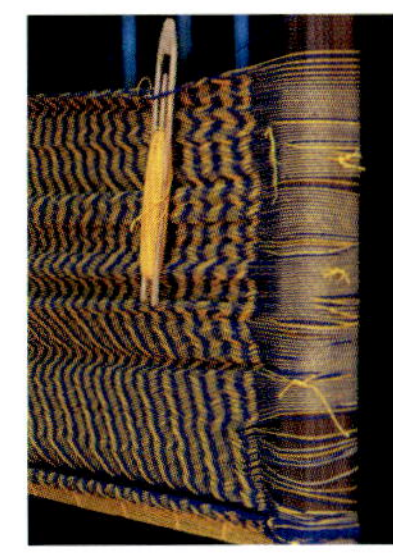

El tejido de la hamaca.

The weaving of hammocks.

Dzibalche, Campeche
p. 109

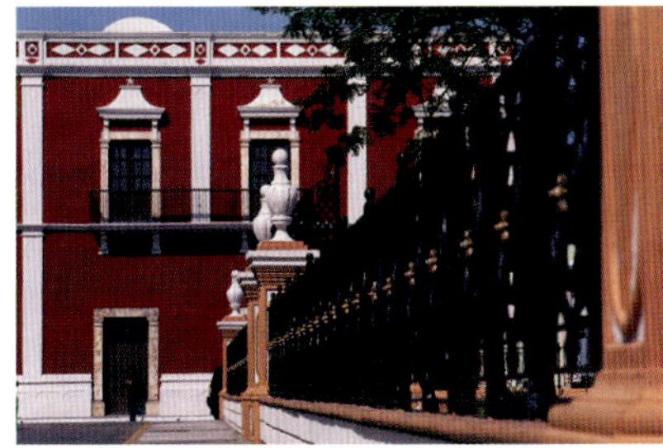

Centro histórico.

The historic center.

Campeche
p. 204

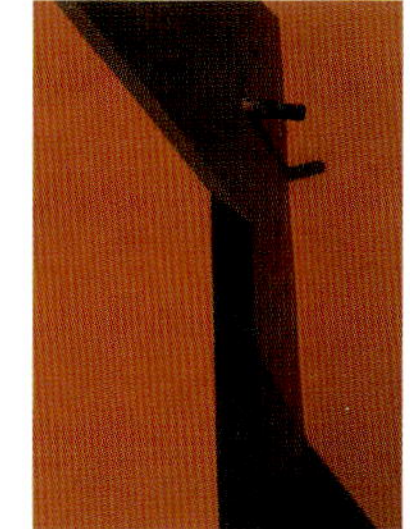

Sombras sobre un contrafuerte.

Shadows on a buttress.

Pomuch, Campeche
p. 196

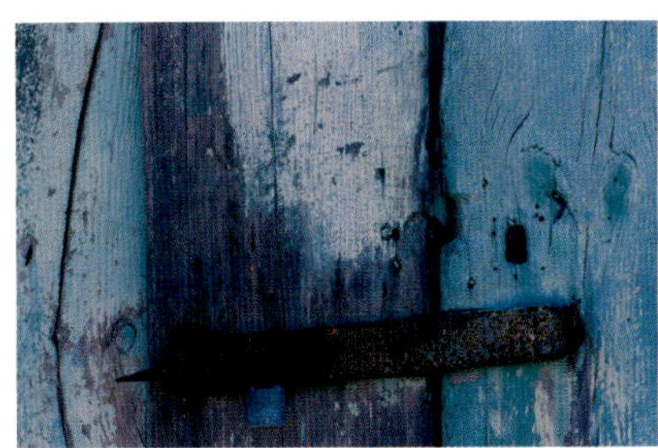

Aldabón metálico en un portón antiguo .

A metal knocker on an old door.

Dzibalche, Campeche
p. 184

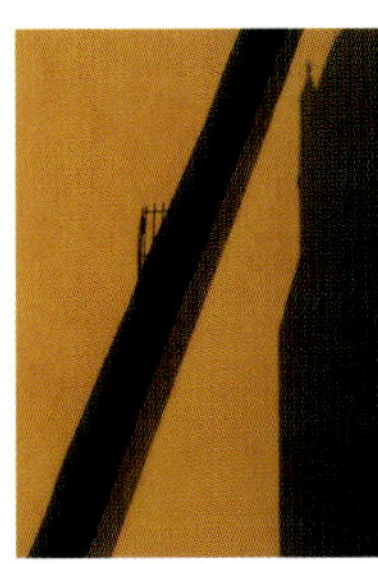

Artística sombra sobre un muro en Pomuch Campeche.

An artistic shadow on a wall in Pomuch, Campeche.

Campeche
p. 172

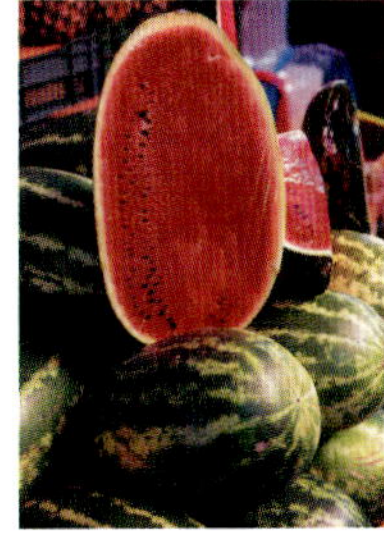

Sandías de rojo intenso, jugosas y refrescantes.

Bright red, juicy and refreshing water melon.

Campeche
p. 17

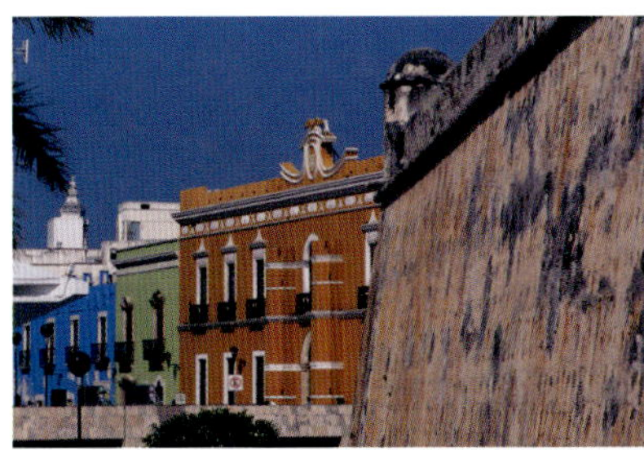

Murallas y arquitectura colonial.

The colonial architecture and walls.

Campeche
p. 174

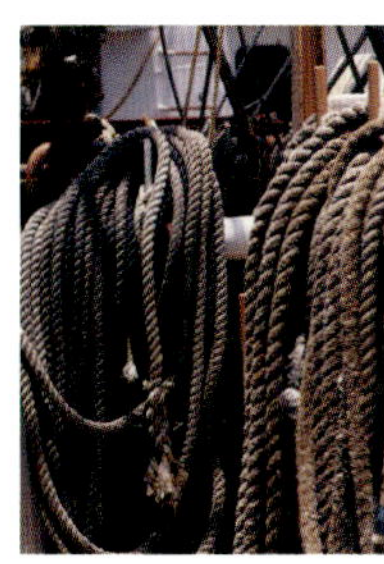

Fabricación de lazos, próspera industria artesanal en la región.

Lassos, a flourishing handcrafted trade in the region.

Campeche
p. 97

Guerrero y Tabasco

Puede transitarse de los mares y ríos de Guerrero con su belleza inmarcesible, a la sierra indomable; pasar por los numerosos conventos agustinos erigidos en siglos anteriores; parar en Olinalá para admirar sus legendarias lacas o en Taxco, para asombrarse con los espléndidos trabajos de platería de fama mundial; y ahí... en algún lugar, disfrutar de un sabroso pozole verde o de una cazuelita rellena.
Enfrente, en la cuna de una de las grandes civilizaciones mesoamericanas, la olmeca, las monumentales cabezas que todavía provocan interrogantes. Entre los pantanos y la selva, los ríos y el petróleo, convivir con los chontales y aprender de ellos su forma de ver el mundo.

On leaving behind the breath-taking beauty of Guerrero's seas and rivers, a good act to follow would be its indomitable mountains, with their numerous Augustine convents built in centuries gone by. On the way, you could stop at Olinalá to admire the legendary local lacquers, or Taxco where you can find world famous silverware, and from here... anywhere you can sample delicious pozole verde or a cazuelita rellena.
Tabasco is the birthplace of one of Mesoamerica's most enigmatic civilizations: the Olmecs, with their monumental stone heads that have archaeologists scratching their own heads to this day. In this land of swamps and jungle, rivers and oil, you can also meet the Chontales and learn their way of experiencing the world.

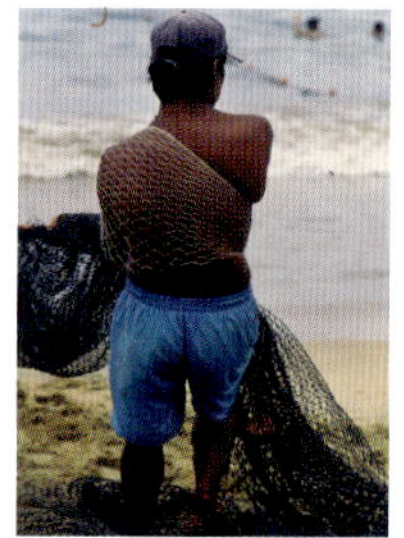

Un pescador preparando su red para la pesca.
A fisherman getting his net ready for work.

Acapulco, Guerrero
p. 143

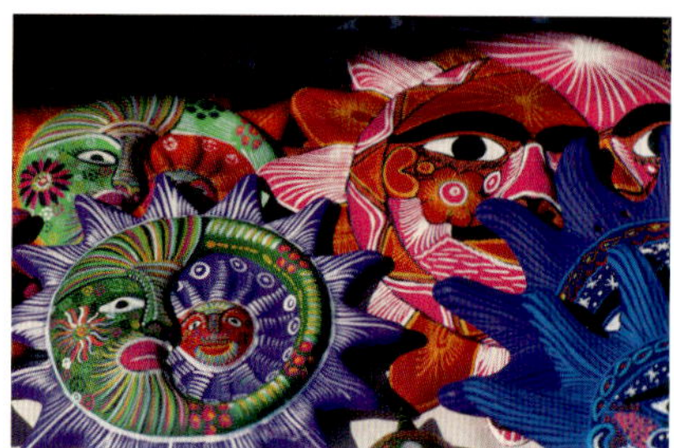

Solecitos guerrerenses.
Little suns from Guerrero.

Guerrero
p.p. 100-101

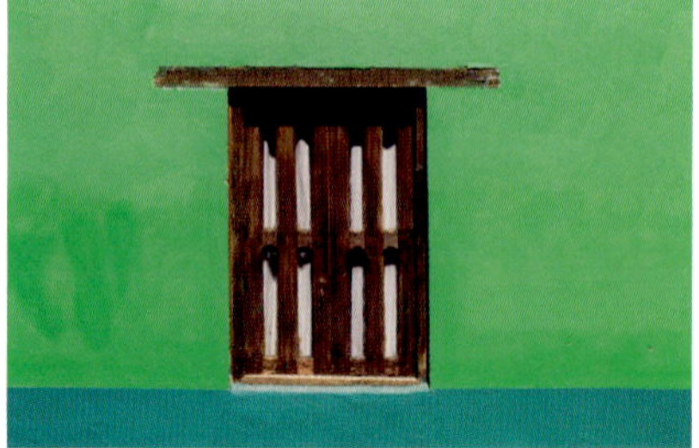

Ventanita de madera en una remozada fachada colonial.
A small wooden window on a rejuvenated colonial façade.

Tabasco
p.p. 164-165

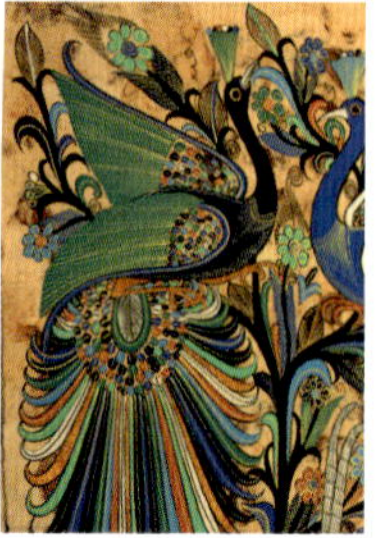

Bellas figuras en papel amate.
Exquisite figures made on bark paper.

Acapulco, Guerrero
p. 80

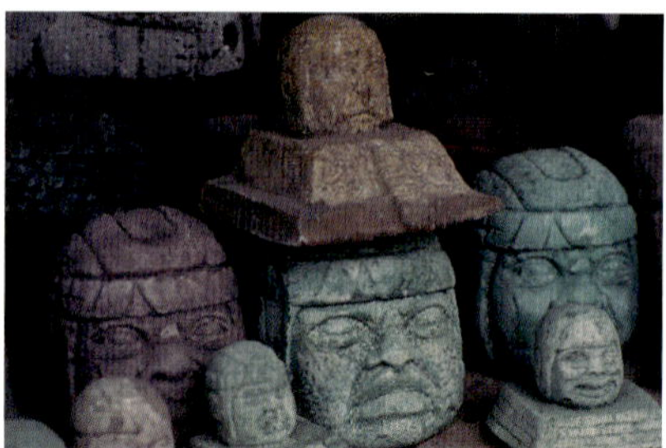

Cabezas olmecas artesanales.
Handmade Olmec heads.

La Venta ,Tabasco
p.p. 106-107

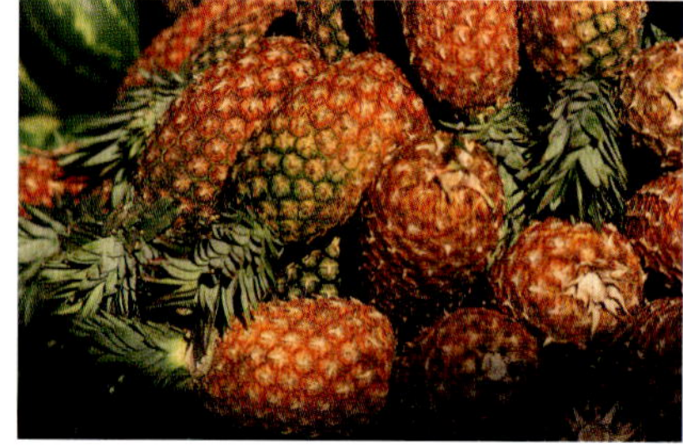

Piña madura, dulce y jugosa.
A sweet and juicy ripe pineapple.

Villahermosa, Tabasco
p. 148

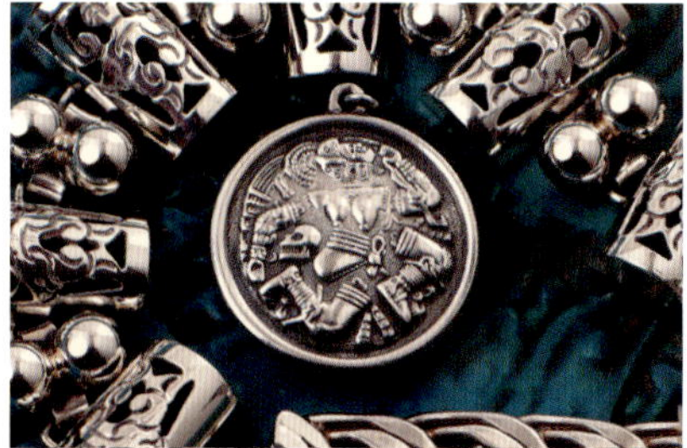

Buen gusto de los orfebres de Taxco.
Work by the talented silversmiths of Taxco.

Taxco, Guerrero
p.p. 116-117

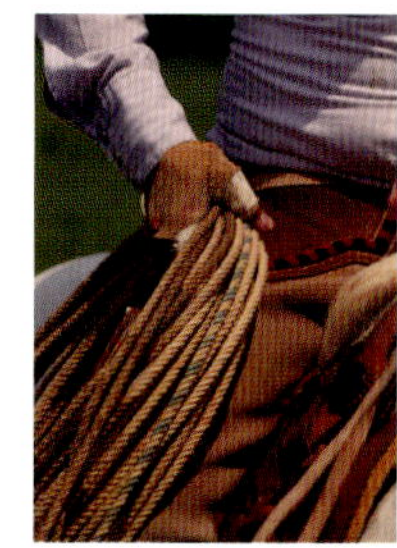

La reata charra de lechuguilla (fibra de maguey).
A charro lasso made from lechuguilla (maguey fibers).

Chilpancingo, Guerrero
p. 60

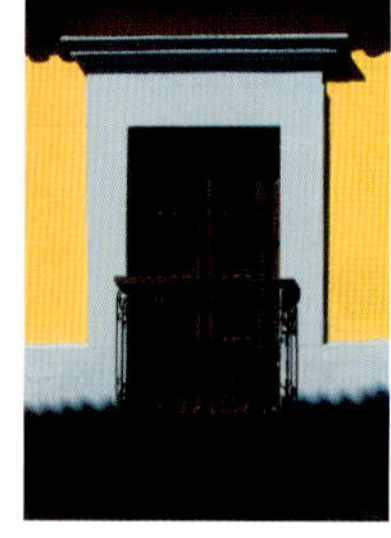

Detalles arquitectónicos de una ciudad colonial.
Architectural details of a colonial city.

Villahermosa, Tabasco
p. 186

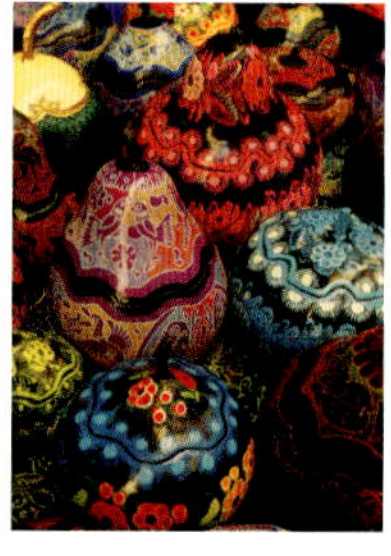

Ollitas de colores que se usan para guardar cosas.
A colorful little box for keeping things in.

Olinalá, Guerrero
p. 18

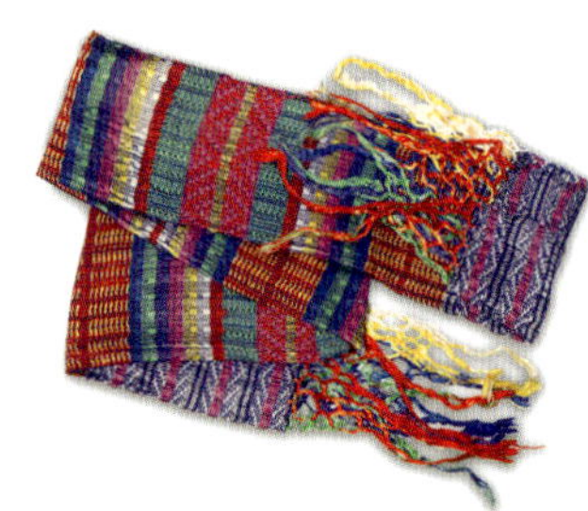

Rebozo de artisela con rayas multicolores.
Artisela shawl with multicolor stripes.

Guerrero
p. 27

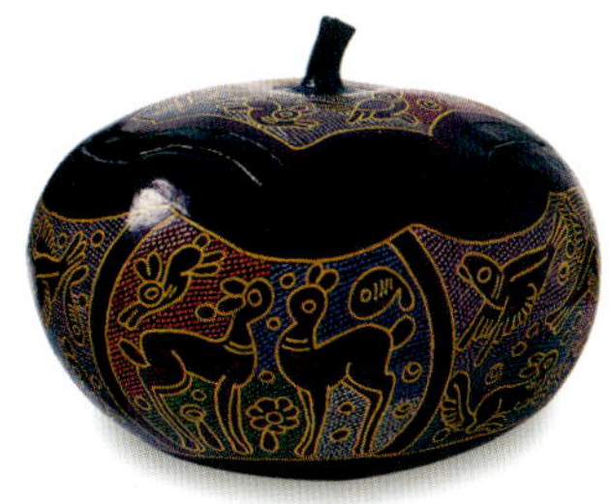

Delicado alhajero de madera de Olinalá.
An exquisite jewelry box from Olinalá.

Olinalá, Guerrero
p. 79

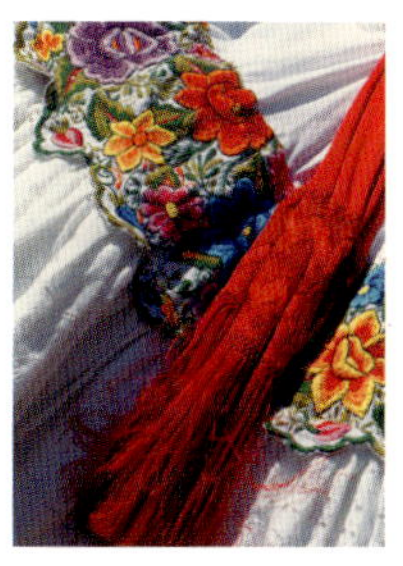

Elegante vestido bellamente bordado.
An ornately embroidered dress.

Chilpancingo, Guerrero
p. 36

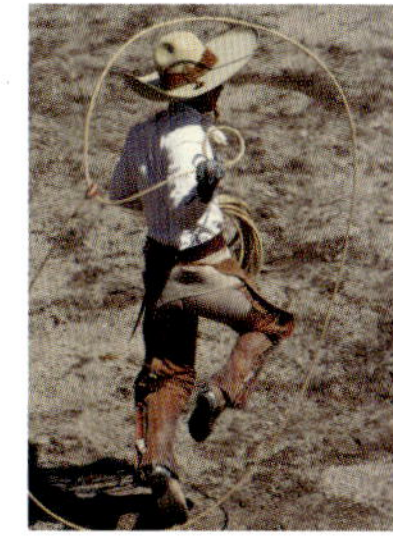

El floreo de reata, suerte charra por excelencia.
Swinging the lasso, the art of charro horsemanship par excellence.

Chilpancingo, Guerrero
p. 59

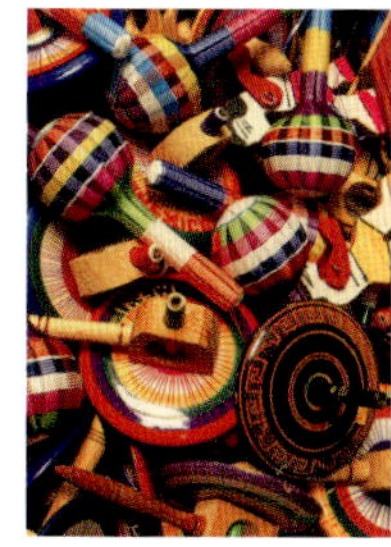

Juguetes de madera.
Wooden toys.

Tabasco
p. 118

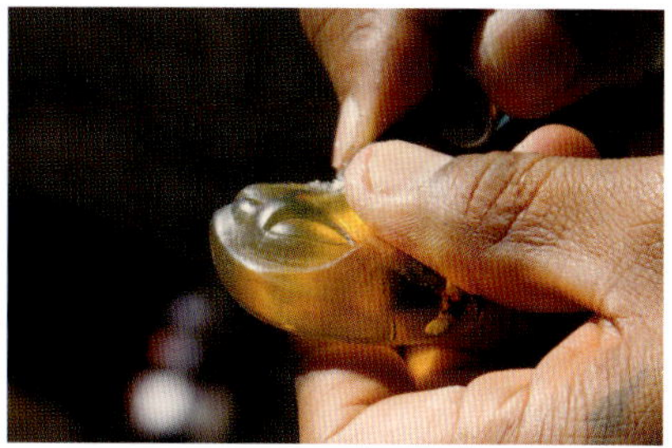

Artesanía de ámbar.
Amber handcrafts.

Acapulco, Guerrero
p. 87

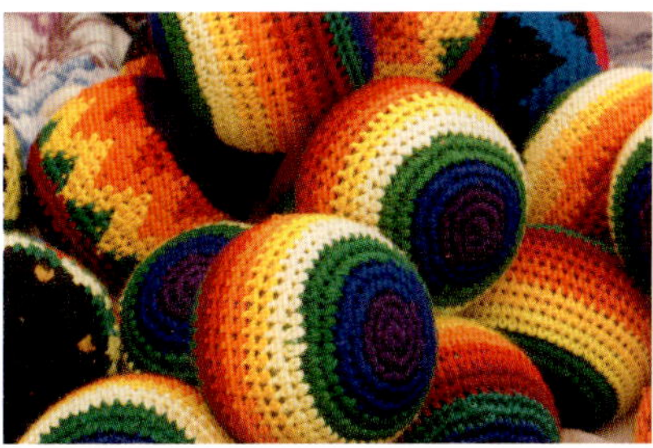

Bolitas tejidas con estambres multicolores.
Balls woven from multicolored wool.

Tabasco
p. 114

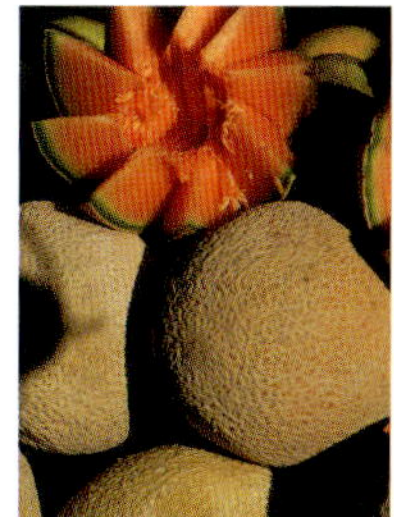

Melones, bella estampa y buen sabor.
Melons, which look beautiful and taste great.

Tabasco
p. 148

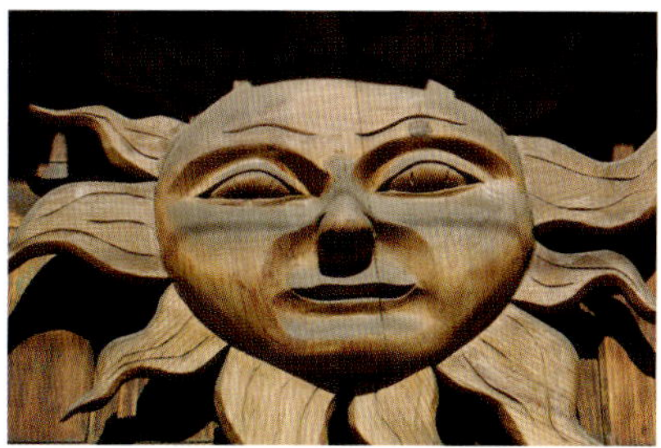

Sol de madera labrada.
Sun carved from wood.

Chilpancingo, Guerrero
p. 86

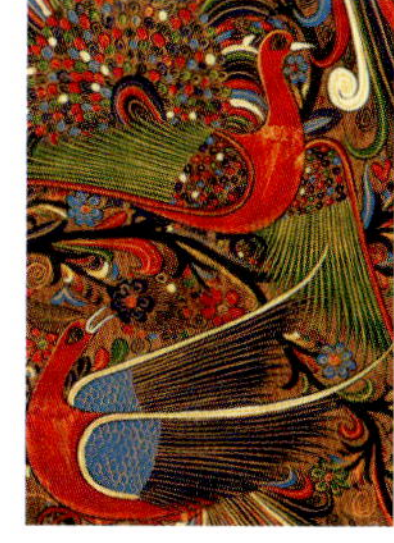

Trabajo muy artístico en papel amate.
A work of art on bark paper.

Acapulco, Guerrero
p. 81

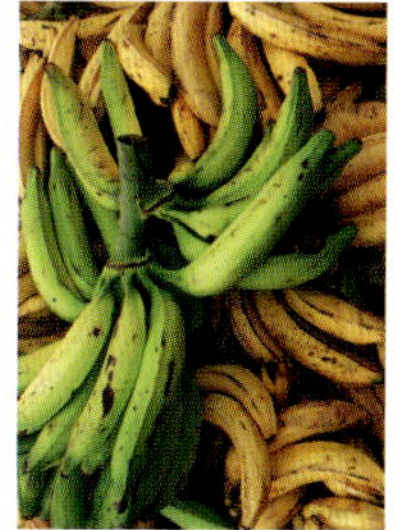

Plátano tabasco.
Bananas from Tabasco.

Tabasco
p. 148

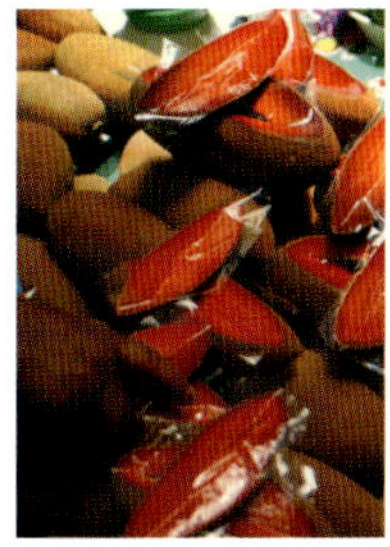

Mameyes que en el sur se llaman zapotes.
Mammee apples known locally zapotes.

Tabasco
p. 149

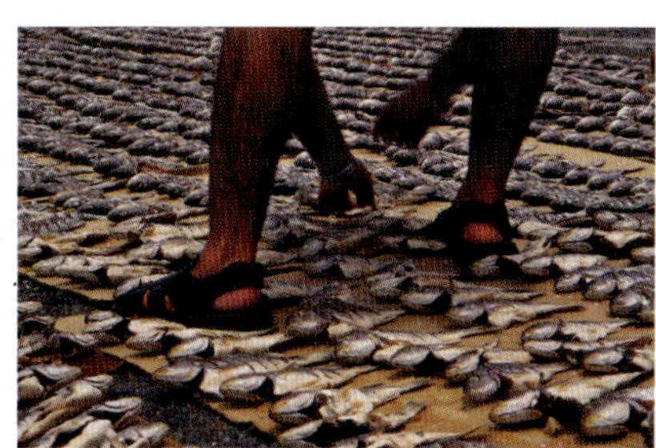

Pescado puesto a secar.
Fish put out to dry.

Acapulco, Guerrero
p. 139

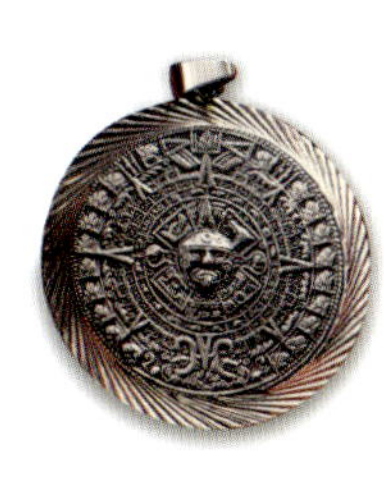

Calendario azteca en un medallón de plata.
Aztec calendar from silver plate.

Taxco, Guerrero
p. 75

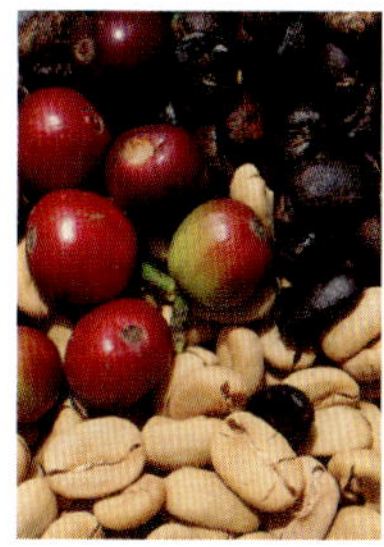

Café en grano, producto de la región.
Coffee grains, regional product.

Guerrero
p. 159

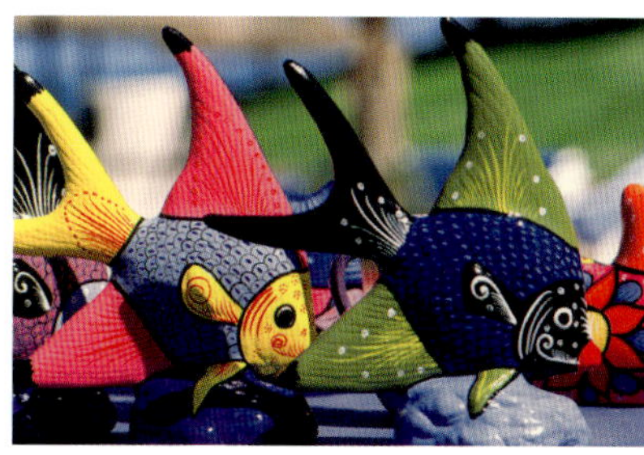

Peces vistos por el ingenio de una pincelada.
Fish seens trhough a painter's skillful eye.

Guerrero
p. 97

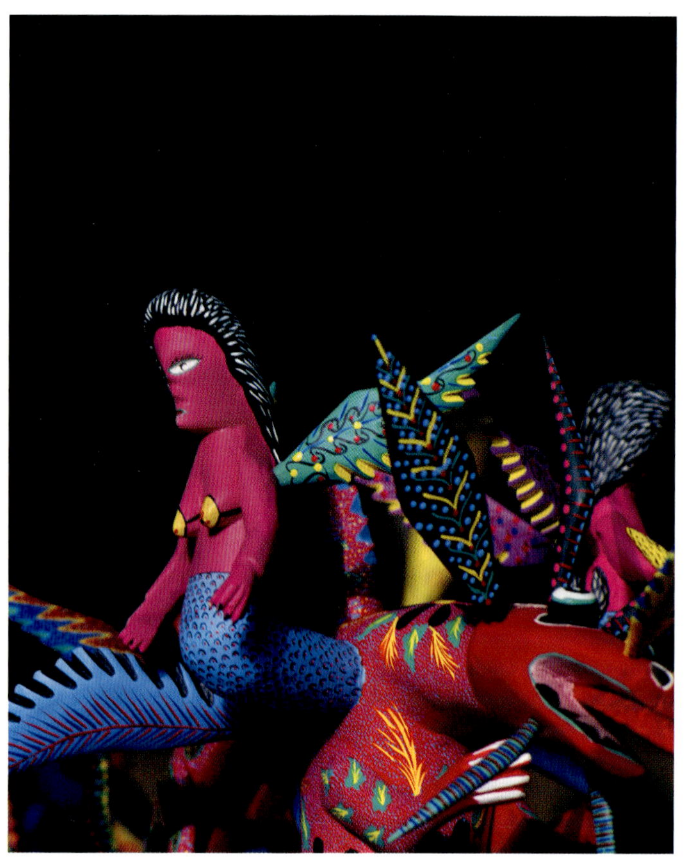

Se terminó de imprimir en el mes de octubre del 2008 en China.

El cuidado de la edición estuvo a cargo de AM Editores S.A. de C.V.

Printed in October 2008 in China. Published by AM Editores S.A. de C.V.